世界22大預言解析

對於普通人來說，
也需要利用預言來趨利避害，
尤其是未來二十年，
會有關係到中國老百姓的重大戰爭發生，
因此每個人都需要仔細研讀預言，
才能順利進入到下個朝代。

天際雲———著

前言

　　從古至今，世界上有很多關係到未來的預言。《易經》裏有很多卜算未來的方法。中國歷史上也有很多預言神人，比如說劉伯溫、袁天罡。同時還流傳著不少預言，並且這些預言實現了。

　　比如秦始皇在統一六國後，就不斷派人去尋找仙藥，來滿足他長生不老的願望。但是仙藥沒有找到，卻等來了一個預言。那就是，亡秦者，胡也。秦始皇以為胡人會滅亡秦朝，就派蒙恬去修長城。後來秦朝竟然在秦二世胡亥的手中滅亡了，預言總是用很奇怪的方式去實現，你堵住一條路，往往會出現第二個應驗它的方法。

　　唐太宗時期，太白金星多次在白天出現，袁天罡和李淳風就推算說：「唐三代後，女主武王代有天下。」就是說有武姓女人取代唐朝。唐太宗一聽就怒了，想盡辦法想要阻止這件事的發生，竟然大殺武姓的人。這時候有一個武將李君羨遭殃了。《舊唐書》、《新唐書》、《資治通鑑》都記載了這件事，有一次唐太宗在宮裏和武將們喝酒，乾喝酒也沒什麼意思，李世民就建議，讓大家說一說自己的小名，開心一下。李君羨很高興，就告訴大家，他小時候有個小名，叫五娘子。唐太宗立刻警覺起來，這李君羨的職位是左武衛將軍，封號是武連縣公，祖籍是武安縣，他的官名和封邑上都有「武」字，而且他的工作還是負責守衛玄武門，玄武門是唐太宗發動兵變殺死自己的哥哥和弟弟的地方，再加上小名五娘子，那他是不是就是那個篡奪唐朝江山的人？唐太宗就起了殺心，後來想盡辦法找理由把李君羨給殺了。袁天罡李淳風看唐太宗這樣也不是辦法，就去勸唐太宗，說：

「既然是天命，就沒有躲避的辦法，如果胡亂殺人，恐怕簒權的人不會除掉，反而會濫殺無辜。而且，簒權者再過三十年也老了，人老了就會仁慈一些，皇上子孫也不會受多大危害。如果今天殺掉簒權者，他會轉世投胎，三十年後正好血氣方剛，那皇上的子孫恐怕真會被斬盡殺絕了。」太宗聽了，嚇出一身冷汗，但是又沒辦法，於是就不想著這件事了。

後來等到武則天上位以後，想到李君羨是替自己死掉，就給李君羨平反了。

在漢朝末年，長安有童謠說，「千里草，何青青。十日卜，不得生」。「千里草」是「董」，「十日卜」是「卓」，這首童謠是講董卓的，是說董卓當權，迅速敗亡。

在國外，也有很多出名的預言，就比如說，耶穌出生就是被預言的，《彌迦書》的成書年代大概在西元前700年，預言基督將在伯利恆出生。而且現在發掘的《死海古卷》，是在西元前的典籍，裏面確實有相關的預言記載。

上面是一些比較出名的預言。關於未來，就是有二十二大預言。這些預言對當今和未來都有預言，之前的預言已經應驗，之後的預言，還在印證當中，而且明顯是有些已經印證了，比如最近的就是《推背圖》白頭翁這一象。

《推背圖》由唐太宗時期的司天監李淳風和袁天罡合著，推算大唐以後中國兩千多年的國運盛衰，在中國七大預言書（《推背圖》、《乾坤萬年歌》、《燒餅歌》、《馬前課》、《梅花詩》、《藏頭詩》、《黃蘗禪師詩》）中居首。

《推背圖》易學、詩詞、謎語、圖畫結合，每一個時代過去後，人們會發現《推背圖》預言準確。在古代歷史上，被許多朝代被朝廷被視為禁書，同時在民間以各種手抄本形式廣為流傳。

《推背圖》全書共六十象，預測出從武則天稱帝到清朝滅亡一千多年的歷史大事，並預言了第三次世界大戰和未來大同世界。

宋太祖趙匡胤發佈詔書禁《推背圖》，但是沒有用處。於是宋太

祖招人寫了大量的虛假版本流傳到民間。

到了現在，較為常見的是由清朝「金聖歎（1608－1661）」作序並加以評注字樣的六十圖版本，最早公開發表在民國四年（1915年）五月出初版的《中國預言》中。

相對來說，金版《推背圖》比較準確，但金版《推背圖》缺少「開口張弓之讖」。宋代岳飛的孫子岳珂，曾在他的著述中明確提到，當時他看過的《推背圖》有「開口張弓之讖言」，民間皆信，以至於人人皆以「弘」字來給小孩取名，妄想上應天意。

可以知道，金版《推背圖》也是經過修改的，有些象被修改或者替換，尤其是關於未來的象，次序是混亂的，而本書將其重新整理。

關於過去的象，已經有定論，本書會將其原委道來。關於未來的象，我們只能進行猜測。這種猜測是要掌握一些技巧的，我們都知道《推背圖》關於未來的卦象的次序是錯亂的，如果不研究其他的預言，我們根本沒有辦法把《推背圖》的次序進行排列。《推背圖》特別注重對某個事件進行闡述，比如某個時間段突然出現了某個人，做了某件事，但是前後沒有足夠的因果聯繫，因此我們單純從《推背圖》確實沒辦法把它重新排序。因此我們研究了另外的一些重要預言，一共是二十二大預言。

二十二大預言分別是諸葛亮的《馬前課》、邵庸的《梅花詩》、袁天罡和李淳風《推背圖》、劉伯溫的《燒餅歌》、李淳風的《藏頭詩》、姜子牙的《乾坤萬年歌》、《步虛大師預言》、《黃檗禪師詩》、劉伯溫的《金陵塔碑文》、諸葛亮的《武侯百年乩》、《龍華經》、《俞樾預言詩》、《天圖末劫經》或者叫《五公經》、《格庵遺錄》、瑪雅預言的《彩虹戰士》、《霍比預言》、《凱西預言》、《古蘭經》預言的「爾薩聖人」、《諾查丹瑪斯》、珍妮・狄克遜預言、《聖經（啟示錄）》、《教皇預言》。這些預言是網路流傳的最主要的預言。

那這些預言的關係是什麼呢？

邵雍的《梅花詩》和諸葛亮的《馬前課》好比兩個箱子，他們對

未來的預言是存在兩個新的朝代。《燒餅歌》好比是尺子，是一個小的主線，它的順序是正確的，別的預言的順序都是混亂的，因此它可以作爲一個參照，把別的預言進行梳理，並放到箱子裏。如果排列好了，會發現《乾坤萬年歌》把事情講述的非常清楚。那《推背圖》，就像是一堆球，你要把推背圖按照正確順序排列好，就不能缺少對別的預言的解讀。

在二十二大預言中，其中中國古代的很多小型重要預言，都是在貞朝建立之後，聖人主政後結束。別的世界級的預言，比如《推背圖》和外國的一些預言，是在第三次世界大戰後建立更新一個朝代後結束。當然了，特殊的是《藏頭詩》，它預言到了很遙遠的未來。但是總體來看，大多數預言都認爲，第三次世界大戰結束後，周易的運勢就結束了，可能會有替代周易的東西出現。而且從各大預言來看，從現在到第三次世界大戰，預言的頻次非常高。

《推背圖》、《燒餅歌》等預言是「帝王之術」，想要在大事中把握機會的英雄豪傑需要把握。對於普通人來說，也需要利用預言來趨利避害，尤其是未來二十年會有關係到中國老百姓的重大戰爭發生，《五公經》和《龍華經》就是專門幫助普通人來渡過這次災害的，因此每個人都需要仔細研讀預言，才能順利進入到下個朝代。

CONTENTS

目　錄

CONTENTS

目　錄

CONTENTS

目　　錄

CONTENTS

目　錄

CONTENTS

目　錄

CONTENTS

第一章：諸葛亮《馬前課》

馬前課是諸葛亮在領兵打仗的閒暇之餘，根據周易推演，來警示後人趨利避害。馬前課一共十四課，每一課對應一個重要的時期或朝代，並且在文中說明了興衰治亂起始和結果。

曾經劉備帶著關羽和張飛三顧茅廬，請諸葛亮出山，最終諸葛亮幫助劉備建立了蜀漢政權。諸葛亮給我們印象比較深的事件包括草船借箭、借東風，他給世人留下的印象一直是能掐會算、洞察天機，是一個神人。傳說諸葛亮每次出征前上馬之前，都會對本次征戰的吉凶進行一個占卜，有一次占卜完之後，他預料本次一定會大勝而歸。當時還沒有到出征吉時，於是諸葛亮為了消磨時間，就一口氣做了十四次占卜，每一卦寫成一首四言詩，講述從三國到未來各朝代發生的大事，後人也稱之為《馬前神課》。

因為《馬前課》所對應後世的時間很有條理性，每課預言一個歷史朝代，並按著歷史演進順序來描述，所以也更容易被後人理解。而其他講歷史大事的預言，因為有時候一個朝代有很多大事，而有的朝代大事則少一些，不規律，所以不容易和所預言的朝代對應起來。

《馬前課》共十四課。從當時蜀漢開始，一直到未來兩個朝代的誕生，非常準確。

當年解《馬前課》的是清朝光緒年間白鶴山僧人守元，當時清朝還沒有結束。而在《馬前課》中，關於清朝的預言是清朝入關後有十位皇帝，並且預言了末代皇帝溥儀的年號有「統」字，可見《馬前課》關於清朝滅亡的預言早就有了。

而馬前課預言中華民國和中華人民共和國，也都應驗了。

《馬前課》後面還有三課沒有發生，第十二課講的是「拯患救難，是唯聖人。陽復而治，晦極生明。」說的就是現在網路熱傳的紫薇聖人。

第十三課講到「賢不遺野，天下一家，無名無德，光耀中華」，這顯然是個世界大同的承平盛世，這樣的大圓滿結局在二十二大預言中幾乎同時提到了。

《馬前課》和邵雍的《梅花詩》一樣，每個朝代一課，而且敘述的是同樣的一件事。《馬前課》和《梅花詩》好比一個容納箱，能夠把二十二大預言裏的內容放置進去。如果把東西放滿了，你才會發現，《馬前課》的神奇程度遠遠超乎你的想像。

第一課：三國

無力回天，鞠躬盡瘁；
陰居陽拂，八千女鬼。

解析：
無力回天，鞠躬盡瘁：漢朝氣數已盡，蜀漢的努力沒有作用，諸葛亮的努力也保不住蜀漢。諸葛亮盡力輔佐蜀漢，回報劉備三顧茅廬之情，以及託孤之情。

陰居陽拂，八千女鬼：諸葛亮死後，宦官黃皓在後主劉禪身邊掌握大權，蜀漢治理越來越差。八千女鬼合起來是「魏」字，蜀漢被魏國所滅。

第二課：晉朝

火上有火，光燭中土；
稱名不正，江東有虎。

解析：

火上有火，光燭中土：火上有火是「炎」字，指司馬炎，司馬炎建立晉朝，首都設在洛陽。晉朝軍隊攻陷東吳，結束三國亂世，一統天下。

稱名不正，江東有虎：司馬炎的晉朝是篡奪曹魏政權而建立的。八王之亂導致西晉大亂，外有蠻族入侵，流民起義不斷，北方淪陷後，鎮守江東建康的親王司馬睿宣佈繼位稱帝，史稱東晉。

第三課：南北朝、隋朝

擾擾中原，山河無主；
二三其位，羊終馬始。

解析：

擾擾中原，山河無主：中原地區經歷八王之亂、五胡亂華，沒有王者來主導，無法給百姓帶來太平。

二三其位，羊終馬始：南北朝國運較短，南朝宋建立後，經齊、梁、陳，最後楊堅建立隋朝，終結了司馬家族的統治，共五個政權更迭。北朝經歷北魏、東魏、西魏、北齊和北周五朝。羊終馬始，是指晉朝從司馬家族開始，最終由「楊」來終結。

第四課：唐朝

十八男兒，起於太原；
動則得解，日月麗天。

解析：

十八男兒，起於太原：十八男兒是「十八子」，是「李」字。李

淵在自己的封地太原起兵，建立唐朝。

動則得解，日月麗天：李淵最初不願起兵，當時隋煬帝打擊豪族權臣，因爲預言的原因，大殺李姓權臣，李淵被迫起兵，建立唐朝，成就中國歷史上的一個盛世。

第五課：五代十國

五十年中，其數有八：
小人道長，生靈荼毒。

解析：

五十年中，其數有八：唐朝末年藩鎮割據，形成五代十國的亂世，大約有五十年。其中中原地區歷經五個短命王朝，分別是後梁、後唐、後晉、後漢和後周。後梁皇帝姓朱，由朱溫建立；後唐皇帝相互攻打，其中李存勗、李嗣源、李從珂雖然都姓李，可一點血緣關係都沒有，後唐就有三個李姓家族的人當皇帝；後晉皇帝姓石；後漢皇帝姓劉；後周開國皇帝郭威全家被後漢皇帝所殺，郭威將柴榮收爲養子，改姓爲郭，後周皇帝就是郭、柴二姓。因此「其數有八」對應這八個姓氏或者家族。中原地區之外存在過楊吳、桀燕等許多割據政權，其中前蜀、後蜀、南吳、南唐、吳越、閩國、南楚、南漢、荊南（南平）、北漢等十個割據政權被《新五代史》及後世史學家統稱十國。

小人道長，生靈荼毒：五代十國對百姓來說是巨大的災難，兵連禍結。每個皇帝都沒能統一天下，其中不乏耽於享樂之徒。其中石敬瑭更是向契丹割讓燕雲十六州，稱契丹皇帝爲父，小人當道。唯一有希望的柴榮過早死亡。

第六課：宋朝

惟天生水，順天應人；
剛中柔外，土乃生金。

解析：

惟天生水，順天應人：天水是趙姓郡望，秦朝統一天下，趙國被滅後，趙姓便遷往甘肅，成爲當地的顯赫家族。「天水郡」就是如今的甘肅天水，後世也稱宋朝爲「天水一朝」。宋太祖趙匡胤即位，結束五代十國亂世，施行仁政，是順應天命，合乎百姓心願的。

剛中柔外，土乃生金：剛中柔外，是北宋有文人風骨，南宋有大將，內部文武繁榮，但是對外太弱勢，面對遼、金、西夏等，多以議和收場，如澶淵之盟、宋夏戰爭等。土乃生金，是「北宋」最終被金朝所滅，靖康之恥，金軍俘虜宋徽宗、宋欽宗北上。

第七課：元朝

一元復始，以剛處中；
五五相傳，爾西我東。

解析：

一元復始，以剛處中：元朝建立，以苛政治國，把人分成等級，漢人處下等。

五五相傳，爾西我東：元朝從忽必烈開始到元順帝爲止，共有十位皇帝。蒙古帝國四處征討，元朝在東，向西征討到歐洲，建立了多個國家。

第八課：明朝

日月麗天，其色若赤；
綿綿延延，凡十六葉。

解析：

日月麗天，其色若赤：明朝是一個強盛的朝代，五行屬火，皇帝的姓氏爲朱。

綿綿延延，凡十六葉：從明太祖朱元璋到末代皇帝崇禎，共有十六位皇帝。

第九課：清朝

水月有主，古月爲君；
十傳絕統，相敬若賓。

解析：

水月有主，古月爲君；「水月有主」是「清」字，清朝的國號。古月爲君是胡人主政中原建立朝代。

十傳絕統，相敬若賓：清朝入關後，從順治到末代皇帝溥儀，共歷經十位皇帝。溥儀的年號是「宣統」，表示十代以後絕於宣統。

第十課：中華民國

豕後牛前，千人一口；
五二倒置，朋來無咎。

解析：

豕後牛前，千人一口：豕後牛前，代表辛亥豬年，辛亥革命後中

華民國建立。千人一口是「和」字，民國採取共和制，這裏算是國號選擇了「和」來對應民國。

五二倒置，朋來無咎：五二倒置，這裏的「五」和「二」，是《周易》卦象中「五爻」和「二爻」。五爻為貴位，二爻為賤位。五二倒置是指是是非非不清楚、高低貴賤不分明、文化有點亂，局面有些混亂。朋來無咎，是外國的朋黨制度、文化、制度等到來，但是也沒有太大的過錯。

第十一課：中華人民共和國

> 四門乍辟，突如其來；
> 晨雞一聲，其道大衰。

解析：

四門乍辟，突如其來：四門乍辟，是「共」字，算是本朝國號。建國初期，迅速在中華大地燃燒。

晨雞一聲，其道大衰：雞年以後，朝代衰敗，這個雞年應該是發生了重大事件。暫不確定是哪個雞年，如果是2017丁酉雞年，那是經濟開始衰退的一年。2029年是己酉年，大陸和臺灣可能會有一些矛盾，導致內政外交出問題，但是矛盾不會太大，這一年可能也是紫薇聖人入朝合作的一年。2041辛酉年，應當是君主換屆的時候，可能引起朝廷動盪，以至於2044年會發生巨大的改朝換代的戰爭。

第十二課：貞朝

> 拯患救難，是唯聖人；
> 陽復而治，晦極生明。

解析：

拯患救難，是唯聖人；災難出現，結合推背圖和各類預言，包括美日外患和國內戰禍，火龍解除內禍，聖人也就是火兔解決外患，後遷都西安。別的預言有「兩人相遇百忙中，治世能人一張弓」，「兩火初興定太平」，也就是火龍火兔見面，商量安定天下，其中的治世能人就是火兔，也就是聖人，名字中帶有「弓」字。

陽復而治，晦極生明：在晦暗中建立光明，第三次世界大戰後，貞朝基礎上誕生出下一個朝代。

第十三課：宋氏元朝

賢不遺野，天下一家；
無名無德，光耀中華。

解析：

賢不遺野，天下一家：世界大同之象。在中國實現賢人治政，在國外實現人子、哲學王治政，行政市場化、貨幣民間化，不再有各類政府造成的民生隔閡。

無名無德，光耀中華：無名是大名，無德爲至德，老子說「上德不德，是以有德」。這個時候中華是很顯眼的時候。中國作爲行政行業標準制定者，掌控四夷，成爲世界的行政中心。這一課是在地殼運動引發的第三次世界大戰之後。

第十四課：結束

占得此課，易數乃終；
前古後今，其道無窮。

解析：

周易占卜結束，此課沒有記述實在的事情。與推背圖「六爻占盡文明見」、「終者自終，始者自始，不如推背去歸休」二象對應，是結尾詞語。

第二章：邵雍《梅花詩》

　　《梅花詩》又名《邵雍讖語》、《梅花易數之梅花詩》，是北宋時期易學家、道士邵雍所作的十首預言詩。因預言詩中有「數點梅花天地春」一句，所以稱爲《梅花詩》。

　　《梅花詩》和《馬前課》一樣，一節對應一個朝代或時期。《梅花詩》特殊的地方在於，其將北宋和南宋獨立出來，成爲兩段。在《馬前課》中，兩宋只用一段詩詞來描述。《梅花詩》將民國分成兩段，分別是袁世凱及其後的軍閥時代，和蔣介石時期的民國時代，兩段時期的治理和社會情況很不同。在《馬前課》中，這兩段時期同樣是一課，也就是中華民國。

　　邵雍又叫邵康節，是北宋時期著名的理學家，學識淵博。古往今來的書，他都閱讀鑽研，不受一家一派的制約。邵雍被稱爲中國神算第一人，他對《易經》有深入的研究，並著有《皇極經世》、《觀物內外篇》、《漁樵問對》、《梅花詩》等，都是研究社會歷史規律，窺探未來的經典。

　　在邵雍的經典中，提到了三種大的預測境界，第一種叫做知天難逆，就是知道了命運，但是卻無法做出改變，第二種叫做逆天改命，知道了命運，可以趨吉避凶，但卻無法改變最終的結果，第三種，就叫做知命自性，就是知曉命運，但卻不屑於做出任何改變，這一生憑心而過，不在意任何人的看法。

第一節：北宋

蕩蕩天門萬古開
幾人歸去幾人來
山河雖好非完璧
不信黃金是禍胎

解析：

蕩蕩天門萬古開：這是詩詞的開始，天道輪迴。

幾人歸去幾人來：朝代輪替，有人來有人走。

山河雖好非完璧：北宋山河雖好，但未來將不完善。靖康之恥後，宋朝將偏安一隅。

不信黃金是禍胎：其禍患來自於金國。

第二節：南宋

湖山一夢事全非
再見雲龍向北飛
三百年來終一日
長天碧水歎彌彌

解析：

湖山一夢事全非：湖山是江南美景，南宋建都臨安，在繁華中偏安一隅。有詩歌「山外青山樓外樓，西湖歌舞幾時休。暖風熏得遊人醉，直把杭州作汴州」。

再見雲龍向北飛：元軍攻占南宋都城臨安，俘虜五歲的南宋恭帝。

三百年來終一日：兩宋三百年最終被滅亡。

長天碧水歎彌彌：宋朝在崖山海戰中戰敗，陸秀夫背著少帝趙昺

投海自盡，許多忠臣追隨其後，十萬軍民跳海殉國，南宋勢力澈底滅亡，令人扼腕歎息。

第三節：元朝

> 天地相乘數一原
> 忽逢甲子又興元
> 年華二八乾坤改
> 看盡殘花總不言

解析：

天地相乘數一原：天地之數，五十有五，和《馬前課》「五五相傳」一樣，是說元朝十代皇帝。

忽逢甲子又興元：「忽」指元世祖忽必烈，在甲子年（至元元年）定都大都，國號大元。

年華二八乾坤改：元朝從滅亡南宋，到被明朝攻克，經歷八十九年，可能這裏算作八十八年。從元朝國號確立到滅亡，是九十八年國運。

看盡殘花總不言：一說，是元順帝命帖木兒不花監國，帖木兒不花是元世祖忽必烈的孫子，鎮南王脫歡第四子。其帶領元軍與義軍作戰，封淮王后次年，明軍逼大都，元順帝北逃，而帖木兒不花奉命監國，守京師，城破被殺。另一說「花」是指宦官撲不花，他與元順帝的皇后是同鄉，受寵幸，結黨擅政，最終被處死，元朝在其手中衰敗。

第四節：明朝

> 畢竟英雄起布衣
> 朱門不是舊皇畿

飛來燕子尋常事
開到李花春已非

解析：
畢竟英雄起布衣：明太祖朱元璋出身布衣，身分低微，家裏很窮，卻成爲明末抗元英雄。

朱門不是舊皇畿：朱元璋改都金陵。

飛來燕子尋常事：燕王朱棣篡位。

開到李花春已非：李自成起義攻破北京，崇禎帝自縊身亡，明朝結束。

第五節：清朝

胡兒騎馬走長安
開闢中原海境寬
洪水乍平洪水起
清光宜向漢中看

解析：
胡兒騎馬走長安：清朝是胡人入主中原，清兵入關，攻克長安。

開闢中原海境寬：清兵占領中原，並納入周邊少數民族土地，科技發展，和海外通商變多。

洪水乍平洪水起：洪秀全起義剛被平定，黎元洪起義又起。

清光宜向漢中看：漢中是武漢，武昌起義帶動辛亥革命，推翻了清朝。

第六節：北洋軍閥

漫天一白漢江秋

憔悴黃花總帶愁
吉曜半升箕斗隱
金烏起滅海山頭

解析：

漫天一白漢江秋：長江漢水一帶的秋天，西元1911年10月10日發動了武昌起義，起義軍崇尚白色，這是中華民國建立的開端。

憔悴黃花總帶愁：黃興的黃花岡起義失敗，黃花岡起義是西元1911年4月在廣州舉行的起義。

吉曜半升箕斗隱：這句話是「袁」字的字謎，袁世凱逼清帝遜位，成為中華民國臨時大總統，這也對應「吉曜半升」，清朝滅亡是好的，但是袁世凱後來自稱皇帝，是隱藏的禍患。

金烏起滅海山頭：金烏是太陽，海山是指日本，辛亥革命的革命黨是由海外歸國的學生發起。其中在日本留學並在日本拉攏勢力的孫中山，在南方發起了多次討伐袁世凱的戰爭，成為袁世凱滅亡的重要因素，起與滅都是因為外部勢力。

第七節：中華民國

雲霧蒼茫各一天
可憐西北起烽煙
東來暴客西來盜
還有胡兒在眼前

解析：

雲霧蒼茫各一天：軍閥混戰，各領風騷。

可憐西北起烽煙：西北部出現了烽煙，大概是指蘇俄，蘇俄策劃蒙古獨立，和日本在東北打仗。

東來暴客西來盜：東來暴客是日本侵華，西來盜大概是說延安的

共產黨。

還有胡兒在眼前：胡兒或許是指偽滿洲國。

第八節：中華人民共和國

如棋世事局初殘
共濟和衷卻大難
豹死猶留皮一襲
最佳秋色在長安

解析：

如棋世事局初殘：世界局勢剛剛殘破。

共濟和衷卻大難：「共濟和衷」是「共和」，指中華人民共和國的建立，是一場大難。

豹死猶留皮一襲：經過各種運動，雖然打擊了中華本土的文化，但是中華文化的根基沒有斷絕。

最佳秋色在長安：未來中華文化還會在長安興起，重塑輝煌。金版《推背圖》41象說「稱王只合在秦州」，對應「最佳秋色在長安」。

第九節：貞朝

火龍蟄起燕門秋
原璧應難趙氏收
一院奇花春有主
連宵風雨不須愁

解析：

火龍蟄起燕門秋：火龍是開國君主，「燕門」是北京。另外還有

「龍兒上天戰黑兔」，「兩火初興定太平」，這個「火龍」，《梅花詩》認爲是新朝代的開創者。《馬前課》說聖人開國，實際上是兩個人合作開國。火龍是體制內的人，平息問題以後，兩個人決定更換一下國號，實際上最後還是朝廷勝利了。

原璧應難趙氏收：火龍可能會遭受一次苦難，然後被當權者解救，並委以重任，用來平定叛亂。能夠上位必定要經歷一次腥風血雨，因爲內部對權力爭鬥太厲害了。

一院奇花春有主：奇花是戰爭，雖然有戰爭，但是不要緊，有王者主導。

連宵風雨不須愁：戰爭不需要憂愁，之後會迎來盛世，大一統。

第十節：宋氏元朝

數點梅花天地春
欲將剝復問前因
寰中自有承平日
四海爲家孰主賓

解析：

數點梅花天地春：「數點梅花」像是地殼引發的第三次世界大戰，核戰爭，但是平息核戰以後迎來新天地。

欲將剝復問前因：詢問治亂循環的原因和治世方略。

寰中自有承平日：世界自然有承平的一天。

四海爲家孰主賓：天下太平，四海統一，沒有當代國家分化的主客之分、政府地域壟斷，天下大同。

第三章：袁天罡、李淳風《推背圖》

　　《推背圖》是中國七大預言書之首，相傳是唐朝貞觀年間，唐太宗李世民命天文學家李淳風、相士袁天罡推算大唐氣運而作。歷朝歷代對《推背圖》都有修改，現在流行的是金聖歎批註的《推背圖》，相對來說內容比較準確。

　　書名《推背圖》是根據第60象（最後一卦）中的頌曰「萬萬千千說不盡，不如推背去歸休」而名。全書共六十象，每一象都由卦畫、卦象、讖語、頌組成，預言後世興旺治亂之事，演繹了近兩千年的歷史。這些預言內容大多涉及政治、軍事等方面，並對中國的未來進行了一系列的預言。

　　儘管《推背圖》在唐代被作爲禁書，但因其預言內容大多都已發生，它在後世仍然流傳甚廣，對後世產生了深遠的影響，成爲了中國預言文化的經典之一。它也爲歷史研究提供了重要資料，其中的一些預言與歷史事件有較好的關聯。而且《推背圖》比較偏重於對軍政大事進行預言，是「帝王之術」，它側重的歷史大事一般都是對政治走向很關鍵的節點，就像是一個人的關節，控制住關節，基本就能看清楚中國可書寫的歷史的走向。而且《推背圖》的觀點比較正統，和《馬前課》、《梅花詩》一樣，對每個事件都有自己的喜好和厭惡，也能反映出普遍的歷史價值觀，也是相對正確的歷史價值觀。

　　當然，歷史並不都是由大人物書寫，所以其他預言也有關於宗教、災難的描述，可以幫助普通人來趨利避害。

　　需要注意的是，《推背圖》過去的事情已經得到驗證，其關於未

來的各像是混亂的。我們將按照正確的順序來梳理《推背圖》，並按照正確的順序去解析未來要發生的事。

通過對二十二大預言進行研究，未來將會有兩個重大事件，均涉及改朝換代，其前期則有兩個小故事做鋪墊：

第一個故事，關於紫薇聖人和火龍，兩個人都屬於新朝代開創者，其中梅花詩認爲火龍是開創者，馬前課認爲聖人是開創者，總體上是火龍的功勞比聖人更大，但是火龍功在當代，聖人利在千秋。火龍的年齡比聖人大十一歲。

第二個故事，地震引發的第三次世界大戰，小孩子創造的核心部件電磁武器讓核彈在內的電子武器失靈，中國收回西伯利亞、庫頁島、中亞，成爲世界的主宰，天朝上國的榮耀福澤世界，可做成和電影《2012》差不多的科幻大片。

從《推背圖》來看，未來的故事分成四個，其中兩個是爲後面做鋪墊。我們現在按照事件發生的具體順序來給他們排序，會發現一個問題，就是這些預言的順序大致是前後差不多的，也就是不會出現某象突然從最前面跑到最後面，或者從最後面跑到最前面了，但是在每個環節，象之間會產生大致的錯位。我們總體來看，他們的順序大致是數字越大越靠後。

調整順序以後，大致就是46象、44象、50象、54象、52象、55象、47象、開口張弓之讖、48象、51象、53象、45象、56象、57象、49象、58象、59象、60象。大致上是數字越大越靠後的。

從故事來看，我們可以把未來的事情分成以下四個。

故事一：朝代衰敗。

2011年，46象，白頭翁政變。

2029年，44象，聖人帶百靈入朝參加殿試，三人面試，輸送人力不成功，託管外交成功，四夷未來會震服。

2034年，50象，出生於1974年的人在六十歲接手改革，但是改革失敗，民生潦倒，農業等實體經濟蕭條，只能通過增加安保措施來避免動盪，貞朝的苗頭顯現。

2039年，54象，行政、經濟、外教、改各、軍民的5個民間力量驅趕著1949牛年成立的當今這個朝代向前走，百家爭鳴的盛況達到高峰。

故事二：改朝換代。

2048年，52象，平定東北外夷，在吳楚之地平內亂，遷都西安，角亢對應三秦地區。

2049年，55象，水邊之女，火龍最終讓出位置，開始普選。

2050年，47象，紫薇憑藉無為而治、百姓匹夫自治方案（禮制約君，百姓和樂，法治約民，百姓貧苦），贏得選舉，借鑒古代治國理念，興禮樂文明。

2051年，開口張弓之讖，出生於冀州的火性人推帝道，因此聖人可能會是紫薇。

故事三：盛世中興。

2100年，48象，天下不安，苗姓主持金融戰爭，朱姓主持國事。「貨幣民間化」主導大一統的貨幣體系，但是並不擁有，所以「不殺賊」，但是市場會自主去誅殺那些挑動「石油戰爭」、「對沖基金」的賊人。

2102年，51象，新任的國之君子娶媳婦，賢內助，中天中國再現新氣象。

2126年，53象，明君生子，中國治理得很祥和。

故事四：第三次世界大戰。

2157年，45象，日本想要趁亂和中國打，但是卻被地震給滅國了。

2158年，56象，飛起來的是飛機，潛在水裏的是核潛艇，戰爭看不見人，導彈在天上飛，把大壩都給炸掉了。戰爭如同玄幻片，還沒有近兵交接，已經產生禍患。

2159年，57象，三尺高的小孩子，製造電磁武器的核心部件，讓包括核彈在內的武器失效，形成巨大的防護網，這個小孩子出生在南京周圍，平息世界大戰。

2160年，49象，世界大戰要收尾，各國的叛亂者、引發世界大戰的人逃到了山谷，被圍剿。

2161年，58象，四夷服從中國，世界分成了友好的相互合作的六七個國家。中國為帝，四夷有王，天下一家。中國收回了西伯利亞、庫頁島，亞洲成為緊密的一個國家，俄羅斯回到西北，仍舊不太安分。

2162年，59象，天下成為一家，帝道推行，各國成為中國的分部門，中國的國之君子為大，是世界的福分，制定行政標準，發佈政令，各國根據需求來稍加改善，遵照執行。紅黃黑白四色人種不再有不公正，世界和睦。

2163年，60象，循環往復。

其中《五公經》等等小型預言很注重對2022-2048年聖人拯患救難，火龍獲得戰場勝利的描述，如果聖人和火龍不能成功，那未來的事就不會再發生。

第一象：開篇

甲子乾下乾上乾

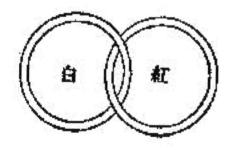

讖曰：

茫茫天地，不知所止。

日月循環，周而復始。

頌曰：

自從盤古迄希夷，虎鬥龍爭事正奇。

悟得循環眞諦在，試於唐後論元機。

金聖歎曰：此象主古今治亂相因，如日月往來，陰陽遞嬗，即孔子百世可知之意。紅者爲日，白者爲月，有日月而後晝夜成；有晝夜而後寒暑判；有寒暑而後歷數定；有歷數而後統系分；有統系而後興亡見矣。

1、詞句解析：

圖說：陰陽循環。

茫茫天地，不知所止：開始推算。

日月循環，周而復始：推演天地循環。

自從盤古迄希夷，虎鬥龍爭事正奇：盤古開天闢地後，各路英雄豪傑在人間爭奇鬥豔。

悟得循環眞諦在，試於唐後論元機：體悟到世道輪迴的眞諦，嘗試在唐朝立國之後探討其中的本源和玄機。

2、說明：這一段是開始，通過對歷史和未來的演繹，發現其中的奧妙，而且作者認爲天地循環往復，周而復始，裏面存在一些本源和奧妙的地方

3、時間：648年-649年。

4、故事：李世民讓袁天罡和李淳風推測唐朝國運。

《推背圖》是由唐太宗李世民命令袁天罡和李淳風共同推測國運而創作的，它揭示了唐朝之後一千五百年的國運，演繹了其中國家興衰、歷史演變的內容。

袁天罡和李淳風精通天文、曆法、占卜之術，深受唐太宗的信賴。李世民作爲一代雄主，對國家的未來充滿了期許和憂慮，於是召集了袁天罡和李淳風，希望他們能通過推算，爲自己揭示未來的國運。

據說李淳風使用觀天術，袁天罡使用六壬神術同時推演，李淳風

把預測結果以畫示人，袁天罡以讖語表達。等到兩人推演至六十卦時，突然，一個白髮白鬚的老人悄然而至，推了一下二人說，凡夫俗子也敢窺視天機？既然你二人自詡推算準確，那算一下我離去會從左側走還是右側走？

於是袁天罡和李淳風就停止了推算，估計再推算就會對歷史走向產生重大影響，自己算的內容也就不靈驗了。預言本身就會和現實產生影響，這是四維世界的事情，天機就在於推算和現實的平衡。

根據另外一個說法，袁天罡和李淳風推算到60象的時候，袁天罡用手推了李淳風一下，說，不能再洩露天機了，於是在60象用一人推另一人的背作為結尾，因此得名《推背圖》。

至此，《推背圖》共產生六十幅圖像，每一幅圖像下面附有讖語和「頌曰」律詩一首，預言了從唐開始一直到未來世界大同發生在中國歷史上的主要事件。

《推背圖》共六十幅圖像，對應六十段讖語和詩，但是它的預言和相對應的歷史年代之間並沒有一定的規律可循。歷史上的五代十國時期，前後只有五十三年，《推背圖》卻用了五個圖像，平均每十年一個圖像。而清朝有兩百六十年的歷史，中間有一百多年沒有任何圖像和預言。李淳風、袁天罡編寫《推背圖》的時間，距今已經一千三百多年，平均每二十五年到三十年會有一個圖像和相應的預言，六十幅圖像應該預測了將近一千八百年到兩千年的歷史。《推背圖》和其他中國預言一樣，都在周易接近末尾時候結束，因此在年分上相近，由於臨近周易末尾，後面的象發生地十分頻繁，因此預測的內容實際上是一千五百年的歷史。

《推背圖》的問世，立刻在唐朝引起了轟動。後世的學者和研究者們對其進行了無數次的解讀和探討，但至今仍有許多謎團未能解開。

第二象：李唐王朝概括

乙丑巽下乾上姤

讖曰：

累累碩果，莫明其數。

一果一仁，即新即故。

頌曰：

萬物土中生，二九先成實。

一統定中原，陰盛陽先竭。

金聖歎曰：一盤果子即李實也，其數二十一，自唐高祖至昭宣凡二十一主。二九者指唐祚二百八十九年。陰盛者指武曌當國，淫昏亂政，幾危唐代。厥後開元之治雖是媲美貞觀，而貴妃召禍，乘輿播遷，女寵代興，夏娣繼之，亦未始非陰盛之象。

1、詞句解析：

圖說：圖中的果實是李子，代表李唐王朝。有果實二十一個，對應唐朝二十一個皇帝。其中有一個沒有果柄，代表武則天女帝。

累累碩果，莫明其數：果實很多，大致對應唐朝皇帝數量。

一果一仁，即新即故：一個果實代表一個皇帝。

萬物土中生，二九先成實：唐朝國運數土，唐朝國運二百九十年。

一統定中原，陰盛陽先竭：唐朝統一中原，陰盛陽先竭所指唐朝武氏、韋氏、楊氏等後宮亂政。

2、說明：這是對唐朝國運的總括，讖說的是唐朝皇帝數量，頌說的是唐朝運轉過程中最大的特點，就像是一個是概括外形，一個概括內容。別的象也都是採用這樣的方法來概括。

3、時間：618年，唐高祖李淵立國；907年朱溫篡唐，唐亡。共經歷兩百七十四年。

4、評價：盛世唐朝。

我們經常說「漢唐盛世」，在中華歷史的長河中，唐朝是一個璀璨奪目的時代。唐朝二百九十年間，統一了中原大地，將四海之內的各民族緊密地聯結在一起，共同締造了一個繁榮昌盛的王朝。

唐朝的國運並非一帆風順，我們看到了唐朝後宮的亂政現象。武氏、韋氏、楊氏等後宮女子，或出於權力欲望，或出於家族利益，紛紛涉足朝政，給唐朝的統治帶來了不小的衝擊。

618年，唐高祖李淵立國，標誌著唐朝的開端。隨後的唐朝皇帝們，不斷推動國家的發展與進步。他們注重民生，興修水利，發展農業，使得唐朝的國力不斷增強。同時，他們還積極推動文化的交流與融合，使得唐朝成為了中華文化史上一個重要的時期。唐朝的疆域不斷擴大，經濟蓬勃發展，文化繁榮昌盛，成為了當時世界上最強大的國家。

907年，朱溫篡唐，唐朝滅亡。

唐朝的開國與繁盛，不僅僅是一段歷史的記載，更是一種精神的傳承。

第三象：武則天稱帝

丙寅艮下乾上遁

讖曰：
日月當空，照臨下土。
撲朔迷離，不文亦武。

頌曰：
參遍空王色相空，一朝重入帝王宮。
遺枝撥盡根猶在，喔喔晨雞孰是雄。

金聖歎曰：此象主武曌當國，廢中宗於房州，殺唐宗室殆盡。先武氏削髮為尼，故有參遍空王之句。高宗廢后王氏而立之，故有喔喔晨雞孰是雄之兆。

1、詞句解析：

圖說：武則天以武力輔助，開創武周朝代。

日月當空，照臨下土：日月當空是字，武則天為自己取名為曌，統治唐朝土地。

撲朔迷離，不文亦武：撲朔迷離是說女人為帝，不文亦武是說武則天名字。

參遍空王色相空，一朝重入帝王宮：武則天十四歲入後宮，爲唐太宗的才人。唐太宗死後，武則天入感業寺爲尼，這就是「參遍空王色相空」。唐高宗即位後，被召回宮中，封昭儀，這就是「重入帝王宮」。

遺枝撥盡根猶在，喔喔晨雞孰是雄：唐高宗李治一共有八個兒子，其中至少五個被武則天給害了，但是最終留下了唐中宗李顯繼任皇位。喔喔晨雞孰是雄，說明此帝是比較強悍的女性。

2、說明：這一象是說武則天殺掉李治的許多兒子，差點根除李家，用武力來建立武周，成爲女皇帝。

3、時間：683年-690年，武則天以皇太后名，臨朝稱制；690年-705年，武則天稱帝。一共二十三年。

4、評價：女帝的崛起與武周的輝煌。

武則天是中國歷史上唯一的女皇帝，她以其非凡的才智和鐵血的手段，開創了一個全新的時代——武周。

日月當空，是武則天的名字「曌」的寓意，象徵著她的統治如日月般輝煌，照耀著唐朝的大地。她以武力爲輔助，一手開創了武周朝代。

武則天的一生歷經坎坷，她十四歲便入後宮，成爲唐太宗的才人。然而，唐太宗去世後，她被迫入感業寺爲尼，她在這段時間裏修煉心性，積蓄力量。

唐高宗即位後，武則天被召回宮中，封昭儀。她憑藉著自己的才智和魅力，逐漸贏得了高宗的寵愛和信任。最終，她以皇太后的身分臨朝稱制，開始了她的統治生涯。

在683年至690年間，武則天以皇太后的名義掌控朝政，逐漸鞏固了自己的地位。而在690年至705年間，她更是稱帝，成爲了中國歷史上唯一的女皇帝。她的統治，雖然充滿了血腥和暴力，但卻也帶來了唐朝的繁榮和穩定。

武則天的稱帝之路並非一帆風順。她爲了鞏固自己的地位，不惜殺掉唐高宗的許多兒子，幾乎根除了李家在朝廷中的勢力。最終，她

留下了唐中宗李顯繼任皇位，爲武周的延續奠定了基礎。

在武則天的統治下，武周朝代達到了前所未有的輝煌。她推行一系列改革措施，加強中央集權，發展經濟文化，使得唐朝的國力得到了極大的提升。同時，她也注重選拔人才，不拘一格地任用賢能之士，爲唐朝的繁榮做出了巨大的貢獻。

武則天雖然以其非凡的才智和鐵血的手段開創了武周朝代，但最終還是在權力的鬥爭中敗下陣來，這是下一象要講的故事。

第四象：神龍政變

丁卯坤下乾上否

讖曰：

飛者不飛，走者不走。

振羽高岡，乃克有後。

頌曰：

威行青女實權奇，極目蕭條十八枝。

賴有猴兒齊著力，已傾大樹仗扶持。

金聖歎曰：此象主狄仁傑薦張柬之等五人反周爲唐。武后嘗夢鸚

鸚兩翼俱折，狄仁傑曰：武者陛下之姓也，殺二子則兩翼折矣。五猴指張柬之等五人。

1、詞句解析：

圖說：五個猴子是發動政變的張柬之、崔玄、敬暉、桓彥範、袁恕己。一個鸚鵡是指武則天。

飛者不飛，走者不走：武則天年老以後威力減弱，而群臣都在想著恢復李家唐朝，局面存在變化。當初李世民想要找出和殺掉武姓女子，李淳風當即阻止說，天意是不能改變的，如果此女子死了，那麼大唐也要滅亡。現在武姓女子已經在宮中，等到她掌握大權，年齡已經很大，或許還會有仁慈心，留下李家後人。如果現在殺了她，那麼上天會重新派遣一個人下生來應對預言，到時候這個新人年輕氣盛，恐怕李家子孫不保。

振羽高岡，乃克有後：神龍政變之前，武則天當時不太想把政權再交還給李氏，不過在張柬之逼迫和勸說下武則天不得不讓位，讓自己的三兒子李顯即中宗即位，重新恢復大唐王朝。據說武則天讓位後，突然就變得蒼老了許多，因為不必再保持年輕和威嚴的形象，便恢復了老太太的自然樣貌。自己的兒子重新做了皇帝，也算是內心釋然了。

威行青女實權奇，極目蕭條十八枝：青衣尼姑武則天威逼弄權，十八代指李，武則天上位之後，大肆迫害李氏家族的人，連自己的兒子也不放過。

賴有猴兒齊著力，已傾大樹仗扶持：幸虧有張柬之等人的齊心協力，恢復了傾斜的李唐王朝。

2、說明：這裏是說神龍政變中，張柬之等人讓武則天退位，讓唐中宗李顯上位。

3、時間：西元705年，宰相張柬之發動兵變，逼武則天退位，史稱神龍革命。

4、故事：一代女帝的黯然退場。

武則天是中國歷史上唯一的女皇帝，開創了一個嶄新的時代。這

位女帝最終卻在宰相張柬之發動的神龍政變中黯然退場，將大唐的政權重新交還到了李氏的手中。

神龍元年正月二十二日，那是一個歷史性的日子。宰相章含之等人率領五百羽林軍，如同猛虎下山般，突然衝破皇宮的玄武門，他們的目標直指武則天居住的集賢殿。這場突如其來的行動，讓整個皇宮都陷入了混亂與恐慌之中。

僅僅過了一天，皇后在太子李顯的監督下，頒佈了大赦令，試圖平息這場突如其來的政變帶來的社會動盪。然而，更為震撼的消息在第三天傳來：女皇武則天竟然下了一道聖旨，將皇位傳給太子李顯！這一消息如同晴天霹靂，讓所有人都為之震驚。

這場政變，被後世稱為「神龍政變」。在這場政變中，武則天結束了統治，皇位重新歸於李家。

事實上，早在七年前的聖曆元年九月，武則天就已經宣佈李顯成為皇太子，結束了她爭奪李世民繼承人的局面。那時的武則天已經81歲高齡。然而，令人費解的是，李顯為何不等母親安詳離世、名正言順地登上皇位，而要選擇這樣一場飽受詬病、極其危險的政變來篡奪皇位呢？

原來武則天晚年雖然厭倦政治，懶得與宰相打交道，但她並沒有完全放手，而是通過他的兩個男丁兄弟張易之和張昌宗間接控制了所有政務。這兩兄弟仗著武則天的好意，干涉朝政，結交權貴，甚至對太子李顯也態度傲慢，還對李家下手。他們的行為引起了群臣的極大擔憂，宮中彌漫著不祥的氣氛。皇后是否對太子的地位有了新的想法？再這樣下去，李唐的革新很可能會遭遇變故。

在這樣的背景下，李顯及其支持者感到自己的地位岌岌可危。他們擔心武則天會對太子的地位有新的想法，因此決定採取行動。於是，神龍政變應運而生。然而，這場政變的理由似乎並不充分。張氏兄弟並沒有明顯的反李傾向，而且李顯能夠當上太子，張氏兄弟也功不可沒。此外，武則天也沒有糊塗到任由二張擺佈的地步。

神龍政變的發生，不僅改變了唐朝的歷史走向，也對中國古代政

治產生了深遠的影響，爲大唐王朝的復興奠定了基礎。

第五象：安史之亂

戊辰坤下巽上觀

讖曰：

楊花飛，蜀道難。

截斷竹簫方見日，更無一吏乃乎安。

頌曰：

漁陽鼙鼓過潼關，此日君王幸劍山。

木易若逢山下鬼，定於此處葬金環。

金聖歎曰：一馬鞍指安祿山，一史書指史思明。一婦人死臥地上，乃貴妃死於馬嵬坡。截斷竹簫者肅宗即位，而安史之亂平。

1、詞句解析：

圖說：楊玉環死於馬嵬坡，馬鞍是安祿山，史書是史思明。

楊花飛，蜀道難：唐玄宗帶楊玉環出逃，御林軍在馬嵬坡發動兵變，楊玉環被高力士勒死，唐玄宗逃往四川。

截斷竹簫方見日，更無一吏乃乎安：「簫」去掉竹字頭之後爲「肅」，這裏說的是唐肅宗繼位，安史之亂逐漸得以解決。無「一」之「吏」是「史」，指的是史思明，安祿山被殺後史思明成爲叛軍頭目，史思明被其子斬殺後，安史之亂才得以平息。

漁陽鼙鼓過潼關，此日君王幸劍山：「漁陽」是如今的天津薊縣，是安祿山起兵造反的地方。「鼙鼓」是軍中的戰鼓，經過潼關後，兵臨唐朝首都長安。君王逃往劍門關，這之後才算安全了。

木易若逢山下鬼，定於此處葬金環：木易為「楊」，是楊的繁體字，指楊玉環，山下鬼是「嵬」，指馬嵬坡，楊玉環到馬嵬坡後，就會被葬在此處。

2、說明：白居易在《長恨歌》中寫道：漁陽鼙鼓動地來，驚破霓裳羽衣曲。安史之亂打到了長安，唐玄宗逃跑，楊玉環被殺，唐肅宗繼位後開始平定叛亂。

3、時間：755年，安祿山和史思明叛亂；756年，唐玄宗逃離長安，遭遇馬嵬兵變，不得已讓高力士勒死楊玉環，平息眾怒，接著逃往四川；同年，太子李亨在靈武即位，是為唐肅宗；763年，安史之亂被平定，唐朝由盛轉衰。

4、故事：安史之亂的血淚

一千兩百年前的一天，杜甫到達天津薊州區（當時為漁陽郡）。映入眼簾的，是當地天天打鼓敲鑼、歌聲不斷。帆船經渤海運來江南的大米，供軍官們食用。廣東、湖北的綾羅綢緞，穿在一些職位低下的軍官和奴僕身上。這樣的景象給了杜甫深深的危機感，於是他作詩一首《後出塞》。

漁陽豪俠地，擊鼓吹笙竿；雲帆轉遼海，粳稻來東吳。越羅與楚練，照耀輿臺軀；主將位益崇，氣驕凌上都。邊人不敢議，議者死路衢！

杜甫已經強烈感覺到安祿山的反意，可惜唐玄宗不知道。不久之後的一天，在當地的獨樂寺中，安祿山扯旗造反，唐朝就此由盛轉衰。白居易在《長恨歌》中寫到，「漁陽鼙鼓動地來，驚破霓裳羽衣曲」。

「霓裳羽衣曲」的主角，就是楊玉環。「馬嵬驛兵變」是楊玉環命運的轉捩點。在這場兵變中，她的兄長楊國忠被殺，而她自己也成為了犧牲品。

關於這場兵變的幕後人物，唐肅宗李亨是一個關鍵角色。在平復「安史之亂」的過程中，李亨作為太子，對於皇位充滿了渴望。而楊國忠是楊玉環的政治後臺，他的存在對於李亨來說是一個巨大的威脅。因此，在李亨看來，除掉楊國忠和楊玉環，就等於為自己的將來掃清了障礙。

　　楊玉環本來是唐玄宗李隆基兒子壽王的王妃，自從壽王母親武惠妃去世之後，李隆基就想要找一個女人來替代。後來他發現自己的兒媳婦楊玉環非常漂亮，於是精蟲上腦，派宦官高力士把楊玉環接入宮做了女道士，在後宮中翻雲覆雨，讓自己成為了歷史上著名的「扒灰」皇帝。可憐的壽王，只有打碎了牙齒往肚子裏咽。後來李隆基納楊玉環為皇貴妃。

　　楊玉環雖然沒有直接參與後宮干政，但她的存在卻成為了李亨心中的一根刺。尤其是在「父奪子妻」的鬧劇發生後，李亨對於楊玉環的恨意更是達到了頂點。而楊國忠對李亨的持續政治傾軋，更是加劇了二人之間的積怨。楊國忠為了攀附權貴，不惜陷害太子黨羽，甚至在對李亨的發難中屢次帶頭。

　　因此，當「馬嵬驛兵變」爆發時，李亨果斷地選擇了犧牲楊玉環來維護自己的利益。他深知，只有除掉楊玉環和楊國忠，才能確保自己的地位穩固。這一決策讓楊玉環成為了犧牲品。

第六象：唐玄宗返京

己巳坤下艮上剝

讖曰：

非都是都，非皇是皇。

陰霾既去，日月復光。

頌曰：

大幟巍巍樹兩京，輦輿今日又東行。

乾坤再造人民樂，一二年來見太平。

金聖歎曰：此象主明皇還西京，至德二載九月，廣平王叔郭子儀收復西京，十月收復東京，安史之亂盡弭，十二月迎上皇還西京，故云再造。

1、詞句解析：

圖說：唐玄宗從成都返回長安。

非都是都，非皇是皇：成都並非唐朝的首都，是唐玄宗躲避戰亂的地方。這時候的唐玄宗也已經不是皇帝，他的兒子唐肅宗把他迎回了長安，但是他已經變成了太上皇，沒有了權力。

陰霾既去，日月復光：平定安史之亂的陰霾後，天下重新見到光明。

大幟巍巍樹兩京，輦輿今日又東行：唐肅宗收復東京洛陽、西京長安後，兩座京城樹起高大的旗幟準備迎接太上皇。唐玄宗從成都坐輦輿向著長安東行。

乾坤再造人民樂，一二年來見太平：大唐江山再造，老百姓很高興。兩位皇帝同年駕崩後一兩年，唐代宗李豫完全平息了安、史之亂，天下才見太平。

2、說明：這是唐玄宗在唐肅宗平定安史之亂時，從成都乘坐輦車返回長安。

3、時間：西元757年，郭子儀與廣平王李俶收復西京長安、東都洛陽。

4、故事：落寞的唐玄宗與再造大唐的郭子儀。

唐玄宗李隆基將唐朝推向了極盛之世，而老年的唐玄宗和年輕時候截然相反，昏庸又喜愛享樂，把唐朝送入了下坡路。安史之亂的爆發，讓他踏上了顛沛流離的逃亡之路。唐玄宗從成都返回長安的這一段經歷，就是大唐王朝興衰榮辱的縮影。

安史之亂爆發後，唐玄宗為躲避戰亂，匆忙逃離長安。等他在路上失去了美人的時候，也失去了權力，成了名義上的太上皇。

就在唐玄宗在成都的安逸生活中逐漸老去之時，唐肅宗收復了東京洛陽和西京長安的消息傳來，準備迎接太上皇的歸來。這對於唐玄宗來說，是一個意外的驚喜。他或許曾經想過自己會在成都終老，卻沒想到還有機會重返長安，那個他曾經統治過的地方。

於是，唐玄宗從成都出發，乘坐輦輿向著長安東行。這一路上，他的心情或許複雜難言。他或許想起了當年登基時的輝煌，想起了開元盛世的繁榮景象，也想起了安史之亂帶來的災難和痛苦。而現在，他只是一個失去了權力的太上皇，屬於他的時代已經過去。

這個時代是郭子儀的時代，再造大唐的郭子儀不僅在平定安史之亂中立下汗馬功勞，還在國家危難之際挺身而出，保衛了大唐的疆土。

郭子儀生於唐朝開元年間，早年便成為武狀元。但是，他的才華

未得到充分的施展。他曾在邊關駐守多年，默默無聞地消磨著歲月。

安史之亂的爆發，成爲了郭子儀人生的轉捩點，他投身到平叛的戰爭中，率領朔方軍迎擊叛軍，憑藉著過人的軍事才能和勇氣，接連取得勝利。他的名聲逐漸傳遍全國，成爲了唐朝的救星。

然而，郭子儀的功績讓他遭遇了一系列問題，他因爲功高震主而遭到了朝廷的猜忌和打壓。宦官魚朝恩等人嫉妒他的威望和功績，不斷在唐肅宗面前誣陷他。唐肅宗雖然知道郭子儀的忠誠，但受到魚朝恩等人的蒙蔽，還是逐漸疏遠了郭子儀。

面對朝廷的猜忌和打壓，郭子儀並沒有因此怨憤。他深知朝廷的複雜和險惡，也明白自己的處境。他選擇了退讓和隱忍，主動交出兵權，回到家鄉養老。他的這一舉動，既避免了與朝廷的衝突，也保全了自己的名聲和地位。

吐蕃的入侵給大唐帶來了新的危機。在這危急時刻，唐代宗想起了曾經立下赫赫戰功的郭子儀。他派人前往郭子儀的家鄉，請求他出山平叛。郭子儀雖然年事已高，但他仍然毫不猶豫地接受了朝廷的召喚。

郭子儀再次披掛上陣，率領大軍迎戰吐蕃。他運籌帷幄之中，決勝千裏之外。他憑藉著豐富的軍事經驗和卓越的指揮才能，成功擊退了吐蕃的入侵，保衛了大唐的疆土。他的功績再次得到了朝廷的認可和讚譽，唐代宗將他封爲汾陽郡王，並賜予他極高的榮譽和待遇。

然而，郭子儀並沒有因此而驕傲自滿。他深知功高蓋主的道理，所以在平定吐蕃之後，他再次主動交出兵權，選擇回家養老。

這時候大唐王朝已經不再是昔日的輝煌帝國。藩鎮割據、邊患頻仍等問題依然存在，這些問題威脅著大唐的穩定和繁榮。等郭子儀去世後，這些問題就都凸顯了出來。

第七象：吐蕃入侵

庚午震下乾上無妄

讖曰：

旌節滿我目，山川跼我足。

破關客乍來，陡令中原哭。

頌曰：

螻蟻從來足潰堤，六宮深鎖夢全非。

重門金鼓含兵氣，小草滋生土口啼。

金聖歎曰：此象主藩鎮跋扈及吐蕃入寇中原。

1、詞句解析：

圖說：身穿胡服的人，指吐蕃、回紇等少數民族。嘴裏叼著一根羽毛，是興兵來犯。

旌節滿我目，山川跼我足：安史之亂後，地方藩鎮割據嚴重，全國滿眼都是藩鎮的旗幟，藩鎮在自己地盤上到處設關卡，從一處到另一處，如同出國，十分拘束。

破關客乍來，陡令中原哭：吐蕃突破關隘，侵犯中原，中原地方藩鎮割據嚴重，中央無法聚合力量，只剩下老百姓受苦哭泣。

螻蟻從來足潰堤，六宮深鎖夢全非：藩鎮對於整個大唐帝國來說很小，但是大大小小的藩鎮日益嚴重，摧毀唐朝的根基，藩鎮不聽唐朝皇帝的命令，皇帝的政令只能停留在深宮。

重門金鼓含兵氣，小草滋生土口啼：朝廷無力，大唐皇宮外好像聽到戰鼓陣陣響起。「小草滋」是小草蕃衍，指的是「蕃」，口土為「吐」，合在一起就是「吐蕃」，唐朝手下的少數民族蕃兵來犯唐朝。

2、說明：唐朝的末日危局，內有藩鎮割據，外有吐蕃入侵。

3、時間：670年-851年。

4、故事：唐朝吐蕃入侵始末

西元670年，吐蕃的軍隊在遼闊的青藏高原上揮師東進，一舉滅掉了位於其東部的吐谷渾政權。這一勝利使得吐蕃的勢力範圍向東大大擴展，同時也使得吐蕃的野心更加膨脹。緊接著，吐蕃的軍隊又趁勢侵入西域，這一地區成為了雙方爭奪的焦點。

西域，這片位於絲綢之路要衝的富饒之地，對於唐朝和吐蕃都有著重要的戰略意義。唐朝自然不願看到吐蕃在西域的勢力坐大，於是在675年，唐朝加強了對西域的控制，力圖將吐蕃的勢力驅逐出去。然而，吐蕃並未就此甘休，他們不斷在西域發動攻勢，試圖重新奪回這片土地。在687年至689年間，吐蕃再次占領了西域。這一事件對於唐朝來說無疑是一次沉重的打擊，它不僅使得唐朝在西域的經營付之東流，也嚴重損害了唐朝的威望。然而，唐朝並未因此而屈服，他們開始積極籌備反擊。

692年，唐朝任命武威軍總管王孝傑為統帥，王孝傑由於在蕃時間比較長，熟悉其情況，他深知吐蕃軍隊的弱點，與左武衛大將軍阿史那忠節率兵討擊吐蕃，收復龜茲、于闐、疏勒、碎葉四鎮，隨後便在龜茲置安西都護府，用漢兵三萬人鎮守，王孝傑因為軍功拜左衛大將軍。

萬歲登封元年（696年）三月，王孝傑任肅邊道大總管，與吐蕃大將論欽陵、贊婆戰於素羅汗山，唐軍大敗。次年，王孝傑率重兵與

契丹作戰，後續部隊未戰先逃，王孝傑雖然力戰，但因爲兵少勢弱，且打且退，墜崖而死。

唐朝在收復西域後，並沒有能夠長期保持對西域的穩定控制。隨著安史之亂的爆發，唐朝陷入了內憂外患的境地。這場長達八年的戰亂使得唐朝的國力大損，也給了吐蕃再次入侵的機會。

在安史之亂期間及之後，唐朝又經歷了朱泚之亂、藩鎮之禍、牛李黨爭、甘露之變等一系列的內鬥和動盪。這些事件嚴重削弱了唐朝的統治力量，使得國家陷入了混亂和衰落的境地。而吐蕃則趁機擴張勢力，不斷對唐朝的邊疆發動攻勢。

790年以後，唐朝終於失去了對安西和北庭的控制。這兩個地區是唐朝在西域的重要據點，它們的喪失標誌著唐朝在西域勢力的澈底崩潰。吐蕃則趁此機會在西域建立了自己的統治，成爲了這一地區的霸主。

唐朝晚期，張議潮挺身而出，他率領唐軍對吐蕃發動了反擊。經過艱苦的戰鬥，張議潮終於在851年左右重新占領了隴右、河西、北庭等地，爲唐朝在西域的復興奠定了基礎。

張議潮的勝利不僅彰顯了唐朝人民的堅韌和毅力，也爲唐朝在西域的重振雄風注入了新的活力。然而，此時的唐朝已經不再是昔日的鼎盛時期，它面臨著內憂外患的困境，無法再像過去那樣對西域進行有效的統治。

第八象：藩鎮之亂

辛未坤下離上晉

讖曰：

攙槍血中土，破賊還爲賊。

朵朵李花飛，帝曰遷大吉。

頌曰：

天子蒙塵馬首東，居然三傑踞關中。

孤軍一駐安社稷，內外能收手臂功。

金聖歎曰：此象主建中之亂。三人者，李希烈、朱泚、李懷光也。李懷光以破朱泚功，爲盧杞所忌，遂反，故曰破賊還爲賊。三人先後犯關，德宗乘輿播遷，賴李晟以孤軍收復京城，而社稷重安矣。

1、詞句解析：

圖解：三個人是李希烈、朱泚、李懷光。

攙槍血中土，破賊還爲賊：「攙槍」是指提槍，「中土」是中原王朝，成德節度使李寶臣之子李惟岳煽動三個地方的節度使舉兵謀反，血染中原。朝廷派李希烈出去平定叛亂，掃清叛亂後，李希烈又與五個地方節度使勾結開始反唐，自己破賊後也成了賊人。

朵朵李花飛，帝曰遷大吉：長安淪陷，唐德宗李適出逃，幸虧跑

得快，沒有被殺害。留下來的李氏家族都被殺害，即李花朵朵飛，史稱「奉天之難」。

天子蒙塵馬首東，居然三傑踞關中：天子蒙塵受難，唐德宗出逃奉天。李希烈、李懷光和朱泚的勢力占據了關中戰略要地。

孤軍一駐安社稷，內外能收手臂功：李晟當時孤軍平定叛亂，安定社稷，迎皇帝回歸。李晟對外能征善戰，對內擅於治軍，被朝廷委以重任。

2、說明：這段是藩鎮割據之亂。

3、時間：西元783年-784年。

4、故事：朱泚之亂。

朱泚之亂發生於中唐唐德宗初期。東援襄城的涇原士兵因不滿唐德宗給他們的待遇，憤而譁變，驚跑大唐天子。

大唐建中四年，山南東道節度使梁崇義反叛，即位四年的唐德宗決定以強烈手段削藩。他採用了「以藩制藩」的策略，讓藩鎮之間互相殘殺，朝廷坐收漁翁之利。這一策略看似高明，卻也為後來的「涇原兵變」埋下了伏筆。

當淮西節度使李希烈反叛，並與河北的朱滔、田悅、王武俊、李納一起搞起「五國相王」時，唐德宗派去對付李希烈的軍隊卻連連敗退。無奈之下，他決定動用殺手鐧，涇原軍。這支部隊的前身是駐紮於西域的安西軍和北庭軍，轉戰各地，立下赫赫戰功。然而，他們四處奔波，待遇遠不如其他軍鎮，久而久之，這支隊伍也變得很狂暴，不服朝廷調令。

涇原軍抵達長安後，按照慣例，臨行前皇帝要賜酒食。然而，那天中午，將士們等到的卻是如同豬食一般粗糲的食物。士兵們怒了，他們覺得朝廷太不拿他們當人了，於是，一場無組織、無預謀的偶發性事件，「涇原兵變」爆發了。

唐德宗得到消息後大吃一驚，趕緊讓人帶著絲絹前去勞軍，但已經來不及了。涇原軍將士們攻陷了長安，直奔皇宮而來。唐德宗倉皇逃往奉天，成了繼唐玄宗、唐代宗之後又一位流亡皇帝。

「涇原兵變」本來是一場偶發性事件，但是，隨著朱泚的出場，形勢急劇惡化，演變成了有組織的反叛。朱泚年輕有為，曾被視為「忠貞」的形象代表人。但是，他被弟弟朱滔奪了他的兵權，不久朱滔等人反叛。朱泚受到影響，被剝奪兵權，但卻被提升為太尉，從此閒居宅邸。「涇原兵變」時，他正要出城追趕唐德宗，卻被涇原軍節度使逮住，並邀請朱泚出山主持大局。在一群官員們的慫恿下，朱泚的野心膨脹了，於是他登基稱帝，建國號「大秦」，並率兵討伐流亡的唐德宗。

危難之際，朔方節度使李懷光出現了。他得知皇帝遇險後，趕緊趕回關中勤王。李懷光抵達奉天時，城內早就斷糧，皇帝只能吃野菜。

隨著朔方軍的到來，戰局立馬逆轉。朱泚連吃敗仗，只好逃回長安。唐德宗獲救了，然而，李懷光帶來了更大的麻煩。

李懷光為人驕橫跋扈，不聽朝廷號令。他救駕有功，卻沒有得到應有的封賞，反而被唐德宗猜忌。於是，他心生不滿，在朱泚的挑唆下，李懷光反叛了。他殺了朝廷使者，又吞併了兩支唐軍。唐德宗被迫從奉天又跑到漢中，差點又跑到蜀地。

這時候李晟出現了。李晟奉命在河北平叛，得到消息後匆匆趕來勤王。他此時只是神策軍的一個行營節度使。最初李晟按唐德宗的指示，接受李懷光的統一指揮，李晟發現李懷光有異心，於是找了個藉口將自己的軍隊帶走了。就是靠這支軍隊，李晟跟李懷光、朱泚周旋，並逐漸做大。

與此同時，朱泚與李懷光翻臉了。李懷光帶著朔方軍跑到河東圈地為王，另外，叛軍中一批不願意反叛的將士們紛紛逃跑，主動加入到李晟的旗下。

沒有了李懷光的掣肘，李晟猛攻長安。朱泚被迫棄城出逃，結果在涇州被部下殺掉。

又過了一年多，李懷光也被部下殺掉。至此，由「涇原兵變」引發的「朱泚之亂」和「李懷光叛亂」被徹底平息。

第九象：黃巢起義

壬申乾下離上大有

讖曰：

非白非黑，草頭人出。

借得一枝，滿天飛血。

頌曰：

萬人頭上起英雄，血染河山日色紅。

一樹李花都慘澹，可憐巢覆亦成空。

金聖歎曰：此象主黃巢作亂，唐祚至昭宗。朱溫弒之以自立，改國號梁溫，爲黃巢舊黨，故曰覆巢亦成空。

1、詞句解析：

圖說：頌中有「一樹李花」，這棵樹是李樹，代表李唐王朝。樹上一巢，李唐天下出了黃巢。巢空，是頌中「巢覆亦成空」，黃巢失敗。巢下很多屍體，指黃巢殺人太多。

非白非黑，草頭人出：非白非黑，是說別的顏色，加上是草字頭，所以是「黃」。

借得一枝，滿天飛血：「一枝」指王仙芝，黃巢借得王仙芝的勢

力發展起來。

萬人頭上起英雄，血染河山日色紅：「萬人頭上起英雄」是說黃巢帶領眾多的百姓起義，做了頭領。「血染河川日色紅」即黃巢殺了很多人，鮮血都染紅了河流川江，日色也被染成了紅色。

一樹李花都慘澹，可憐巢覆亦成空：一樹李花指的是李唐王朝，經過黃巢起義之後，李唐王朝處境慘澹，臨近末尾。「巢覆」即黃巢起義覆滅，一切成空。

2、說明：這一象是說黃巢起義反唐，殺了很多人。

3、時間：西元874年。

4、故事：黃巢的奮鬥史。

唐朝晚期，朝廷官員貪汙腐敗，繁重的賦稅和兵役使農民負擔沉重。地方官府橫徵暴斂，虐待百姓，強迫勞役。外患的威脅也加劇了人民的負擔，軍費開支過大。在這種情況下，爆發了黃巢起義。

黃巢出身鹽商家庭，他少有詩才，但成年後卻屢試不第，認為社會不公。西元875年，黃巢與子姪黃揆和黃恩鄴等八人在冤句（今山東菏澤市西南）起兵，回應王仙芝的起義。起義軍最初東攻沂州（今山東臨沂）不成功，轉而攻打山東、河南等地，攻占陽翟（今河南禹縣）、郟城（今河南郟縣）等八縣，進逼汝州（治今河南臨汝）。乾符三年九月，起義軍攻克汝州，殺死唐將董漢勳，俘虜汝州刺史王鐐，直指東都洛陽。

在攻打洛陽的過程中，他們遭遇了唐軍的強勢抵抗。同時，內部也出現了分裂和矛盾，王仙芝和黃巢在戰略上產生了分歧。王仙芝希望接受朝廷的招安，而黃巢則堅持繼續戰鬥。最終，王仙芝被唐軍所殺，黃巢成為了起義軍的主要領袖。

黃巢接掌起義軍後，他繼續高舉反抗腐敗官府和改善農民狀況的旗幟，吸引了更多的農民、貧困士兵和流民加入起義軍。起義軍的勢力迅速壯大，轉戰近半唐朝江山，動搖了唐朝的統治。黃巢採用流動作戰的方式，避實攻虛，走遍今天山東、河南、安徽、浙江、江西、福建、廣東、廣西、湖南、湖北、陝西等省廣大地區。

長期的流動作戰沒有給起義軍帶來穩定的後方和充足的經濟保障，起義軍難以持久。

　　西元884年，黃巢率軍圍攻陳州近三百天，雖然給唐軍造成了巨大的消耗，但最終因糧盡援絕而陷入困境。此時，李克用和朱溫等唐朝將領趁機發起反攻。在連續的戰鬥中，黃巢的起義軍遭到了重創。最終，在中和四年（884年）六月，黃巢在泰山狼虎谷（今山東萊蕪西南）被外甥所殺，這場歷時近七年，影響深遠的黃巢起義宣告結束。

　　黃巢起義打擊了唐朝的統治，加速了唐朝的滅亡。他的詩作廣為流傳：「待到秋來九月八，我花開後百花殺。沖天香陣透長安，滿城盡帶黃金甲。」

第十象：朱溫篡唐建後梁

　　癸酉坎下坎上坎

讖曰：
蕩蕩中原，莫御八牛。
泅水不滌，有血無頭。

頌曰：

一後二主盡升遐，四海茫茫總一家。

不但我生還殺我，回頭還有李兒花。

金聖歎曰：此象主朱溫弒何皇后、昭宣、昭宗而自立，所謂一後二主也。未幾為次子友所弒，是頌中第三句意。李克用之子存勖代父復仇，百戰滅梁，改稱後唐，是頌中第四句意。

1、詞句解析：

圖說：朱溫屠盡清流士大夫，投入黃河，終結權貴政治。

蕩蕩中原，莫御八牛：「八牛」為「朱」字，是說朱溫。中原大地，沒人能制伏朱溫。朱溫是黃巢舊將，882年降唐，被唐僖宗賜名朱全忠，協助李克用鎮壓了黃巢。900年唐昭宗被宦官廢掉。901年，朱溫擁立昭宗復位後大權獨攬。此後他殺掉唐昭宗，立唐哀帝，再逼其禪讓，建立後梁。

泅水不滌，有血無頭：唐朝廷被逼遷都後，朱溫的佐吏李振因屢試不第而嫉恨士大夫，對朱溫說：「此輩自謂清流，宜投於黃河，永為濁流。」朱溫同意了，於是在滑州白馬驛（今河南滑縣境內），一個晚上盡殺宰相裴樞、崔遠等朝臣三十餘人，投屍於黃河。

一後二主盡升遐，四海茫茫總一家：一後二主，何太后、唐昭宗和唐哀帝，都被朱溫所殺。後梁建立後，李克用等藩鎮勢力不予承認，軍閥割據。但是大家又都原本是大唐一家。

不但我生還殺我，回頭還有李兒花：「不但我生還殺我」是說朱溫被自己親生兒子所殺。朱溫姦淫兒媳，幾個兒子趁機用妻子在父親面前爭寵，想要繼承皇位。朱溫的養子朱友文妻子十分美豔，受到寵幸，因此，朱溫病重時要向養子托後事。三子朱友圭得到妻子密報，連夜率兵殺入宮中，刺死朱溫。但是在朱友圭自立僅九個月，改年號後不到兩個月，就在其弟朱友貞的政變中被殺，並且沒有被後人承認是皇帝。不久後梁被李克用之子李存勖所殺，這就是「李兒花」。

2、說明：朱溫代唐，創立後梁，殺盡權貴，自己被兒子殺死，

而其兒子被李克用之子李存勖殺死。

3、時間：904年八月，朱溫鐶唐昭宗；905年十二月，朱溫鐶唐哀帝生母何太后；907年，朱溫「受禪」正式稱帝，改名朱晃，國號大梁，史稱後梁。908年，朱溫賜毒酒殺了唐哀帝。912年，朱溫亡。

4、故事：朱溫建立後梁。

在唐朝末年，有一位人物以其獨特的政治手腕和軍事才能，成為了五代十國時期的開創者之一，他就是後梁太祖朱溫。從一名普通的士兵到權傾天下的帝王，再到身死國滅的悲劇結局，朱溫的一生充滿了傳奇色彩。

黃巢起義被平定後，唐朝的統治力量進一步削弱。朱溫看到了機會，在擊敗一個個對手後，野心越來越大，他已不甘心於挾天子以令諸侯，而開始圖謀稱帝。

904年八月，唐昭宗李曄在朱溫的脅迫下，被迫遷都洛陽，朱溫成為了朝廷的實際掌控者。為了進一步鞏固自己的地位，他又殺死了唐昭宗。朱溫弒君立威的舉動，使他在朝廷中的地位更加穩固，也為他日後稱帝鋪平了道路。

在弒殺唐昭宗後，朱溫在905年十二月，又鴆殺了唐哀帝的生母何太后。這一舉動不僅消除了來自皇室的潛在威脅，也進一步鞏固了他在朝廷中的絕對權威。

何太后的死，使得唐朝皇室成員幾乎被清洗一空。朱溫的殘忍手段讓朝野上下感到震驚和恐懼，但也無人敢公開反抗。他的權力已經達到了頂峰，稱帝的道路似乎已經暢通無阻。

在剪除異己、鞏固權力之後，朱溫終於邁出了稱帝的關鍵一步。907年，他逼迫唐哀帝禪位，自己正式稱帝，改名朱晃，國號大梁，史稱後梁。這一事件標誌著唐朝的正式滅亡和五代十國時期的開始。

朱溫稱帝後，採取了一系列措施來鞏固自己的統治地位。他加強中央集權，整頓吏治，發展經濟，使得後梁在初期呈現出一派繁榮景象。然而，這些成就並不能掩蓋他殘暴統治的本質。為了維護自己的權力，他不惜大開殺戒，對任何可能威脅到他地位的人進行殘酷鎮

壓。

908年，朱溫賜毒酒殺了唐哀帝，這一舉動引起了朝野上下的憤慨和不滿。他的統治地位開始動搖，各地的反叛勢力也趁機崛起。

912年，朱溫病重之際，他的兒子朱友珪發動政變，弒父篡位，後梁王朝內亂和衰落由此開始。朱友珪的統治並不穩固，很快就被其他勢力所推翻。後梁王朝在短暫的輝煌之後迅速走向滅亡。

第十一象：李存勖建後唐

甲戌兌下坎上節

讖曰：
五人同卜，非祿非福。
兼而言之，喜怒哀樂。

頌曰：
龍蛇相鬥三十年，一日同光直上天。
上得天堂好遊戲，東兵百萬入秦川。

金聖歎曰：此象主伶人郭從謙作亂，唐主爲流矢所中。

1、詞句解析：

圖說：男子臥地，是中流矢身亡的後唐莊宗李存勖。身邊三棵李樹，是說他死後，後唐還有三個李姓皇帝。

五人同卜，非祿非福：「五人同卜」是繁體字「從」；「兼而言之」是「謙」字。這兩句指後唐作亂的伶人郭從謙。「非祿非福」是說郭從謙沒有正當的官位和職位，只是一個戲子。

兼而言之，喜怒哀樂：「兼而言之」是「謙」字。李存勖開國後驕傲放縱，熱衷於與優伶唱戲，給予戲子和宦官高官厚祿，但是對從前和他一起打仗的朝臣卻很苛刻，從開明的君主變得昏庸。

龍蛇相鬥三十年，一日同光直上天：「龍」是後唐莊宗李存勖，是真龍天子，而「蛇」是地頭蛇，是藩鎮割據勢力。李存勖從十一歲隨父出征，四十一歲時派兵滅前蜀，和割據勢力鬥了三十年。「同光」是李存勖的年號，「上天」是指李存勖死亡。郭從謙趁李嗣源兵變，也兵變入宮，李存勖在混亂中中流箭身亡，一個服侍他的伶人找來樂器堆在遺體上將其焚化，這就是「上天」。

上得天堂好遊戲，東兵百萬入秦川：李存勖被伶人所殺，殺死勸諫的人，那升天後就繼續和伶人玩樂吧。李存勖後李嗣源上位，之後李從厚上位，其削藩逼反李從珂，李從珂削藩逼反石敬瑭。河東節度使石敬瑭引百萬契丹兵大軍西進，侵犯秦川，後唐滅亡。秦川是陝西關中平原，後唐首都洛陽就在秦川。

2、說明：李存勖建立後唐，被伶人所殺，其後李姓三人上位，石敬瑭引契丹兵滅掉後唐。

3、時間：913年，李存勖奪幽州；922年，李存勖擊退契丹；923年，李存勖滅梁統一北方，建立後唐。926年，郭從謙發動兵變，唐莊宗李存勖中流矢身亡。

4、故事：前勇猛後昏庸，是天驕還是笑柄。

李存勖是沙陀族人，唐末晉王李克用的長子。他自幼聰明好學，尤其喜愛兵法和武藝。在父親的悉心教導下，他逐漸成長為一名出色的將領。李克用逝世後，李存勖繼承父業，繼續領導晉軍與後梁作戰。在他的帶領下，晉軍屢次擊敗後梁軍隊，取得了許多輝煌的戰

績。

五代十國時期是一個充滿戰火與變革的時代。其中，李存勗以其英勇善戰、智勇雙全的特質，成為這一時代最為耀眼的星辰之一。從奪取幽州到擊退契丹，再到滅梁統一北方並建立後唐，他的功績卓越。

913年，李存勗率領晉軍發起了對幽州（今北京）的攻勢。幽州地區戰略地位重要，是連接中原與北方的關鍵節點。經過一系列的激烈戰鬥，李存勗成功奪取了幽州。

在鞏固了幽州的統治後，李存勗立即著手準備對抗契丹的入侵。922年，契丹皇帝耶律阿保機率軍南侵，攻陷涿州，並意圖進一步南下。面對這一嚴峻形勢，李存勗親自率軍迎戰，成功擊退了契丹的入侵。

923年，李存勗發動了對後梁的決戰。在這場決定性的戰役中，李存勗展現出了他卓越的軍事才能和領導力，成功滅掉了後梁，統一了北方。這一勝利標誌著後唐王朝的建立，也宣告了李存勗成為一代雄主的地位。此時李存勗在魏州稱帝，定國號為唐，史稱後唐。他立志要恢復唐朝的輝煌，實現國家的統一。為此，他積極整頓內政，發展經濟，加強軍備，為國家的繁榮富強奠定了堅實的基礎。在他的治理下，後唐王朝逐漸走向鼎盛時期，成為五代十國時期最為強大的國家之一。

然而，李存勗的輝煌成就並沒有持續太久。在建立後唐之後，他逐漸變得驕奢淫逸，沉迷於聲色犬馬之中。他大興土木，建造宮殿園林，追求奢華享受。同時，他也開始疏遠賢臣，重用奸佞，導致朝政混亂，民生凋敝。他猜忌心加重，對於任何可能威脅到他地位的人都進行殘酷的鎮壓。

這些行為不僅使得他的統治地位動搖，也讓他失去了民心。各地的反叛勢力紛紛崛起，儘管李存勗多次親征，試圖平定叛亂，但由於內部矛盾重重，軍隊士氣低落，他最終未能成功挽回局勢。

926年，伶人郭從謙發動兵變，也就是興教門之變，唐莊宗李存

勖中流矢身亡

　　對於李存勖的歷史評價，可以說是功過參半。他在建立後唐、統一中原的過程中，展現出了非凡的軍事才能和政治智慧，爲國家的繁榮富強做出了重要貢獻。然而，他在後期的統治中，卻陷入了驕奢淫逸的泥潭，導致國家陷入混亂和衰敗。

第十二象：石敬瑭做「兒皇帝」

乙亥震下坎上屯

讖曰：

塊然一石，謂他人父。

統二八州，已非唐土。

頌曰：

反兆先多口，出入皆無主。

繫鈴自解鈴，父亡子亦死。

　　金聖歎曰：此象主石敬瑭求救於契丹。唐主遣張敬達討石敬瑭，敬瑭不得已，求救於契丹，事之以父禮，賄以幽薊十六州。晉帝之立

國契丹功也，然卒以契丹亡，故有繫鈴解鈴之兆。

1、詞句解析：

圖說：圖中的胡人是石敬瑭，地上如同狗的石頭也是指石敬瑭，指石敬瑭因為「兒皇帝」的問題遭到後人恥笑，像是契丹的狗。

塊然一石，謂他人父：「塊然一石」是後晉皇帝石敬瑭。「謂他人父」是石敬瑭起兵造反，卻被困太原，於是向曾經的敵人契丹求援。契丹出兵條件是讓石敬瑭認契丹皇帝耶律德光為父，當時耶律德光只有十歲。

統二八州，已非唐土：「二八」十六，指的是燕雲十六州。燕雲十六州對中原來說具有極大的戰略意義，卻被割讓給契丹，不再是唐朝土地，後面數個朝代都沒有收復，直到朱元璋建立明朝才被收復回來。

反兆先多口，出入皆無主：石敬瑭造反，先要稱契丹為爹，這就是「反兆先多口」。「出入皆無主」是指，後晉皇帝雖然是他，但他卻是契丹皇帝的「兒子」，不是主人，因此「無主」。

繫鈴自解鈴，父亡子亦死：石敬瑭死後，他的兒子石重貴即位，但不再對契丹稱臣。契丹皇帝耶律德光知道後，進軍中原，導致後晉滅亡。靠著契丹建立後晉，也是被契丹所滅，這就是「繫鈴自解鈴」。石敬瑭有七個孩子，有兩個過世較早，四個被殺，最後一個兒子在後晉滅亡後也不知去向，即「父亡子亦亡」。

2、說明：石敬瑭因削藩而造反，後唐軍兵圍太原，石敬瑭向契丹求援，割讓幽雲十六州，甘做「兒皇帝」。隨後，石敬瑭滅後唐，定都汴梁，國號「晉」。

3、時間：936年，石敬瑭起兵造反。

4、故事：割讓燕雲十六州的兒皇帝。

石敬瑭出生於沙陀族，他早年便投身軍旅，在戰場上屢建奇功。他先後投靠了多個勢力，通過政治聯姻和權謀手段，逐漸鞏固了自己的地位。

不過石敬瑭的道德感不強，他為了稱帝不惜給自己戴「綠帽

子」，還向契丹稱臣，並割讓燕雲十六州給契丹，成了歷史上有名的「兒皇帝」。

後唐時期，唐明宗李嗣源去世之後，李從厚即位，石敬瑭被李從厚提拔為中書令，並且派他去鎮州擔任成德軍節度使。

此時，李嗣源的養子李從珂利用自己的實力發動了岐陽兵變，並拉攏石敬瑭，石敬瑭抓住了李從厚，並將李從厚囚禁起來向李從珂邀功，最終李從厚被李從珂殺死。

李從珂即位之後，石敬瑭便擔任河東節度使。李從珂不信任石敬瑭，於是把石敬瑭在洛陽軟禁了起來，並將自己的胞妹魏國公主嫁給石敬瑭作為夫人，實際上魏國公主就成為李從珂按插在石敬瑭身旁的眼線。

石敬瑭一心想要擺脫李從珂的監視，竟然想到了給自己戴綠帽子的方法。石敬瑭將故友林若玄的兒子林浩清邀請到了自己的府上，魏國公主見到帥氣逼人的林浩清之後，又被林浩清的才華所吸引，於是便將林浩清留在了石府中，天天找他談論詩文，飲酒作樂，就沒有那麼多時間去監視石敬瑭。隨後石敬瑭設了家宴，和夫人以及林浩清飲酒，並提前在酒中做了手腳，魏國公主喝醉之後和林浩清一起給石敬瑭戴了一頂綠油油的帽子，加上石敬瑭又給林浩清下了毒藥，第二天醒來，魏國公主就發現了林浩清死去了，但是以為林浩清是死於極度興奮。石敬瑭厚葬了林浩清，而且表現得十分大度，魏國公主十分感動，變成了石敬瑭的心腹。

五代十國，天下大亂，軍閥林立，皇帝也是走馬燈一樣換來換去，有點實力就想衝擊一下帝位。石敬瑭看到後唐沒什麼希望，而且遭到李從珂的猜忌，就想著把事情做大一點，自己去當皇帝。

於是石敬瑭想到爭取外援，當時強盛的少數民族是契丹，想在中原稱帝或者想要割據的人幾乎都把契丹當成了靠山。當時石敬瑭已經四十五歲了，但是為了和契丹攀關係，竟然認了三十四歲的契丹首領當父親。當李從珂下令討伐石敬瑭的時候，石敬瑭許諾契丹割讓燕雲十六州，並且每年向契丹進貢財寶，最終換取了契丹的援助。

契丹當即率領南下解救石敬瑭，在契丹的支持下，石敬瑭最終當上了皇帝。但是他的這些行為，使他永遠地被釘在了歷史的恥辱柱上。有人說，石敬瑭是被逼的，是在亂世下的自保。但是被逼迫的人太多了，能想到這麼損的招數的，也就是石敬瑭。

第十三象：郭威建後周

丙子離下坎上既濟

讖曰：
漢水竭，雀高飛。
飛來飛去何所止，高山不及城郭低。

頌曰：
百個雀兒水上飛，九十九個過山西。
惟有一個踏破足，高棲獨自理毛衣。

金聖歎曰：此象主周主郭威奪漢自立。郭威少賤，世稱之曰郭雀兒。

1、詞句解析：

圖說：郭威年少時期被人稱為郭雀兒，郭威被迫反叛後漢，建立後周。

漢水竭，雀高飛：漢水枯竭，是說後漢亡國。雀高飛，是說郭威當了皇帝。

飛來飛去何所止，高山不及城郭低：城郭指向郭威的姓，圖為郭雀兒飛在漢水之上，滅後漢，建後周。

百個雀兒水上飛，九十九個過山西：當時很多將領都帶兵北上，越過黃河到了太行山，去抗擊契丹。

惟有一個踏破足，高樓獨自理毛衣：郭威假借了攻打契丹的名號，成為留下來的那個「雀兒」，起兵造反，當了皇帝。

2、說明：郭威為後漢留守鄴都，後漢末代皇帝劉承祐猜忌郭威，認為郭威要謀反。郭威知道皇帝派人刺殺自己，激發了反叛之心，於是發兵攻入開封，推翻了後漢，建立了後周。

3、時間：951年，郭威滅後漢，即位建元，國號周，史稱後周。

4、故事：五代中的清流郭威。

西元904年，郭威在北京順義區降生，出身於一個顯赫的家庭，其父郭簡是唐朝末年的順州刺史。然而，命運多舛，郭威兩歲時，幽州節度使劉仁恭攻占順州，導致其父郭簡被殺，家庭遭受重創。年幼的郭威與母親相依為命，逃往山西長治，不幸的是，母親在路途中病逝，郭威被姨母撫養長大。

早年的郭威生活貧困，但他身懷一股不屈之志。年輕時，他曾在頸部紋上一只飛雀，因此人們稱他為「郭雀兒」。十八歲那年，郭威毅然投身軍旅，憑藉出眾的才能，他得到了後晉大將劉知遠的賞識，多次獲得提拔。郭威隨劉知南征北戰，立下赫赫戰功，為後漢的建立奠定了堅實的基礎。

劉知遠登基稱帝後，郭威成為開國功臣，官拜樞密使，執掌全國軍隊，成為劉知遠最信任的心腹大將。然而，好景不長，劉知遠病逝後，其子劉承祐繼位，面臨著河中節度使李守貞、永興節度使趙思

縮、鳳翔節度使王景崇的反叛。郭威作爲軍事專家，本應是平叛的最佳人選，但劉承祐因忌憚其軍權，最初並未任命他領兵出征。

等到劉承祐派出的人馬戰敗，劉承祐不得不請郭威出馬。郭威面臨著巨大的挑戰，因爲李守貞是軍中威望極高的老將，且平叛軍中有許多是李守貞的舊部。一旦這些舊部戰場倒戈，平叛軍將必敗無疑。在此關鍵時刻，後漢宰相馮道向郭威獻策，建議以利誘之，使李守貞的舊部背叛他，轉而效忠郭威。郭威採納了這一建議，果然收到了奇效，平叛軍士氣大振。

郭威率領平叛軍包圍了河中城，面對李守貞的堅守，他採取了圍而不攻的策略。將士們對此感到不解，但郭威解釋道，李守貞及其軍隊都是能征善戰之士，貿然進攻必然損失慘重。而城中糧草儲備有限，只要圍困待其耗盡，再攻城必將事半功倍。果然，當河中城糧草耗盡時，郭威下令攻城，平叛軍輕鬆攻克了城中，幾乎沒有傷亡。自此，將士們對郭威的智謀和膽識深感佩服。

郭威的成功並非偶然，他始終秉持著以最小代價換取最大成功的原則。在平定永興節度使趙思縮、鳳翔節度使王景崇的反叛後，後漢的帝位得以穩固。然而，郭威的功勳卻引起了劉承祐的忌憚。西元950年，劉承祐聽從舅舅李業的建議，密謀誅殺郭威。消息洩漏後，郭威果斷採取行動，僞造詔書聲稱劉承祐要誅殺諸將，激起了諸將的憤怒。於是，郭威被推舉爲帥，起兵討伐劉承祐。

在戰爭中，郭威展現出了卓越的軍事才能和領導魅力。他率軍渡過黃河，直指後漢都城開封。劉承祐在驚恐之下，下令誅殺郭威全家。七天後，郭威攻入開封城，劉承祐被殺。隨後，郭威自立爲監國，掌握了後漢的軍政大權。

面對後漢內部的混亂和外敵的威脅，郭威展現出了高超的政治智慧。他請李太后垂簾聽政，並舉薦劉崇的兒子劉贇爲帝，以此穩住劉崇的軍隊。劉崇是後漢開國皇帝劉知遠的親弟弟，也是劉承祐的親叔叔，當時官拜河東節度使。當劉崇率軍抵達開封城下時，郭威已經做好了應對的準備。他通過巧妙的政治手段，成功地將劉崇的軍隊騙

走，實現了以最小代價換取最大成功的目標。

　　誅殺皇帝劉承祐後，郭威明白自己已經沒有回頭路可走，只有登基稱帝才能保全自己。在邊疆守將稟報遼國入侵的消息後，郭威率軍出征。行至澶州時，眾將扯下一面黃旗披在郭威身上，懇請他登基稱帝。經過一番推脫後，郭威終於應允了眾將的請求，率軍返回開封。西元951年正月初五，郭威在開封登基稱帝，建立後周，成為後周太祖。

　　作為一位英明的君主，郭威登基後崇尚節儉、仁愛百姓。他對宰相王峻說道：「朕出身貧寒，嘗盡人間疾苦，也歷經國家災難。如今成為皇帝，怎敢為自己的私欲而拖累天下百姓？」他多次減免百姓賦稅、杜絕奢華之風，為後周的繁榮穩定奠定了堅實的基礎。

第十四象：柴榮繼位

丁丑離下兌上革

讖曰：

石榴漫放花，李樹得根芽。

枯木逢春只一瞬，讓他天下自榮華。

頌曰：

金木水火土已終，十三童子五王公。

英明重見太平日，五十三參運不通。

金聖歎曰：此象主周世宗承郭威受命為五代之終，世宗姓柴名榮，英明武斷，勤於為治，惜功業未竟而殂。五代共五十三年，凡八姓十三主，頌意顯然。

1、詞句解析：

圖說：圖中有一個花盆，花盆裏面是一捆柴木，有一株樹長得十分繁榮茂盛，指的是柴榮。

石榴漫放花，李樹得根芽：這句話說的是五代的三朝三姓。後唐皇帝姓李，後晉皇帝姓石，後漢皇帝姓劉，也就是「榴」。

枯木逢春只一瞬，讓他天下自榮華：枯木為柴，逢春發芽、榮發，是說周世宗柴榮。柴榮勵精圖治，文治武功極強，但是登基5年半就病逝了，他7歲的兒子即位半年，後周就被趙匡胤取代，所以是「只一瞬」。讓他天下競榮華，是說柴榮很難管好身後事，天下群雄割據，謀求榮華。兩句又代表了柴榮的名字。

金木水火土已終，十三童子五王公：金木水火土已終，是用五行代指五國，戰亂結束。十三童子五王公，是指五代十國共有十三位皇帝和五位開國君主。

英明重見太平日，五十三參運不通：英明重見太平日，是說最終英明的管理占據上風，終結五代十國亂世，天下太平，百姓安居樂業。五十三參運不通，是從朱溫篡位開始到後周末帝柴宗訓，一共持續了五十三年。

2、說明：這一象是說柴榮文治武功高強，但是英年早逝，留下了一個將要終結亂世的光明未來。

3、時間：954年，郭威駕崩，柴榮繼位做了皇帝。五代十國的時間為907年-960年。

4、故事：五代第一明君柴榮。

柴榮，是邢州堯山縣人，自幼便顯露出與眾不同的氣質。他精通騎射，對兵法亦頗有心得，性格更是謹慎厚道，深受眾人敬仰。幸得姑父劉知遠帳下大將郭威的收養，他得以在郭威的軍隊中擔任將領，一展抱負。

劉知遠稱帝建立後漢王朝，郭威因功被提拔爲樞密副使，柴榮也隨之升官，擔任左監門衛大將軍。他每次出征都能迅速擊敗強大的敵人，無須長時間的準備和訓練。

劉知遠死後，其子劉承佑繼位。劉承佑對郭威心生猜忌，竟下令殺害了郭威留在京城的家人，並且將柴榮的三個兒子也殺了。這一舉動澈底激怒了郭威，他憤然舉兵反抗，成功奪取了後漢大權，並建立了後周王朝。在兒子被殺後，郭威將柴榮視爲接班人，提拔他擔任多個要職，並讓他鎮守重鎮澶州。

在澶州任職期間，柴榮展現出卓越的治理能力，使得境內安寧，盜賊不敢侵犯。他的政績卓著，贏得了人們的廣泛讚譽，被譽爲「清肅有政績」。而後，當郭威病重之際，柴榮被任命爲多個職位，並在郭威去世後，在他的靈前繼位，成爲了後周世宗。

柴榮在任期間，勤政愛民，使得境內安定祥和。然而，就在此時，後周的宿敵北漢政權領主劉崇趁後周舉喪期間，親率大軍企圖攻陷後周北方的戰略重鎮——潞州。消息傳來，朝野震驚。然而，在這關鍵時刻，柴榮毅然決然，力排眾議，親率大軍北上迎戰。

在澤州高平之南的巴公原，柴榮與北漢軍展開了激烈的交鋒。他親自率領士兵衝鋒陷陣，勇猛無比，成功斬殺了北漢名將張元徽，大敗北漢軍，使得遼軍望風而逃，成功解除了潞州之危。這一戰役充分展現了柴榮在周軍中的崇高威望和出色指揮能力。

戰後，柴榮開始對後周的軍事體制進行了大刀闊斧的改革。他嚴懲臨陣脫逃的將領，如樊愛能、何徽等七十多人，同時重用英勇作戰的李重進、張永德、趙匡胤等人。這些舉措成功扭轉了軍隊驕橫、將領貪婪的局面，實現了皇帝對軍隊的絕對控制。

此外，柴榮還注重發展國家經濟，鼓勵民眾耕織，積蓄國力。他

胸懷壯志，曾誓言要在短時間內統一天下。為此，他在高平之戰後的第二年便開始了統一天下的征程。他先後擊敗後蜀、南唐等割據政權，奪取了大片土地，使得後周的實力得到了極大的提升。

然而，就在柴榮事業如日中天之際，他卻突然身患重病。儘管他心中充滿了對未完成事業的遺憾和無奈，但最終還是不得不下令撤軍回朝。他的離世使得後周失去了一位英明的君主，而他的兒子柴宗訓年幼無知，無法繼承他的遺志。

不久之後，柴榮生前信任的將軍趙匡胤在陳橋驛發動兵變，建立了大宋王朝。

第十五象：趙匡胤終結五代

戊寅離下震上豐

讖曰：
天有日月，地有山川。
海內紛紛，父後子前。

頌曰：
戰事中原迄未休，幾人高枕臥金戈。
寰中自有真天子，掃盡群妖見日頭。

金聖歎曰：此象主五代末造，割據者星羅棋布，惟吳越錢氏稍圖治安，南唐李氏略知文物，餘悉淫亂昏虐。大祖崛起，拯民水火。太祖小名香孩兒，手執帚著，掃除群雄也。

1、詞句解析：

圖說：一小孩兒手拿掃帚橫掃群蜂，與頌中「掃盡群妖見日頭」對應。宋太祖小名「香孩兒」，圖中的小孩就對應趙匡胤。

天有日月，地有山川：天有日月照臨天下，地有山川自然運行。趙匡胤建立宋朝是應天命，得人心。

海內紛紛，父後子前：五代十國中原戰亂紛紛，皇帝都很短命，父子先後上位的事頻頻發生。

戰事中原迄未休，幾人高枕臥金戈：中原大地戰事不斷，人們枕戈待旦，戰事緊張。

寰中自有真天子，掃盡群妖見日頭：真天子是指趙匡胤，各大軍閥就像是妖怪，由趙匡胤掃除。

2、說明：趙匡胤掃盡群雄，終結五代十國亂局。

3、時間：959年，柴榮駕崩，趙匡胤嶄露頭角，終結五代亂世。

4、故事：香孩兒的奮鬥歷程。

《宋史》中記載了宋太祖趙匡胤的傳奇一生。他生於後唐天成二年洛陽夾馬營，降生時赤光環繞，異香經久不散，身體呈現金色，三天不變。成年後，他容貌雄偉，氣度非凡，被有識之士看出他絕非尋常之人。

趙匡胤，一位以武將身分登上皇位的皇帝，在中國歷史上留下了深刻的印記。儘管有些人可能認為他的皇位來得太過容易，甚至是憑藉運氣，然而真正瞭解他的人卻知道，他的成功離不開自身的努力和正確的決策。

趙匡胤為了實現自己的夢想，毅然離家，獨自踏上尋夢之旅。他歷經艱辛，卻始終未被各方勢力所接納。在一位高僧的指引下，他決定北上，並因此遇到了生命中的伯樂——太祖郭威。

在郭威麾下，趙匡胤憑藉出色的才華和實力，逐漸脫穎而出。他

冒險衝鋒，立下赫赫戰功，贏得了郭威和後來的周世宗柴榮的賞識。

柴榮繼位後，趙匡胤迎來了人生的第二個伯樂。柴榮更加瞭解他的才華，決心重用他。在一次與北漢的戰爭中，趙匡胤看準時機，身先士卒，率領精兵強將大敗敵軍，爲後周扭轉了戰局。此戰過後，他在軍中的威望更上一層樓。

隨著時間的推移，趙匡胤逐漸掌控了後周帝國的兩支主要軍隊。他運籌帷幄之中，決勝千里之外，成爲軍中不可或缺的領袖。最終，他憑藉著軍中的威望和民眾的支持，黃袍加身，實現了自己的夢想。

在960年的一個清晨，趙匡胤率領大軍出征。在陳橋驛的休整中，一場精心策劃的「黃袍加身」戲碼上演了。士兵們湧入他的營帳，將黃袍披在他的身上，高呼萬歲。這一幕與當年郭威稱帝的情景如出一轍。

趙匡胤帶兵回開封城，幾乎沒有遇到任何抵抗。唯一起兵反抗的韓通也迅速被平定。隨後，他進入皇宮，逼迫年幼的周恭帝退位「禪讓」。次日，他便正式改國號爲宋，建立了大宋帝國，終於圓了自己的皇帝夢。此後，他便善待柴家後人。

第十六象：趙匡胤建立宋朝

己卯離下坤上明夷

讖曰：

天一生水，姿稟聖武。

順天應人，無今無古。

頌曰：

納土姓錢並姓李，其餘相次朝天子。

天將一統付真人，不殺人民更全嗣。

金聖歎曰：此象主宋太祖受禪汴都，天下大定，錢李二氏相率歸化，此一治也。

1、詞句解析：

圖說：圖中坐著的是皇帝，也就是宋太祖趙匡胤，朝拜的五歌人分別是吳越、南平（荊南）、後蜀、南漢、南唐五國之主。

天一生水，姿稟聖武：《易經》有「天一生水，地六成之」。宋朝之前是五代十國，北宋是第六個政權，符合「天一生水，地六成之」，經歷過六次政權，終於迎來「姿稟聖武」的君主趙匡胤。趙匡胤武功高強，留下「太祖長拳」，被譽為「百拳之母」。

順天應人，無今無古：在北宋之前，中國是一個亂世，軍閥混戰，百姓飽受戰爭之苦。而趙匡胤的出世和統一則是順應天命的行為，建立的宋朝也是文化繁榮的朝代，古今罕見。趙匡胤文治也非常好，留下遺言，不准殺士大夫和向朝廷提建議的官員。他也不殺功臣，杯酒釋兵權，給了他們優厚的待遇，也避免了權貴誤國。另外，「無今無古」也可能是說宋朝被金國、蒙古侵略，以至於滅亡。

納土姓錢並姓李，其餘相次朝天子：接納錢姓和李姓的國土。吳越國錢弘俶主動臣服，南唐後主李煜兵敗投降，其他小國也相繼歸順。

天將一統付真人，不殺人民更全嗣：「真人」是趙匡胤，趙匡胤陳橋兵變兵不血刃，優待柴氏家族，朝臣安定，之後杯酒釋兵權，削除權貴對百姓和國運的蠶食，之後仁愛治國，不濫殺伐，不允許殺士

大夫和上書言事者。

2、說明：趙匡胤順應天命建立宋朝，文治昌盛，寬厚治國，古今罕見。

3、時間：西元960年-979年，趙匡胤建立宋朝，逐漸消滅各割據勢力，統一中國。

4、故事：趙匡胤結束五代十國。

後周接過四代傳承的接力棒，終結五代亂世，宋朝則接過後周的旗幟，完成了五代的終結篇章。五代的歷史，實質上就是一系列政權更迭的連續過程，而後周便是這個連續過程的重要一環。郭威，這位英勇的領袖，推翻後漢，建立後周，並將大位傳給了他的養子柴榮。後周世宗柴榮，英勇善戰，雄心勃勃，他南征北戰，戰績輝煌。

在南方，柴榮三次征討南唐，最終迫使南唐中宗李璟放棄帝號，改稱南唐國主，又打服了後蜀，並收復了秦、鳳、成、階四州之地。在北方，他連續擊敗遼國的多位將領，短短四十二天內，便收復了三關三州，共計十七個縣。然而，就在柴榮打算徹底奪取幽州之時，他突患重病，無奈之下，後周大軍只好撤退。

柴榮逝世後，他的兒子柴宗訓年幼無知，無力治國。於是，殿前都點檢趙匡胤，趁機發動陳橋兵變，黃袍加身，取代了後周，建立了宋朝。

南唐，這個一度強大的王朝，其前身乃是南吳。然而，南吳在傳至第二代後，政權便旁落到權臣徐溫手中。徐溫雖有六子，卻無一能及其養子徐知誥。徐知誥原名李昇，是唐朝皇室後裔，他掌權後，一舉取代南吳，建立了屬於自己的王朝大齊，後改為大唐，即南唐。如此，南吳便被南唐所滅。

隨後，南唐在李昇的兒子李璟的領導下，迎來了其巔峰時期。在福建的閩國發生宗室奪位之亂時，李璟果斷出擊，一舉蕩平閩國，實現了南唐的第二個大擴張。而後，南楚的內亂為南唐提供了第三次擴張的機會，李璟派遣信州刺史邊鎬攻滅南楚，將南楚的宗族全部遷徙至金陵。至此，南唐已經滅掉了三個國家。

然而，趙匡胤的鐵騎最終踏入了南唐的國土，南唐的滅亡，也意味著十國中的四個國家已經被宋朝所滅。南唐的滅亡，爲宋朝的統一大業鋪平了道路。

　　前蜀的建立者王建，本爲唐僖宗身邊的神策軍將領，後因故在四川自立爲王，建立了前蜀。然而，他的兒子王衍卻是個昏庸無能的帝王，導致前蜀國力日漸衰弱。後唐莊宗李存勖看準時機，帶兵滅了前蜀，並任命孟知祥爲劍南西川節度使，駐守成都。

　　不久，後唐內亂，孟知祥趁機在四川自立爲王，建立了後蜀。孟知祥和他的兒子孟昶在位期間，四川內部相對穩定，經濟文化較爲發達。然而，孟昶雖然勤政，卻無雄心壯志，後蜀在宋朝的打擊下，一蹶不振，最終滅亡。

　　南平，這個割據政權占據了荊襄一帶，地理位置十分重要。其建立者高季興憑藉此地的戰略地位，常常攔截南方的貢品，甚至向各路諸侯索要封賞，其行爲頗爲無恥。高季興去世後，其子高從誨雖然聰明，但南平的實力並未得到顯著提升。到了宋太祖趙匡胤時期，南平因實力弱小，無力抵抗宋軍，最終被趙匡胤借道滅亡。

　　南漢，這個偏居廣東的王朝，其統治者多荒淫無道，朝堂之上宦官橫行。如此荒誕的王朝，自然難以長久。趙匡胤的大軍南下後，南漢後主劉鋹嚇得倉皇逃跑，但最終還是選擇了投降北宋，南漢至此滅亡。

　　吳越國，這個存在了長達八十六年的割據政權，其統治者錢家人才輩出。爲了生存，吳越國向五代的所有王朝稱臣，甚至在北宋時期，吳越國主錢俶還幫助北宋偷襲南唐。然而，趙匡胤並未因此放過吳越國，最終錢俶只好選擇納土歸宋，吳越國至此滅亡。

　　北漢，這個在五代末期才建立的割據政權，其建立者劉崇占據了河東十二州。然而，由於實力弱小，北漢總是受到後周和宋朝的打壓。在宋朝取代後周後，趙匡胤忙於滅亡南方各路政權，無暇顧及北漢。直到宋太宗趙光義繼位後，才將滅亡北漢提上了議程。太平興國四年，趙光義親征北漢，大遼援兵被北宋大軍擊潰，太原城破，北漢

自此滅亡。至此，五代十國的歷史徹底結束。

在五代十國的歷史中，趙匡胤親自帶隊滅掉的諸侯國就有南唐、後蜀、南漢、南平、吳越等五個。而他的弟弟趙光義也帶隊滅掉了北漢。這兩位皇帝的努力，最終完成了五代十國的統一大業。

第十七象：澶淵之盟

庚辰坎下坤上師

讖曰：
聲赫赫，干戈息。
掃邊氛，奠邦邑。

頌曰：
天子親征乍渡河，歡聲百里起謳歌。
運籌幸有完全女，奏得奇功在議和。

金聖歎曰：此象主宋眞宗澶淵之役。景德元年，契丹大舉入寇，寇準勸帝親征，乃幸澶淵。既渡河，遠近望見卸蓋皆踴躍呼萬歲，聲聞數十里，契丹奪氣，遂議和。

1、詞句解析：

圖說：圖中有條河，也就是澶淵。河的一邊是穿著官服的漢人，另一邊是胡人，也就是契丹人，宋朝要和契丹議和。

聲赫赫，干戈息：宋真宗時期遼國就開始侵犯宋朝邊境，最終宋真宗御駕親征化解了戰亂，雙方達成了議和，史稱「澶淵之盟」。

掃邊氛，奠邦邑：澶淵之盟後雙方維持了一百二十年邊境和平。

天子親征乍渡河，歡聲百里起謳歌：為擊退契丹，宋真宗親征渡黃河，將士見後歡呼萬歲，聲震數十里，百里傳頌。

運籌幸有完全女，奏得奇功在議和：「完全女」是寇準的「寇」字。在寇準運籌之下，澶州守衛戰勝利，宋真宗力議和時，寇準最大限度減少了損失，立下奇功。

2、說明：寇準力促宋真宗親征，帶領士兵贏得澶州守衛戰勝利，在澶淵之盟中減少宋朝損失。

3、時間：西元1004年，遼蕭太后與遼聖宗率軍南下，深入宋境。宋真宗想遷都南逃，在宰相寇準的極力勸阻下，宋真宗勉強到澶州督戰。宋軍大勝，遼恐腹背受敵，提出和約。1005年，宋與遼在澶州訂立和約，史稱澶淵之盟。此後一百二十年，宋遼之間沒有大的戰事。

4、故事：寇準羽澶淵之盟。

提及北宋，許多人會立刻聯想到「貧弱」二字，這種觀念在公眾心中已根深蒂固。然而，與疆域廣闊的唐朝鼎盛時期的七千七百萬人口相比，北宋在相對狹小的領土上承載了一億人口。從耕地面積、商品經濟進步、城市化水準及手工業技藝等多個維度審視，宋朝無疑是歷史上一個領先的王朝。

關於「積弱」的標籤，主要是因為北宋與兩個強大的鄰國——遼和西夏相鄰。與唐朝時的匈奴、突厥等單一的游牧族群不同，遼和西夏採納了「二元制」的游牧政權模式，即同時從事游牧與農耕。這種模式既保留了他們的軍事優勢，又吸收了中原的農業特色，因此更加強大，能夠與北宋長期保持軍事上的僵持。此外，北宋在建國前就已失去燕雲十六州這一重要的養馬地，導致騎兵數量遠低於前朝。

在這種情況下，「澶淵之盟」是北宋為了維護大局穩定而與遼國簽訂的一項協議。

西元976年，宋太祖登基，三年後開始組織軍隊平定北方殘餘勢力，迅速統一了北方大部分地區。儘管後來的兩次「北伐」都以失敗告終，但為了保證朝廷的穩定，他將政治重心轉向內部治理，推行「黃老政治」，使百姓得以休養生息。

宋真宗趙恆於西元998年繼位，延續了太宗末年的「黃老政治」。但邊境並不安寧，遼國頻繁挑釁，屠殺百姓。儘管「楊家將」等英勇抵抗，但面對遼國靈活機動的騎兵戰術，宋軍並未占得多少便宜。

西元1004年，遼聖宗與蕭太后率二十萬大軍南侵。面對此境，宋真宗原本打算南遷逃避，但在宰相的勸說下，他被迫前往前線鼓舞士氣，結果遼軍大敗並提出和談。儘管大臣們反對，但無心戰爭的宋真宗卻欣然同意。

於是，兩國簽訂了「澶淵之盟」，結為兄弟之國。雖然宋朝在戰爭中獲勝，但需每年向遼國進貢白銀和絹帛。兩國以白河溝為界，互不侵犯。

在澶淵之盟中，寇準的表現最為突出。

寇準，出身於山西太谷的名門望族，他學識淵博，不僅擅長書法和繪畫，更在太平興國五年一舉成為進士甲科，深得宋太宗的賞識，從此步入仕途，最初擔任大名府成安縣知縣。

在成安縣任職期間，寇準以民為本，實施了一系列輕稅賦、薄徭役的政策，並創新性地推行了「縣衙支出公示」，同時鼓勵農耕和墾荒，使得百姓過上了安定的生活。因其傑出的政績，寇準多次獲得升遷，歷任多個要職，並逐漸受到太宗的重用。

然而，寇準性格直率，尤其在擔任言官後，他常直言不諱，即使與皇帝的意見相左也在所不惜。有一次，他在朝堂上激烈陳詞，甚至拉住太宗的衣角讓其坐下議事，直至問題解決。太宗雖感尷尬，但也對寇準的直率表示讚賞。

淳化二年，河南遭遇大旱和蝗災，太宗召集大臣商議對策。當其他大臣都用含糊的言辭搪塞時，寇準卻引經據典，直接指出施政的失誤。這引起了太宗的不滿，但最終太宗還是承認了寇準的批評，並賜予他通天犀製成的玉帶以表嘉獎。

同年，寇準升任同知樞密院事，年少高官的他得意輕狂，但這並沒有給他帶來好運。很快他就因為一些政治鬥爭被貶為青州知府。

儘管遭受貶謫，但寇準的性格並未改變。他依然直言不諱，甚至在立太子一事上給出了關鍵建議，幫助太宗立下了皇太子，並因此再次被拜為參知政事。

然而，寇準的直言不諱和提拔官員的方式也招來了其他官員的嫉妒和攻擊。最終，在一系列的政治風暴中，寇準再次被貶為鄧州知州，這是他第一次被罷相。

寇準的高光時刻出現在「澶淵之盟」中。當時契丹大軍入侵，真宗採納了寇準的建議，派遣大將把守邊關要塞。在寇準的鼓勵下，真宗決定親征，並最終與契丹達成了「澶淵之盟」，為宋朝贏得了和平。然而，這也引來了其他官員的嫉妒和攻擊。最終，在王欽若等人的挑撥下，真宗對寇準產生了疑慮，並將其貶為陝州知州。

儘管遭受貶謫的打擊，但寇準並未放棄對政治的追求和熱情。然而他的結局並不好。在天禧三年因「天書」事件再次被召回京城並拜為相後，他再次捲入了政治鬥爭的漩渦中。最終在一次政治風暴中被貶為雷州司戶參軍，並在那裏結束了他的一生。

第十八象：劉娥垂簾聽政

辛巳艮下艮上艮

讖曰：

天下之母，金刀伏兔。

三八之年，治安鞏固。

頌曰：

水旱頻仍不是災，力扶幼主坐靈臺。

朝中又見釵光照，宇內承平氣象開。

金聖歎曰：此象主仁宗嗣立，劉太后垂簾聽政。旁有一犬，其惟狄青乎。

1、詞句解析：

圖說：宋朝劉娥垂簾聽政，旁邊是用來換太子的狸貓。

天下之母，金刀伏兔：金刀卯，合起來是繁體字的「劉」，也就是「劉」，劉娥有母儀天下之姿。

三八之年，治安鞏固：三乘八為二十四，劉太后去世，宋仁宗親政時二十四歲，國家治理安定，江山鞏固。

水旱頻仍不是災，力扶幼主坐靈臺：劉太后興修水利，使水旱都

不是大災了。劉太后全力輔佐十四歲的宋仁宗即位，沒有發生權臣弄權之類的事。

朝中又見鈙光照，宇內承平氛象開：劉太后垂簾聽政，四海承平無戰事，朝政清明，廣開言論。

2、說明：劉太后主政，創設諫院、澄清吏治、興修水利、發行交子、完善科舉、興辦州學，爲仁宗盛治打下了基礎。

3、時間：西元1022年-1033年。

4、故事：宋朝第一位攝政的皇太后劉娥。

在宋太宗太平興國九年，韓王府指揮使張耆向皇三子韓王趙元休進獻了一名年僅十五歲的絕色歌女劉娥，儘管已有過婚姻經歷，卻因其出眾的姿色和氣質，深深吸引了韓王趙元休。她的美貌和才華讓趙元休對她寵愛有加，甚至願爲她違背父皇的旨意。

劉娥出身於官宦世家，然而早年父母雙亡，她在外公外婆的撫養下成長。不幸的是，她在幼年又失去了外公外婆，從此開始了孤苦無依的生活。爲了生存，她投身於梨園，學習歌舞表演。憑藉著聰慧和天賦，她很快成爲了一名色藝雙全的歌女。

然而，劉娥明白歌舞生涯不能長久，於是她選擇了嫁給當地的老實銀匠龔美。生活的艱難迫使龔美帶著她來到了京城汴京尋求更好的發展。在京城，他們遭遇了現實的打擊，龔美無法維持生計，最終決定把劉娥賣給富貴人家。

機緣巧合之下，韓王府指揮使張耆遇到了龔美，龔美把劉娥推薦給了他。張耆爲了討好韓王趙元休，將劉娥獻給了他。趙元休對劉娥一見鍾情，整日與她膩在一起。然而，這引起了宋太宗趙光義的不滿，他下令讓趙元休趕走劉娥。但趙元休捨不得劉娥，於是偷偷將她藏在張耆家中，以便能經常與她幽會。

隨著時間的推移，趙元休繼位爲宋眞宗，劉娥也被接進皇宮。在皇宮中，她憑藉自己的才能和魅力，不僅獲得了其他妃嬪的喜愛，還得到了宋眞宗的青睞。她努力學習提升自己，最終獲得了德妃的封號。

儘管劉娥沒有生育能力，但她借助侍女李氏的肚子生下了一個兒子，這就是後來的宋仁宗趙禎，這就產生了「狸貓換太子」的故事。憑藉這個兒子，她成功地登上了皇后的寶座。作爲皇后，她展現出了出色的管理能力和政治才能，輔助宋眞宗處理政務，贏得了朝臣的尊敬。

　　在宋眞宗晚年，劉娥逐漸掌握了最高權力。她展現出了溫和而堅定的政治手腕，成功地應對了政治危機和挑戰。在宋眞宗去世後，她以皇太后身分臨朝稱制，與年幼的宋仁宗共同處理朝政。

　　劉娥掌權期間，重視經濟發展，尤其是商業的發展。她的政策使得北宋國力日益富強，爲後來的仁宗盛治奠定了基礎。儘管她擁有成爲女帝的條件和機會，但她始終堅守自己的原則沒有越界。歷史上評價劉娥爲「有呂武之才，無呂武之惡」，就是說她有呂后和武則天的政治才能，手段卻比呂雉和武則天都溫和許多。

　　在臨終前，劉娥仍然心繫國家大事和朝政穩定。她下旨爲前宰相寇準平反昭雪、赦免被貶官的前宰相丁謂等舉措都顯示出她的寬厚與智慧。最終她身著皇后禮服與宋眞宗合葬在一起，結束了她傳奇而輝煌的一生。

第十九象：宋神宗伐西夏

壬午離下艮上賁

讖曰：

眾人囂囂，盡入其室。

百萬雄師，頭上一石。

頌曰：

朝用奇謀夕喪師，人民西北盡流離。

韶華雖好春光老，悔不深居坐殿墀。

金聖歎曰：此象主神宗誤用安石，引用群邪，致啟邊釁，用兵西北，喪師百萬。熙寧初，王韶上平戎三策，安石驚為奇謀，力薦於神宗，致肇此禍。

1、詞句解析：

圖說：圖中木亭帶蓋，指「宋」字，籬笆指邊境。宋朝面臨邊境問題。

眾人囂囂，盡入其室：許多愚蠢而頑固的人，加入了王安石為首的變法一派。

百萬雄師，頭上一石：王安石變法毀於一旦，「五路伐夏」慘敗，損兵百萬。

朝用奇謀夕喪師，人民西北盡流離：「奇謀」：指王韶的「平戎策」三篇，被王安石稱為奇謀。前期成果顯著，王韶被貶後，宋神宗按「平戎策」的謀略討伐西夏，大敗，軍兵損失共五十餘萬人，西北人民因戰亂流離失所。

韶華雖好春光老，悔不深居坐殿墀：「韶」指王韶，王韶謀略雖好，但是不合時宜。另外，春光老，是臨近夏天，或可指兵臨西夏。後悔出兵西北，還不如在國內鎮守宮廷。

2、說明：宋神宗伐西夏，採用由王安石舉薦的王韶的《平戎策》的謀略，結果遭遇慘敗。

3、時間：西元1081年-1082年。

4、故事：王安石變法與征西夏。

在宋神宗執政時期，王安石推行了一系列改革，主要涵蓋經濟和軍事兩大領域。對外關係上，宋朝對西夏的獨立深感不滿，因此滅夏成爲了宋朝的首要對外軍事目標。當時，位於西北的王韶向朝廷提出了《平戎策》，建議「欲取西夏，當先復河湟」，此策略得到了王安石的支持，並爲此進行了積極的籌備。

　　熙寧五年，受王安石的委派，王韶對吐蕃各部進行了招撫。他在短時間內就成功占據了熙河地區的一千餘里領土，這一行動被稱爲「熙河開邊」。然而，這引發了原本與宋朝友好的吐蕃首領董氈的不滿，他因此轉向與西夏結盟，並派遣軍隊騷擾宋朝邊境。儘管王韶成功擊敗了董氈的部隊，但兩國關係已經無法恢復到以前的友好狀態。

　　在西夏方面，李元昊死後，其子李諒詐繼位，但實際權力掌握在他的舅舅沒藏訛龐手中。沒藏訛龐爲了鞏固自己的權力，甚至把自己的女兒嫁給了李諒詐。然而，李諒詐並不滿足於做一個傀儡皇帝，他祕密策劃並成功殺掉了沒藏訛龐一家，終於得以親政。他執政後推行漢化政策，並與鄰國保持友好關係。

　　然而，李諒詐死後，其子李秉常繼位，由於年幼，其母梁太后開始垂簾聽政，梁太后的弟弟梁乙埋擔任宰相。梁氏宗族治國無方且貪婪成性，他們摒棄了對宋朝的友好政策，改爲對外侵略。這導致了西夏與宋朝的邊境衝突不斷。

　　西元1071年，宋將種諤率領宋軍深入西夏腹地，全殲西夏主力部隊。然而，這引發了西夏的強烈反彈，他們傾盡國力奪回了失地。但這場消耗戰對西夏的國庫和民生造成了巨大壓力，迫使梁太后不得不恢復與宋朝的友好關係。

　　幾年後，當李秉常試圖親政並推行漢化政策時，他與母親梁太后發生了嚴重的政治衝突。這導致了梁太后幽禁李秉常，並引發了宋朝的干涉。宋神宗看準時機，發動了五路伐夏的戰爭。然而，由於將領的任用問題和戰術失誤，這場戰爭最終以宋朝的慘敗告終。

　　此後，宋朝並未從失敗中汲取教訓，反而繼續發動對西夏的戰爭。這些戰爭不僅損耗了宋朝的國力，也加劇了民眾的苦難。最終，

宋朝不得不與西夏講和，並繼續支付歲幣以維持和平。

第二十象：蔡京父子弄權

癸未離下乾上同人

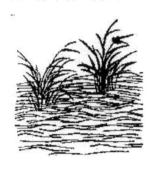

讖曰：

朝無光，日月盲。

莫與京，終旁皇。

頌曰：

父子同心並同道，中天日月手中物。

奇雲翻過北海頭，鳳闕龍廷生怛惻。

金聖歎曰：此象主司馬光卒，蔡京父子弄權，群小朋興，賢良受錮，有日月晦盲之象。

1、詞句解析：

圖說：圖中草露頭，指草字頭「艸」，或者是兩株茱，指蔡京父子。

朝無光，日月盲：朝廷沒有了光芒，日月都看不到了。「光」指司馬光，這時候司馬光去世了，朝政又陷於混亂。「日」和「月」指宋哲宗和高太后，高太后是宋哲宗祖母，宋哲宗年幼時登基，高太后臨朝聽政，用司馬光恢復舊法。後宋哲宗親政，使用新黨，恢復新

法。

莫與京，終旁皇：「京」是說奸臣蔡京，弄得朝政混亂、彷徨。

父子同心並同道，中天日月手中物：蔡京和他兒子蔡攸取寵於宋徽宗，禍亂朝綱。日月是指宋徽宗和其皇后，蔡京權利大到廢了元祐皇后。

奇雲翻過北海頭，鳳闕龍廷生怛惻：北海是遼國的北疆，奇雲是金兵。金國滅了遼國，占領遼國疆土，揮兵南下，準備進攻北宋。北宋朝廷、後宮很害怕，大難臨頭。

2、說明：被稱為「六賊之首」的蔡京先後四次出任丞相，導致北宋的衰敗。

3、時間：西元1102年-1126年。

4、故事：禍國殃民的蔡京父子。

蔡京當政之時，行事霸道，不得人心，雖多次受到朝廷官員的彈劾，但他善於揣摩時勢，運用權謀，始終穩固自己的權貴地位。其子蔡攸權力一度與蔡京不相上下。蔡京父子因追名逐利而機關算盡，最終家破人亡，留下千古罵名。

蔡京曾是王安石變法的積極支持者和主要執行者。在宋神宗的支持下，王安石實施了一系列改革措施，包括青苗法、募役法、方田均稅法、農田水利法和保甲法等，解決了北宋面臨的各種危機。然而，隨著宋神宗的去世和高太后的臨朝聽政，變法被全面廢止，北宋政權再次陷入嚴重的政治危機。後來宋哲宗親政，重新起用變法者，並任命蔡京為戶部尚書。蔡京見權臣章惇得勢，便對他畢恭畢敬，盡心竭力為其辦事。

宋徽宗即位後，蔡京被任命為宰相並繼續推行新法。然而，他大權獨攬後變得陰險狠辣，玩弄權術，中飽私囊，使得朝廷上下對他厭惡不已。而蔡攸則憑藉父親的庇護在朝中謀得高位。他精心算計與端王的相遇時機以博取好感，這為他的升遷鋪平了道路。當宋徽宗登基後蔡攸得到了飛速的提拔。

然而蔡攸不學無術卻身居高位引起了許多人的不滿。政和五年

（1115年）徽宗初置宣和殿時又任命蔡攸為宣和殿大學士並賜予高官厚祿。最初蔡攸與父親蔡京關係融洽，但後來因為種種原因父子關係出現裂痕。蔡攸對蔡京偏愛其弟蔡絛心生妒忌，多次請求徽宗下令殺掉蔡絛，但徽宗並未准許。

在一次宮廷宴會中，蔡攸與王黼一起換上戲服，雜在藝人中間講一些淫俗笑話來取悅徽宗。他還常常帶著徽宗微服出訪青樓妓院，一時之間受到了徽宗的極度寵信，甚至超過了他的父親。然而他的奢侈淫逸和不懂戰事最終導致了他的敗落。

靖康元年（1126年）金兵渡河的消息傳入宮廷蔡京等一班誤國奸臣紛紛南逃。後來欽宗下令追殺一批奸臣並貶謫蔡京和蔡攸等人。蔡京在流放途中死去，而蔡攸則被貶至廣東萬安軍（今海南萬寧）。然而這並沒有結束他的苦難，不久之後欽宗又賜他自盡，他猶豫不決，最終被士卒勒死。

第二十一象：靖康之變

甲申兌下艮上損

讖曰：

空厥宮中，雪深三尺。

籲嗟元首，南轅北轍。

頌曰：

妖氣未靖不康寧，北掃烽煙望帝京。

異姓立朝終國位，卜世三六又南行。

金聖歎曰：此象主金兵南下，徽宗禪位。靖康元年十一月，京師陷，明年四月，金以二帝及宗室妃嬪北去，立張邦昌爲帝。卜世三六者，宋自太祖至徽欽，凡九世，然則南渡以後又一世矣。

1、詞句解析：

圖解：圖中被押走的二人，是北宋的徽欽二帝，胡人服飾指金人。

空廄宮中，雪深三尺：靖康之恥發生的時間是靖康元年（1126年）十一月，寒冬，北宋宮廷被攻破。

籲嗟元首，南轅北轍：太上皇宋徽宗和皇帝宋欽宗兩位「元首」被劫掠到北國。

妖氣未靖不康寧，北掃烽煙望帝京：宋金戰爭發生在靖康年間，金國南望帝京，橫掃北宋。

異姓立朝終國位，卜世三六又南行：金滅北宋，立張邦昌爲帝，北宋滅亡。後一句指北宋共九個皇帝，而後宋室南遷，在臨安也就是如今的杭州建都，是爲南宋。

2、說明：西元1127年四月金軍攻破北宋首都東京（今河南開封），俘虜了宋徽宗、宋欽宗父子，以及大量趙氏皇族、後宮妃嬪與貴卿、朝臣等共三千餘人北上，北宋滅亡。

3、時間：1126年-1127年，靖康之變。

4、故事：靖康之恥。

在北宋的盛世年華，文化如日中天，經濟繁榮昌盛，然而這一切的輝煌都未能抵擋住一個無能君主的破壞。自宋徽宗登基後，朝政每況愈下，百姓的凝聚力逐漸消散。

北宋靖康二年，金國南下攻占汴京開封，導致北宋皇室全軍覆沒，這一事件被稱爲靖康之恥，成爲歷史上最爲恥辱的一頁。在這場災難中，北宋皇帝被俘，後宮妃嬪淪爲生育工具，整個皇室的尊嚴被

踐踏無遺。

　　儘管宋徽宗趙佶是一位造詣深厚的藝術家，但他的皇帝身分卻顯得極其不合格。面對金兵的突襲，他驚慌失措，急忙禪位給兒子宋欽宗。然而，宋欽宗也未能力挽狂瀾，最終在金人的威脅下，父子二人都對金人卑躬屈膝，加劇了北宋的危機。

　　在金軍圍困開封時，宋欽宗試圖通過議和買平安，但金人開出的天價勞軍費讓北宋無法承受。在搜刮民財的過程中，北宋朝廷的懦弱和無能暴露無遺。他們不僅未能保護百姓，反而將五千名無辜平民女子送給金軍，這種行為在中國歷史上都是前所未有的。

　　隨著金軍攻破開封，北宋皇室幾乎全部被俘。在北上途中，皇室女眷們遭受了金軍的蹂躪和侮辱。許多公主、妃嬪在途中受盡折磨而死，其中包括宋徽宗的女兒們。她們的悲慘遭遇讓人痛心疾首。

　　到達金國上京後，北宋皇室成員被迫進行了屈辱的「牽羊禮」，隨後女性成員被發配到浣衣院供金國貴族挑選。這些女眷們不僅淪為了金國貴族的生育工具，還時常受到各種羞辱和折磨。

　　然而，在這場災難中，也有一些女性展現出了堅貞不屈的精神。如王婉容為保名節自盡身亡；鄭皇后為救家人勇敢向完顏宗翰求情；朱璉皇后更是以死抗爭金人的侮辱。她們的剛烈和堅貞為這場恥辱的歷史增添了一抹亮色。

第二十二象：康王南渡

乙酉兌下離上睽

讖曰：

天馬當空，否極見泰。

鳳鳳淼淼，木菁大賴。

頌曰：

神京王氣滿東南，禍水汪洋把策干。

一木會支二八月，臨行馬色半平安。

金聖歎曰：此象乃康王南渡。建都臨安，秦檜專權，遂成偏安之局。當時之史實鑒之。木菁，康王名構。一木會支二八月者漢奸也，木會即合爲檜，春之一半，秋之一半，可合成秦字，妙之王也。

1、詞句解析：

圖說：趙構騎馬渡江，建立南宋。

天馬當空，否極見泰：一只馬在空中。北宋末年，康王趙構到金營做人質，金兵押其北上，半路上趙構逃跑了，逃至磁州時，住在崔府君廟，半夜他夢見神人，神人告訴他說金兵將至。趙構被驚醒，見廟外已經備好了馬匹，於是乘馬狂奔。這匹馬載著趙構渡過黃河的一條支流，蚌湖趙構脫險，這就是「否極見泰」。過河後化爲泥塑之馬。

鳳鳳淼淼，木菁大賴：鳳又是百鳥之王，而岳飛字鵬舉，現在通常認爲，鳳是說岳飛。「淼淼」代表水勢強大，現在普遍認爲是說秦檜。「菁」爲通假字，即現在的「勾」，「木」和「勾」組合起來爲「構」，指趙構。

神京王氣滿東南，禍水汪洋把策干：京城帝王的氣息飄滿了整個東南地區，指的是從開封遷都到東南方向的臨安。求和一派隨意干預政策，禍害到了全國。

一木會支二八月，臨行馬色半平安：「木」和「會」組合起來爲「檜」。陰曆二月是「春」季的一半，陰曆八月是「秋」季的一半，「春」、「秋」各半合爲「秦」字，第一句是說秦檜。「臨」是說臨安，「行馬色」或爲「聲色犬馬」，有詩歌「山外青山樓外樓，西湖

歌舞幾時休。暖風熏得遊人醉，直把杭州作汴州。」。趙構到臨安換來了半壁江山，只是一半的平安，北方還處在戰亂當中。

2、說明：趙構渡江建立南宋，只換來了一半的和平。秦檜作為議和派代表，禍害朝廷。

3、時間：西元1127年，趙構在應天府南京（今商丘）繼承皇位，後遷都臨安，史稱南宋。1138年任秦檜為相，奉行稱臣、割地、納貢的議和政策。

4、故事：泥馬渡康王。

趙構，生於1107年，是宋徽宗的第九個兒子。由於其母鄭氏在宮廷中地位卑微，並未受到皇帝的特別寵愛，因此趙構在年少時雖表現出聰明才智，卻並未引起宋徽宗的特別關注。1121年，趙構被封為康王，但這個頭銜並未給他帶來多少實權，他依舊在皇室的邊緣徘徊。

1126年，金國圍攻開封府，趙構因不受寵而被選為赴金的人質。幸運的是，他後來被金國釋放。當金國再次兵臨開封城下時，趙構被委以重任，擔任河北兵馬大元帥，負責在外徵兵馳援京師。然而，歷史並未給趙構太多時間準備，1127年開封府淪陷，徽欽二帝及眾多文武大臣被擄，北宋宣告滅亡。在這樣的歷史轉捩點上，趙構在應天府稱帝，南宋的歷史由此揭開序幕。

在趙構被金兵追殺逃跑的途中，有「泥馬渡康王」的傳說。傳說中，康王趙構在北宋末年被金兵扣押，途中成功逃脫，夜宿崔府君廟，夢中神人指示金兵來襲，匆忙騎上一匹馬逃離。這匹馬竟然帶著趙構渡過黃河，而過河後竟化為泥塑之馬。

趙構能夠成功建立南宋，有多條因素促成。首先，他是宋徽宗唯一倖免於難的兒子，這使得他成為了皇位繼承的不二人選。其次，北宋的百姓對於政府的支持並未因靖康之變而改變，他們懷念北宋的統治，因此當趙構重建宋朝時，得到了百姓的廣泛認可。再者，雖然北宋中央政府被掠走，但地方政府仍在，它們急需一個新的效忠對象，趙構的出現正好填補了這一空缺。最後，趙構手中掌握的一部分軍隊也為他稱帝提供了必要的支持。

然而，稱帝並不意味著大權在握。南宋初建，內憂外患不斷。趙構面臨著來自金國及內部權臣的雙重威脅。爲了穩固統治，他採取了進攻與和談並舉的策略。一方面，他打著收復失地的旗號凝聚人心，吸引主戰派的支持；另一方面，他又積極與金國和談，爭取主和派的擁護。就這樣，趙構在國內的統治逐漸穩固。

當南宋的統治得以穩固後，趙構開始著手解決國內的問題。他利用手握軍權的大臣鎮壓國內的起義，進一步削弱了國內的反對聲音。同時，他繼續與金國保持和談，爲南宋的發展贏得了寶貴的時間。

趙構使得南宋在北宋滅亡後得以重建，並成功掌握實權。《宋史》對他的評價是「恭儉仁厚」。

第二十三象：南宋將亡

丙戌兌下乾上履

讖曰：
似道非道，乾沈坤黯。
祥光宇內，一江斷楫。

頌曰：
胡兒大張撻伐威，兩柱擎天力不支。

如何兵火連天夜，猶自張燈作水嬉。

金聖歎曰：此象主賈似道當權，汪立信、文天祥輩不能以獨力支持宋室。襄樊圍急，西子湖邊似道猶張燈夜宴，宋室之亡其宜也。

1、詞句解析：

圖說：一官員腰佩寶劍，雙手撐在廟堂的門上。圖爲人在大口中，是個囚字，暗指文天祥被囚而不屈，支撐南宋社稷。

似道非道，乾沈坤黯：「似道」指的是「賈似道」，「非道」是說他是無道奸臣。「沈」是通假字通「沉」，天地黯然失色，南宋岌岌可危。

祥光宇內，一江斷楫：「祥光宇內」說起南宋還有文天祥，文天祥光芒萬照。「一江斷楫」爲「汪」，指汪立信。文天祥、汪立信支撐社稷，但南宋依舊是一艘斷了槳的船，無法前進。

胡兒大張撻伐威，兩柱擎天力不支：蒙古人大肆進攻南宋，文天祥和汪立信難以抵擋蒙古大軍。

如何兵火連天夜，猶自張燈作水嬉：襄陽、樊城被元兵圍攻之後，賈似道封鎖了前線情況，依然在西湖上泛舟夜宴，張燈結綵，和歌舞伎玩樂。

2、說明：蒙古兵圍攻襄陽、樊城，賈似道隱瞞戰事，不發救兵。最終，兩城失陷，南宋門戶洞開。

3、時間：西元1267年-1273年。

4、故事：南宋的抗爭。

在宋理宗力圖收復三京——洛陽、開封、商丘的雄心壯志受挫之際，文天祥誕生於這個世界。儘管理宗的決心無可指責，但戰術上的輕率與僥倖最終導致南宋精銳在蒙古大軍的伏擊中損失慘重，二萬餘勇士犧牲。自此，蒙古找到了侵略南宋的藉口，長達半個世紀的戰爭序幕就此拉開，時爲1236年，史稱「端平三年」。

「端平入洛」的失敗使得蒙古軍隊深入川、漢、兩淮地區，民族危機空前。然而，在這樣的歷史背景下，文天祥於宋理宗寶佑四年

（1256）一舉成爲狀元。三年後，蒙哥在合州釣魚臺山下意外身亡，南宋歷經八年磨難，終於挺過難關。

有人或許認爲南宋軍隊脆弱不堪，社會風氣頹廢。然而，這並非事實。時任京湖制置使的汪立信將軍曾致信朝廷重臣賈似道，指出南宋仍有七十餘萬大軍，足以抵禦元軍。他提出的上策是集結內地兵力，加強江防，同時向元朝提出暫緩出兵的請求，以爭取戰略主動。可惜，賈似道對此建議不以爲然。

在國家生死存亡之際，年僅二十歲的文天祥挺身而出，爲抵抗和改革吶喊。他在《御試策》中呼籲理宗自強不息，並向天下尋求安民、節財之道。他主張持久而全面的改革，這在中國封建史上獨樹一幟。

當蒙哥率領蒙古鐵騎深入川地時，文天祥再次上書皇帝，提出廢除「守內虛外」的方針、加強宰相與六部的權力以及對「祖宗之法」進行改革等根本性問題。儘管他已是朝廷官員，但因言辭犀利，遭到同僚排斥。

宋度宗咸淳九年（1273），隨著襄陽主將呂文煥降元，江南防線崩潰。在風雨飄搖中，度宗駕崩，恭帝即位。隨後鄂州失陷，太皇太后以理宗皇后的名義下詔勤王。在江西贛州任知州的文天祥接到詔書後，毅然決定毀家紓難，集結民兵參戰。然而，以賈似道爲首的宋朝大軍在魯港不戰而潰。

據《宋史・文天祥傳》記載，文天祥曾提出具體的挽救危機方案，主張分兵攻擊各地元軍。然而，臨安朝廷一心求和，導致文天祥的軍隊被調離平江，元軍得以長驅直入，兵臨臨安城下。在出城與元軍統帥伯顏談判時，新任右丞相卻向元朝投降。儘管如此，文天祥逃出敵營後仍未喪失信心，堅決與元軍抗爭到底。

宋端宗景炎元年（1276），文天祥憑藉自己組織的愛國軍隊孤軍奮戰，直至在廣東汕尾五坡嶺被捕。在元軍監獄中，他堅持創作愛國著作，展現出堅定的愛國信念。至元十九年（1282），他最後一次拒絕元世祖的中書宰相職務，堅決要求賜死。最終，元世祖下令處死了

文天祥，這位英雄的一生就此落幕。

第二十四象：崖山海戰

丁亥兌下巽上中孚

讖曰：

山崖海邊，不帝亦仙。

二九四八，於萬斯年。

頌曰：

十一卜人小月終，回天無力道俱窮。

干戈四起疑無路，指點洪濤巨浪中。

金聖歎曰：此象主帝遷山，元令張弘範來攻，宋將張世傑兵潰，陸秀夫負帝赴海，宋室以亡。

1、詞句解析：

圖說：崖山海戰，宋軍全軍覆滅。

山崖海邊，不帝亦仙：山崖海邊說的是崖山，崖山海戰。陸秀夫背著8歲的皇帝趙昺跳海而死，張世傑突圍後遇颱風而死，宋朝滅亡。不帝亦仙，用詞很好，應當是表揚這些人民族氣節沒有丟，有資格當神仙。

二九四八，於萬斯年：二九兩個說的是大宋分成南宋和北宋，四八說的是大宋總共存在了三百二十年。後一句說的是，萬古，去世，南宋自此就消亡。

十一卜人小月終，回天無力道俱窮：「十一卜人小月」為繁體「趙」，趙宋王朝終結。再如何努力也無力回天了。崖山海戰南宋的戰術失誤，導致陷入絕路。

干戈四起疑無路，指點洪濤巨浪中：崖山海戰，宋軍最終被困海上，懷疑無路突圍。宰相陸秀夫背負著九歲的皇帝投海。

2、說明：兩宋經歷十八帝三百二十年，在崖山之戰後終結。

3、時間：960年-1279年，兩宋三百二十年。

4、故事：崖山海戰。

在1279年的那場驚心動魄的崖山海戰中，陸秀夫拒絕了張世傑的救援，他背著年僅八歲的小皇帝，毅然跳進了波濤洶湧的大海。隨後，令人震撼的一幕發生了，十萬軍民，毫無畏懼地跟隨他們投海殉國。身陷元營的文天祥目睹這一切，心如刀絞，淚水湧流，卻由於被鎖鏈束縛而無法動彈。

海水被鮮血染得殷紅，七日後，海面上浮屍遍佈，百里之內盡是悲壯。宋國，就這樣融入了茫茫大海，消失在了歷史的長河之中。

崖山海戰，被譽為最悲壯的一場王朝覆滅之戰。

在正面作戰已無勝算的情況下，張世傑準備帶著小皇帝突圍，然而當他派小船去接小皇帝時卻遭到了陸秀夫的堅決拒絕。陸秀夫不知來者是否真的要突圍還是出賣他們給元軍。他寧願選擇死亡也不願被俘受辱。

於是他把來人趕走並緊緊握住手中的寶劍。在敵軍逼近、四周哀嚎此起彼伏之際他深吸一口氣望向大海眼中透露出釋然的神情說道：「國事至此，陛下當為國死，不可受辱。」說完他背著小皇帝一躍而下。接著一個個宋軍士兵和家眷婦孺也相繼跳入大海。

這十萬人的不反抗並非因為無力，而是因為他們是宋朝最後的底線和氣節。他們寧願投海殉國也不願被俘受辱，捍衛了南宋王朝最後

的尊嚴。這種氣節和決心令人肅然起敬。

宋端宗趙昰的生母楊太后在聽聞消息後也選擇了赴海殉國。而張世傑則在風雨中不幸溺死。這場悲壯的崖山海戰最終以宋王朝的滅亡告終。

被帶回京師的文天祥枯坐船頭絕食八日卻奇蹟般地活了下來。他望向南方慟哭不止並寫下了感人的詩篇。在隨後的三年裏忽必烈數次招降威逼利誘但文天祥始終不爲所動。他唯有一個願望：但求一死。最終被元朝處死。他的忠誠和決心永載史冊。

同年，重慶釣魚城的將領王立也選擇了死守對抗元軍。他與忽必烈約定不殺全城一人便開城投降。忽必烈答應了這一條件後一城百姓得以安全。然而當城門開啓時孤城中僅剩三十二名守軍。他們向東叩拜隨後抽刀殉國。

此外在四川凌霄城也有守軍得知國破後仍然拚死抵抗元軍。他們又堅持了九年之久。南宋最後一支長寧軍戰至最後一兵一卒無人偷生。他們的忠誠和犧牲精神成爲了歷史的見證。

崖山海戰雖然以宋王朝的滅亡告終，但它卻成爲了中國歷史上最爲悲壯的一幕。

第二十五象：元朝建立

戊子艮下巽上漸

讖曰：
北帝南臣，一兀自立。

斡難河水，燕巢補麩。

頌曰：
鼎足爭雄事本奇，一狼二鼠判須臾。
北關鎖鑰雖牢固，子子孫孫五五宜。

金聖歎曰：此象主元太祖稱帝離河，太祖名鐵木眞，元代凡十主。斧鐵也，柄木也，斧柄十段即隱十主之意。

1、詞句解析：

圖說：斧頭表示元朝建立過程中殺戮太重。斧柄爲十節，元朝傳十帝。

北帝南臣，一兀自立：忽必烈在北方稱帝，建立元朝，南方漢人稱臣。「一兀」爲「元」。

斡難河水，燕巢補麩：「斡難河」屬黑龍江水系，成吉思汗出生於此，並在此開啓事業。「燕巢」代表蒙古，「麩」爲零零碎碎的東西，成吉思汗建立蒙古之後，後代在此基礎上又做了功夫，使蒙古國更強大。

鼎足爭雄事本奇，一狼二鼠判須臾：蒙古，西夏和金鼎足而立，出乎預料，弱小的蒙古先後滅了夏和金，因此「奇」。一狼是蒙古，二鼠是西夏和金。

北關鎖鑰雖牢固，子子孫孫五五宜：「五五」加起來是十，雖然北國蒙古軍事強大，但是忽必烈建元朝後，只能傳十帝。

2、說明：1206年成吉思汗統一漠北，在斡難河建立蒙古國，後忽必烈建立元朝，傳十帝。

3、時間：1271年，忽必烈建立元朝。

4、故事：元朝發家史。

元朝（1271年至1368年），是由蒙古族在中國歷史上創建的一個蒙古族國家，其首都設在大都，即今日的北京。

在1260年，忽必烈登上了汗位。他從《易經》中汲取靈感，將國

號定爲「大元」。金朝、西夏、大理等政權相繼被征服，最終在1276年，南宋的首都臨安被攻占，三年後，經過崖山海戰，南宋的殘餘勢力被澈底消滅，元朝完成了對中國的統一。

元朝的疆域達到了前所未有的廣度，北抵北海，東至日本海，甚至在澎湖列島設立了巡檢司。在政治制度上，元朝實行一省制，中央設立中書省，左右丞相和平章政事共同處理國家政務。在地方管理上，元朝開創了行省制度的先河。儘管元朝的商品經濟和海外貿易相當繁榮，但整體生產力並未能超越前朝宋朝。在文化方面，元曲和散曲等新的文化形式應運而生。

在對外關係上，元朝始終保持著擴張的態勢。元朝中期的皇位更迭頻繁，政治穩定性欠佳，儘管經濟有所發展，但並未能恢復到宋朝的水準。到了後期，由於統治腐敗、宰相專權以及民族矛盾的加深，大規模的農民起義頻發。

到了1368年，朱元璋領導的農民軍攻占了南京，隨後北伐並占領了元朝的首都大都，標誌著元朝的滅亡。儘管元朝的政權在漠北地區繼續存在了一段時間，被稱爲「北元」，但在1402年，隨著元臣鬼力赤的篡權並建立「韃靼」，北元的歷史也走到了盡頭。

元朝雖然以農業爲主，但由於蒙古統治者的政策影響，整體生產力相較於宋朝有所下降。儘管如此，元朝在農業生產技術、墾田面積、糧食產量以及水利建設等方面都取得了顯著的進步。特別是在棉花的廣泛種植和棉紡織品的興盛方面，江南地區尤爲突出。

第二十六象：元朝滅亡

己丑震下震上震

讖曰：
時無夜，年無米。
花不花，賊四起。

頌曰：
鼎沸中原木木來，四方警報起邊垓。
房中自有長生術，莫怪都城徹夜開。

金聖歎曰：此象主順帝惑西僧房中運氣之術，溺於娛樂，以致劉福通、徐壽輝、方國珍、明玉珍、張士誠，陳友諒等狼顧鴟張，乘機而起。宦官樸不花、壅不上聞，至徐達、常遇春直入京師，都城夜開，毫無警備。有元一代，竟喪於淫僧之手，不亦哀哉。劉福通立韓林兒為帝，故曰木木來。

1、詞句解析：

圖說：圖中的僧人，是教元順帝房中術的喇嘛僧人。四個女子，是「供養」給該僧行淫的女子。《元史》記載，元順帝封兩個喇嘛為司徒、大元國師，以學習男女雙修之法。喇嘛僧及其徒弟，能夠自由出入宮中，名聲敗壞，雖市井之人，亦惡聞之。

時無夜，年無米：元順帝沉迷房中術，日夜不停，晨昏顛倒。年歲不好，饑荒遍地。

花不花，賊四起：元順帝懶政，宦官樸不花趁機專權，權傾朝野。當時京城大饑荒，河南、河北、山東兵荒馬亂，百姓避難聚集在京師，死的人很多。不花爲了樹立自己的聲譽，便奏請元順帝購買土地收葬饑民的屍體，葬屍二十萬具。四方警報及將臣功狀，都被樸不花扣下不報。

鼎沸中原木木來，四方警報起邊垓：「木木」爲林，韓林兒，是元末紅巾軍起義的首領，被稱爲小明王。朱元璋曾是紅巾軍部下。各地起義風起雲湧，警報頻頻傳向大都。

房中自有長生術，莫怪都城徹夜開：元順帝沉迷房中術，荒淫廢政。被打敗時，元順帝半夜打開健德門逃往元上都。

2、說明：元順帝沉迷房中術，喇嘛僧人教元順帝雙修方法，宦官樸不花專權，最終元朝被滅。

3、時間：1351年，元末紅巾軍起義。1355年，劉福通迎韓林兒至亳州（今安徽亳州），立爲帝，稱小明王。

4、故事：沉迷房中術的元順帝。

元朝的末代皇帝元順帝淫亂亡國，他大興土木修建宮殿，並請來西域僧人傳授他雙修之術，他甚至讓嬪妃與僧人同處一室。番僧還告訴他，在享受聲色的同時，還能達到修身養性、長生不老的效果，因此他還將這位番僧聘爲國師。

元順帝每天沉迷於雙修活動，喜歡與眾人共用歡樂，召集朝中大臣與年輕女子同處一室，在宮殿上肆無忌憚地享樂，並將此稱爲「大喜樂」。他們都不穿衣服，恣意進行雜交，不僅在皇宮內大庭廣眾之下開啓雜交派對，甚至霸占大臣的妻女。名義上是舉辦法會，安排一場天魔舞，實際上是讓皇帝和大臣們欣賞一場情色脫衣秀。這些宮女們戴著黃色的小帽，上邊都有一個佛字，在跳舞的同時縱情酒色。

面臨社稷即將不保的危機，元順帝還能在皇宮內打造專屬的修行房，並在宮外大肆修建一座豪華的雙修殿堂。這個房間內擺放著男女

交合形象的佛像，而服侍的宮女則全部拿著傭人的骨頭製成的酒杯。

　　元順帝還教他的太子修行房中之術，皇后的行爲也不知檢點，她還將後宮眾多女子當作賞賜品送給大臣們玩樂。在順帝的縱容下，後宮不少嬪妃和僧人的關係變得複雜。後來甚至出現了一個規矩：凡是境內到了出嫁年齡的女子，無論美醜高矮都要先給僧人陪睡。這樣的規定被稱作「開紅」，完成後的女子才准許出嫁。當時百姓還必須在戶口上統一註冊有多少未婚的子女，這就是奪取了人家的處女權。

　　在這個時期，元朝有一位權勢顯赫的外籍宦官，他對元朝的覆滅起到了不小的推動作用。這位宦官就是在元順帝時期聲名顯赫的樸不花。

　　樸不花來自現今的朝鮮半島地區，當時被稱爲高麗，年僅7歲便被送入元朝宮廷，成爲了一名小宦官。元順帝皇后的奇洛與樸不花同鄉，都來自高麗。兩人在幼年時期便來到元朝，相同的背景和境遇讓他們成爲了朋友。後來，奇洛得到了皇子妥歡帖木爾的寵愛，並被納入府中。不久之後，妥歡帖木爾登基稱帝，即元順帝，封奇洛爲第二皇后。隨著奇洛地位的提升，樸不花也得以逐漸接近權力的中心。

　　當元順帝對政務感到厭倦、沉溺於聲色犬馬之時，樸不花憑藉皇后的關係，成功推薦搠思監擔任宰相。從此，樸不花開始操縱朝政、插手官員任免。在他的影響下，朝廷內外投靠他的官員竟占到了九成之多。

　　儘管樸不花在元順帝在位期間地位穩固，但好景不長。後來孛羅帖木兒發動叛亂，以清除君王身邊的奸臣爲名，率軍逼近元大都。元順帝無奈派出使者與叛軍談判。孛羅帖木兒提出退兵的條件是交出搠思堅和樸不花。元順帝迫於壓力，只得交出這兩人。最終，樸不花被處死，這位歷史上獨一無二的外籍宦官就這樣走完了他的一生。

　　1368年，徐達、常遇春攻克通州。樞密院長官哈刺章建議順帝號召天下兵馬勤王，固守京師，與明軍決戰。元順帝沒有抵抗的勇氣，直言：「不想重蹈宋徽宗、宋欽宗的覆轍」。夜晚，元順帝打開健德門，帶著宗室、嬪妃等皇室成員，逃回草原。

第二十七象：朱元璋建立明朝

庚寅坤下震上豫

讖曰：
惟日與月，下民之極。
應運而興，其色日赤。

頌曰：
枝枝葉葉現金光，晃晃朗朗照四方。
江東岸上光明起，談空說偈有眞王。

金聖歎曰：此象主明太祖登基。太祖曾爲皇覺寺僧，洪武一代海內熙洽，治臻大平。

1、詞句解析：

圖說：日月在天爲「明」，木上掛曲尺「L」爲「朱」。朱元璋建立明朝。

惟日與月，下民之極：「日與月」是說明朝的「明」字，「下民」是說朱元璋出身卑賤，卻登上了極高位置，是人所能達到的一個極端。

應運而興，其色日赤：朱元璋應運而起，建立朱明王朝，朝代國運爲火，朱也是紅色。

枝枝葉葉現金光，晃晃朗朗照四方：枝葉現金光，能夠照亮四

方，比喻明朝的「明」。

江東岸上光明起，談空說偈有眞王：朱元璋在江東應天府（今南京）稱帝，建明朝，光明起。「談空說偈有眞王」，是說朱元璋少年時要飯，被迫做了和尚，但卻是眞王。

2、說明：朱元璋建立明朝，建都南京，是順應天命，而朱元璋本人是貧苦人建國稱帝的極端案例。

3、時間：西元1368年，朱元璋在南京應天府稱帝，國號大明。

4、故事：朱重八的勵志人生。

中國歷史上，僅有兩位平民出身的開國皇帝備受矚目，一位是漢朝的劉邦，另一位則是明朝的朱元璋。朱元璋沒上過私塾、沒錢學兵法，開局一個碗，從乞丐成爲一個強盛朝代的開國皇帝，其勵志程度堪稱千古一帝了。

朱元璋，原名重八，後更名爲朱元璋，來自濠州鐘離（現今安徽鳳陽東）。他出生在一個極其貧困的農民家庭。1344年春，由於淮河上游的瘟疫，朱元璋失去了多位親人。在生活的壓力下，他選擇出家爲僧，然而遊方化緣的經歷讓他深刻體會到了社會的黑暗與人世的艱辛。1351年，紅巾軍起義爆發，朱元璋加入了郭子興領導的紅巾軍，並因其勇猛和智謀，很快成爲了郭子興的親信。

隨著時間的推移，朱元璋的地位逐漸上升。1355年，他在宋政權的任命下成爲左副元帥，並開始了自己的軍事生涯。在隨後的幾年裏，他通過兼併和征戰，逐漸擴大了自己的勢力範圍。

在建立自己的根據地後，朱元璋採取了一系列措施來壯大自己的力量。他重視人才，延攬智謀之士，並善於採納他們的建議。在軍事上，他採取了穩健的策略，先穩固南方陣地，然後逐步推向北方。在政治上，他巧妙地利用宋政權作爲自己的屏障，同時也在經濟上採取了一系列措施來促進發展。

經過一系列的征戰，朱元璋最終擊敗了陳友諒、張士誠等競爭對手，統一了江南地區。1368年，他正式稱帝，建立了明朝。此後，他繼續南征北伐，最終實現了全國的統一。

第二十八象：燕王朱棣起兵

辛卯坎下震上解

讖曰：
草頭火腳，宮闕灰飛。
家中有鳥，郊外有尼。

頌曰：
羽滿高飛日，爭妍有李花。
真龍遊四海，方外是吾家。

金聖歎曰：此象主燕王起兵，李景隆迎燕兵入都，宮中大火，建文祝髮出亡。

1、詞句解析：

圖說：南京皇宮城門被破，宮中著火，建文帝不知所蹤。

草頭火腳，宮闕灰飛：「草頭火腳」是燕王的「燕」字。燕王攻入南京，建文帝出逃時燒了宮殿。

家中有鳥，郊外有尼：「家中有鳥」是指燕王朱棣。「郊外有尼」是說建文帝落髮為僧而逃。

羽滿高飛日，爭妍有李花：等燕王朱棣羽翼豐滿高飛的那一天，李文忠之子李景隆率十多萬大軍，去攻打篡位的朱棣。

真龍遊四海，方外是吾家：真龍指建文帝，建文帝出逃海外了。

只有到遙遠的地方，才能夠逃離危險，建立自己的家。

2、說明：燕王朱棣以靖難爲名，起兵攻打侄兒建文帝。燕軍攻入南京，李景隆開金川門投降，宮中火起，建文帝不知所終。朱棣登基，改元永樂，遷都北京。

3、時間：西元1399年，燕王朱棣起兵。1402年，朱棣攻克南京，建文帝不知所終。

4、故事：燕王朱棣的造反之路，李景隆的兩面人生。

即建文元年八月，明太祖朱元璋的第四子朱棣，在北京揭起了「靖難之役」的旗幟。

所謂的「靖難」，實際上是朱棣爲了掩飾他軍事行動的實質而提出的口號。在朱棣發動戰爭之初，他僅率領一支約十萬人的軍隊。與此同時，作爲當時明朝合法皇帝的建文帝朱允炆，除了已經對抗朱棣的軍隊外，還擁有一支規模三倍於朱棣軍隊的常備軍。更不用說，朝廷還可以從全國各地迅速調集地方軍隊進行支援。

朱允炆的父親是朱元璋的長子朱標。按照朱元璋在《祖訓錄》中的規定，繼承人應是嫡長子。但不幸的是，朱標在朱元璋之前離世。朱標去世後，他的次子朱允炆因性格溫順、孝順而深受朱元璋喜愛，並在朱元璋去世前繼承了皇位。

朱允炆登基後的首要任務是裁撤藩王。當時各藩王擁有自己的軍隊並在封地內肆意行事、不聽從皇帝號令，嚴重威脅著朱允炆的統治地位。其中燕王朱棣的勢力最大。爲了避免逼反朱棣，朱允炆先廢除了幾個勢力較弱的藩王，對朱棣則採取了更爲謹慎的策略。

然而朱棣最終還是選擇了造反。他通過詭計使朱允炆放回了他的三個兒子並密謀起兵反叛。在得知朝廷將對他採取行動的消息後，朱棣立即起兵十萬造反，名義上是爲朝廷剷除奸臣齊泰、黃子澄進行「靖難」。

面對朝廷軍隊的圍攻，朱棣堅守北平並最終取得了勝利，在接連取得幾次勝利後北方的軍隊幾乎都投降了朱棣。於是他直接帶兵南下，但在圍攻山東濟南時遇到了頑強抵抗。久攻不下的情況下朱棣改

變策略，直接攻打應天城，並成功攻克，應天城破後宮中起火，朱允炆不知所蹤，其下落成為了一個謎。

為了永絕後患，朱棣登基後還派出了很多人尋訪朱允炆的下落。

第二十九象：仁宣之治

壬辰巽下震上恆

讖曰：
枝發厥榮，為國之棟。
皞皞熙熙，康樂利眾。

頌曰：
一枝向北一枝東，又有南枝種亦同。
宇內同歌賢母德，真有三代之遺風。

金聖歎曰：此象主宣宗時張太后用楊士奇、楊溥、楊榮三人，能使天下又安，遺風三代，此一治也。時人稱士奇為西楊，溥為南楊，榮為東楊。

1、詞句解析：

圖說：三棵楊樹，三楊輔佐幼主。三個姓楊的是當時的內閣大學士楊士奇、楊溥、楊榮。

枝發厥榮，為國之棟：楊樹盛開時枝葉茂盛，是國家的棟梁之

才。

皞皞熙熙，康樂利眾：皞，廣大。熙，光明，和悅，興盛。仁宗、宣宗在位時的仁宣之治，是明朝的全盛時期，百姓受到福澤。

一枝向北一枝東，又有南枝種亦同：「一枝向北」就是在明朝五次北伐蒙古戰爭中立下汗馬功勞的楊榮；「一枝東」是指號「東裏」的楊士奇；「南枝」是指以「南楊」身分嶄露頭角的楊溥；「種亦同」是說他們都是楊姓家族的一分子。

宇內同歌賢母德，真有三代之遺風：「賢母」是被世人譽為「女中堯舜」的張太后。她是明仁宗的妃子，她做太子妃時，就以賢德聞名，保全朱高熾太子地位。仁宗在位一年就去世了，28歲的宣宗即位，尊母親為皇太后，軍國大事多稟報張太后裁決。宣宗在位10年去世，張太后立9歲的英宗即位。群臣請她以太皇太后身分垂簾聽政，她說因為祖制不允，就重用三楊輔佐幼主。張太后不允許娘家人干預朝政，體恤民情，使明朝的國力達到了全盛。有夏商周三代的遺風，民風純樸、天下大治。明朝建文帝時，崇尚三代古風，認為那是完美的理想社會。甚至恢復了三代時的一些官名。

2、說明：仁宣兩朝，內閣大學士楊士奇、楊溥、楊榮執掌朝政。這段時間吏治清明，社會穩定，經濟繁榮，是明朝的盛世。西元1435年，明英宗登基，「三楊」得到太皇太后張氏的支持，得以延續仁宣之治的德政。

3、時間：1424年-1435年，仁宣之治。

4、故事：一個女人和三個男人輔佐的明朝盛世。

明成祖朱棣的長子朱高熾，在朱元璋時代就以其仁德和才智受到皇祖的青睞。在一次與秦王、晉王、周王世子的比較中，他因體貼士兵、精細處理奏章而深得朱元璋的讚賞。朱元璋甚至對他大加稱讚，預言他有成為君王的潛力。

朱棣同樣非常欣賞朱高熾的兒子朱瞻基，早在瞻基滿月時就稱讚他英氣逼人。後來，朱瞻基被封為皇太孫，朱棣常在朱高熾面前誇他未來必能成為傑出的君主。

在朱高熾與朱高煦的皇位爭奪戰中，文淵閣學士解縉的一句「好聖孫」成為了轉捩點，使得朱棣下定決心立朱高熾為儲君。朱高熾即位後，雖執政時間短暫，但他與其子朱瞻基共同開創了明朝的「仁宣之治」，這一時期社會生產大力發展，明朝進入鼎盛時期。

在這一時期，「三楊」——楊榮、楊士奇、楊溥，成為了朝廷的得力助手。楊士奇以才學和政治智慧著稱，他與仁宗關係融洽，對國家治理提出了許多有益的建議。楊榮則在處理邊防事務上表現出色，他的智謀和果斷為明朝的穩定立下汗馬功勞。而楊溥則以穩重和嚴謹著稱，他的為官之道和為政風格都為朝廷樹立了楷模。

「三楊」歷經四朝，對明朝的發展和穩定起到了至關重要的作用。他們之間的默契配合和相互支持也成為了朝廷中的一道亮麗風景線。在他們的輔佐下，明朝達到了鼎盛時期。

此外，張太后在這一時期也發揮了重要作用。她以賢德聞名，勤儉治家，不允許外戚干政，並成功震懾了宦官王振。她重用「三楊」等老臣輔佐幼主英宗，為明朝的繁榮穩定奠定了堅實基礎。在張太后的晚年時期，明朝國力達到了頂峰。

第三十象：土木之變與奪門之變

癸巳巽下坤上升

讖曰：

半圭半林，合則生變。

石亦有靈，生榮死賤。

頌曰：

缺一不成也占先，六龍親御到胡邊。

天心復見人心順，相剋相生馬不前。

金聖歎曰：此象主張太后崩權歸王振，致有也先之患。其後上皇復辟，石亨自詡首功，率以恣橫伏誅，此一亂也。

1、詞句解析：

圖說：虎額上的「王」字，比喻宦官王振，專橫跋扈，敗壞明朝，如同猛虎。圖中的石頭，是發動奪門之變的石亨。

半圭半林，合則生變：半圭為土，半林為木，合則生變，指土木之變。

石亦有靈，生榮死賤：石亦有靈，指石亨，1457年，以石亨為首發動奪門之變，明英宗復辟。生榮死賤，指石亨因復辟有功，開始大肆培植黨羽，剷除異己，干涉朝政，明英宗下詔以謀反罪處斬石亨。

缺一不成也占先，六龍親御到胡邊：「也占先」是說瓦剌首領也先的名字，明朝第六位皇帝明英宗御駕親征，到胡人瓦剌面前。

天心復見人心順，相剋相生馬不前：「天順」是明英宗復辟後的年號。明英宗被也先抓走後，其弟明景帝在庚午年（馬年）登基，是相生；明英宗復辟，逼迫明景帝退位，是相剋。明景帝被明英宗廢為郕王，不久離奇去世。

2、說明：宦官王振把持朝政，瓦剌首領也先入侵明朝，明英宗在王振的慫恿下率兵親征，在土木堡被俘，史稱土木之變。明景帝繼位，在兵部尚書于謙的帶領下，取得了京師保衛戰的勝利。也先被破退兵，送還明英宗，雙方恢復貢市。後來明英宗在石亨幫助下發動奪門之變，復辟後殺死石亨。

3、時間：西元1449年，土木堡之變。

4、故事：讓人咬牙切齒的明英宗。

朱祁鎮初登大寶之時，得益於太皇太后張氏與三楊等賢臣的悉心輔佐和監督，展現出一副有為明君的形象。然而，好景並不長久。

正統十四年，瓦拉的首領也先以進貢為名，行騙取賞賜之實。當時，此事由權勢滔天的大太監王振負責。王振是個貪婪成性的人物，對財寶的渴望使他極力壓縮了對也先的賞賜。這一舉動激怒了也先，他以此為藉口，對明朝宣戰。

當時的明英宗朱祁鎮年輕氣盛，加上王振的蠱惑，遂產生了御駕親征的念頭。他幻想著能像父輩那樣建立偉業，但是他從未經歷過戰火，對戰爭的殘酷一無所知。

於是，他率領二十萬大軍，攜帶著朝中近一半的官員，浩浩蕩蕩地向大同進發。以明朝的實力，對付瓦拉本應綽綽有餘，皇帝的親征也理應能振奮軍心。然而，朱祁鎮對軍事一竅不通，加之王振在旁操縱軍權，導致有能力的將領無法發揮作用，整個軍隊陷入混亂和迷茫。

當大軍抵達大同後，朱祁鎮卻開始退縮。他目睹了戰場上的慘狀，意識到戰爭的殘酷遠超他的想像。然而，在退軍的過程中，他並未選擇有序撤退。

明軍原本計畫通過蔚州走紫荊關撤退，但後來改為經過宣府走居庸關。這種反覆的路線更改，據說源於王振的私心。他最初想讓皇帝駕臨自己的家鄉蔚州，以炫耀自己的成就。然而，當他發現自己的莊稼即將豐收，大軍經過會造成損失時，便又建議皇帝改變路線。

二十多萬大軍在經歷了數次的軍令變更後，士氣更加低落。這種反覆的變動不僅嚴重影響了軍隊的撤退進度，還使得原本可以順利撤回的明軍在懷來城被瓦拉大軍追上。由於懷來城已被瓦拉占領，明軍被迫退守土木堡。

在土木堡這個孤立無援的地方，明軍面臨著水源被切斷的困境。除了拚死一戰外，他們別無選擇。也先深知這一點，因此在明軍士氣

低落至極時提出議和，實則誘騙明軍出城，將他們一網打盡。

果不其然，在長時間的士氣低迷、缺水少糧的情況下，明軍很快就被瓦拉擊敗。王振在混亂中被殺，而始作俑者朱祁鎮則被瓦拉俘虜。土木堡之變後，瓦拉大軍趁機攻打北京，引發了著名的「北京保衛戰」。此戰後，瓦拉暫時失去了與明軍作戰的能力，退回了大漠。

雖然朱祁鎮後來被接回明朝，但當時的皇帝已經是北京保衛戰期間登基的朱祁鈺。朱祁鈺登基後自然不願將皇位拱手讓人，於是將朱祁鎮一家軟禁起來。朱祁鎮在監禁中度過了七年。

景泰八年春初，年僅三十歲的明景帝朱祁鈺病情急劇惡化，生命岌岌可危。然而，因皇儲之位懸而未決，一旦景帝駕崩，大明江山將面臨群龍無首的危局。在此緊要關頭，大將石亨、前府右都督張軏、權宦曹吉祥以及左副都御史徐有貞等人迅速發動了一場宮廷政變，將長期被軟禁的明英宗重新推上皇位，這一事件被載入史冊，稱為「奪門之變」。

明英宗重新掌權後，隨即對忠於明景帝的朝臣展開了大規模的清洗。其中，曾在北京保衛戰中立下赫赫戰功、對明朝有著再造之恩的兵部尚書於謙，也慘遭殺害，這一冤案震驚了朝野。

這場讓人恨得牙癢癢的政變之所以能成功，首先，是因為得到了孫太后的明確支持，因此具有了一定的合法性。其次，即便於謙決定平定政變，他也面臨著無合適皇位繼承人的尷尬局面。另外，於謙是一個典型的士大夫，他忠誠謹慎，在江山依舊由朱家人掌控的情況下，無論於謙是否出手平定「奪門之變」，他最終都難逃一死。破解之道只有改朝換代或者完全架空皇帝成為實際的統治者。而且當時政變發生得太過突然，讓於謙措手不及。

朱祁鎮復位後不僅廢黜了朱祁鈺，還殺害了一批如於謙等功臣，導致明朝軍政官員在土木堡之變後再次出現斷層。至此土木堡之變的連鎖反應雖然告一段落，但它對明王朝的影響卻一直沒有結束，直到明朝滅亡。

第三十一象：魏忠賢之亂

甲午離下巽上家人

讖曰：
當塗遺孽，穢亂宮闕。
一男一女，斷送人國。

頌曰：
忠臣賢士盡沉淪，天啟其衷亂更紛。
縱有胸懷能坦白，乾坤不屬舊明君。

金聖歎曰：此象主天啟七年間，妖氣漫天，元氣受傷。一男一女指魏閹與客氏而言。魏殺客氏，客氏熹宗乳母，稱奉聖夫人。

1、詞句解析：

圖說：圖中婦人是客氏，男鬼是太監魏忠賢。穀物為禾，禾、女、鬼，合起來是「魏」字。這一男一女影射當時禍國殃民的兩個人。

當塗遺孽，穢亂宮闕：「塗」是通假字，同「途」，「當途」是把持朝政；「遺孽」即為遺留下來的禍害，遺孽穢亂宮廷。

一男一女，斷送人國：客氏和魏忠賢讓明朝氣數將盡。

忠臣賢士盡沉淪，天啟其衷亂更紛：「忠臣賢士」是指魏忠賢，

讓明朝沉淪，一語雙關，也能夠指忠臣賢士被謀害，氣勢沉淪。「天啓」是明熹宗在位時的年號，這時候朝廷更是紛亂。

縱有胸懷能坦白，乾坤不屬舊明君：即使朝廷中一些人並沒有屈服，和魏忠賢戰鬥，但是在崇禎帝即位後，魏忠賢才被彈劾。這時候明朝氣數已經盡了，乾坤運勢已轉。

2、說明：魏忠賢和客氏穢亂宮廷，敗壞明朝運勢。

3、時間：1627年崇禎帝朱由檢登位後，剷除閹黨，曾六下罪己詔。

4、故事：明朝的宮廷三角戀。

一個有戀母情結的木匠，一個心理扭曲到殺死別人孩子的奶媽，一個爲了榮華富貴揮刀自宮的太監，他們三個成爲了明朝宮廷三角戀的關係。

魏忠賢出身於北直隸肅寧，即現今的河北省滄州市肅寧縣。他的父母曾是街頭藝人，因家境清貧，他無法接受教育，只能隨父母在街頭流浪。

後來，魏忠賢沉溺於賭博，這導致他家破人亡。在走投無路之際，他選擇了揮刀自宮，成爲一名太監。然而，在明朝，自行淨身是違法的，需要得到官府的批准並登記在冊，等待日後的選用。這一規定反映了當時太監行業的競爭之激烈。

魏忠賢的運氣並不好，直到他二十一歲時，通過花費金錢和人脈推薦，才得以進入皇宮。他初入宮時，只是一名雜役，負責日常瑣事如刷馬桶、掃地等。這樣的生活他過了近二十年。

或許是無兒無女的生活讓他有了改變，魏忠賢在皇宮中努力工作，儘管開始時無人重視他，甚至被人戲稱爲「魏傻子」。直到四十歲時，他才獲得了爲皇室近身服務的機會。

魏忠賢在宮中結識了太監魏朝，並因其賞識而結爲兄弟。在魏朝的幫助下，魏忠賢得到了王安的賞識，被調到東宮服務。

魏忠賢最初是爲太子朱常洛的侍妾王才人管理伙食。直到五十一歲時，他還是一個不起眼的小太監。然而，一個女人的出現澈底改變

了他的命運。

這個女人就是天啓皇帝的奶媽客氏。客氏原名客印月，她在十八歲時生下一個兒子後，命運發生了巨變。同年，王才人生下了朱由校。按照明朝禮儀制度，皇子出生後需由宮廷選定的奶媽哺育。經過選拔，十八歲的客氏成爲了朱由校的奶媽。

客氏對朱由校關心備至，收集並珍藏了他的胎毛、乳牙和指甲。因此，朱由校對客氏產生了深厚的依賴。當朱由校登基爲天啓皇帝時，他不僅沒有讓客氏離宮，反而加封她爲奉聖夫人，並在宮外爲她分配了私宅和數百名僕人。

魏忠賢看到了客氏的地位和影響力，意識到接近她的重要性。當時皇宮中存在一種特殊的關係，即宮女和太監可以結爲夫妻，稱爲對食或菜戶。當時客氏是魏朝的對食。儘管魏忠賢和魏朝有著深厚的交情，但爲了實現自己的目標，他還是背叛了朋友，對客氏大獻殷勤，不惜花費鉅資請客氏吃飯，每次的宴席都極爲奢華。

在魏忠賢的瘋狂追求下，加上魏朝因公務繁忙而無暇顧及客氏，客氏最終選擇了魏忠賢。

這件事情被魏朝發現後，兩人大吵一架，甚至驚動了天啓皇帝。最終，天啓皇帝詢問客氏的選擇，客氏明確表示喜歡魏忠賢。從此，魏忠賢和客氏結爲了名義上的夫妻。

魏忠賢也憑藉著與客氏的關係以及自己的聰明才智，逐漸在朝中站穩了腳跟。

爲了鞏固權利，第一，魏忠賢與客氏合謀整死了魏朝。第二，兩人合謀整死了天啓皇帝身邊重要的太監王安。王安對天啓皇帝有恩，而且王安對魏忠賢也有恩，當年魏朝推薦魏忠賢，就是推薦到了王安手下。第三，客氏毒害懷上龍種的所有女人，而且無所不用其極。另外，魏忠賢在其他的黨的投靠幫襯下戰勝了東林黨人。

客氏和魏忠賢就這樣配合著天天做木匠活的天啓皇帝，統治著大明王朝，一步步掃清了通往權力頂峰的障礙。

在宮內宮外的鬥爭中，魏忠賢與客氏展現出了冷酷無情的一面。

他們陷害忠良、剷除異己無所不用其極。然而，正是這樣的手段讓他們在當時的政治鬥爭中立於不敗之地。與此同時，天啓皇帝對魏忠賢的信任也達到了頂峰，甚至在臨死前還囑咐弟弟崇禎皇帝要與魏忠賢商量國家大事。

然而好景不長，天啓皇帝駕崩後崇禎皇帝即位。他對魏忠賢和客氏的所作所為早有耳聞，因此對他們展開了清算。最終這兩個曾經權傾朝野的人物落得了悲慘的下場。

第三十二象：闖王李自成滅明

乙未巽下坎上井

讖曰：

馬跳北闕，犬嗅西方。

八九數盡，日月無光。

頌曰：

楊花落盡李花殘，五色旗分自北來。

太息金陵王氣盡，一枝春色占長安。

金聖歎曰：此象主李闖、張獻忠擾亂中原，崇禎投環梅山，福王偏安不久明祀遂亡。頌末句似指胡後，大有深意。

1、詞句解析：

圖說：馬在門中，是個「闖」字，指闖王李自成。

馬跳北闕，犬嗷西方：馬跳北闕，指李自成闖入北京，建立大順政權。犬嗷西方，指張獻忠進入四川，建立大西政權。

八九數盡，日月無光：八九數盡，指明朝歷十六帝、十七個年號後氣數盡了。明英宗兩次繼位，共十七個年號。日月無光，是明朝走到了盡頭。

楊花落盡李花殘，五色旗分自北來：楊花落盡指明將楊嗣昌自殺，李花殘，指闖王李自成最後也沒成功，被清軍打敗。五色旗分自北來，一說是李自成的部隊打著五色旗（中軍藍旗，前後左右營分別是黑紅白黃四色旗），從北打進京城。另外一說是滿清入關，滿洲八旗四色，入關以後，又招募了漢人，組成綠營兵，執綠旗。

太息金陵王氣盡，一枝春色占長安：明太祖朱元璋的孝陵在南京，所以說「金陵王氣盡」，李自成春天打進北京，明朝滅亡。

2、說明：李自成攻入北京，崇禎帝自縊，明朝滅亡。

3、時間：1644年。

4、故事：李自成的是是非非。

李自成的起義，與傳統體制內人員形象截然不同。他的成功並非一蹴而就，而是經過了長達十五年的艱苦奮鬥和反復失敗。他曾多次被官軍擊敗，甚至被迫隱居深山，但他從未放棄過自己的信念和目標。

李自成的成功，一方面得益於他的應變能力和積極心態，另一方面也離不開明朝末期內憂外患的局勢。在那個時代，農民軍與官軍之間的戰鬥力存在巨大差距，但李自成憑藉堅韌不拔的毅力，最終在北京稱帝。

與此同時，明朝的軍隊也在經歷著前所未有的挑戰。糧食短缺、士兵士氣低落、戰鬥力下降等問題層出不窮。即使是訓練有素的官軍，也難免受到各種因素的影響，導致戰鬥力大打折扣。

在那個極端乾旱的年代，李自成敏銳地抓住了時機，利用災民的不滿和官軍的疲弱，一步步走向了成功的巔峰。

經過長達十五年的不懈努力，李自成終於走向成功，然而，僅僅四十二天，他的輝煌就迅速黯淡下來。起初，他下令嚴明紀律，讓北京城秩序井然，但這種自律並未持續多久，他開始放縱自己和部下，對京城進行勒索和搶掠，導致民心盡失。特別是他對吳三桂家人的處理，更是激怒了這位關鍵人物，使得原本可能投降的吳三桂轉而與他對立。

李自成的領導團隊搭配不合理，雖然有些人忠誠勇敢，但缺乏遠見和策略，有些人則度量狹窄，爭權奪利。這樣的團隊，顯然無法承擔起建立一個新王朝的重任。

李自成還忽視了後勤工作的重要性。他的部隊在京城進行搶掠，很大程度上是因為沒有穩定的後勤供應。

李自成失敗在山海關之戰。

吳三桂心裏清楚，單憑他的關寧軍是無法與大順軍相抗衡的。因此，吳三桂向多爾袞頭像，引清軍入關。清軍於山海關外十五里處集結，山海關大戰正式拉開帷幕。對於吳三桂與多爾袞之間的事，李自成是一點都不知曉。當雙方僵持不下，漸漸兵疲之時，八旗鐵騎突然沖出朝農民軍殺來。此時的農民軍包括李自成在內，都是茫然的，完全不知道清軍居然攪和進來了。農民軍一時之間陣腳大亂，李自成的大軍幾乎被團滅，十五員大將相繼陣亡，李自成本人狼狽逃走，不久後被殺。

第三十三象：清朝建立

丙申巽下兌上大過

讖曰：
黃河水清，氣順則治。
主客不分，地支無子。

頌曰：
天長白瀑來，胡人氣不衰。
藩籬多撤去，稚子半可哀。

金聖歎曰：此象乃滿清入關之徵。反客為主殆亦氣數使然，非人力所能挽回歟。遼金而後胡人兩主中原，瑣瑣漢族對之得毋有愧。

1、詞句解析：

圖說：插著八個旗幟載有十人的船行駛在清水中，指清朝的八旗制度，在入關後傳十帝。

黃河水清，氣順則治：「黃河」是中原大地，「水清」是變為清朝。「氣順則治」指滿清自順治帝開始入主中原，由亂漸治。

主客不分，地支無子：滿清女真各部，原本隸屬明朝，現在反客為主，不太正當。地支共十二個，「子」是地支之首，「無子」就是沒有第一個，表示創始人太祖努爾哈赤不能算是清朝的，只是後來被

追封爲皇帝。皇太極改國號爲「清」，但是並未入主中原，第一位入關的皇帝是順治。清朝傳承皇太極皇位的共十帝，加上皇太極本人，以及實質創始人太祖努爾哈赤，爲十二帝。

天長白瀑來，胡人氣不衰：長白山是清軍的發源地，「瀑」是形容清軍的氣勢。胡人氣運沒有衰敗，元朝滅亡了，但是清朝又續上來了。

藩籬多撤去，稚子半可哀：清軍爲了對抗李自成的軍隊，設立了藩王，在雲南封吳三貴爲藩王，廣東封尚可喜爲藩王，福建封耿精忠爲藩王，即「三藩」。康熙後來決定撤藩，三者叛亂，被稱爲「三藩之亂」，最終被康熙平定。清朝很多皇帝都是幼年登基，比如順治、康熙、同治、光緒，即「稚子過半」，而且這些稚子都遭遇了權力鬥爭。

2、說明：清朝入主中原，康熙平定三藩之亂。

3、時間：皇太極1636年改國號爲「清」，1673年-1681年，康熙帝平定三藩之亂。

4、故事：清朝的皇帝簡歷。

清朝享國276年，歷經十世十一帝。自1636年皇太極在盛京稱帝，建立清朝，其統治中心逐漸由東北擴展至整個中國。

在皇太極的領導下，清朝通過強大的軍事實力，成功地將朝鮮變爲其藩屬國，並對喀爾喀蒙古實施了「九白之貢」的規定。隨後，清朝在松錦之戰中擊敗了明朝的最後一支精銳部隊。

清朝入關後，經歷了多爾袞與順治的政權過渡，期間清朝迅速平定了南明政權和各地的勢力，確立了對全國的統治。康熙繼位後，更是通過平定三藩之亂、收復臺灣、驅逐沙俄、三征噶爾丹等重大軍事行動，鞏固了清朝的統治地位。

雍正實行的祕密立儲制度，以及爲了處理西北軍務而設立的軍機處，都標誌著皇權的進一步加強。同時，雍正還推行了「攤丁入畝」制度，廢除了人頭稅。

乾隆時期，清朝達到了鼎盛。他引以爲傲的十全武功使清朝的版

圖擴大。乾隆中老年時期開始追求享樂，導致吏治敗壞，社會矛盾加劇。這一時期，清朝開始由盛轉衰。

　　隨後的幾年中，清朝內部也經歷了不少動盪，包括湘黔苗民起義和白蓮教起義的爆發，乾隆退位後仍以太上皇身分掌權，嘉慶繼位後迅速處理了和珅，但白蓮教起義的巨額軍費讓和珅留下的財產迅速流失。

　　嘉慶在位期間，清朝開始面臨更多外部壓力，包括天理教起義以及嚴禁鴉片和西洋人在內地的活動。到了道光帝時期，雖然皇帝力行節儉並試圖改革，但國家的疲敝和官員的貪汙仍然讓清朝的財政雪上加霜。此時，鴉片貿易已成為一個嚴重的問題，導致大量白銀外流。

　　在咸豐繼位後，太平天國運動席捲了南方，而清朝的八旗軍和綠營軍已不堪重用。同時，英法聯軍發動了第二次鴉片戰爭，進一步削弱了清朝的國力。在此期間，沙俄也趁火打劫，通過多個不平等條約割占了清朝大片領土。

　　同治繼位後不久即去世，光緒繼位，慈禧太后繼續垂簾聽政。此時，清朝面臨著內憂外患，包括新疆被阿古柏和沙俄侵占，以及日本對臺灣的侵略。雖然左宗棠成功收復了新疆大部，但清朝的衰落已不可逆轉。最後，在十九世紀末，清朝完全失去了對琉球群島的主權，清朝的國際地位進一步下降。

　　光緒逝世的同日，慈禧擁立三歲的溥儀為帝，是為宣統，由他的父親載灃攝政。次日，慈禧死去。武昌起義爆發後，各省紛紛宣佈脫離清廷獨立，載灃不得已重新啓用袁世凱出山，鎮壓革命黨人，然而，袁世凱卻率軍回京，迫使載灃辭去攝政王，不久，袁世凱又逼迫宣統帝溥儀退位，自此，享國兩百九十六年的清朝滅亡。

第三十四象：太平天國運動

丁酉巽下巽上巽

讖曰：
頭有髮，衣怕白。
太平時，王殺王。

頌曰：
太平又見血花飛，五色章成裹外衣。
洪水滔天苗不秀，中原曾見夢全非。

金聖歎曰：證已往之事易，推未來之事難，然既證已往，似不得不推及將來。吾但願自此以後，吾所謂平治者皆幸而中，吾所謂不平治者幸而不中，而吾或可告無罪矣。此象疑遭水災或兵戎與天災共見，此一亂也。

1、詞句解析：

圖說：圖中洪水氾濫，指洪秀全的姓。禾苗不秀，指洪秀全的名字。蘆葦旁邊幾具骷髏，指這場農民起義造成了百姓巨大的死亡。

頭有髮，衣怕白：太平軍不剃髮，被清廷蔑稱為「長毛」。太平軍除了白色不穿外，各色衣服都有，尤其喜歡色彩鮮豔的服裝，所以是衣服怕白色。

太平時，王殺王：太平時，是指國號「太平天國」。王殺王，指

太平天國的各王之間互相殘殺。

太平又見血花飛，五色章成裏外衣：太平天國名字是「太平」，其實是血花滿天的禍亂。「五色章成裏外衣」是指太平軍的旗分五色，青、白、紅、黑、黃，分別對應：東、西、南、北、中。

洪水滔天苗不秀，中原曾見夢全非：洪水滔天苗不秀，點出洪秀全的名字。「曾」指曾國藩，曾國藩的湘軍建於中原。太平軍碰見曾國藩的湘軍，就「夢全非」了。

2、說明：洪秀全創立拜上帝會，1851年，在廣西金田村起義。1853年，太平軍攻下金陵（今南京），定都於此，號稱天京。1856年，太平天國爆發天京事變，東王楊秀清、北王韋昌輝、燕王秦日綱被殺，翼王石達開遠走，太平天國由盛至衰。1864年，湘軍攻克天京，太平天國滅亡。

3、時間：1851年-1864年，太平天國運動。

4、故事：耶穌的弟弟洪秀全。

在十九世紀中葉的動盪時期，由於鴉片戰爭後的賠款壓力，清政府加重了對百姓的剝削，導致了廣泛的社會不滿和起義頻發。在這一背景下，洪秀全創立了拜上帝會，旨在推翻腐朽的清朝統治。洪秀全曾多次參加科舉考試卻屢試不第，但在廣州受到基督徒梁發《勸世良言》的啟發後，他與馮雲山等人在家鄉創立了太平天國的前身——拜上帝會。他自稱為上帝的次子，以此吸引信徒，準備起義。

隨著廣西地區的災荒和社會動盪，洪秀全和馮雲山來到廣西吸納信徒，為起義積蓄力量。1850年，他們認為起義的時機已經成熟，於是在廣西桂平縣金田村集結信徒進行訓練。第二年1月11日，洪秀全在生日慶典上誓師起義，正式向清朝宣戰，建立了太平天國，並自稱為天王。

在隨後的幾年裏，太平軍攻占了多個城市，建立了各項制度，並分封了諸王，形成了太平天國的初步國家規模。然而，隨著清軍的圍攻和內部的矛盾惡化，太平天國面臨著巨大的挑戰。儘管在一些戰役中取得了勝利，如石達開多次擊敗曾國藩的湘軍，但最終未能改變太

平天國的困境。

　　內部的矛盾和爭鬥也加劇了太平天國的衰落。天京事變中，楊秀清和韋昌輝的爭鬥導致了大規模的殺戮和內部動盪，使太平天國的實力大損。此後，儘管有石達開等人的努力，但太平天國已經難以挽回頹勢。

　　最終，在清軍的圍攻下，天京陷落，太平天國運動宣告失敗。

第三十五象：英法聯軍侵華

戊戌震下兌上隨

讖曰：
西方有人，足踏神京。
帝出不還，三臺扶傾。

頌曰：
黑雲黯黯自西來，帝子臨河築金臺。
南有兵戎北有火，中興曾見有奇才。

金聖歎曰：此象疑有出狩事，亦亂兆也。

1、詞句解析：

圖說：圖中三人，前面兩個是英法，後邊跟來的是沙俄。沙俄以調停的名義，強迫清朝簽署中俄《北京條約》，割占烏蘇裏江以東

四十萬平方公里土地。

西方有人，足踏神京：英法聯軍入侵北京，劫掠焚毀圓明園。

帝出不還，三臺扶傾：咸豐帝離京逃至熱河，第二年病死於熱河，未能回京。「三臺」是曾國藩，左宗棠，李鴻章三人，清朝總督也稱「制臺」，開展洋務運動，扶起大廈將傾的清朝。三臺扶傾，也可以理解爲，三臺合爲「治」，指繼位的同治皇帝。

黑雲黯黯自西來，帝子臨河築金臺：指西方列強發動侵略中國的戰爭。帝子臨河築金臺，指咸豐逃到熱河並在那裏施政。

南有兵戎北有火，中興曾見有奇才：南有兵戎北有火，南邊的太平天國還沒有平定，北邊被英法聯軍火燒圓明園。中興曾見有奇才，曾見，指曾國藩出現，力挽狂瀾，創建湘軍，消滅太平天國，開展洋務運動，被譽爲晚清「中興第一名臣」。

2、說明：英法聯軍入侵北京，火燒圓明園，沙俄趁機掠奪滿清土地，南方還有太平天國運動。曾國藩，左宗棠，李鴻章三人扶起了清朝政權。

3、時間：1856年-1860年，第二次鴉片戰爭。1856年-1857年，英法聯軍炮轟廣州。1860年，英法聯軍占領北京，火燒圓明園。咸豐逃往熱河，第二年病死在熱河。

4、故事：狼狽的清朝。

19世紀中葉，歐洲外夷沉迷於搶劫、販賣鴉片、販賣人口。中國的大門被他們用槍炮叩開，清朝政府的無能與保守暴露無遺。內憂外患之中，太平天國起義如颶風般席捲了中國東南部。在一片混亂中，湘軍的出現爲晚清王朝帶來了一線生機。湘軍以曾國藩、左宗棠等漢人大臣爲主導，他們力挽狂瀾，成爲了後世口中的中興之臣。

1860年，英法聯軍以海軍力量爲後盾，集結了兩萬餘人的軍隊，對大沽炮臺發起猛攻。在堅船利炮的掩護下，他們迅速擊敗了清軍，占領了天津。

天津的失守使得北京城暴露在了聯軍的槍口之下。曾格林沁向咸豐皇帝提出了一個建議：前往熱河避難。在權衡利弊之後，咸豐皇帝

最終採納了這個建議。

當時的清軍已經不再是清初那支英勇善戰的鐵騎了。雖然京城內仍有十幾萬大軍，但真正能夠調動的卻寥寥無幾。咸豐也不敢將所有軍隊調集起來共同禦敵，他們看來，眼下的敵人可能會改朝換代的叛軍，而不是遠道而來的外患。因此他們寧願割地賠款也不願意孤注一擲對抗聯軍。

於是咸豐攜皇后、懿貴妃、麗妃以及年幼的載淳皇子，還有肅順、端華等一眾臣子，共計百餘人，急匆匆地踏上了前往熱河的征程。他們日夜兼程，目標直指承德熱河的避暑山莊。

在離開紫禁城之前，咸豐皇帝還特意命令奕訢留在皇宮中，繼續負責與外國人的談判事宜。

由於路途顛簸和心情緊張，咸豐皇帝一到熱河行宮就感冒了，痰喘發作，身體非常不適。其實，從去年開始，他就經常感到下腹疼痛難忍。太醫診斷後認為他肝脾腎虛弱，需要好好休息調養。

國家的動盪不安讓咸豐皇帝無法安心休養。太平天國運動的風起雲湧和清軍的連連敗退讓他心緒不寧。與此同時，奕訢與洋人的談判也屢屢受挫，最終簽訂了喪權辱國的中英、中法《北京條約》。奕訢把這一切都彙報給了熱河的咸豐皇帝。咸豐看到彙報後心如刀絞幾乎站不住腳。索性一兩個月都不出門，連堆積如山的奏章也懶得看。

在這段動盪不安的時期裏，咸豐皇帝的意志與身體狀況都迅速惡化。他原本應該好好調養身體，但是為了轉移注意力，他沉迷於縱欲和享樂之中，特別是在熱河時他日夜沉溺於四件事：沉迷美色、看戲劇聽曲子、貪戀美酒、吸食鴉片。這些惡習讓他的身體狀況更加糟糕很快就垮了下來。最終，在1861年8月22日凌晨，這位命運多舛的皇帝在承德熱河行宮走完了他短暫而充滿坎坷的一生。

曾國藩作為湘軍的領袖，在得知英法聯軍攻占北京的消息後，並未急於北援京城，而是選擇了按兵不動以保湘軍實力。

左宗棠在得知北京被攻占的消息後，他義憤填膺地表示要勤王北援、與國家共存亡。他不僅積極備戰、加強軍備建設，還多次上書朝

廷請求發兵北援、收復失地。

　　後來，在左宗棠的堅持下，清政府決定派兵收復新疆、維護國家主權和領土完整；而曾國藩則繼續堅守南方戰線、穩定內部局勢。

第三十六象：慈禧挾光緒逃往西安

己亥乾下巽上小畜

讖曰：
纖纖女子，赤手禦敵。
不分禍福，燈光蔽日。

頌曰：
雙拳旋轉乾坤，海內無端不靖。
母子不分先後，西望長安入覲。

金聖歎曰：此象疑一女子能定中原，建都長安。

1、詞句解析：

圖說：卦圖中有三個人，其中一名女子是騎在馬上的，是慈禧逃出京城。另一個手提燈籠幫忙開路，是義和團紅燈照。還有一名男子在旁邊跪拜，是慈禧逃跑過程中沿路接駕的官員。

纖纖女子，赤手禦敵：義和團在天津獨有一種專收女性的拳會，比如紅燈照。他們是這次反帝鬥爭中的重要力量，但結局還是以失敗

告終。這句話的意思即這些纖纖女子赤手空拳去防禦這些敵人。義和團和紅燈照宣揚神道相助、刀槍不入，以血肉之軀對抗洋槍洋炮。

不分禍福，燈光蔽日：燈光指紅燈照，也可以指慈禧太后無知，不分吉凶禍福。

雙拳旋轉乾坤，海內無端不靖：義和團最初的名字叫「義和拳」，「雙拳」是指義和團。是「旋轉乾坤」，而不是「扭轉乾坤」，表示義和拳的觀念有違大家的常規觀念，想要做點事，但是並不能起到扭轉局勢的作用。海內無端不靖，表示沒有源頭就沒有戰爭，表示戰爭的源頭匪夷所思、莫名其妙。當時戊戌變法失敗，光緒被軟禁，慈禧向十一國宣戰，命令所有清軍配合義和團滅洋，局面十分混亂。

母子不分先後，西望長安入覲：光緒與慈禧以母子相稱，慈禧以母親的名義替光緒打理朝政，「庚子事變」後二者都逃往了西安，官員們只能到西安覲見皇帝和太后。

2、說明：為反抗西方列強的侵略，民間興起義和團運動，以扶清滅洋為口號，燒教堂、殺洋人和教民，慈禧太后決定利用義和團來對付洋人。為了消滅義和團，八國組織軍隊入侵中國。義和團和清軍潰敗，侵略者占領北京。慈禧太后挾光緒帝逃往西安。在逃跑的途中，為向列強求和，頒佈剿滅義和團的命令，導致義和團運動失敗。

3、時間：1900年，庚子國變。

4、故事：瘋狂挖墳的慈禧。

清光緒二十六年（1900年），載漪、剛毅、徐桐等人共同偽造了一份照會，聲稱各國公使請求慈禧將政權歸還給光緒，慈禧看後既悲傷又憤怒。眼看計畫得逞，載漪趁機進言，力主抗擊洋人。

慈禧聽後，認為可以利用民心來給那些肆無忌憚的洋鬼子立規矩。於是，一場巨大的災難悄然醞釀。

然而，洋鬼子不好糊弄。五月中旬，八國聯軍集結兵力在天津，準備向北京進發，意在向慈禧討個說法。慈禧在五月二十五日作出了一個驚人的決定，她向十一國宣戰。

八國聯軍用僅僅兩萬多的兵力，就重創了八萬多清兵與二三十萬義和團，這一場慘敗使得慈禧不得不逃離北京，前往西安。之後，清朝被迫簽訂了喪權辱國的《辛丑條約》，賠償了巨額白銀。

慈禧太后的胡作非爲、奢侈無度加速了清朝的衰敗，她對內政的干預和對民間的義和團的利用，都顯示出她對權力的濫用。

朝廷重臣、權貴的貪腐也是導致大清失去民心的重要原因。從乾隆晚期開始，清朝就已經對官員的貪腐失去了有效的控制。官員們爲了謀取私利，不惜犧牲民眾的利益，這使得民不聊生，最終引發了席捲半壁江山的大平天國起義。雖然太平天國內部的爭鬥使其失去了改朝換代的機會，但清朝的統治已經搖搖欲墜。

清朝的一些官員和民眾已經開始對朝廷失去了信心。例如龔半倫作爲一個漢奸，帶領洋鬼子進入北京城，他對清朝的背叛反映出民心的流失，而八旗子弟的驕奢淫逸也引起了民眾的不滿。

《申報》的報導也揭示了大清官員的貪腐和枉法行爲，使清朝在民眾心中的形象進一步崩塌。義和團的興起和失敗，更是清朝統治危機的集中體現。他們雖然打出了扶清滅洋的旗號，但實際上並沒有給清朝帶來任何實質性的幫助，反而加劇了社會的動盪。

在庚子事變中，東南互保的出現使朝廷顏面掃地，這些地方大臣們無疑告訴洋人，他們並不支持清朝的決策。

在這個國家面臨巨變的時刻，每個人都在做出自己的選擇。

羅正鈞，這位直隸定興縣的縣令，身心俱疲地應對著愈演愈烈的義和團。他試圖規勸解散亂民，但朝廷的溫和指令並未能平息事態。當他看到義和團的行爲越來越失控，他轉而主張鎮壓，但求援卻得到了一群無用的亂兵。最終，羅正鈞在義和團的衝擊下，不得不交錢贖罪，保全性命。在朝廷要求組織義和團抵禦八國聯軍時，他感到這是一項無法完成的任務，最終選擇辭職。幸運的是，他在八國聯軍攻破北京前離開了直隸。

同樣在這個時期，王懿榮被任命爲京師團練大臣。他原本是一名學者型官僚，與團練無關。然而國難當頭，他不得不接受這個重任。

他努力籌備團練，但朝廷的決策和義和團的瘋狂行為讓他的工作變得異常困難。當八國聯軍攻破北京時，他選擇了以身殉國。

李秉衡，這位七十歲的老將，帶著兩百名親衛從揚州出發進京勤王。他克服了重重困難，最終在北京與聯軍展開了激戰。雖然兵力薄弱，但他毫不畏懼，奮力抵抗。最終，在張家灣的最後一戰中，他選擇了服毒自盡，壯烈犧牲。

另一位大將聶士成也面臨著艱難的抉擇。他的武衛前軍是清廷的第一戰力，但他與義和團的關係緊張。他堅決主張剿滅義和團，但他的軍隊卻被斷餉三個月，士氣低落。在八國聯軍進犯天津時，他不得不與義和團合作。然而，義和團的行為讓他憤怒不已，他最終決定先教育一番大師兄們。這個決定讓他陷入了困境，但他毫不退縮，每一次戰鬥都親臨一線指揮作戰。最終，在日軍強攻天津八里臺的戰鬥中，他壯烈犧牲。

清朝的衰落和滅亡是其內部腐敗和外部壓力共同作用的結果。慈禧雖然生前享受盡了榮華富貴，但死後卻遭到了悲慘的下場，這或許是她應得的報應。

第三十七象：辛亥革命

庚子震下巽上益

讖曰：

漢水茫茫，不統繼統。

南北不分，和衷與共。

頌曰：

水清終有竭，倒戈逢八月。

海內竟無王，半凶還半吉。

金聖歎曰：此象雖有元首出現，而一時未易平治，亦一亂也。

1、詞句解析：

圖說：圖中有一個頭上長著角的惡鬼，惡鬼指西方列強，就是俗語說的「洋鬼子」。惡鬼托起一個人頭，比喻清朝滅亡。「頭」即「首」，頭部是圓形的，「圓」與「袁」同音，指袁世凱做了元首。圖中的水，是指清廷，或者指漢水，是武昌起義的爆發點。

漢水茫茫，不統繼統：「漢水」指武昌，代表武昌起義，在南京建立了民國政權。「不統繼統」是說民國沒有統一中國，或者說不夠正統，但是相對來說是繼承結束舊朝代開拓新朝代的責任，或者說是從宣統到總統的變遷。

南北不分，和衷與共：中國不再分南方的民國政府、北方的清政府，全國都擁護共和。

水清終有竭，倒戈逢八月：與第33象預言清朝立朝的「黃河水清」相呼應，清朝終有滅亡的時候。1911年的武昌起義陰曆是八月二十日，他們率領清軍培養的新軍起義，是「倒戈」。

海內竟無王，半凶還半吉：「海內竟無王」指共和制取代帝王制。「半吉」是指清朝滅亡是好的，朝代的更替代價比較小，沒有像太平天國那樣全國性的大戰爭。「半凶」是說共和並沒有帶給人們期盼已久的安定，後面還有袁世凱稱帝、軍閥割據。

2、說明：武昌起義後，清朝終結。

3、時間：1911年，辛亥革命爆發。1912年，清帝退位。

4、故事：袁世凱的發跡之路。

在1911年，辛亥革命在中國爆發，不久後清朝土崩瓦解。

清朝已經病入膏肓，必須結束清朝的統治。然而，當時的中國知識分子對於如何實現這一目標持有不同意見。

一方面，以康有為、梁啓超為代表的立憲派主張和平過渡，他們希望通過建立君主立憲制來改變中國的制度，以避免大規模戰爭和國家分裂。另一方面，以孫中山為代表的革命派則主張通過暴力革命推翻清朝，並建立一個以漢民族為主的民族國家。

辛亥革命的爆發加劇了邊疆地區的危機。在青藏高原地區，趙爾豐剛剛收復西藏，但很快就被革命軍殺害，導致西藏地區陷入混亂。同時，外蒙古在俄國的勾結下發生叛亂，並公然稱帝。此外，日本和俄國分別對滿洲和新疆虎視眈眈，如果這些地區發生大規模內戰，中國很可能失去對邊疆的控制。

雖然南方各省紛紛宣佈獨立，但大多數省分的獨立並非革命的成果，而是南方總督的自立。這些總督、巡撫逐漸演變為地方軍閥，他們內心並不支持民主共和。因此，南方軍隊戰鬥力極差，一盤散沙。

相比之下，清朝在北方仍占據絕對優勢。山西、山東等地的革命起義很快被清軍鎮壓。從雙方鬥爭的情況來看，清朝在北方具有強大的控制力。

在新疆和東北方面，雖然部分革命軍試圖發動革命，但這些地區的清軍勢力依然穩固。袁世凱作為北方軍閥的代表，選擇對革命軍開戰，並成功鎮壓了漢口、漢陽等地的革命起義。

在這場南北和談中，雙方同意停止戰爭並達成妥協。由於實力不濟和南方總督巡撫的立憲派背景，南方方面同意向袁世凱妥協，並由其主持立憲或結束清朝。孫中山等革命黨人為了限制袁世凱的權力，趕緊宣佈成立「中華民國」，並頒佈《臨時約法》實行責任內閣制。

經過這些事件後孫中山和其他革命黨領導人認識到革命的一些局限性，並開始反思和調整策略。他們將立憲派的思想與民主共和思想融合提出了「五族共和」的概念，以維護國家統一和民族團結。

在北方袁世凱也深知清朝在各地都有一定的勢力，因此他選擇以合法手段取代清朝，而非貿然取消。他成功拉攏各地軍閥，並用革命

恐嚇清朝的隆裕太后，迫使其主動讓權。最終，袁世凱成功讓清帝退位，並成爲大總統。

1912年2月12日清廷頒佈《清帝退位詔書》宣佈清朝結束國家實行「共和立憲國體」。同時詔書明確規定「中華民國」繼承清朝的所有領土，主權面積超過一千一百萬平方公里。

邊疆危機已經形成，需要進一步努力才能眞正實現中華民國對國土的繼承。在中華民國前期國家試圖解決棘手的邊疆問題。通過談判和外交手段努力維護國家主權和領土完整。例如袁世凱和俄羅斯進行談判，保住了外蒙古的主權；在西藏方面，民國也試圖和英國進行談判以維護主權；在新疆方面，袁世凱上臺後任命楊增新爲新疆都督，穩定了新疆局勢；在東北方面，張作霖成爲一方軍閥，並拒絕了日本的無理要求，保衛了國家主權。

從清朝到民國的「改朝換代」可以說是中國歷史上較爲平穩的一次朝代更替。如果當時南方和北方的勢力沒有選擇妥協，而是堅持「革命到底」，那麼中國很可能陷入長期的內亂，導致俄國、英國、日本等列強趁機瓜分中國邊疆。

第三十八象：第一次世界大戰

辛丑震下離上噬嗑

讖曰：
門外一鹿，群雄爭逐。

劫及鳶魚，水深火熱。

頌曰：

火運開時禍蔓延，萬人後死萬人生。

海波能使江河濁，境外何殊在目前。

金聖歎曰：此象兵禍起於門外有延及門內之兆。

1、詞句解析：

圖說：國門之外橫七豎八地躺著很多屍體，指的是第一次世界大戰，外國很多人死亡。

門外一鹿，群雄爭逐：門外一鹿似乎是說巴爾幹半島，這裏是西方列強群雄爭逐的一個核心地區，是出了名的火藥桶。

劫及鳶魚，水深火熱：鳶指天上飛禽，魚指水下魚蝦。城門失火，殃及池魚，形容戰爭的殘酷，水深火熱。

火運開時禍蔓延，萬人後死萬人生：第一次世界大戰是火運大開，戰爭慘烈，禍水蔓延。每天都是上萬的士兵死在戰場。

海波能使江河濁，境外何殊在目前：世界大戰攪渾江河，延及全世界，波及到了我國，國內軍閥爭搶、列強侵略，戰爭也很殘酷。

2、說明：第一次世界大戰很殘酷，災禍延及中國，國內境況也很悲慘。

3、時間：1914年-1918年。

4、故事：第一次世界大戰，分贓不均的戰爭。

第一次世界大戰席捲了全球三十三個國家，投入軍隊超過七千萬人，涉及人口高達十五億。這場被形容爲「絞肉機」的戰爭，導致了一千多萬人的死亡，兩千多萬人的受傷。其破壞力之大，在歐洲歷史上堪稱罕見，戰爭的後遺症更是深遠且巨大。

一戰的主戰場集中在歐洲，主要分爲西線和東線，但戰火也燒到了非洲和亞洲的部分地區。從1914年7月戰火點燃，到1918年11月戰爭結束，這場全球性的災難持續了四年多。戰爭結束時，德國宣佈投

降，而這場大戰給世界經濟帶來的損失高達兩千四百億美元。

為了取得戰爭勝利，各國紛紛研發新式武器，飛機、毒氣、坦克、遠程大炮等相繼投入戰爭，使得武器的發展迎來了一個前所未有的高峰期。

第一次世界大戰導火線是薩拉熱窩事件。塞爾維亞的「國恥日」是這場大戰爆發的歷史背景之一。在這一天，奧匈帝國皇儲法蘭茲・斐迪南大公與其妻子在薩拉熱窩視察時，遭到了塞爾維亞民族主義者的刺殺。

戰爭爆發前，歐洲各國形成了兩大軍事集團：同盟國和協約國。德意志、奧匈帝國等組成了同盟國，而英國、法蘭西第三共和國等則組成了協約國。這兩大集團的對抗，最終導致了戰爭的全面爆發。

在戰爭的第一階段（1914年），各大國紛紛進行戰爭動員，並相互宣戰。隨著戰爭的深入，交戰雙方在第二階段（1915年至1916年）投入了更大的兵力，戰爭規模進一步擴大。到了第三階段（1917年至1918年），德國在內外交困的情況下，最終宣佈投降，標誌著第一次世界大戰的結束。

這場大戰的爆發並非偶然，而是歐洲土匪國家擴張侵略、爭奪殖民地的必然結果。薩拉熱窩事件只是點燃了這場大戰的導火線，真正的根源在於各國之間的矛盾和衝突。

第三十九象：日寇侵華

壬寅震下艮上頤

讖曰：

鳥無足，山有月。

旭初升，人都哭。

頌曰：

十二月中氣不和，南山有雀北山羅。

一朝聽得金雞叫，大海沉沉日已過。

金聖歎曰：此象疑一外夷擾亂中原，必至酉年始得平定也。

1、詞句解析：

圖說：太陽是日本的國旗，象徵日本。鳥在山上，是個「島」字，指島國日本。日落，是日本戰敗。

鳥無足，山有月：「鳥」字去掉下邊的橫，再把「山」放進去，就是「島」字，入侵中國的是一個島國。

旭初升，人都哭：日本國旗升起來的時候，人們都在哭。

十二月中氣不和，南山有雀北山羅：十二月中是農曆六月，指七七事變，日本全面侵華。南山有雀，是南邊有個汪精衛，精衛是一種鳥；北山羅，是北邊有個愛新覺羅，指溥儀。兩個日本傀儡政權。

一朝聽得金雞叫，大海沉沉日已過：金雞是年分，乙酉年，酉五行屬金，生肖屬雞。1945年日本投降。

2、說明：日寇侵華並戰敗。

3、時間：1931年-1945年。

4、故事：日寇侵華。

二戰期間，日寇對中國的侵略始於1931年的九一八事變，之後逐步升級爲全面的侵華戰爭，這場戰爭持續了長達十四年。這場漫長的戰爭給中國帶來了深重的災難，據統計，有高達三千五百萬的中國同胞慘死於日寇的屠刀之下。在那段黑暗的時期，日寇所到之處，燒殺搶掠，無惡不作。

七七事變日寇全面侵華開始之前，據統計，1936年日寇的年鐵產量高達三百多萬噸，而中國卻不足十萬噸；日寇的鋼年產量達到六百四十萬噸，而中國卻不足千噸。我們當時的生產能力僅限於一些輕武器，如步槍和輕機槍。

從軍事力量來看，據《日寇陸軍史》記載，在全面抗戰爆發時，日寇的總兵力超過四百萬人，而中國的總兵力只有一百多萬人。而且，日寇的訓練有素，裝備精良，我們與他們的實力相差懸殊。但是日寇遇到的是頑強的中華民族，據不完全統計，自全民族抗戰爆發後，僅湖南地區就有兩百一十餘萬人參軍。

根據日寇戰後公佈的數據，二戰期間日寇陣亡人數約爲兩百一十三萬。其中，除去太平洋戰場的一百二十萬和滇緬戰場的十八萬之外，其餘大約七十五萬陣亡士兵都是在中國戰場上喪生的。然而，這一數據並不可信，因爲美國公佈的數據顯示，美軍殲滅的日寇數量高達一百五十萬。而我國統計的數據也顯示，日寇在中國戰場的陣亡人數約爲一百萬。總體而言，整個二戰期間日寇的陣亡人數應該接近兩百萬。

第四十象：三分中國

癸卯巽下艮上蠱

讖曰：
一二三四，無土有主。
小小天罡，垂拱而治。

頌曰：
一口東來氣太驕，腳下無履首無毛。
若逢木子冰霜渙，生我者猴死我雕。

金聖歎曰：此象有一李姓，能服東夷，而不能圖長治久安之策，卒至旋治旋亂，有獸活禽死之意也。

1、詞句解析：

圖說：三個小孩，代表三種權力，其中兩個小孩看向左邊的小孩，左邊的小孩是焦點。右邊的小孩地位尷尬，需要依靠中間的小孩。所以可以有兩種解釋，一種是左邊小孩是大陸，主導中國，中間是外國勢力，占據澳門和香港，右邊是偏安一隅的國民黨，雙方需要看大陸臉色。但是飛盤只有三個，所以可以有第二種解釋。左邊的小孩是民國，右邊的小孩是蘇聯，1945年簽署《中蘇友好同盟條約》，扶植中間的小孩，並把土地給到中間的小孩，兩個人對左邊的小孩是虎視眈眈。

一二三四，無土有主：三種勢力，四個土地，其中主角還不占有大多土地，所以主角應當是民國，也就是右邊的小孩。民國雖然丟了國土，但還宣稱是這些國土的主人。第二個勢力是中華人民共和國，是左邊的小孩。第三個是外國勢力，占了香港、澳門，也就是圖中中間的小孩。建國初的中國分為四塊，大陸、臺灣、香港、澳門。

小小天罡，垂拱而治：天罡古代指北斗七星之柄，「垂拱而治」指蔣介石偏安於臺灣。

一口東來氣太驕，腳下無履首無毛：「東來」是毛澤東和周恩來，毛澤東有詩歌「數風流人物，還看今朝」，是很驕。「腳下無履首無毛」，也指出了名字「毛」，腳下無履是發動無產百姓，戰勝國民黨。蔣介石是光頭，這一句也可能暗示他敗逃臺灣。

若逢木子冰霜澳，生我者猴死我雕：這一象是從民國的角度去說的，如果碰到了木子，也就是「李」姓，就會化解雙方的問題。生於猴，死於雕，其中「猴」普遍說是孫中山，猴是猢猻，也就是「孫」，孫中山建立中華民國。鵰是鷹鵟，所以很多人說是馬英九，但這裏肯定不是說馬英九。現在臺灣對現政權很敵視，並不能統一，應當是在2049年後有李姓鵰名的人，讓臺灣和大陸融合，而且是「冰霜澳」，這說明到時候在新的朝代能夠自然融合，應當不是武力統一。

2、說明：國共內戰。

3、1945-1949年。

4、故事：國共內戰。

1945年，隨著抗日戰爭的結束，中華大地上的戰火暫時平息。國共兩黨迎來了短暫的緩和時期。雙方在重慶簽訂了雙十協定，隨後，國共兩黨共同召開了政治協商會議，就行憲與建國事宜展開商討。

然而，裁軍、行憲與聯合政府等議題成為了雙方矛盾的焦點，隱藏著兩黨對國家未來走向的根本分歧，最終導致了內戰重開。

1946年，國共兩黨因搶占東北受降區而發生軍事衝突，這一事件成為了內戰的導火線。隨著戰事的不斷升級，戰火迅速蔓延至關內。

在內戰期間，共產黨領導的武裝力量改稱中國人民解放軍，經過遼西會戰、徐蚌會戰、平津會戰等三大戰役，解放軍在東北與華北取得了軍事上的絕對優勢。

國民黨方面也在努力尋求變革。1947年，國民黨結束了訓政，將以黨治國的國民政府改組爲行憲之中華民國政府，將國民革命軍改組爲中華民國國軍。這些改革措施旨在通過政治體制的轉變來贏得民心，從而挽回在戰爭中的不利局面。此外，國民黨還頒佈了動員戡亂令，並推行了一系列金融改革措施，如金圓券的發行，以提振當時尚處戰後疲弱的中國經濟。然而，這些改革措施並未能如願以償地贏得民心，反而因爲執行不當和腐敗問題而導致了民眾的不滿和失望。

1949年，隨著解放軍在戰場上的不斷勝利，國共兩黨之間的關係也到了最後的關頭。雙方在北平進行了停火談判，但由於雙方分歧過大，談判最終失敗。隨後，中國人民解放軍發起了渡江戰役，占領了首都南京和第一大城上海，並逐漸奪取了絕大部分的中國疆域。同年10月1日，中華人民共和國在更名後的北京成立。

隨著解放軍在戰場上的勝利，國民黨政府逐漸失去了對中國大陸的控制。1949年12月，中華民國中央政府撤退至臺灣臺北，從此開始了兩岸分治的局面。自1955年大陳島撤退後，中華民國政府的有效統治範圍進一步限縮在臺澎金馬與部分南海諸島，這一局面一直維持至今。

在兩岸分治期間，國共兩黨之間的軍事衝突雖然逐漸減少，但並未完全停止。雙方最後的地面戰役爲1961年中緬邊境的江拉之戰，而游擊戰則一直持續到1975年。

隨著國際形勢的變化和國內政治的發展，兩岸關係逐漸出現了緩和的跡象。1979年，雙方海上衝突停止，爲兩岸關係的改善創造了有利條件。1987年，兩岸之間開始開放非官方機制的交流。此後，隨著兩岸交流的日益頻繁和深入，兩岸人民之間的瞭解與互信也逐漸增強。

第四十一象：國家昏亂

甲辰離下離上離

讖曰：
天地晦盲，草木蕃殖。
陰陽反背，上土下日。

頌曰：
帽兒須戴血無頭，手弄乾坤何日休。
九十九年成大錯，稱王只合在秦州。

金聖歎曰：此象一武士握兵權，致肇地覆天翻之禍，或一白姓者平之。

1、詞句解析：

圖說：一胡人，頭戴一枝花，把太陽踩在腳下，應該是毛澤東。

天地晦盲，草木蕃殖：天地變得黯然失色，良田草木繁殖。民生變得很差。

陰陽反背，上土下日：陰陽反過來了，太陽被埋在地下，形容社會思想已經亂套。

帽兒須戴血無頭，手弄乾坤何日休：給人戴帽子，殺人太多留下血債，玩弄乾坤。毛澤東曾說，與天鬥其樂無窮，與地鬥其樂無窮，與人鬥其樂無窮。應當是說文革、三反五反、大躍進、人民公社等等

災難。

九十九年成大錯，稱王只合在秦州：對應推背圖第52象最後兩句，九十九年成大錯＝門外客來終不久，稱王只合在秦州＝乾坤再造在角亢。外來勢力統治不過百年，國運九十九年，之後遷都秦州，也就是西安。

2、說明：國內的各種人為災難。

3、時間：1949-1976年。

4、故事：運動治國。

1949年10月1日，毛澤東在天安門城樓上宣佈：「中華人民共和國中央人民政府今天成立了！」

在以後毛澤東領導下的幾十年裏，中國一直處於各種各樣的運動之中。不僅有政治運動、經濟運動，而且還有思想運動。有人統計，僅僅從1949年到1976年毛澤東去世，中國全國性的運動就有70多次，毛澤東批准的全國性運動有五十二次。

其中比較出名的有以下一些運動。

1950年6月30日，中國中央政府公佈《中華人民共和國土地改革法》，土改運動在全中國開展起來，將地主階級的土地沒收後分配給無地、少地的農民，造成一百萬-四百萬人非正常死亡。

與此同時還開展了「鎮壓反革命運動」，針對構成威脅的土匪、特務，國民黨殘留分子、惡霸、反動會道門和黨團分子等，肅清社會上反對中共及其政權勢力的運動。毛澤東為一些地方下達了殺人指標，他說：「上海是一個六百萬人口的大城市，按照上海已捕兩萬餘人，僅殺兩百餘人的情況，我認為1951年內至少應當殺掉罪大的匪首、慣匪、惡霸、特務及會門頭子三千人左右，而在上半年至少應殺掉一千五百人左右。」在毛的建議下，中共中央開會討論殺人比例問題，「決定按人口千分之一的比例，先此數的一半，看情形再做決定」。當時的中國人口是五億五千萬，千分之一的一半就是二十七萬五千人。據共產黨於1954年的官方統計，鎮反運動中共有兩百六十餘萬人被捕、一百三十餘萬人被監禁、七十一・二萬人被處決。1996年

的官方文件顯示鎮反運動鎮壓了一百五十七萬多人，其中八十七‧三萬餘人被判死刑。外界則估計有一百至兩百萬人遭處決。

此後有三反五反運動，在黨政機關人員中開展「反貪汙、反浪費、反官僚主義」，在私營工商業者中開展「反行賄、反偷稅漏稅、反盜騙國家財產、反偷工減料、反盜竊國家經濟情報」鬥爭的統稱，刀鋒直指資本家和工商業者，造成多起冤錯假案。

還有胡風反革命集團案，從文藝批判上升為政治批判，成為對文藝界的大規模政治整肅和清洗運動。

整風反右運動，中共第二次整風運動，公開資料顯示黨內外五十五萬人為定為「右派」，實際上有三百多萬人被戴上右派帽子。

大躍進及大饑荒，試圖利用本土充裕勞動力在工業和農業上進行大躍進式的建設運動，導致糧食大幅減產，造成大饑荒。這次大饑荒導致數千萬人被餓死。

反右傾運動，彭德懷等人因對「大躍進」提出批評而被毛澤東稱為「彭德懷反黨集團」，劃為「右傾機會主義分子」，進而在全國展開「反右傾」運動，並在一定程度上加重了大饑荒程度。

文化大革命運動，毛澤東提出的所謂「四個存在」理論，即「社會主義社會是一個相當長的歷史階段，在這個歷史階段中，始終存在著階級、階級矛盾和階級鬥爭，存在著社會主義同資本主義兩條道路的鬥爭，存在著資本主義復辟的危險性，存在著帝國主義和社會帝國主義進行顛覆和侵略的威脅。」在此基礎上，毛澤東發展出在無產階級專政下繼續革命的理論。文化大革命運動中的各種武鬥和抄家等導致兩千五百萬人非正常死亡。

第四十二象：文化大革命

乙巳艮下離上旅

讖曰：

美人自西來，朝中日漸安。

長弓在地，危而不危。

頌曰：

西方女子琵琶仙，皎皎衣裳色更鮮。

此時渾跡居朝市，鬧亂君臣百萬般。

金聖歎曰：此象疑一女子當國，服色尚白，大權獨攬，幾危社稷，發現或在卯年，此始亂之兆也。

1、詞句解析：

圖說：一個女子，帶領兔子、弓箭、琵琶，混亂朝政。女子是江青，兔子是姚文元（兔子能跳，女在左，兔在右，跳字左側換成女字，是「姚」），弓箭是張春橋（長弓爲「張」），琵琶是王洪文（琵琶裏有很多「王」字）。

美人自西來，朝中日漸安：一個美女從西面到來，入朝參政。江青是從陝西來北京，她在朝廷中日漸紮穩了腳跟。

長弓在地，危而不危：局面十分危險，但是能短暫保持平穩。「長弓在地」是她沒能把握住兵權，她幾乎危及到了江山社稷，但因

為沒掌握住兵權，所以朝政最終還是化險爲夷。

西方女子琵琶仙，皎皎衣裳色更鮮：西方女子喜愛音樂，有藝術成就，穿著鮮豔的衣服，禍亂宮廷。江青以前曾當過影星歌女。

此時渾跡居朝市，鬧亂君臣百萬般：此時在政治局攪和君臣。

2、說明：江青的奮鬥史。

3、時間：1966年-1976年。

4、故事：江青與文化大革命。

「文革」原本是獨攬大權的毛澤東爲消除黨內異己劉少奇等人而自下而上發起的一場浩劫，但在毛死後，將林彪與四人幫一起指責爲文革的罪魁禍首，讓他們成爲了「毛澤東的代罪羔羊」。

1976年9月9日毛澤東逝世後不到一個月，被確定爲毛澤東接班人的華國鋒同軍隊元老合謀，調動中央警衛部隊逮捕了四人幫。1976年10月6日，毛澤東的妻子及其政治盟友被捕。被捕的四個人後來被稱爲「四人幫」，被指犯下了「篡黨奪權」的「反革命罪行」。

「四人幫」形成於中共十大（1973年）之後，「四人幫」文革時期主要活動集中在思想和文化領域，因爲被視爲貫徹毛澤東文化革命思想的代言人，所以政治影響力極大。張春橋，文革時期上海公社領袖，中央文革領導小組副組長，後被選爲政治局常委、國務院副總理等。王洪文，文革時上海最大的工人造反派組織頭目，十大時成爲國家副主席、政治局常委，是毛有意栽培的接班人。姚文元任政治局委員，主管輿論，他發表了《評新編歷史劇〈海瑞罷官〉》一文，該文成爲文化大革命全面發動的公開信號。江青曾任中央文革領導小組副組長，中共九大後被選爲政治局委員。

四人幫依賴文革而爬上了政治舞臺的高峰，並且做了不少壞事。在毛的授意下，「四人幫」於1974年初發動了「批林批孔運動」，同時，「四人幫」在毛的默許下，將該運動指向了當年病重住院的周恩來。

華國鋒、葉劍英等發動軍事政變，逮捕了「四人幫」，江青被列在「四人幫」之首。江青本名李雲鶴，年輕時從事戲劇和電影表演，

1933年加入中國共產黨，1938年去延安，後與毛澤東結婚。1960年代的文化大革命期間在毛澤東的默許下開始活躍於中國政治舞臺，與姚文元、王洪文、張春橋並稱「四人幫」。1976年在毛澤東病逝後被抓扣審查，1977年7月被開除黨籍。1981年被公審判處死刑緩期二年執行，後減為無期徒刑，保外就醫期間於1991年5月14日自殺身亡。

對於中共最高法的判決，江青拒不服從。江青曾針對公訴人的起訴書，在法庭上進行了自我辯護，並指其是「顛倒是非，混淆黑白，歪曲、篡改歷史，隱瞞捏造事實」。江青在聲明中表示，其從文革1966年發動以來，到毛死去，她「沒有什麼自己的綱領」，她所做的每一件事，都是在執行毛中央的指示和政策。江青在庭審中說，她不過是毛的一條狗，毛叫咬誰就咬誰。她迫害劉少奇夫婦如果沒有毛的允許，是根本不可能實現的。

第四十三象：君臣權鬥

丙午巽下離上鼎

讖曰：
君非君，臣非臣。
始艱危，終克定。

頌曰：
黑兔走入青龍穴，欲盡不盡不可說。

惟有外邊根樹上，三十年中子孫結。

金聖歎曰：此象疑前象女子亂國未終，君臣出狩，有一傑出之人為之底定，然必在三十年之後。

1、詞句解析：

圖說：一個大人一個小孩，小孩要看大人的臉色行事，雖然在君位，但並不是最高決策者。

君非君，臣非臣：國君不是國君，因為沒權力。臣子不是臣子，因為有權力。從毛澤東到鄧小平，並不是以是不是主席為權力的判斷標準，而是看威望和能控制的權力。

始艱危，終克定：最初的時候，局面十分危險，相互之間明爭暗鬥非常厲害，但是最終在各方勢力妥協的基礎上，還是穩定了下來。毛澤東死後，以及四人幫覆滅後，留下了一堆問題，權臣之間鬥爭非常厲害。鄧小平和葉劍英地位最高，矛盾較為激烈，最終雙方還是商量，即使內部鬥爭再厲害，其底線是不能致對方於死地，不能像毛時代那樣鬧人命，這才為後面的繼承制度鋪平道路，形成了隔代指定的制度。

黑兔走入青龍穴，欲盡不盡不可說：鄧小平出生於青龍年，青龍是鄧小平。黑兔不知是誰，當時朝政遭遇變故，影響到治理，可能是顛覆性的政治改革有關，但是最終被壓制下去了。

惟有外邊根樹上，三十年中子孫結：只有外面的根樹上，三十至三十五年培養了很多可堪大任的人。最終變革的力量可能來自民間，而不是朝廷內部。從鄧去世到三十年後，最晚應該是2027-2032年之間。

2、說明：鄧小平時代的權利規整。

3、1978年-1997年。

4、故事：重整朝政。

1976年10月6日，華國鋒在領導「一舉粉碎四人幫」後，立即就任了中國共產黨的新主席。據說這是毛澤東生前在病床上作的「安

排」，這也是華國鋒繼任主席的唯一合法性根據。

在粉碎「四人幫」之後的第二天，葉劍英就向華國鋒提出爲鄧小平平反、恢復鄧小平工作的建議。李先念表示贊成。華國鋒覺得時機尚不成熟，採取往後拖的辦法。

1977年7月，共產黨十屆三中全會通過了《關於恢復鄧小平同志職務的決議》，決定恢復鄧小平的中共中央委員、中央政治局委員、常委、中共中央副主席、中共中央軍委副主席、國務院副總理、中國人民解放軍總參謀長的職務。這是鄧小平一生「三落三起」中的第三次復出。正是這次復出，使鄧小平成爲黨的第二代中央領導集體的核心。

華國鋒在他的十年規劃中，現代化規劃因爲在財政上不可行而很快就被放棄了。十年規劃的失誤是導致華在政治上倒臺的因素之一，另一個因素是受到人民擁護的鄧小平的權力日益增長。

鄧小平在政治上第三次上臺後，決心將後毛澤東的時代變爲後毛主義的時代。鄧小平廢除華國鋒的理由是堅持「兩個凡是」（凡是毛主席作出的決策，我們都堅決維護；凡是毛主席的指示，我們都始終不渝地遵循），鄧小平的這個做法受到黨內開明派的支持。華國鋒五十五歲接班，是最年輕的黨主席，到1981年6月中共十一屆六中全會，華國鋒被迫辭職已成定局。誰當黨主席，經過激烈較量。有人推舉葉劍英，葉劍英以自己八十多歲推辭。七十七歲的鄧小平最想當，但是葉劍英不同意鄧小平上臺，他也不同意華國鋒下來。最後胡耀邦接棒，趙紫陽當選爲副主席，鄧小平當選爲中央軍委主席。胡耀邦提議華國鋒擔任黨的副主席。

鄧小平在廢除華國鋒之後又連接導演了廢胡耀邦、罷趙紫陽和棄楊尚昆的三次宮廷政變。不過胡耀邦、趙紫陽、楊尚昆、萬里，這四個人在八〇年代的政治輝煌，也都是鄧小平提攜的結果。萬里最後退得還算體面，而胡耀邦、趙紫陽和楊尚昆三人，可謂「成也鄧小平，敗也鄧小平」。

葉劍英在毛澤東去世之後，一直是以「受先帝之託」的老臣自居，以輔佐「先帝接班人」爲己任。鄧小平則是以「太上皇」自居，

以「垂簾聽政」為統治手段。鄧小平在中共黨史和中華人民共和國史上都留下很高的地位，同時，鄧小平在黨內樹敵的範圍要比葉劍英廣得多，還把葉劍英的政治門生或逐出政壇、或趕到「二線」。鄧小平的存世時間比葉劍英長了十年，但是，葉劍英給自己的親屬和子女留下了最實惠的遺產，讓後人擁有大量財富。

「四人幫」以後，鄧小平是黨內公認的領袖人物。鄧小平是鐵腕人物，而陳雲常以中庸取人，他和鄧的鬥爭中，常以柔克剛。有陳雲的制衡，在一定程度上防止了鄧小平濫用權力。陳雲陣線也可以稱為保守派，鄧小平陣線也可以稱為改革派。中共十二大形成的「鄧胡趙體制」，和陳雲陣線是格格不入的，最後「鄧胡趙體制」被瓦解，陳雲陣線取勝。1992年以後，社會主義市場經濟成為中國的改革目標，完全放棄了計畫經濟體制，可以說是鄧小平陣線取勝，陳雲陣線失敗。無論是陳雲陣線還是鄧小平陣線，都不想搞澈底的政治改革。

第四十六象：宮廷政變

己酉坎下巽上渙

讖曰：
黯黯陰霾，殺不用刀。
萬人不死，一人難逃。

頌曰：

有一軍人身帶弓，只言我是白頭翁。

東邊門裏伏金劍，勇士後門入帝宮。

金聖歎曰：此象疑君王昏瞶，一勇士仗義興兵為民請命，故曰萬人不死一人難逃。

1、詞句解析：

圖說：一個武士或者將軍在打拳，應當是周永康。

黯黯陰霾，殺不用刀：陰霾很重，殺人不用刀，而是用槍，在古人看來是很奇特。

萬人不死，一人難逃：政變以後，很多人沒有死，但是有一個人難以逃脫，應當是周永康。

有一軍人身帶弓，只言我是白頭翁：白頭翁是叛亂者，掌握武裝部隊，是一個軍人，受審的時候周永康滿頭白髮，之前他一直在染髮。

東邊門裏伏金劍，勇士後門入帝宮：在東邊城門埋伏士兵，帶領士兵進入宮殿，實施刺殺任務。

2、說明：霧霾下的北京城，春季政變。

3、時間：2012年。

4、故事：北京3.19政變。

2012年左右，正是中國霧霾嚴重的時候，這一年是儲君奪位最白熱化的時候，周先生支持了薄太子，想要和李世民玄武門之變一樣改變格局。

這一象發生沒發生，到現在還沒有定論，這裏有一個疑點，就是「有一軍人身帶弓」，按理說，身帶弓，按照《推背圖》的一貫解析方式，應該是他名字裏有弓字，但是周先生名字裏沒有弓。另外，很多人認為這一象沒過去，包括朝廷裏面也這樣認為，據說現在整肅火箭軍，也是因為認為「身帶弓」是說發射火箭。軍隊裏姓張的，名字

裏帶強的，都是需要提防的對象。

第四十四象：聖人入朝合作

丁未坎下離上未濟

讖曰：

日月麗天，群陰懾服。

百靈來朝，雙羽四足。

頌曰：

而今中國有聖人，雖非豪傑也周成。

四夷重譯稱天子，否極泰來九國春。

金聖歎曰：此象乃聖人復生，四夷來朝之兆，一大治也。

1、詞句解析：

圖說：聖人入朝合作，站立背弓人是聖人，坐著的是執政者。坐著的是習，站著的是聖人，這裏面含有聖人的名字，可能是「強」。這個圖對應李淳風「藏頭詩」裏的「秀士登紫殿，紅帽無一人」。這一象非常祥瑞，羽可能一直在想要來推動這一象。我們看到，前一屆的宰相和新一屆的宰相有同一個姓，名字又都是強，那聖人的名字裏大概是有「強」的，而且這一上一下的兩個人，上面有木椅，下面有

人，有可能他們猜測是姓「李」。那麼這個圖，在他們看來，應該就是一個正職一個副手，兩個人一起推動了聖人之治。新一屆的宰相是被火箭提拔的，很多人就沒看明白，可能羽先生也是對預言非常痴迷的，畢竟《推背圖》裏有關於他的內容，而且還是兩象。另外還有鐵板圖，也對他進行了預言，而且鐵板圖的內容非常不好。雖然羽先生很想讓推背圖44象應驗，但是我們目前看到，社會趨勢越來越不好了，新任的助手也是到各國出訪，但是效果很不好，這種象徵性的做法其實並沒有成功，也就是說，推背圖44象實際上還沒有發生。羽先生找錯人了。

日月麗天，群陰懾服：朝廷中有日月映照，執政者和太陽一樣炙烤權貴，打虎拍蠅。聖人為朝廷培養人才，替代權貴的位置，所以權貴很害怕。

百靈來朝，雙羽四足：聖人帶領一百個左右的賢人來入朝，雙羽四足是朝廷中面試的三位人士。和商鞅路演一樣，秦孝公坐鎮，甘龍和杜摯來做審查。百靈是聖人的團隊，行政外包業務供養了百家爭鳴，推動世界高效運行。百靈爭鳴唱出幾家金鳳凰，是要引發社會的百家爭鳴。從這個角度來看，聖人入朝是合作，而不是去當官。雙羽，其中一羽為「習」，繁體字的習是上羽下白。另一羽可能是「鶴」，四足為「馬」。

而今中國有聖人，雖非豪傑也周成：中華出現了一個聖人，雖然不是參與武鬥的豪傑，但是也能夠建功立業，思想周全。其實天下是火龍打下來的，但是聖人是獲取成功果實的，成了第一屆民選國君。其他預言說聖人是說服美日退兵，平息外患。

四夷重譯稱天子，否極泰來九國春：外國都翻譯聖人的作品，稱之為天子，能為世界帶來福氣。可能是朝廷看上了聖人足夠讓「四夷重譯稱天子」的外交合作。最後的審查結果，是「紅帽無一人」，沒有秀才或者進士進入體制內，只是作為外聘的智庫機構進行合作。也就是為朝廷輸出人才和高官的業務沒有談成。現在四夷普遍信仰基督教，天子就是聖子耶穌再臨，聖人可能是基督再臨。

2、說明：聖人入朝合作，推廣自己的政務諮詢產品，其中外交合作談成，輸出高官業務沒有談成。

3、時間：2029年左右。

4、故事：聖人的佈局

預言其實都是很直白地在說某件事，根據《推背圖》已經發生的象，都是很直白地說一件事。《道德經》和《論語》也是很直白地說一件事，他直說你都不懂，他就更沒必要和你繞彎了。學者們不懂，才會自己去胡亂發揮。這裏預言說有聖人，那就真的是有一個聖人出現了。

現在我們很多人認為，聖人是迷信的說法。我們應該平淡地去看這件事，人間有各種信仰，比如很多商人崇拜馬雲，但是一個政策下來，他照樣得倒楣。自古至今，最大的行業還是政治行業，我們知道經濟裏有週期理論，時間跨度最長的差不多也就是康波，六十年一個週期，《推背圖》那是在預測政治，能達到兩千年。政治行業的翹楚，就是聖人。我們大致認為他是最顯眼的行業裏的標竿人物就可以，而且現在網路上都把他叫做「紫薇聖人」。其實老百姓的說法是很重要的，以前有一些皇帝會派人去調查民間的歌詞，比如關於董卓，有「千里草，何青青，十日卜，不得生」的說法，還有人說秦始皇建長城，就是因為聽說了「亡秦者胡也」的預言。其實「紫薇聖人」這個名字就是大家把推背圖44象和47象結合了起來，47象是民選國君，如果民間選擇了「紫薇聖人」這個稱呼，那肯定就是選聖人做國君了，所以民間的說法非常重要。就包括本書所說的預言，網路上流傳最廣泛的，就很可能是真的，它代表民心所向，只是劇中人才有可能把這些東西組織起來為自己所用。預言是一個四維世界的事，它和現實是相互影響的。如果沒有預言來輔助，紫薇聖人在我們這個時代是很可能被埋沒的。二等人才看市場，但是一等人才，那些大才，一定是不入俗，聖人想要在禮崩樂壞的時代嶄露頭角，是比較難的。

根據其他預言，我們猜測聖人可能是託管孔子學院做「人子監」，為各國培養「人子」。這個就是聖經預言的內容了。根據聖經

啓示錄的預言，耶穌再臨的時候，穿著齊腳踝的白色長袍，胸間系著金色腰帶，自稱是「人子」，其實這是一副漢服書生的打扮。現在孔子學院辦的很不好，被各國排斥，在國內又認為是瞎花錢，也沒有好的商業模式，還濫用志願者資源，可以說毫無可取之處。如果依靠它的硬體設施建立人子監，相當於建立了一個新的教廷，能夠直接參與到各國的政治建設中，尤其現在政府對歐美國家很難形成制約，非常弱勢，依靠人子監來打通這方面的交流，是非常可取的。實際上投資回報比最高的就是參與別的國家的政治，其次是改革，其次是用外交，最差的是用武力，這些能夠對應古代的帝道、王道、霸道和雄道。

現在向朝廷輸入人才是很麻煩，現在是士族門閥體系，和魏晉南北朝一樣，「上品無寒門」，網上流行的話是，村長是打出來的、鎮長是喝出來的、縣長是買出來的、市長是跟出來的，省長是生出來的！現在是用國有的名義封賞各個諸侯，紅色家族壟斷了中國的各行各業，但是這些人根本沒有為政才能，三代必敗家。根據外網的說法，羽先生被選上，就是因為權貴看著他老實誠實，逢人就說自己扛兩百斤麥子，走十里山路不換肩。外網說，羽先生早年聽算命的說過他要接大位，一定要低調才行。

按照乾隆賣官的價格來看，一個縣長一年的收入在五百六十五萬元以上，如果政府壟斷越嚴重，利潤空間越大，縣長掙得越多。也就是說，縣長通過各種途徑獲得的錢，一年必定在一千萬元以上。現在縣長明裏暗裏掙的錢可遠不止這麼多，能夠管住一個縣，這肯定是地區最大的一個公司，就連一個職位很低的普通公務員都搶手，最賺錢的就是當官的這個行業。

這裏猜想，聖人對權貴有很大的衝擊，也就是群陰懾服，想要打破士族門閥的體制，讓貧民出身，但是有才華的人能夠通過科舉來進入政壇。說實話，如果想要這樣，那君主就是最大的一個突破口。現在的集權是非常必要的，如果集權，那還有改變的可能。但是如果不集中，讓權貴說話，那就沒有任何改變的可能了。如果仔細看每個朝

代的滅亡，最後都是被權貴的巨大的人力成本給拖垮的，權貴就是朝代的毒瘤、癌症，發展大了，把朝代拖入死亡。所以作者一直支持羽先生，不管是繼續在位還是集中權力。儒家對君主就非常上癮，因為也只有君主才能改變一些東西。再不濟，它能把朝代拖垮，進入一個新的循環週期，那也是可以的。現在這狀態，一年不如一年，就像是一個體弱多病的人，你越早做手術就越快享受生活，老百姓反正遲早要經歷變故，長痛不如短痛，對中華傷害還小一些。

那現在聖人帶領百靈入朝合作，震懾群陰，讓權貴害怕，最後輸入人才專案合作不成功，但是外交合作會成功。那麼掛上這個鐵達尼號，是福是禍就要看掌舵人了。

以上是一些根據這一象，結合其他預言猜測出來的結果。同時，這一象如果發生在2048年之後，也是可能的，但是到時候坐著的人就不是羽了，而是火龍。如果是晚幾年才發生，估計另外一個「羽」就不是鶴了，人家也接近退休了。那麼這一象，如果按照正常的推進，幾乎肯定也是可以發生的，不是發生在不久後，就是發生在2048年左右。

第五十象：朝廷變法失敗

癸丑震下坤上復

讖曰：

水火相戰，時窮則變。

貞下起元，獸貴人賤。

頌曰：

虎頭人遇虎頭年，白米盈倉不值錢。

豺狼結隊街中走，撥盡風雲始見天。

金聖歎曰：此象遇寅年遭大亂，君昏臣暴，下民無生息之日，又一亂也。

1、詞句解析：

圖說：猛虎下山據於田，虎人出山，掌管權力，但是效果不好。

水火相戰，時窮則變：經濟蕭條，民生潦倒，已有的規範和方法不能引發百姓信任，時局面臨變化，改革派要出手了。

貞下起元，獸貴人賤：「貞」的苗頭顯現，「元」、「貞」都出自《周易》的「乾卦」，可能是新的國號。下個朝代國號是「貞」，再下一個朝代國號是「元」，所以這一象又有可能是貞末元初的事，我們這裡暫認為是貞朝有了苗頭。《藏頭詩》「而混世之王出焉，男女皆去衣而行，禽獸皆著衣而走」，吸貓吸狗盛行，寵物穿著衣服，拜金流行，笑貧不笑娼，婚姻看車房。有一種說法，消費能力女人大於嬰兒大於狗大於男人。

虎頭人遇虎頭年，白米盈倉不值錢：在虎年，有屬虎的人出現。農業等實體經濟蕭條，良田萬畝無人耕。根據「虎頭」，可暫時推斷為「甲寅年」。在2034年，有一個出生於1974年的人在六十歲接手改革。

豺狼結隊街中走，撥盡風雲始見天：社會水火難容，安保措施嚴謹，處處有巡邏崗。撥開這些紛繁複雜的問題，大道至簡，才能化解。

2、說明：這一象是最後的變法，而且不成功，朝廷會完全失去百姓的信任，只能從民間發起變法了。

3、時間：2034年。

4、故事：變法還能成功嗎？

我們看到最近幾年經濟蕭條，局面正在醞釀變化。2017年開始，已經有很多人在說經濟會下行，得到了2019年，市場上都在說，2019年非常難，但2019年可能是未來十年最好的一年，2023年又有人說，2023年很不好過，但是2023年會是未來十年最好的一年。大家都認爲經濟會一年一年地走下坡路，很不幸的是，可能持續到2034年都不會有好結果。

商鞅當初到秦孝公這裏路演，專案經理杜摯就說，利不百，不易法。變法是個天使投資，風險太大，沒有百倍的利益和絕對的執行力，就不要去動手。因爲變法大多數都沒有用處，它就是把朝廷自身的管理成本往外轉嫁給老百姓。混合所有制改革，原來是想讓民資參與控股國企，可最後是東方園林、華夏幸福等一大批頭部民營企業被國企給收購了，中石化也收購了一批小型加油站。供給側改革，是提升原材料價格，說是想要消除過剩產能，最後是坑了民企富了國企，民企在產業鏈下游，花更多錢去買來材料，生產的東西又賣不出去，你叫這是消除過剩產能？

這種乾坤大挪移的變法，現在說共同富裕，結果就是搶劫有錢人。

所以不到萬不得已，千萬不要用變法，變法也要慎重。當老闆和你談夢想的時候，是快發不出工資了；當一個人和你談慈善的時候，大概就是要把自己經營不善的責任推卸給社會。這種乾坤大挪移，在一個朝代衰落的時候，往往會加速。真正的變法，是要通過打擊權貴來放開市場，才有效用。歷史上的改革中興的都是在整頓吏治，那真的是要死人的。

談一下虎頭人遇虎頭年，白米盈倉不值錢。在二十年前，種地是能賺錢的，但是最近十幾年，通貨膨脹嚴重，糧食價格一點也沒漲，小麥一直是一塊多一點一斤，現在已經是白米盈倉不值錢了。至於豺狼結隊街中走，有人說是城管，現在農管下鄉了，有些地方把農民種

的莊稼都毀了，而且不允許農民把自己家的豬殺了賣掉，說是爲了食品安全，促進資金向企業流通。實際上根本起不到效果。有一段時間，還想要培訓農民，給農民發農民證。

既然朝廷的改革失敗了，那怎麼辦？當然是靠民間來從外部推動改革。

第五十四象：民間百家爭鳴

丁巳乾下兌上夬

讖曰：
磊磊落落，殘棋一局。
啄息苟安，雖笑亦哭。

頌曰：
不分牛鼠與牛羊，去毛存鞹尚稱強。
寰中自有真龍出，九曲黃河水不黃。

金聖歎曰：此象有實去名存之兆，或爲周末時，號令不行，尚頒止朔，亦久合必分之征也。

1、詞句解析：

圖說：五個小孩子在拿著棍子驅趕著一頭牛，這個牛就是1949年

牛年成立的中華人民共和國，五個小孩是五個指導，是百家爭鳴比較突出的五家。

磊磊落落，殘棋一局：好的東西已經凸顯，好的轉化已經鋪墊。大勢已成，朝廷已經失去民心，老百姓等待變化。

啄息苟安，雖笑亦哭：這是過渡期，舊人舊事還在延續，機構設置落後於大勢，有停有行，有變化在安民，但是舊的體系還在束縛著人，經濟仍是沒有好轉。

不分牛鼠與牛羊，去毛存　尚稱強：戊己屬土，牛屬土。2008年-2039年，戊子年-己未年。2008年四萬億計畫讓民間開始研究政府信用的邊界，2039年民間對政府信用的研究達到高峰，從5個角度進行研究，去除「毛」（澤東）思想、馬克思主義，留下行政外殼，稱道聖人「強」的思潮形成強大力量。

寰中自有真龍出，九曲黃河水不黃：自古以來有「黃河清、聖人出」的說法，所以這一象應該是聖人推崇的百靈爭鳴已經發展到百家爭鳴。

2、說明：這是聖人和朝廷合作業務談成以後，市場發現利潤點，爭相合作政務諮詢，引發社會的百家爭鳴。

3、時間：2008-2039年。

4、故事：行政市場化引發的百家爭鳴。

這一象是朝廷沒有信用，失去民心。朝廷運營成本越來越大，現在地方政府沒錢了，欠著錢不錢。企業欠你錢你還能去告他，朝廷欠你錢你真是沒有辦法。很多企業主也應該知道，和國企、政府打交道是多難。大勢已成，就那麼眼睜睜看著社會一步步向預言的方向去走，像是看著一個衰老的人一步步走向死亡。這是過渡期，大家都很勞累，不管是996還是007，都讓大家喘不過氣來，但是社會還在運轉，大家還是有很多的哀傷和高興，就像是混亂前的寧靜。去除「毛」思想，稱道聖人「強」，這裏就貼合了推背圖第44象，也貼合了現在羽正在做的，讓強作自己的副手，那麼聖人名字裏還真有可能是帶「強」的。這次應該是聖人在民間主導了一場從民間研究政府信

用的運動，大概就是44象裏百靈爭鳴的盛況可能是形成了，各種企業家開始從民間和朝廷打交道，和古代百家爭鳴差不多。

所以未來會推出「行政市場化」的提議，因為只有足夠的競爭，才能讓政治行業顯得有活力。最突出的例子，就是春秋戰國時期，各國知道自己的家族體系很難出現人才，所以封地外包、變法外包，行業利潤巨大，這才有了百家爭鳴。比較明顯的是外交領域，都是體制內的一些打工人，只有外包的才有活力，現在外交確實也出了挺大的混亂，內鬥厲害，外交部長都能憑空消失，那如果要找變法的人，體制內的人就更不能信任了，因為就是要改變你那個體制。

但是說到底，一個人到了衰亡的時候，努力幾乎是沒有用的，像是給病人灌藥，插上這管子那管子，內部爛了，外面再怎麼努力也無濟於事。世界的發展不是一帆風順，而是成階段的，新舊更替也是自然的。

第五十二象：貞朝建立與遷都

乙卯乾下坤上泰

讖曰：
彗星乍見，不利東北。
踽踽何之，瞻彼樂國。

頌曰：

欃槍一點現東方，吳楚依然有帝王。

門外客來終不久，乾坤再造在角亢。

金聖歎曰：此象主東北被夷人所擾，有遷都南方之兆。角亢南極也。其後有明君出，驅逐外人，再度昇平。

1、詞句解析：

圖說：此次東北方向形成壓迫，是美國日本入侵，同時國內發生內戰。聖人和火龍分別平定外患和內禍，等事件平息，準備遷都西安。圖中的人物，一般可認為是火龍，火龍是開國者，幫助遷都，但是也可能是叛軍首領木葡之人，是他讓朝代結束了。《藏頭詩》：九十年後，又有木葡之人出焉，常帶一枝花。太陽在夜，太陰在日。圖中的人正好是頭戴一枝花，太陽在側面。

彗星乍見，不利東北：東北方向有外患。《燒餅歌》有「乾坤有象重黃金，北方胡擄害生靈」。

蹢躅何之，瞻彼樂國：敵對一方背後有美國支持，對中國不友好。因為中國是宗主國，所以這句話是疑問句，中國能安定亞洲，而美國借用日本的地方來佈置軍事，混亂天下，對相關各方並不好。或者這一象是說聖人到美國演講，化敵為友。

欃槍一點現東方，吳楚依然有帝王：欃槍是彗星名，即天欃，天搶。古人以欃搶為妖星，主兵禍。國內產生禍亂，「一個鬍子大將軍，按劍馳馬察情形」，在吳楚之地平定禍亂。大致是南京軍區在中原平定內禍。

門外客來終不久，乾坤再造在角亢：馬克思主義和共產都是外來品，是門外客。最後這兩句和金版《推背圖》41象最後兩句「九十九年成大錯，稱王只合在秦州」有些類似，分別是一個朝代的開始和結束。九十九年成大錯＝門外客來終不久：胡虜無百年之運，2048年結束。稱王只合在秦州＝乾坤再造在角亢：角亢對應三秦地區，在西安，2049年遷都大幕拉開，乾坤再造。

2、說明：這張圖和讖語與41象相同，一個是毛澤東穿著胡人的衣服，頭戴一枝花，把太陽踩在地上，混淆乾坤。這一象是穿著古代朝服的人背著太陽，頭戴一枝花，遷都西安。一個是朝代如何建立，一個是朝代的結束。

3、時間：2044-2049年。

4、故事：戰爭與新朝代的成立。

這是一個變化，在別的預言裏面對這次事件有非常具體的闡述，比如李淳風的《藏頭詩》，裏面說到了「木葡之人」和「賀之君」。另外有「龍兒上天戰黑兔」等等說法，這一象是內戰，如果我們把它和41象描述文化大改革的一象，和開國的這一象對比，明顯就能看出有很大的關聯。

根據《乾坤萬年歌》「兩分疆界各保守，各得相安一百九」，乾坤萬年歌數字需要砍半去看，根據猜測，應該是和臺灣出了問題，是在建國九十五年的時候。臺灣和大陸是一體的，連這部分人都不能說服，你還能做點什麼開疆拓土的事？孔子看到季氏將伐顓臾，就說，從前先王把他當作主管東蒙山祭祀的人，而且它地處魯國境內，這是魯國的臣屬，為什麼要討伐它呢？你打它，我怕你的問題不在顓臾，而在蕭牆之內。也就是說，不打臺灣，我們還能和現在一樣有密切的經濟往來。如果打臺灣，不用多想，一定是朝廷內部出了問題。那麼只要有人按照子貢挑起世界大戰時候的那一套說辭去遊說諸國，肯定會攪起一灘渾水。這個好像拖得越晚越沒辦法破解，如果碰到換屆就麻煩了，現在外網猜測，打臺灣，內部就必亂，火箭軍這件事鬧得厲害，就是有人不想打。二十年後羽的身體只要不行了，加上換屆，肯定會出問題，武則天就是得病的時候被張柬之發動了神龍政變，交出了權力。核心權力下面已經沒有固定的選拔機制，團團夥夥被打掉，全是紛爭，新的權貴沒有主心骨，前鋒必叛，肯定就內部分裂。白頭翁時候還有規矩，都成那樣了。所以羽做終身制還好，要不然現在就已經亂了，有才能的人更上不去。他就算做不好，還做不壞嗎？等到時候時機成熟就全部換了就行了。

《推背圖》41象裏的是胡人裝扮，很多預言對於現在是不太友好的，從馬前課和梅花詩都能看出來，剛開始就盼著結束。元朝是九十八年，兩個都算是比較大的朝代了。曾經有過文化的改革讓傳統文化遭了大罪，後來喊了好多年中國特色，是因為沒有中國特色，缺什麼喊什麼。現在大陸提到了要推動佛教中國化、道教中國化，這是讓幾千年的傳統文化順應七十年的所謂中國化，說明共產思想到現在一直沒有融入本土。

　　根據其他的預言，都說明白了，是「鼠嘴牛頭見魔王」、「和平尚需長蟲兵」、「剛到金蛇運已終」，也就是說從2044年鼠年到2049年蛇年才結束，但是新的朝代是在2048成立的。另外還有「繁華市，變汪洋。高樓閣，變坭崗」的說法，是說三峽大壩出了問題。而且進兵路線都已經說清楚了，「兩廣之民受無窮之禍」，叛軍從兩廣出發，「西方再見南軍至」，到了川陝地區，自古以來由北到南都是三條路線，一條就是入川陝，在漢中這個地方，一條是走錦州、襄陽，另外就是走南京這條線。如果占據長江上游，決口的話，是會把作戰時間拉長。最後是「紫金山上美人來」南京軍是在中原地區戰勝了叛軍。而且還有木葡之人、賀之君、火龍的預言，《五公經》還說了魔王，如果單獨從推背圖這一象去看，幾乎是不會明白是怎麼回事，但是結合其他預言，就能看出端倪。這場混亂的起始、理論、過程和結果，未來我們要在大壩出問題的時候，組織老百姓撤離。以前花園口決堤延緩了日本侵華，但是造成了百姓流離失所，這次如果三峽決堤，對百姓的損傷是很大的。另外，想要解決問題，需要說服美國日本退兵，這是聖人要做的。正面戰場是火龍，他的功勞更大一些，聖人的功勞是其次。

　　那麼遷都之後，應該做什麼了？推背圖竟然花了兩象來描述之後的事情。

第五十五象：火龍禪讓

戊午乾下坎上需

讖曰：
懼則生戒，無遠勿屆。
水邊有女，對日自拜。

頌曰：
覬覦神器終無用，翼翼小心有臣眾。
轉危為安見節義，未必河山是我送。

金聖歎曰：此象有一石姓或劉姓統一中原，有一姓汝者謀篡奪之，幸有大臣盡忠王室，戒警惕勵，一切外辱不滅自滅，雖亂而一治也。

1、詞句解析：

圖說：圖針對水邊之女，也是「銀河織女讓牛星」的主角火龍，火龍在推動社會平穩過渡中起著非常大的主導作用。但他的思想保守，難以主導天朝上國的未來。而且他知道「玉兔」思想的高超，於是心存疑慮，最終克服自身的貪念，完成華麗轉身。《龍華經》「戰火連綿百姓苦，唯有玉兔上龍床」，玉兔上位開展行政構建。《乾坤萬年歌》「兩人相和百忙中，治世能人一張弓，江南江北各平定，一

統山河四海同」。火龍和火兔聖人兩個人分別主持了內禍和外患的平定。

懼則生戒，無遠勿屆：因為有擔憂，所以產生了不敢作為的地方，於是也能取得通達的功業。這是在讚揚火龍。

水邊有女，對日自拜：水邊之女，是火龍，也就是《燒餅歌》中的「一個鬍子大將軍，按劍馳馬察情形；除暴去患人多愛，永享九州金滿盈。」有掌權的欲望，也有民眾威望，平息了禍亂，主持了遷都，同時也想成為新一代的君主。

覬覦神器終無用，翼翼小心有臣眾：火龍屬於舊的體制，思維有保守的地方，不能治天下。覬覦重位沒有用，反而可能開了倒車。幸虧有民眾和臣屬的監督和督促，能夠扭轉倒退的局面。

轉危為安見節義，未必河山是我送：火龍見自己的固執引發了很多不好的社會反響，同時也認同新法度，在關鍵的時刻，主動退出，局勢轉危為安，有禮有節，從末代領導變成了新朝開創人。《武侯百年乩》有「田間再出華盛頓，造福人群是真命」，可以對比一下華盛頓，沒有在馬上治天下，但是火龍的實力、人品遠遠在華盛頓之上，對比華盛頓其實對火龍有很大羞辱。另外預言有「東海龜來西海鷹，二人同心欺長龍。真龍在世何足道，洗去大恥氣不長。燕飛長安做新家，四夷朝拜大中華。」就是說火龍客服日本和美國，洗掉恥辱，從北京遷都到西安，四夷朝拜。

2、說明：火龍帶領軍隊平叛，和聖人合作趕走美國日本，應當是可以繼續留任的，但是他卻讓出了位置，給到了聖人。

3、時間：2048年。

4、故事：火龍禪讓。

第55象，這是作為首功之人的火龍推動普選，禮讓新君。我們從圖裡面看，水邊之女可能和火龍的姓名有關係。

之前是「火風鼎，兩火初興定太平」，也就是火龍和火兔一起做出功勞，其中火龍打擊叛軍，火兔就是丁卯火兔年出生的聖人說服了外國退兵，兩個人安定天下。然後接著就是「火山旅，銀河織女讓牛

星」，遷都西安開始推行普選，火龍在推動社會平穩過渡中起著非常大的主導作用。《龍華經》「戰火連綿百姓苦，唯有玉兔上龍床」，玉兔上位開展行政構建。《乾坤萬年歌》說的是「兩人相和百忙中，治世能人一張弓，江南江北各平定，一統山河四海同」。火龍和聖人兩個人分別主持了內禍和外患的平定。雖然推背圖用了簡單的兩象來寫一件事，但是別的預言用大量的筆墨描寫了這個過程。

那關於木葡之人黑兔，還有賀之君等等，暫時放下不說。總體來看，2044-2048年這場災難幾乎已經清清楚楚瞭解它的來龍去脈了。先是和臺灣鬧了矛盾，然後前鋒在兩廣叛亂，入川陝，炸大壩，然後說服美日聯合，兩面夾擊朝廷，最終被火龍和聖人化解。

既然火龍和聖人都決定推行普選，那麼就到了我們很熟悉的一象，也就是推背圖47象，這也是「紫薇聖人」這個稱號由來的一象。

第四十七象：紫微星開文治

庚戌坎下乾上訟

讖曰：

偃武修文，紫微星明。

匹夫有責，一言爲君。

頌曰：

無王無帝定乾坤，來自田間第一人。

好把舊書多讀到，義言一出見英明。

金聖歎曰：此象有賢君下士，豪傑來歸之兆，蓋輔助得人，而帝不居德，王不居功，蒸蒸然有無爲而治之盛，此一治也。

1、詞句解析：

圖說：書櫃展示文教，也能契合「好把舊書多讀到，義言一出見英明」。琴是古音，琴瑟和諧成古道。紫微星從傳統文化中找到爲政之道，將它以比較容易理解的方式表達出來，達到無王無帝定乾坤。也或許書架是「百教合一」的貨架，放在超市供人遴選適合自己的教化。

偃武修文，紫微星明：紫微星調和矛盾多方，化解暴力，推動文治。孔子經過墮三都之後，開始推動文治，並且周遊列國。

匹夫有責，一言爲君：「匹夫有責」是競選口號、理念，能讓匹夫參與到社會治理，這就是「禮制」。

無王無帝定乾坤，來自田間第一人：草民出身，「田間第一人」和本象核心人物的名字有關聯。另外，普遍認爲《藏頭詩》中「此人頭頂一甕，兩手在天，兩足立地，腰繫九斛帶，身穿八丈衣」是說人物姓名。但是兩手在天，兩足立地的小篆體的字很多，不好判斷。

好把舊書多讀到，義言一出見英明：紫微星應當多讀舊書，可以幫助更好治國。《乾坤萬年歌》有「直入長安加整頓，行仁行義立乾坤」，說話具有大義，心裏想的是義，行動上會比義低一級，那就是「禮」。

2、說明：這是中國第一屆普選，選擇了紫微星作爲第一任國之君子，紫微星用無爲之治的方法來管理中國。

3、時間：2049-2050年。

4、故事：紫薇聖人的禮制。

推背圖第47象，在網路上幾乎是沒有爭議，是說紫微星通過普選上位，成爲中國第一屆民選國君。《燒餅歌》裏說的是，創立新君修舊京，修舊京就是修西安，創立的新君就是讓國之君子繼承位置，這

和古代國君的含義不一樣，是新君。

　　經過四五年戰爭，紫微星幫助調和矛盾多方，化解暴力，推動文治。現在網路上的說法是「紫薇聖人」，並且有，萬國低頭拜彌勒，唯有玉兔上龍床之類的預言。根據「眾君揖讓留三星」，可能火龍、聖人、紫微星三個人同時發揮了巨大作用。但是紫微星和聖人又可能是同一個人。

　　孔子曾經說過：「爲政以德，譬如北辰，居其所而眾星共之」，北辰就是紫微星。

　　與火龍一樣，紫微星也是調和矛盾多方，化解暴力，推動文治的主角之一。李淳風、袁天罡推算的時候，紫微星和聖人可能不是同一個人，但是後來社會發展可能促成了另外景象。根據「眾君揖讓留三星」，可能火龍、聖人、紫微星三個人同時發揮了巨大作用。

　　「匹夫有責」是口號、理念，是取得君位的說辭。紫微星開創了新的民主理念，能讓匹夫參與到社會治理，根據我的推斷，這就是「禮制」，是真正的市場化、民主。孔子說：「孝乎惟孝，友於兄弟，是亦爲政」，行政資源來自於百姓，表現在生活的方方面面，在百姓內部消化，不產生赤字，商鞅說的民事糾紛在五里內解決，是行政效率比較高的表現，於是能夠達到「比屋可封」，挨家挨戶封行政爵位都沒問題的，這也是「堯舜之治」的效果，和後面我們講到的貞朝中興的預言還能對應上。商鞅說國君治理手段有十種或者十二種，其中法制是看得見的，它依靠的心法其實還是禮制，我們知道權貴是很少守法的，從胡鑫宇事件都能看出來，人們都成了高官的器官供體，談什麼法制。法制是不斷增加百姓行爲成本，不斷增加社會管理成本，讓社會惡性循環的體制。孔子就說過，道之以政齊之以刑，民免而無恥。老百姓如果能夠苟且避免受到法律處罰，就會減少羞恥心，不斷在法律邊緣來回試探，社會就在不斷創新詐騙和不斷嚴刑峻法之間惡性循環，讓想要做實事的人都沒辦法做事。這是一個結構性的文化問題，應該把未來真正能解救中國的國學文化給發揚出來。先王的大道、先王的橋梁如此明白，我們就沒必要像鄧小平說的那樣，

跳下河去摸石頭過河，就像溫鐵軍說的那樣，我們不要想著把蠻夷走過的兩百年彎路重新走一遍，我們有好的東西。

「匹夫有責」，於是「其政悶悶，其民淳淳」，行政不隨便摻和市場、民生，百姓淳樸有節制，普遍講道理做實事，能治理好自身，治理好相關關係，市場非常高效。相較於「法制」，「禮制」成本極低，結合王道，能夠在全球推廣，減少各國政黨體制下行政成本高、社會不公正嚴重、政府運營困難的局面。美國已經開始衰落了，蘿莉島事件出來，也能看出他們多亂，這種體制能拯救地球就見了鬼了。實際上外國犯的錯，我們在幾千年前已經犯過，並且修改過了，包括科舉制度，包括壓制富豪和戲子，這些都是有很深的原理在裏面。短影片裏就有很多人認為是這樣，外國思想太落後了。

憑藉這一句話、這樣一個民主、市場理念，紫微星成功通過競選成為「國之君子」。

《燒餅歌》中的一句話，「愛民如子親兄弟，創立新君修舊京」。「國之君子」不同於傳統的「國君」，是「新君」，賢人用政，「哲學王」的2.0版本。國子監的「國子」為人之子，把一個國家當作一個家庭，受國之垢，默默承受家庭的苦難。而人子成熟，成為「國士」，就像是成功成長為大家長，開始貢獻祥瑞，擴大到全球，就是聖經裏的人子。《乾坤萬年歌》「誰知不許乾坤久，一百年來天上口，木邊一兔走將來，自在為君不動手」。另有《馬前課》「九十九年成大錯，稱王只合在秦州」。說明是紫微星是不摻和市場，自在為君，通過修身來治國，推的是王道，這其實是高效的無為之法，商鞅說的十種、十二種治理手段中，除了法制以外的其他的無形的治理方法，行不言之教，是最低成本的治理模式。「萬方有罪罪在朕躬」，改變世界的成本巨大，受國之垢，然後只要改變自身，就能改變行政效果，是最低成本的治理模式。因此，紫微星在2050年左右，將在西安執政。

第X象：開口張弓之讖

　　圖說：一胡人吹箭牽犬張弓立槍在地。

　　讖語：此帝生身在冀州，開口張弓左右邊，自然穆穆乾坤大，敢將火鏡向心頭。

　　解析：本像是金版推背圖遺漏的一象。

1、詞句解析：

圖說：一胡人吹箭牽犬張弓立槍在地。孔子出生在齊國，是東夷

之地。

讖語：此帝生身在冀州：河北，對應「太行山上東風起，火中玉兔從天降」，是說火兔聖人在太行山東面。

開口張弓左右邊：姓名，一般認為是「弘」或者「強」。古人從左向右寫字，三者可能是聖人的姓名排列。

自然穆穆乾坤大：有君子風範。

敢將火鏡向心頭：光明磊落不怕困難，或者出生於火年。

2、說明：出生在河北的帝王，可能是說聖人火兔。

3、時間：2050年-2060年。

4、故事：真假《推背圖》的辨識。

宋代岳飛的孫子岳珂明確記錄《推背圖》有「開口張弓之讖言」。到現在，河北還沒有出現過符合這一象的帝王，而這一象在網路流傳比較多，很多人認為和聖人有關聯，所以在這裏寫了出來。

河北出現的和帝王有關的，包括堯、趙武靈王、劉秀、劉備、李淵、趙匡胤。堯出生在保定市順平縣的伊祁山，因此伊祁山就又稱作堯山，後人稱其為唐堯。趙武靈王是戰國時期趙國國君，燕趙之地是河北。劉秀在河北稱帝，但是劉秀的時間遠在唐朝《推背圖》出現之前。劉備是河北涿州人，蜀漢皇帝。李淵是甘肅成紀人，但是他的先祖是河北隆堯人。以上這些人都是在《推背圖》出現之前。

從時間上，唯一符合的就是趙匡胤，祖籍河北涿州，生於洛陽，常年居住在開封，死後葬於鄭州鞏義的宋陵。從這一點來看，說趙匡胤是河北人，有些勉強。另外，趙匡胤找了很多人寫了偽造版的《推背圖》，以至於之後的人不是特別能分得清楚哪一版是真的。南宋的岳珂認為這一象是說趙匡胤的父親「趙弘殷」，因為他認為「開口張弓」是「弘」字。但是《推背圖》幾乎不可能用一象來說主角的父親，它直接說主角就可以了。同時要注意。「開口張弓」除了「弘」字，還有繁體字的「強」字，就是「弘」字下面加一個蟲，對應裸蟲，也就是那條狗。而聖人名字中大概是帶有「強」字的，我們從預言和羽的兩個副手的情況，都可以大致看出端倪。這一象說的帝王出

生於河北，也是聖人出生地。那麼同一個地方出現相似名字帝王的情況，並且都做出了值得被《推背圖》銘記的大事，這個時間還是在《推背圖》2016年結束之前，也就是在一百四十年內出現了這種情況，概率非常低了。如果是同一個人，還好說一些。

　　另外，我們可以結合《推背圖》第44象圖片中「站立背弓人」，以及54象「去毛存　尚稱強」，開口張弓之讖的「張弓立槍」，以及《藏頭詩》中「兩手在天，兩足立地（有說法是『入地』）」，聖人姓名有可能是「立強」。

　　當然，也有疑點，那就是《推背圖》竟然用3象來描述聖人，包括44象、開口張弓之讖、47象，並且在54象也牽涉到聖人，這種情況很少見。有二象相關的倒是有不少，比如唐玄宗、趙匡胤都是二象。如果開口張弓之讖是說趙匡胤，其實就是趙匡胤有三象，聖人有二象，這種可能性也比較低，但是如果加上54象，再把47象也算作聖人，那也算得上兩個人各有三象。另外，44象和47象中間相隔好幾象，紫微星和聖人並不一定是同一個人。可能是周易推算到了將盡的時候，頻率比較高，明顯如今的象和第三次世界大戰中的象非常頻繁。而且民間都已經傳出「紫薇聖人」的名號了，所以三象和聖人相關，也可以理解，現在也正是多事之秋，甚至關係到整個人類發展。金版《推背圖》並沒有開口張弓之讖，所以它和44象之間，可以只存在一個。岳珂所處時代雖然有很多假的《推背圖》流行，但是還是比我們早很多年，應該更容易判斷，後世可以根據應驗內容來排除假的版本，但是相對來說岳珂的說法還是更準確一些。如果44象是仿造的，因為其內容完美對應現在，那也應當是非常高明的人偽造的，甚至可能是把一個準確的預言放了進去。

第四十八象：貞朝盛世

辛亥離下乾上同人

讖曰：
卯午之間，厥象維離。
八牛牽動，雍雍熙熙。

頌曰：
水火既濟人民吉，手執金戈不殺賊。
五十年中一將臣，青青草自田間出。

金聖歎曰：此象疑一朱姓與一苗姓爭朝綱，而朱姓有以德服人之化，龍蛇相鬥，想在辰巳之年，其建都或在南方。

1、詞句解析：

圖說：龍蛇相爭，龍在天，蛇在地，預示著在世界經濟秩序重新調整的過程中，有兩個大國的衝突擺在比較突出的地位。

卯午之間，厥象維離：在卯年午年之間，國際社會出現了不和諧，厥象維離是指事物出現不和諧不統一的矛盾局面。這個過程正是中國代替美國、超越歐洲等執掌世界話語權的過程。

八牛牽動，雍雍熙熙：雍熙意指和樂昇平，八牛合起來是「朱」。一個朱姓的人幫助調節國家內外事務，讓世道重回和平。或

者有總理、財政大臣等八個重要人物參與到了中國統領世界的過程中。

水火既濟人民吉，手執金戈不殺賊：這時候是世界和樂的時候，有「行政市場化、貨幣民間化」的方式來推動天下大同。行政市場化是百家爭鳴，貨幣民間化是「不殺賊」。但是市場化的貨幣體系會自主去誅殺那些挑動戰端的賊人。

五十年中一將臣，青青草自田間出：「青青草自田間出」可能是「苗」字。本次出現的賢人在臺前臺後幫助中國治理五十年，幫助世界經濟秩序順利過渡到全新的週期，如果朱姓是在國務院，那麼苗姓可能是在前臺指揮國際金融秩序調整的財政大臣。

2、說明：中華掌握世界金融權，打敗美國霸權，主導世界。

3、時間：2100年。

4、故事：中華爲大，復興中華。

從這一象開始，我們是看不到那時候的情況的，那時候我們已經死了。這部分也是有一個鋪墊，緊接著有大量的預言描述促成新朝代出現的事情。好的地方在於，這一次是先進入了盛世，然後盛世改變國號。

這時候貞朝已經建立，是世界和樂的時候，賢人在位，中國以「行政市場化、貨幣民間化」的方式來推動天下大同，並擁有行政標準制定的能力。行政有賢人哲學王，教育有人子監，宗教方面通過文旅成功讓基督教成爲道教分支，按西方預言，中國這時候成爲「神的國度」、「天朝上國」。我在這裏猜測可能會出現「貨幣民間化」，中國主導了大一統的貨幣體系，但是並不擁有，所以是「不殺賊」。但是市場化的貨幣體系會自主去誅殺那些挑動「石油戰爭」、「對沖基金」的賊人，讓他們無利可圖。現代金融體系是一場騙局，這場詐騙、騙局到此終結。我們知道貨幣完全收歸中央其實是最近兩百年才有的事，而且形成了各種經濟週期，被美國用來搜刮各國財富，很不合理，比特幣很火爆，我們看得出它不僅沒有什麼價值，而且還會浪費電力，但是馬斯克就說過政府的法定貨幣是騙局，比特幣的優勢就

是它是民間的。當然了，這是一種猜測，我只能說，政府它不擅長任何經營，包括對貨幣的經營，經常是違反人倫的。

李淳風《藏頭詩》「如是者五十年，惜以一長一短，以粗爲細，以小爲大。而人民困矣，朝野亂矣。賴文武二曲星，一生於糞內，一生於泥中。後來兩人同心，而天下始太平矣。」青青草自田間出，生於泥中的苗姓是武曲星，主持金融戰爭，生於糞內的朱行是文曲星，主持國務。確定年分也是根據這一段，是紫微星上任後，無爲而治持續了五十年。

龍蛇相爭，龍在天，蛇在地，預示著在世界經濟秩序重新調整的過程中，有兩個大國的衝突擺在比較突出的地位。其中龍的地位高，掌握主動權，明顯有更大的勝算，蛇被困，但是並沒有受傷，而是能夠與龍對峙。圖畫有很強的壓迫感，但雙方沒有纏鬥在一起，主要在於龍並不親身下來和蛇纏鬥，只是在某些關鍵點上與蛇對峙並顯出威力。龍的主要精力放在對格局的調整上，蛇則要全身心進行防範。這個時候的蛇也是有所保留外的，因爲找不到龍的缺點，所以也不能全身撲過去，否則自身會有危險，要懂得把握分寸，這就是「貨幣民間化」的優勢，蛇進攻會與市場爲敵，導致自身處於危險。而龍則在掌握主動權的同時「不殺賊」，將精力放在調整格局上，最終才能更好化解風險。加上讖語是吉祥的，說明最終雙方在短暫的接觸後會勝負分化並和解。以讖語的表述，最終蛇會匍匐下來，龍則飛到更高的地位。

按照《龍華經》「東海龜來西海鷹，二人同心欺長龍。真龍在世何足道，洗去大恥氣不長。燕飛長安做新家，四夷朝拜大中華。百年盛世國昌隆，福滿世間人人享。」紫微星理順中華的禮制以後，又花了很多年，通過與美國之間的鬥爭，中國才順利接管了世界的主導權。

第五十一象：明君娶妻

甲寅兑下坤上臨

讖曰：

陰陽和，化以正。

坤順而感，後見堯舜。

頌曰：

誰云女子尚剛強，坤德居然感四方。

重見中天新氣象，卜年一六壽而康。

金聖歎曰：此象乃明君得賢後之助，化行國內，重見昇平，又一治也。卜年一六，或在位七十年。

1、詞句解析：

圖說：國之君子娶了一個媳婦，這個媳婦成爲他的賢內助。

陰陽和，化以正：國之君子要娶媳婦了，通過賢內助的幫助才能讓自己的行爲更加有章法。

坤順而感，後見堯舜：國之君子雖然有很好的才能，但是做事情不夠坦然。這個時候有賢內助幫助，讓國之君子得位很正，能夠正常處理和臣屬的關係。於是君臣和諧，百姓安樂，有了堯舜之治的景象。

誰云女子尙剛強，坤德居然感四方：這個女人手段俐落，就是一個剛強的人。通過國之君子的丈夫作爲放大器，她的女性包容心能夠感召四方。

重見中天新氣象，卜年一六壽而康：「中天」這個辭彙和「紫微星」有著很重要的聯繫。本象說的是「重見」，那就是有「初見」，在這之前一定有過一次「中天新氣象」。

2、說明：國君娶了一個母儀天下的女子，女子幫助治國，開貞朝盛世，有堯舜之治的景象。

3、時間：2105年。

4、故事：人人羨慕的老夫少妻。

新任的國之君子要娶媳婦了，通過賢內助的幫助才能讓自己的行爲更加有章法。

國之君子雖然有很好的才能，但是行爲不穩重，缺乏自信心，經常會很尷尬，難以決斷，或者容易鑽牛角尖，有點自閉症，做事情不夠坦然。臣屬雖然都很敬佩他，但是對他的行爲非常不解，談話總是不在同一個次元，影響到了國家治理。這個時候有賢內助幫助，讓國之君子體悟到了坦然、自然和自信的感受，通過媳婦的調教，自閉症也消除了，於是能夠正常處理和臣屬的關係，臣屬也都非常信任這個國之君子。於是君臣和諧，百姓安樂，有了堯舜之治的景象。「巍巍蕩蕩希堯舜」，關於紫微星的部分有對堯舜之治的說法，那是眞正的市場化、民主，是禮制，讓百姓幫助治理，可以通過《論語堯曰篇》來瞭解。

如果說是老夫少妻，有兩種可能，第一種是國君很晚娶媳婦，另外一個可能是小三上位。誰說這個女人以小三身分上位，手段俐落，就是一個剛強的女漢子？通過國之君子的丈夫作爲放大器，她的女性包容心能夠感召四方。

「中天」這個辭彙和「紫微星」有著很重要的聯繫，和聖人的「中天學派」也有關係，更是和「世宇三分」的「中天」、「近邊天」、「遠邊天」有關係。本象說的是「重見」，那就是有「初

見」，在這之前一定有過一次「初見中天新氣象」，是47象紫微星做起來的。李淳風《藏頭詩》「如是者五十年，惜以一長一短，以粗為細，以小為大。而人民困矣，朝野亂矣。賴文武二曲星，一生於糞內，一生於泥中。後來兩人同心，而天下始太平矣」。這是說，紫微星的無為而治，後人難以把握，因此他去世五十年後，朝野又亂了。出生窮困的兩個人，一個做到了君位，因為貧窮而有很多尷尬的性格、自閉症，結婚也很晚，但功成名就後終於娶到了媳婦，開創了第二次中天新局面。「壽而康」，說明這次結婚是老夫少妻。這個時間應當是在2110年後。

國之君子娶了一個媳婦，這個媳婦成為他的賢內助，幫助他體會到了人生的樂趣，變得樂觀，能夠充分發揮自己的能力。而這對夫妻也成為國人眼中羨慕的對象，讓人們感覺耳目常新。在老人眼裏，他們是值得信賴、追隨的好孩子。在成年人眼裏，他們是值得羨慕的好榜樣。在孩子們眼裏，他們是現實中浪漫的神話。他們集美貌、能力、別人的尊敬於一身，是那麼華貴、自然，豐滿的靈魂完全撐得起一身華麗的衣服，是人生贏家。

第五十三象：明君育子

丙辰乾下震上大壯

讖曰：

關中天子，禮賢下士。

順天休命，半老有子。

頌曰：

一個孝子自西來，手握乾綱天下安。

域中兩見旌旗美，前人不及後人才。

金聖歎曰：此象有一秦姓名孝者，登極關中，控制南北，或以秦爲國號，此一治也。

1、詞句解析：

圖說：中間的糧草是指以農業爲代表的民生實體產業，圖中三人分別是國君、臣屬以及新一代。

關中天子，禮賢下士：在西安的國之君子，能夠禮賢下士，社會清明，百姓和樂。

順天休命，半老有子：國君可能結婚比較晚，影響執政，恰好這時候碰見了一個女孩，於是順應天命，娶了個媳婦，有了一個兒子。如今人均年齡拉長，「半老」應當是在四十歲以後了。

一個孝子自西來，手握乾綱天下安：這個兒子的很孝順，而且非常有能力。他到東部地區主導行政事務，天下安定。

域中兩見旌旗美，前人不及後人才：在這個好孩子的管理下，國家兩次看到了和美的景象。各種治理都非常好，最終兩次做出優秀成就，連當爸爸的都顯得相形見絀。年輕人能夠更好把握社會變化，做出順應的調整，但是很難掌握無爲而治。

2、說明：在國君、大臣、兒子的配合下，貞朝實體經濟興盛，人才輩出。

3、時間：2106年。

4、故事：貞朝興盛，百姓和樂。

這一象還是挺簡單的，就是貨幣大一統以後，有國君娶媳婦，有

國君生孩子，把中國帶進了一個盛世。或許這個娶媳婦生孩子的國君是同一個人。如果再和更上面聯繫起來，可能是「一生於糞內，一生於泥中」的文武二曲星，以及國君的兒子。國之君子兜底民生，並不切實做事。臣屬穩重，能夠在國務上為江山定調。新一代趕得上前沿，能看得到很多新鮮的東西。但是新一代做出的成就取決於國君和臣屬，是在大的基調和諧的情況下玩一些花樣，有成就但是功勞較小，不能獨當一面，否則會生亂。不過三象說同一個人的可能性太低了。

2048年貞朝成立，2049年以後普選，紫薇聖人工作十年，那麼2060年以後才輪到別的國君。更何況如果紫薇聖人五十年後貞朝有亂局，被朱姓和苗姓解救，那麼就到了2100或者2110年，接著2158年會發生世界大戰，那麼中間非常緊迫，給國君留出了四十八年或者五十八年來結婚、生孩子，好在這期間可以有五位國君，也算說得過去。平均來看，《推背圖》每過二十至三十年就有一象，而未來明顯是象比較多的，國君娶妻生子放在貞朝比較合適，世界大部分預言在剛剛平息世界大戰以後就結束了。

第四十五象：日本沉沒

戊申坎下艮上蒙

讖曰：

有客西來，至東而止。

木火金水，洗此大恥。

頌曰：

炎運宏開世界同，金烏隱匿白洋中。

從此不敢稱雄長，兵氣全銷運已終。

金聖歎曰：此象於太平之世復見兵戎，當在海洋之上，自此之後，更臻盛世矣。

1、詞句解析：

圖說：美國和中國聯合起來，和日本對抗，結果日本沉入海底。

有客西來，至東而止：「客」普遍認為是美國，在這個時間點，美國已經成為中國的合作方，成為插遍彩虹旗幟的地方，而中國則主持了世界大災變中的利益平衡。所以，第一個可能是美國發生了政變。同時日本地震，引發政局變動，竟然和美國聯合，想要和中國抗衡。第二個可能，是美國趁機來幫助中國，也是想擴充實力，想要消滅日本。

木火金水，洗此大恥：「木火金水」中缺「土」，本次是海戰。在地震之初，日本趁火打劫，讓中國遭受了恥辱。接著美國過來，日本還沒來得及開戰，整個沉沒了下去。

炎運宏開世界同，金烏隱匿白洋中：世界交通便利，經濟和政治都顯得更加緊湊，在火運時期，全球一體化凸顯，但是還不至於到天下大同。中國推廣王道一百年，現在是檢驗成果的時候。中國領導世界平穩度過災難，世界就走入大一統。如果失敗，那第三次世界大戰可能是人類的滅頂之災。中國周邊的麻煩在日本，而日本則整個沉沒到太平洋。

從此不敢稱雄長，兵氣全銷運已終：日本不再有自己的國土，國民和古代的以色列人一樣客居國外，從此兵氣全銷。

2、說明：日本想要和中國開戰，但是還沒來得及打仗，日本就整個沉入海底。

3、時間：2158年左右。

4、故事：日本沉沒。

第三次世界大戰主要是地震引起的，就好像之前的大洪水，再之前是小行星撞擊地球，只是前兩次是人類文明抹掉重來，按照瑪雅預言，這次是制止了災難。

全球的預言對這次事件描述非常多，推背圖在這裏也是花了非常多的筆墨，畢竟這件事以後就進入新的人類週期了，也就是第五人類，舊的周易也會成為過去式，所以這裏多一些象也是應該的。

日本在這次事件中國是整個沉沒了。從圖來看，是美國和中國聯合起來，和日本對抗。

當前日本已經有多部電影來描述日本沉沒，日本作為島國，地震頻發，本來就十分危險。而且有人認為，如果向富士山扔一枚核彈，有可能會讓富士山變成活火山，那麼火山噴發的力度會遠遠超過核彈，核彈只是一個引發，富士山的火山爆發會讓日本遭受滅頂之災。

第五十六象：地震引發第三次世界大戰

己未坤下坎上比

讖曰：
飛者非鳥，潛者非魚。
戰不在兵，造化遊戲。

頌曰：
海疆萬里盡雲煙，上迄雲霄下及泉。
金母木公工幻弄，干戈未接禍連天。

金聖歎曰：此象行軍用火，即戰不在兵之意。頌云，海疆萬里，則戰爭之烈，不僅在於中國也。

1、詞句解析：

圖說：此次戰爭涉及海陸空全方位作戰，作戰呈現為兩個集團的紛爭，雙方在戰爭的過程中，暫時沒有進行短兵相接，沒有攻入對方領土的動作，但是已經排兵佈陣，做好了全面鬥爭的準備。雙方相互隔空放火，一邊開展外交辭令的爭執。

飛者非鳥，潛者非魚：飛起來的不是鳥，而是戰機。潛在水裏的不是魚，而是潛水艇。

戰不在兵，造化遊戲：戰爭的決勝因素已經不在於士兵，而在於自身的軍事設備製造能力，這是高科技戰爭。

海疆萬里盡雲煙，上迄雲霄下及泉：這是一次範圍廣泛的戰爭，萬里疆域都是炮火連天，炮彈從天上飛，將河道、大壩都給打壞了。

金母木公工幻弄，干戈未接禍連天：這樣的戰鬥是拼新式武器的過程，各國各盡所能製造有利於戰鬥的武器，還沒等雙方士兵進行交戰，導彈已經發射，禍患已經四處起來。

2、說明：第三次世界大戰爆發，這是高科技戰爭，海疆萬里盡雲煙，河道、大壩都給打壞了。

3、時間：2160年左右。

4、故事：地震引發的第三次世界大戰。

大電影《2012》拍攝早了一百四十年。

通過對凱西預言的整理，可以發現當時的情況：這個時間，一片祥和之下，不祥和正在醞釀。南極巨大的冰川在地球自轉力下，脫離大陸很遠，被離心力甩開，地幔和附著在上面的陸地發生分離。

大概在2150年左右，末日天啓開始，世界發生地質大災難。

維蘇威火山爆發，義大利向周邊國家求援。

維蘇威火山爆發一周後，培雷火山爆發，委內瑞拉與馬丁尼克、多米尼克連成一片。古巴、多明尼加與美國佛羅里達相接。同時，美國東南部海岸塌陷，南卡羅萊納和喬治亞州被海水淹沒。

維蘇威火山爆發後的九十天內，強力的地震將使鹽湖城以西的部分地區沉入水中；洛杉磯、舊金山、及紐約相繼被毀；紐約將在原地的西面重建。

2158年到來，末日天啓愈演愈烈。

五大湖改道注入墨西哥灣。

歐洲的地理變化將非常快，民間發起運動，爭吵激烈。同時，歐洲作為重災區，地形地貌變化非常快，每一寸土地都相繼發生了地震。今天德國想要進入法國，明天法國想要進入英國，民生困局引發政治危機，政治危機引發戰爭。

第三次世界大戰就此爆發。

地軸移動，氣候變化明顯，寒帶變暖。

日本大部沉入海中。

赤道附近的火山活動增加，世界糧食短缺，美國中部、阿根廷及非洲部分成為世界糧倉。

中國儘管也面臨災害，但中國是唯一有能力協調困局的地方，這個時候中國已經成為世界的行政核心。中國的內陸成為最重要的陣地，《聖經》預言人類最後的聚居地「錫安」（Zion），也即西安，成為平息世界大戰的最後希望。

靈界也參與到這次變化中，調整期結束後，「義將永駐地球。」人類開始有種族的變化。將會有來自亞特蘭提斯、Lemuria、La、Ur或Da文明的靈魂的巨大影響。地理的調整是一種形式的洗滌，新的

人種——第五人類（The Fifth Root Race）正在誕生。

　　這也是瑪雅預言的世界末日，新的人類正在誕生。

　　這也是聖經預言的沒有原罪的新人。

　　那麼這次世界大戰怎麼樣平息呢？這就要看一個小孩子了。

第五十七象：天使平息世界大戰

庚申兌下兌上兌

　　讖曰：

　　物極必反，以毒制毒。

　　三尺童子，四夷詟服。

　　頌曰：

　　坎離相剋見天倪，天使斯人弭殺機。

　　不信奇才產吳越，重洋從此戢兵師。

　　金聖歎曰：此象言吳越之間有一童子，能出奇制勝，將燎原之火撲滅淨盡，而厄運自此終矣，又一治也。

　　1、詞句解析：

　　圖說：在世界戰火起來之前，中國應當已經在新式武器方面研究

出了一定成果，童子解決了核心難題，於是在戰火燒起來但不至於無法控制的時候，澆滅戰火。

物極必反，以毒制毒：中國的和平調整策略不適合有著原罪的西方人，西方正在以極端的方式讓世界毀滅。物極必反，出現了以毒制毒的策略，用戰爭來平息戰爭。

三尺童子，四夷豎服：身高一百三十三公分的童子，大概十幾歲，發明先進武器，以毒制毒，平息戰火，讓西方折服。或許是童子製造出了某種核磁、電磁設備，被軍方採用，成為軍方機器的核心部件，能夠形成巨大的防護罩，讓對方的導彈電子設備失靈。

坎離相剋見天倪，天使斯人弭殺機：坎為水，離為火，水火難容，世界瀕於滅亡。靈界參與進來，派出第五人類的童子，以毒制毒，來平息戰火。

不信奇才產吳越，重洋從此戢兵師：這個童子或出生在江浙地區，從此海洋上收回軍隊，大戰平息。

2、說明：十幾歲的一個小孩子發明了電磁武器的核心部件，平息世界大戰。

3、時間：2160-2165年。

4、故事：奇才三尺童子。

這其中有一個插曲，就是《諾查丹瑪斯預言》預言，「公主的大兒子勇敢的人，將凱爾特人打到很遠的地方，他可操縱雷電，同行者成群結隊，行至不遠處又折頭向西，向著更遠的深處」。這說明，能夠操縱電磁的三尺童子，坐在成群結隊的戰機上去平息災難。

如果核戰爭起來，那麼如何平息是個大問題。採用導彈攔截的話，攔截成功率會非常低，如果對方扔過來的是個普通的炸彈，那麼攔截成本又非常大。但是如果有電磁武器，等敵人的炮彈發過來，直接發出電磁波，讓敵人的武器失靈，電子系統被破壞，那麼就相當於在天空做出了一個防護網，費一點電就能夠做成電磁炮，成本非常低。對於盟友，可以用這種電磁炮來幫助他們建設防護網，避免戰爭的發生。那麼線上下，用普通的武器，就沒有國家能和中國抗衡了。

也是在這個時候，《聖經》預言的人類最後聚居地，西安，也就是貞朝首都，就指揮平定世界大戰，推動收尾工作。

第四十九象：世界大戰收尾

壬子坤下坤上坤

讖曰：

山谷少人口，欲剿失其巢。

帝王稱弟兄，紛紛是英豪。

頌曰：

一個或人口內啼，分南分北分東西。

六爻占盡文明見，棋布星羅日月齊。

金聖歎曰：久分必合，久合必分，理數然也，然有文明之象，當不如割據者之紛擾也。

1、詞句解析：

圖說：刀是說通過近身戰鬥來掃除敵對勢力。有8個刀，最終稱兄弟的有六七個國家，其中還會有融合、分離。

山谷少人口，欲剿失其巢：地質災害引發民亂，各國出現政變，收尾工作要肅清政變。敵人隱藏在多山少人口的地區，想要剿除他們，但是沒有一網打盡。

帝王稱弟兄，紛紛是英豪：各國成為密切合作的兄弟國，世界大一統到來。全世界的交通、貿易、人口流動的均衡達到了認同，政府權利得到了好的界定。

一個或人口內啼，分南分北分東西：一個或人，是「國」字，天下統一為一個國家，東西南北和睦，但是也都面臨變局。中國人在世界掌握了話語權，制定施政方略，推動天下大同。

六爻占盡文明見，棋布星羅日月齊：周易的占卜方法已經走到盡頭，而世界在這個時間展示的是和諧統一，人們各得其所，政治和經濟都顯得適宜。

2、說明：這是中華指揮平息世界大戰，進行收尾。

3、時間：2160-2167年。

4、故事：平息叛亂者，統一世界。

《馬前課》是在最後一象說到「占得此課，易數乃終。前古後今，其道無窮。」而在這一象之前，《馬前課》已經推算出了世界大一統的朝代。因此，《推背圖》說到六爻占盡，應當是在靠近結尾的時候。其他各類預言也說到了周易結束。

第五十八象：大亂平定

辛酉坎下兌上困

讖曰：

大亂平，四夷服。

稱弟兄，六七國。

頌曰：

烽煙淨盡海無波，統王統帝又統和。

猶有煞星隱西北，未能遍唱太平歌。

金聖歎曰：此象有四夷來歸，海不揚波之兆。惜乎西北一隅尚未平靖，猶有遺憾，又一治也。

1、詞句解析：

圖說：有八個軍事行動，稱兄弟的有六七個片區，但是真正能吃透中國主導下的經濟政治新秩序，團結在中國周圍的，是四個片區。

大亂平，四夷服：大亂終於平定，外國都順服中華。

稱弟兄，六七國：最終世界格局成為六、七大片區，以兄弟情形成緊密的行政、經濟體系。

烽煙淨盡海無波，統王統帝又統和：全球軍備都大力縮減，減少損耗，合作加強，民生空前繁榮。中國為帝，四夷有王，全球較為統一和諧。

猶有煞星隱西北，未能遍唱太平歌：可能俄羅斯不是太安分。

2、說明：中華協調世界大一統體制的建設，中國貞朝推行了100多年的王道，如今終於實現世界大同。

3、時間：2164-2173年。

4、故事：大同世界即將實現。

大同世界是很難實現的，大同概念出自《禮記·禮運》中的《大道之行也》：「大道之行也，天下為公，選賢與能，講信修睦，故人不獨親其親，不獨子其子，使老有所終，壯有所用，幼有所長，鰥寡孤獨廢疾者皆有所養；男有分，女有歸，貨惡其棄於地也不必藏於己，力惡其不出於身也不必為己，是故謀閉而不興，盜竊亂賊而不

作，故外戶而不閉，是謂大同。」

在中華用王道統一世界的時候，也就到了改朝換代的時候。就比如說，我們如果以和平的方式把印度納入國土，那他們和我們人口一樣多，我們還能不能沿用舊的國號？

也就是在這裏，到了《馬前課》和《梅花詩》預言的最後一個朝代。

獲得一個地方的人才，就是獲取了他們的政治，獲取了一個地方的民心，就是獲取了這片土地。王道的踐行需要三代人，紫薇聖人的繼任者需要踐行王道一百年，然後平息第三次世界大戰。中國的小的預言基本上在這裏就結束了，而世界上的預言大多數聚焦於第三次世界大戰，我們也可以明顯看出這裏面一個連續的故事情節。

紫薇聖人的用處就在這裏，如果沒有紫薇聖人，第三次世界大戰就是人類的滅頂之災。在紫薇聖人建立好體系以後，中國能夠以王道統領全球，才能帶領人類進入第五人類，也就是凱西預言的第五人類，基督教預言的就是沒有原罪的「新人」。

第五十九象：世界大同

壬戌艮下兌上咸

讖曰：

無城無府，無爾無我。

天下一家，治臻大化。

頌曰：
一人爲大世界福，手執籤筒拔去竹。
紅黃黑白不分明，東南西北盡和睦。

金聖歎曰：此乃大同之象，人生其際，飲和食德，當不知若何愉快也。惜乎其數已終，其或反本歸原，還於混噩歟。

1、詞句解析：

圖說：中國的國之君子執掌全球行政命令，將好的規章制度發送給世界別的片區，大家可以依據這些規章制度來做事，世界也顯得和睦。

無城無府，無爾無我：國與國之間的隔閡減少，交通、通訊等便利。在第一次世界大戰之前，「國家」概念還很模糊。在大同世界，政府的地域壟斷減少，禮制下的市場、民主、賢人政治等昌明。

天下一家，治臻大化：天下在經濟、政治上形成一個和諧的民主體系，治理達到和美，能夠化解各種疑難矛盾。

一人爲大世界福，手執籤筒拔去竹：中國的國之君子爲世界行政命令的中心，中國制定標準，把操作系統免費公開給全球，各國遵從並進行優化，能夠大大節省行政成本。推帝道，別的國家願意成爲你的分部門；推王道，別的國家願意成爲你的分公司；推霸道，別的國家願意成爲你的友商；推雄道，全球都是競爭者。

紅黃黑白不分明，東南西北盡和睦：根據膚色來判斷人品或智力的歧視行爲減少，全世界各處都很和睦，凱西預言的第五人類、民族融合實現。

2、說明：中國制定行政標準，各地可以根據當地的風土人情進行優化，遵照執行。就好比操作系統由中國制定，各地進行UI的優化和適配，用於當地。

3、時間：2173年。

4、故事：如何制定爲政標準？

推背圖第59象，是說各國再無隔閡，我們從三個角度說一下，其中一個是金融上的隔閡，用「貨幣民間化」就能解決，歐洲能建立央行出歐元，全世界的貨幣統一只能靠民間，因爲政府不擅長經營貨幣，要不然也不會有比特幣了，貨幣民間化，這不是新東西，因爲自古貨幣並沒有完全被壟斷，也是有市場競爭的，比如漢朝鄧通的貨幣製作精良，和普通商品一樣能夠占領一半市場。第二個是經濟外貿上的隔閡，貨幣打通了，有了更好的大一統理論，那麼這些隔閡也可以自然打破，亞當斯密能打破殖民地的隔閡，在大一統理論下，經濟外貿上的隔閡，可以製造很多經濟學理論來促成，這也是未來能出好幾個經濟學獎的領域。第三個，是文化的隔閡，聖人出來了，百教合一，自然也能打破文化的隔閡。

我們知道，聖人是來推王道的，王道分成三個，第一個，聖王道，也就是帝道，潛移默化，比屋可封，他足不出戶，萬國來朝，佛教的金輪聖王就是這樣，不用發令，全世界自然臣服；第二個，王道，制定政治行業標準，也就是佛教的銀輪王，親自到他方國土，他王自然臣服，世界有四分之三能歸他管；第三個，霸道，這是小王道，建立產業鏈，別的國家都來依附，對應佛教的銅輪王，要親自出馬派人勸降，別的王才會臣服，銅輪王能管理世界上一半的土地；第四個，雄道，全球都是他的競爭者，跟現在的美國似的，鐵輪王則需親自征伐，他王才會臣服，能管理的只是世界的四分之一。

簡單來說，推帝道，別的政府願意做你的分部門，推王道，別的政府願意做你的分公司，推霸道，別的政府願意做你產業鏈上的友商，推雄道，全球都是模仿者和競爭者。我們可以從全球企業裏面對比一下來瞭解。

那現在全球政府都是地域壟斷的公司，一個個全都是經營不善，那麼推帝道，別人根本不知道你是在發佈政令，但是使用你的方法，能提高管理效率，減少負債；推王道，你制定一些標準，別的國家絕大多數也願意參與你的標準。你覺得你制定標準會讓別的國家討厭，

那是你還沒達到那個水準。現在全球有政府沒政治，在這之上可以建立一個政教合一的制定標準的新教廷。王道的根本在於賢人，齊桓公九合諸侯一匡天下，只能算是霸道，而且是春秋戰國唯一的霸道，別的都是雄道。王道可以從堯舜來觀察，可以體會一下。就是說，59象是可以實現的，甚至不用改變當今的政治結構，而是把儒家的標準拿出來用就可以達成這一象。

第六十象：終結

癸亥坤下兌上萃

讖曰：
一陰一陽，無始無終。
終者自終，始者自始。

頌曰：
茫茫天數此中求，世道興衰不自由。
萬萬千千說不盡，不如推背去歸休。

金聖歎曰：一人在前，一人在後，有往無來，無獨有偶，以此殿圖，其寓意至深遠焉。無象之象勝於有象，我以不解解之，著者有知當亦許可。

1、詞句解析：

圖說：興衰有規律，這些規律不是個人隨意可以左右。

一陰一陽，無終無始：陰陽交替，變化融合，沒有開始沒有終結。

終者自終，始者自始：要結束的自己會結束，要開始的自己會開始，我們都只是浮在大勢上的一個漂流者，難以改判時代斷續。

茫茫天數此中求，世道興衰不自由：天數可以發現一些規律，世道的興衰總會呈現一些規律，不能隨意發展。《乾坤萬年歌》「知音君子詳此數，古今存亡一貫通」。

萬萬千千說不盡，不如推背去歸休：其中的規律不可盡說，不如順應它並觀察它，或者安靜做好為人的本分，不必過於計較。

2、說明：這一句是《推背圖》的結束，沒有太多意義。

第四章：劉伯溫《燒餅歌》

西元1368年某一日的早上，明太祖朱元璋在內殿裏吃燒餅，只咬了一口，就聽到內監會報，說劉伯溫觀見。朱元璋想測試劉伯溫一下，就用碗蓋住只咬了一口的燒餅，召劉伯溫入殿。

劉伯溫是元末明初的文學家、政治家、軍事家，名「劉基」，字「伯溫」，民間普遍認為劉伯溫是一個「神人」。在元朝做官的時候，劉伯溫曾經立下戰功，但是他推測元朝要滅亡，於是主動辭職。

這次朱元璋考劉伯溫，劉伯溫猜出了碗裏是什麼。於是朱元璋讓劉伯溫推測國運，成為著名的《燒餅歌》。

第一段：《燒餅歌》的起源

明太祖一日身居內殿，食燒餅，方啖一口，內監忽報國師劉基晉見，太祖以碗覆之，始召基入。禮畢，帝問曰：「先生深明數理，可知碗中是何物件？」基乃捏指輪算，對曰：「半似日兮半似月，曾被金龍咬一缺，此食物也。」開視果然。帝即問以天下後世之事若何。

基曰：茫茫天數，我主萬子萬孫，何必問哉。

帝曰：雖然自古興亡原有一定，況天下非一人之天下，惟有德者能享之，言之何妨，試略言之。

基曰：洩漏天機，臣罪非輕，陛下恕臣萬死，才敢冒奏。

即賜以免死金牌，基謝恩畢，奏曰：我朝大明一統世界，南方終滅北方終，嫡裔太子是嫡裔，文星高拱日防西。

第二段：燕王朱棣篡位、明英宗復辟

帝曰：朕今都城竹堅守密，何防之有？

基曰：臣見都城雖鞏固，防守嚴密，似覺無虞，只恐燕子飛來。

隨作歌三首曰：

此城御駕盡親征，一院山河永樂平，

禿頂人來文墨苑，英雄一半盡還鄉。

北方胡虜殘生命，御駕親征得太平，

失算功臣不敢諫，舊靈遮掩主驚魂。

國壓瑞雲七載長，胡人不敢害賢良，

相送金龍復故舊，靈明日月振邊疆。

解析：燕子飛來，是燕王朱棣造反。

此城御駕盡親征，一院山河永樂平：「燕王」朱棣舉兵靖難，御駕親征，攻取南京，登基為帝，年號「永樂」。

禿頂人來文墨苑，英雄一半盡還鄉：道衍和尚姚廣孝勸說朱棣謀反，成為朱棣的謀士，並大肆誅殺反對他的前朝舊臣，甚至造成了歷史上唯一的誅十族的慘案。

北方胡虜殘生命，御駕親征得太平：明朝「天子守國門」，明成祖朱棣五次御駕親征漠北，打擊元朝殘餘勢力，保邊境安寧。

失算功臣不敢諫，舊靈遮掩主驚魂：明英宗朱祁鎮受宦官王振鼓動，御駕親征瓦剌，在土木堡被俘，這就是「主驚魂」。

國壓瑞雲七載長，胡人不敢害賢良：瓦剌俘虜明英宗朱祁鎮，於謙支持明代宗朱祁鈺即位，主導北京保衛戰，瓦剌討不到便宜，就放朱祁鎮回去。明代宗朱祁鈺將朱祁鎮囚於南宮七年。

相送金龍復故舊，靈明日月振邊疆：明代宗朱祁鈺病重，徐有貞等人衝進南宮迎朱祁鎮復辟。瓦剌與大明重新恢復了正常通貢互市關係。朱祁鎮怨恨於謙，將其殺害。

第三段：萬曆到崇禎

　　帝曰：此時天下若何？

　　基曰：天下大亂矣。

　　帝曰：朕之天下，有誰亂者？

　　基曰：

　　天下饑寒有怪異，棟梁龍德乘嬰兒。

　　禁宮闊大任橫走，長大金龍太平時。

　　老揀金精尤壯旺，相傳昆玉繼龍堂。

　　閹人任用保社稷，八千女鬼亂朝綱。

　　帝曰：八千女鬼亂朕天下者何？

　　基曰：忠良殺害崩如山，無事水邊成異潭，救得蛟龍眞骨肉，可憐父子難順當。

　　解析：明朝開始衰敗。

　　天下饑寒有怪異，棟梁龍德乘嬰兒：明穆宗朱載坖駕崩後，皇太子朱翊鈞登基，年僅十歲，年號「萬曆」，這是明朝衰落的開始。

　　禁宮闊大任橫走，長大金龍太平時：萬曆年少時候，內閣首輔張居正把持朝政，其死後，萬曆親政，並開創「萬曆中興」。

　　老揀金精尤壯旺，相傳昆玉繼龍堂：「昆玉」是對別人兄弟的敬稱，明熹宗朱由校年號「天啓」，他划船溺水，因驚嚇留下病根，無子。但是他仍舊沉溺於聲色犬馬，喜歡吃春藥。尚書霍維華進獻「仙藥靈露飲」，導致朱由校身體越來越差，最終駕崩。他的弟弟朱由檢即位，年號「崇禎」。

　　閹人任用保社稷，八千女鬼亂朝綱：「八千女鬼」是「魏」字，宦官魏忠賢把持朝政，禍亂朝綱。

　　忠良殺害崩如山，無事水邊成異潭：魏忠賢迫害忠良，殺東林黨人，血流成河。

　　救得蛟龍眞骨肉，可憐父子難順當：崇禎剷除以魏忠賢爲首的閹

黨，保全朱家王朝。可惜崇禎治理不順，內有起義，外有滿清強敵，貪官汙吏很多，能人難以被啓用。在李自成攻破北京的時候，崇禎讓太監將兒子送走，斬殺妃嬪和公主後自縊。

第四段：明朝十八位皇帝，滿清順治滅明朝

帝曰：莫非父子爭國乎？

基曰：非也，樹上掛曲尺，遇順則止。至此天下未已。

帝曰：何謂未已？

基曰：萬子萬孫層疊層，祖宗山上貝衣行，公侯不復朝金闕，十八兒孫兌上行。

卦曰：木下一了頭，目上一刀一戊丁，天下重文不重武，英雄豪傑總無春，戊子己丑亂如麻，到處人民不在家，偶遇饑荒草寇發，平安鎮守好桂花。

解析：

樹上掛曲尺，遇順則止：樹上掛曲尺是「朱」字，朱家遇到順治以後，王朝就結束了。

萬子萬孫層疊層，祖宗山上貝衣行：朱家子孫一代傳一代，最終崇禎在煤山上吊自殺。

公侯不復朝金闕，十八孩兒難上難：李自成攻克北京，明朝滅亡。可吳三桂放清軍入山海關，李自成兵敗後向東南逃竄。

木下一了頭，目上一刀一戊丁：李自成的名字。

天下重文不重武，英雄豪傑總無春：明朝的起義軍最終沒有翻起風浪。

戊子己丑亂如麻，到處人民不在家：南明永曆政權，在西南與清軍對抗，戰火蔓延十餘省，百姓損傷慘重，無處爲家。

偶遇饑荒草寇發，平安鎮守好桂花：戰禍蔓延，匪患不絕。吳三桂幫助清軍入主中原。

第五段：明朝被清朝替代

帝曰：偶遇饑荒，平常小丑，天下巳乎？

基曰：西方賊擁亂到前，無個忠良敢諫言。喜見子孫恥見日，衰頹氣運早升天，月缺兩二吉在中，奸人機發去西東，黃河涉過開金闕，奔走梅花上九重。

解析：這一段是重複明朝被清朝替代的全過程。

西方賊擁亂到前，無個忠良敢諫言：李自成於西安起兵，率大順軍攻入北京。明朝廷人心惶惶，大臣四散奔逃，崇禎皇帝從大臣這裏籌不到錢，無人可依，認爲大臣誤國。

喜見子孫恥見日，衰頹氣運早升天：李自成兵臨城下，崇禎見大勢已去，就讓太子、永王、定王三個兒子入宮，交代完後事，讓成國公朱純臣護送三個兒子去外戚家避難。崇禎賜死皇后，斬殺妃嬪、公主。他在煤山自縊，死前在衣服上寫到：朕涼德藐躬，上干天咎，然皆諸臣誤朕。朕死無面目見祖宗，自去冠冕，以髮覆面。任賊分裂，無傷百姓一人。

月缺兩二吉在中，奸人機發去西東：明朝滅亡後，南方興起南明政權。吳三桂降清後四處鎮壓反清勢力，是個奸人。

黃河涉過開金闕，奔走梅花上九重：黃河以南，福忠王朱常洵在南京即位，開啓了南明政權。朱由榔登基後年號「永曆」，後來永曆皇帝被吳三桂絞死，南明政權敗亡。從崇禎自縊煤山，明朝的命運就基本結束了。

第六段：明朝總結概括

帝曰：莫非梅花山作亂乎？從今命人看守何如？

基曰：非也，遷南遷北定太平，輔佐帝王有牛星，運至六百又得半，夢奇有字得心驚。

帝曰：有六百年之國祚，朕心足矣，尚望有半乎。

帝曰：天機卿難言明，何不留下錦囊一封，藏在庫內，世世相傳勿遺也，急時有難，則開視之，可乎？

基曰：臣亦有此意。臣封櫃內，俟後開時自驗。

遂又歌曰：九尺紅羅三尺刀，閹人尊貴不修武，惟有胡人二八秋。桂花開放好英雄，拆缺長城盡孝忠，周家天下有重復，摘盡李花枉勞功。

黃牛背上一綠鴨，安享國家樂太平。雲蓋中秋迷去路，胡人依舊胡人勝。反覆從來折桂枝，水浸月宮主上立。禾米一木並將去，二十三人八方居。

解析：這一段是回顧明朝總體情況。

遷南遷北定太平，輔佐帝主有牛星：朱元璋建立明朝，定都南京。燕王朱棣將首都從南京遷往北京。明朝的皇帝都很不可靠，但是文官很厲害，內閣裏的文官一個個都不是省油的燈，但是能夠輔佐皇帝。

運至六百又得半，夢奇有字人心驚：從明太祖朱元璋建國開始，到明思宗朱由檢，共計兩百七十六年。再加上南明政權統治的十八年，共計兩百九十四年，只有六百年的一半。「夢奇有字」源自於民間傳說，據說「有」字就是「大」字少一捺，「明」字少一日，表示大明危險了。

九尺紅羅三尺刀，勸君任意自遊遨：「九尺紅羅」是崇禎自縊所用的布條，「三尺刀」指崇禎刺死公主，砍殺妃嬪，防止她們被李自成軍隊羞辱。最後於煤山自縊，遨遊九天。

閹人尊貴不修武，惟有胡人二八秋：「閹人」是魏忠賢，魏忠賢把持朝政，殘骸忠臣良將，導致明朝國力衰弱。最終讓胡人統治了中國，國號為「大清」。

桂花開放好英雄，拆缺長城盡孝忠：吳三桂打開長城，引清兵入主中原。

周家天下有重複，摘盡李花枉勞功：以周代明，周朝分爲西周和東周，明朝後來建立「南明政權」。「李花」是李自成的大順政權，大順政權被清軍瓦解，後來大順軍餘部與南明合作，組成抗清聯盟，最終南明仍舊失敗了。

黃牛背上鴨頭綠，安享國家珍與粟：清朝和南明同時存在，共用社稷。

雲蓋中秋迷去路，胡人依舊胡人毒：清軍攻占雲貴，明昭宗朱由榔逃往緬甸，吳三桂發兵緬甸，緬甸將朱由榔與其親屬及故從官妻女，獻給吳三桂。

反覆從來折桂枝，水浸月宮主上立：南明四位皇帝相繼死在滿清的手裏，「水浸月宮主上立」是「清」字，清朝建立。

禾米一木並將去，二十三人八方居：「禾米一木並將去」是「采」字，明朝被滅，朱元璋的後代散落民間各地。

第七段：清朝統治

帝曰：二十三人亂朕天下，八方安居否？

基曰：臣該萬死，不敢隱瞞，至此大明天下亡之久矣。

帝大驚，即問此人生長何方？若何衣冠？稱何國號？治天下何如？

基曰：還是胡人二八秋，二八胡人二八憂，二八牛郎二八月，二八嫦娥配土牛。

帝曰：自古胡人無百年之國運，乃此竟有二百餘年之運耶？

基曰：雨水草頭眞主出，路上行人一半僧。赤頭童子皆流血，倒置三元聽讖說。須是川頁合成出，十八年間水火奪。庸人不用水火臣，此中自己用漢人，卦分氣數少三數，親上加親親配親。

解析：這一段是清朝統治的情況。

還是胡人二八秋，二八胡人二八憂：胡人建立的「清」國祚兩

百七十六年，將近兩百八十年，帶來了很多憂愁。

二八牛郎二八月，二八嫦娥配土牛：上面用黃牛代指清朝，這裏土牛也是清朝。

雨水草頭眞主出，路上行人一半僧：「雨水草頭」是繁體字的「滿」字，指「滿洲」主政，路上的男子剃髮編辮，像是剃了一半頭的和尚。

赤頭童子皆流血，倒置三元總才說：剃髮的清軍依靠蠻力征戰，殺人很多，直到後來進行漢化，才減少了殺戮。

須是川頁合成出，十八年間水火奪：「川頁合成」是「順」字，代表順治。「十八年」指順治在位十八年，「大清」和「南明」戰爭如同水火。

庸人不用水火臣，此中自己用漢人：「庸人不用」是「庸」字去「用」加「水」，是「康」。「熙」爲光明、明亮，「熙」即「火臣」。從康熙開始漢化，採用「以漢制漢」的方法，以緩解滿漢社會矛盾，否則又是「胡虜無百年之運」。

卦分氣數少三數，親上加親親配親：易經六十四卦，少三數是六十一，康熙在位六十一年。康熙有兩個蒙古族妃子，有七位公主和蒙古和親，漢滿蒙三家不像元朝那樣有嚴格等級劃分。

第八段：康雍乾

帝曰：胡人至此，用人水奪火滅，親上加親，莫非駙馬作亂乎？

基曰：非也，胡人英雄，水火既濟，安享太平，有位有勢，時值昇平，稱爲盛世，氣數未盡，還有後繼。

寶劍重磨又重磨，抄家滅族可奈何，

閹人社稷藏邪鬼，孝弟忠奸誅戮多。

李花結子正逢春，牛鳴二八倒插丁，

六十周甲多一甲，螺角倒吹也無聲。

點畫佳人絲自分，一止當年嗣失眞，

泥雞啼叫空無口，樹產靈枝枝缺魂。

朝臣乞來月無光，叩首各人口渺茫，

一見生中相慶賀，逍遙周甲樂饑荒。

解析：這一段是從康熙到乾隆的治理情況。

寶劍重磨又重磨，抄家滅族可奈何：「寶劍重磨」是康熙多次征戰，「抄家滅族」指剿滅準噶爾部等等戰爭結果。

閹人社稷藏邪鬼，孝弟忠奸誅戮多：「閹人」指康熙寵信的太監魏珠，得寵後驕橫跋扈。康熙寫有立儲遺詔，魏珠稟報給了雍親王，幫助雍正登基。當時上演了九子奪嫡的戲碼，最終雍正繼承大統，清洗了兄弟。

李花結子正逢春，牛鳴二八倒插丁：「李花」是康熙的子孫後代，康熙皇帝共有三十五個兒子，其中十一人早死。

六十周甲多一甲，螺角倒吹也無聲：康熙八歲登基，在位六十一年。

點畫佳人絲自分，一止當年嗣失真：這兩句都是字謎，爲「雍正」二字。

泥雞啼叫空無口，樹產靈枝枝缺魂：雍正時期討伐準噶爾部，不成功，最後議和。雍正有戰爭行爲但是沒有結果。

朝臣乞來月無光，叩首各人口渺茫，一見生中相慶賀，逍遙周甲樂饑荒：朝臣乞來月無光是「乾」字，後面的字謎是「隆」字，乾隆征戰成功，內能平亂，在饑荒年代也能夠照顧好百姓，乾隆還喜歡寫詩，自認爲文治武功很強，自稱「十全老人」。

第九段：乾隆至同治期間的統治

帝曰：胡人到此敗亡否？

基曰：未也，雖然治久生亂，值此困苦，民懷異心，然氣數未盡也。

廿歲力士開雙口，人又一心度短長，
時俺寺僧八千眾，火龍渡河熱難當。
叩首之時頭小兀，嫦娥雖有月無光。
太極殿前卦對卦，添香襄鬥鬧朝堂。
金羊水猴饑荒歲，犬吠豬鳴淚兩行。
洞邊去水臺用水，方能復正舊朝網。

解析：

廿歲力士開雙口，人又一心度短長：前一句是「嘉」，後一句是「慶」，嘉慶。

時俺寺僧八千眾，火龍渡河熱難當：嘉慶皇帝前往避暑山莊，當時是熱河，在當地染病死亡，運送棺木回京時，隨行的包括誦經超度的僧人，一路上送棺隊伍大約八千人。

叩首之時頭小兀，嫦娥雖有月無光：叩首之時頭小兀是「道光」兩個字，道光時期清朝社會暗淡，沒有光亮。內政外交都非常狼狽，爆發了鴉片戰爭。

太極殿前卦對卦，添香襄鬥鬧朝堂：「卦對卦」應當是指「澤山咸卦」、「雷火豐卦」，是「咸豐」。朝堂混亂，「添香」是後宮鬥爭，慈禧逐漸嶄露頭角，「襄鬥」是與列強簽訂各種不平等條約，甚至引發了英法侵略北京。

金羊水猴饑荒歲，犬吠豬鳴淚兩行：「金羊」是辛未年，「水猴」是壬申年，這兩年撚軍起義、回民起義很活躍，太平天國興起，到處饑荒。

洞邊去水臺用水，方能復正舊朝網：第一句是「同治」二字，同治在位期間，太平天國起義、撚軍起義、陝甘回民起義等被逐漸平定。

第十段：八國夷敵與慈禧誤國

火燒鼠牛猶自可，虎入泥窩無處藏。
草頭家上十口女，又抱孩兒作主張。
二四八旗難蔽日，遼陽思念舊家鄉。
東拜斗，西拜旗，南逐鹿，北逐獅。
分南分北分東西，偶逢異人在楚歸。
馬行萬里尋安歇，殘害中女四木雞。

解析：

火燒鼠牛猶自可，虎入泥窩無處藏：八國夷敵火燒圓明園。

草頭家上十口女，又抱孩兒作主張：「草頭」是光緒皇帝，並非嫡子，算是過繼給慈禧。慈禧為葉赫那拉氏，「十口」指葉字，指慈禧。光緒年幼時候，慈禧垂簾聽政。等光緒變法的時候，慈禧又發動戊戌政變，導致「百日維新」失敗，光緒皇帝被囚於中南海瀛臺。

二四八旗難蔽日，遼陽思念舊家鄉：八國夷敵入侵，慈禧和光緒逃跑，還不如回到滿清發源地。

東拜斗，西拜旗，南逐鹿，北逐獅，分南分北分東西，偶逢異人在楚歸：八國夷敵肆虐中華。

馬行萬里尋安歇，殘害中女四木雞：慈禧代表清政府向各個列強宣戰後，漢族大臣簽訂東南互保協議，對慈禧袖手旁觀。慈禧和光緒「庚子西狩」一路逃到了西安，才能好好歇一歇。

第十一段：辛亥革命終結清朝

六一人不識，山水倒相逢。
黃兔早喪赤城中，豬羊雞犬九家空。
饑荒災害皆並至，一似風登民物同。
得見金龍民心開，刀兵水火一齊來。

文錢斗米無人糶，父死無人兄弟抬。

金龍絆馬半亂甲，二十八星問士人。

蓬頭幼女蓬頭嫁，揖讓新君讓舊君。

解析：

六一人不識，山水倒相逢：或是指「戊戌六君子」，其中張蔭桓當時免於一死，但最後被慈禧忌恨，最終還是被殺，稱稱為「戊戌第七君子」。戊戌變法不被朝廷認可，就會到來革命，倒亂山水。

黃龍早喪赤城中，豬羊雞犬九家空：「黃龍」是光緒，「赤城」是瀛臺。「戊戌變法」失敗後，光緒被慈禧囚禁在瀛臺，並死於瀛臺。在豬羊雞犬的幾年，反抗頻發，尤其是辛亥豬年，辛亥革命爆發。

饑荒災害皆並至，一似風登民物同：清末天災人禍橫行，水災、旱災、蝗災不斷，各地起義也不斷。高低貴賤不分明的民國將要到來。

得見金龍民心開，刀兵水火一齊來：「金龍」如果對應年分，就沒有具體的應對。這裏可能指溥儀，想要施行「預備立憲」。但是已經晚了，民心已經更加開放，各種勢力風起雲湧，武裝力量反清此起彼伏。

文錢斗米無人糶，父死無人兄弟抬：人民生活困苦，沒有錢財，青壯年加入革命黨反抗清廷，戰火四起，父親死後沒有兒子，只能由同族兄弟埋葬。

金龍絆馬半亂甲，二十八星問士人：溥儀大勢已去，革命黨占領半壁江山。「二十八星」是清朝的行政區劃，他們能不能統治下去，要問武裝起兵的革命黨。

蓬頭幼女蓬頭嫁，揖讓新君讓舊君：清帝退位，袁世凱、孫中山等相繼上位。

第十二段：中華民國與中華人民共和國

帝曰：胡人至此敗亡否？

基曰：

手執鋼刀九十九，殺盡胡人方甘休，

炮響火煙迷去路，遷南遷北六三秋。

可憐難渡雁門關，摘盡李花滅盡胡，

黃牛山下有一洞，可投拾萬八十眾，

先到之人得安穩，後到之人半路送。

解析：

手執鋼刀九十九，殺盡胡人方甘休：革命黨起義結束清朝的統治。

炮響火煙迷去路，遷南遷北六三秋：槍炮聲起，清朝不知何去何從，軍閥割據，南北各有首都，管理中心遷來遷去。

可憐難渡雁門關，摘盡李花滅盡胡：雁門關是古代的征戰要道，清軍從雁門關入主中原，摘取了李自成滅掉明朝的成果，但是最終自己也被滅，終於成空。

黃牛山下有一洞，可投拾萬八千眾：網路普遍解讀為，國民黨敗退臺灣島。

先到之人得安穩，後到之人半路送：先到的人能安穩，後到的人命不長了，很多人會在大陸的腥風血雨中喪生。

難恕有罪無不罪，天下算來民盡瘁：清朝統治被推翻後，中華傳統也沒能延續，不知道是對還是錯，社會迷茫，民眾為了和平想了各種辦法，已經盡心竭力了。

第十三段：火龍、聖人開貞朝

火風鼎，兩火初興定太平；

火山旅，銀河織女讓牛星。

火德星君來下界，金殿樓臺盡丙丁；

一個鬍子大將軍，按劍馳馬察情形；

除暴去患人多愛，永享九州金滿盈。

帝曰：胡人此時尚在否？

基曰：胡人至此，亡之久矣。

四大八方有文星，品物咸亨一樣形；

琴瑟和諧成古道，左中興帝右中興；

五百年間出聖君。

周流天下賢良輔，氣運南方出將臣，

聖人能化亂淵源，八面夷人進貢臨，

宮女勤針望夜月，乾坤有象重黃金，

北方胡擄害生靈，更會南軍誅戮行，

匹馬單騎安國外，眾君揖讓留三星，

上元復轉氣運開，大修文武聖主裁，

上下三元無倒置，衣冠文物一齊來，

七元無錯又三元，大開文風考對聯，

猴子沐盤雞逃架，犬吠豬鳴太平年，

文武全才一戊丁，流離散亂皆逃民，

愛民如子親兄弟，創立新君修舊京。

千言萬語知虛實，留與蒼生長短論。

解析：

火風鼎，兩火初興定太平；火山旅，銀河織女讓牛星：未來中華出現內禍外患，是由火龍和聖人火兔共同平定，處於北極中央的織女星讓出位置。

火德星君來下界，金殿樓臺盡丙丁；一個鬍子大將軍，按劍馳馬察情形；除暴去患人多愛，永享九州金滿盈：火龍作為安定內禍的重

要人物，除暴去患，得到了大家的擁護，讓中華歸於太平。

帝曰：「胡人此時尚在否？」基曰：胡人至此，亡之久矣。四大八方有文星，品物咸亨一樣形；琴瑟和諧成古道，左中興帝右中興；五百年間出聖君：聖人對各種學問融會貫通，是個文星，其文藝、文旅和中國傳統文化緊密結合，興帝道、王道，讓中華出現中興局面，是五百年才能出一個的聖人君子。

周流天下賢良輔，氣運南方出將臣，聖人能化亂淵源，八面夷人進貢臨，宮女勤針望夜月，乾坤有象重黃金：聖人和孔子一樣周流天下，以「人子」的名義出使各國，培養各國行政經濟人才，天下賢良都輔助他。火龍在南方平定禍端，而聖人能夠化解內禍外患的根本，協調各種勢力的平衡，在外交領域的突破尤其顯著，外國人爭相來取經，其中以金融（貨幣市場化）為重要的取經內容之一。

北方胡擄害生靈，更會南軍誅戮行，匹馬單騎安國外，眾君揖讓留三星：通過推背圖，可以知道東北方向美日聯合發難，南方也出現內禍，根據其他預言，可能是在兩廣地區爆發。內禍由火龍平定，而外交問題由聖人單槍匹馬到國外演說，外國民眾反對美國對中國發難。內禍和外患都平定以後，火龍和其他人深明大義，準備推動國之君子的普選。

上元復轉氣運開，大修文武聖主裁，上下三元無倒置，衣冠文物一齊來，七元無錯又三元，大開文風考對聯，猴子沐盤雞逃架，犬吠豬鳴太平年：國之君子選出來以後，大修文教。遷都西安後的第一年，春節期間舉辦文人活動，曲水流觴，大開文風考對聯。中華太平，有盛世風範。

文武全才一戊丁，流離散亂皆逃民：火德星君，也即火龍，他的金殿樓臺盡丙丁，也就是貼身侍衛、內官。這裏出現戊丁，應當是在平定內禍中凸顯了幾個軍事大才。這一句次序錯亂，應當向上提。

愛民如子親兄弟，創立新君修舊京。千言萬語知虛實，留與蒼生長短論：金版《推背圖》41象說「稱王只合在秦州」，是對後來人的提示。「國之君子」的選立制度確立，在西安重建新都，國之君子愛

民如子，推廣禮制，和百姓如同兄弟一樣共同執政，一個民主社會就此建立。

第五章：李淳風《藏頭詩》

　　《藏頭詩》是唐代易學家李淳風與唐太宗李世民口頭對話，當時的史官記錄成書的一部推測國運的讖語詩作。前小段為事件起因，後大段推測國運。

　　《藏頭詩》已經推測到很久以後的未來，我們只能瞭解到其中和《推背圖》天下大同相同時間點的預言，更遠的未來，因為是孤例，很難找到對照，所以不能解析出準確結果。

第一段：《藏頭詩》由來

　　太宗問於李淳風曰：朕之天下，今稍定矣。卿深明易道，不知何人始喪我國家？以及我朝之後，登極者何人？得傳者何代？卿為朕歷歷言之。

　　對曰：欲知將來，當觀已往，得賢者治，失賢者喪，此萬世不易之道也。

　　太宗曰：朕所問者。非此之謂也。欲卿以術數之學。推我朝得享幾許年？至何人亂我國家？何人亡我國家？何人得我國家？以及代代相傳。朕欲預知之耳。

　　淳風曰：此乃天機。臣不敢泄。

　　太宗曰：言出卿口，入朕之耳，惟卿與朕言之，他人皆不能知也，卿必為朕言之。

　　淳風曰：臣不敢洩漏。

太宗曰：卿若不言，亦不強。試隨朕入禁宮。於是淳風侍太宗登高樓。

太宗曰：上不至天，下不至地，卿可爲朕言之。

第二段：武周

淳風曰：亂我朝之天下者。即在君側。三十年後。殺唐之子孫殆盡。主自不知耳。（武則天入宮做了唐太宗的才人）

太宗曰：此人是文是武？卿爲朕明言之。朕即殺之，以除國患。

淳風曰：此乃天意。豈人力所能爲耶？此人在二旬之上，今若殺之，天必禍我國家。再生少年，唐室子孫益危矣。

太宗曰：天意既定，試約言其人。

淳風曰：其爲人也，止戈不離身，兩目長在空。（止戈不離身是「武」字，兩目長在空是「曌」，武則天建立了武周）

太宗曰：亂我國家何人能平之？

第三段：唐朝

淳風曰：有文曲星下界。生於賣豆腐之家。後來爲相。自能平之。（狄仁傑）

太宗曰：此人何姓？

淳風曰：天機不可泄。泄之有殃。

太宗曰：此人平後可治乎？

淳風曰：己丑有一口，一巾不成，五者亂之。幸有五天罡下界平治。（繁體的「韋」字，韋皇后專權亂政，「五者亂之」指武三思的五個耳目，爲武三思和韋皇后出謀劃策，「五天罡」是李隆基、太平公主、葛福順、陳玄禮、李仙鳧，一起平定韋皇后的亂政）

太宗曰：此後可太平乎？

淳風曰：前二十四年可媲美於堯舜。後二十四年又有亂天下者。

危而不危。一人大口。逢楊而生。遇郭而止。（唐玄宗勵精圖治，晚年昏庸，危而不危是「安」，一人大口是「史」，安祿山和史思明叛亂，此事因楊玉環而起，遇到郭子儀就停止）

太宗曰：何人平治？

淳風曰：光子作將。然後平治。（光子是李光弼和郭子儀）

太宗曰：此後可太平乎？

淳風曰：越五十年，稍稍太平。後六十年，混世魔王下界，日月生於面目，殺人無數，血流成河。幸有獨眼龍平治之。後又樹掛拐尺者亂之。此時天下荒亂，人民饑餓。四十年中，有五火豬，更遞爲君。唐家血食盡矣，天下非唐有矣。（混世魔王是黃巢，領導農民起義。獨眼龍是李克用，出生後只有一隻眼睛能夠看到東西，協助鎮壓黃巢起義。樹掛拐尺是「朱」字，朱溫簒唐。五火豬更遞爲君，是五代十國。）

第四段：宋

太宗曰：此後何君出焉？

淳風曰：有眞龍降世。走隨小月。陽火應運。木時戴帽。開天地之文運。啓斯世之朦朧。禮樂作。教化興。眞太平有道之世也。（走隨小月是「趙」字的繁體字，指趙匡胤。木時戴帽是「宋」，國號）

太宗曰：亂此國又是何人？

淳風曰：有亂之者，然君臣皆賢。惜不善其後。後得撥亂之臣。始得漸平。迨二百年。有春頭之人。蒙蔽主上。陷害忠良。使此國之君，另守一方。迨百年之後，有人之王，頭腰八者亂之。然亦不得此國之天下。（春頭之人，是「秦」字，秦檜。使此國之君是宋高宗趙構。有人之王，是金國。）

第五段：元

有一兀之主興焉，人皆披髮，頭生花。聽其語，不知其音。視其人，惡見其面。（一兀之主是元）

第六段：明

若非天生一牛，日月並行，天下幾無人類也。女生鬚，男生子，地裂山崩矣。（天生一牛是「朱」，朱元璋。日月並行是國號「明」）

太宗曰：後太平乎？

淳風曰：此後大水在足，以有道之主生焉。然數年後，幽燕並起，皇孫遁去。又越數十年。有承天啟運之主出焉。又得忠賢之臣。委以重任。斯壞國家。（幽燕並起，是燕王朱棣篡位，皇孫遁去，是朱允炆逃跑。承天啟運之主是天啟皇帝。忠賢之臣是魏忠賢）

太宗曰：忠賢之臣以壞國家。卿言何顛倒也？

淳風曰：天意如是。斯時人皆得志，混世魔王出焉，一馬常在門中，弓長不肯解弓，殺人其勢洶洶。其時文士家中坐，武將不領人。越數年，乃喪國家。（一馬常在門中是「闖」，闖王李自成。弓長是張獻忠。李自成和張獻忠農民起義殺人無數）

第七段：清

有八旗常在身之主出焉，人皆口內生火，手上走馬，頭上生花，衣皆兩截。天下幾非人類矣，越二百餘年。（清朝八旗兵，人皆口內生火是清朝人抽菸，手上走馬是馬蹄袖，頭上生花是花翎，衣皆兩截是馬褂，國運二百多年）

第八段：太平天國

又有混世魔王出焉，頭上生黃毛，目中長流水，口內食人肉。於是人馬東西走，苦死中原人。若非真主生於紅雁之中，木子作將，廿口作臣，天下人民尚有存者哉。（頭上生黃毛是蓄髮，口內食人肉是聖餐。木子作將是「李」，李鴻章。廿口作臣是曾國藩）

第九段：中華民國

然八十年後，魔王遍地，殃星滿天。有之者有，無之者無。金銀隨水去，土木了無人，不幸帶幸亡，歸來又有金。（魔王遍地，殃星滿天是軍閥混戰、日本侵華，金銀隨水去是清朝滅亡，滿清曾經建立金國，現在清朝又是水，歸來又有金是偽滿洲國）

第十段：中華人民共和國

越數年後，人皆頭頂五八之帽，身穿天之衣，而人類又無矣。幸有小天罡下界，掃除海內而太平焉。（頭頂五八之帽，是五角星、八角帽，又稱「紅軍帽」，是紅軍的象徵，也是中國工農紅軍軍服佩飾最顯眼的部分之一。其帽頂外口呈八角形，下端接有一段落帽邊，前面中間有半月形的帽舌。身穿天之衣就是軍大衣）

太宗曰：太平之後又若何？

第十一段：叛亂

淳風曰：九十年後，又有木葡之人出焉。常帶一枝花，太陽在夜，太陰在日，紊亂山河。兩廣之人民，受無窮之禍。不幸有賀之君，身帶長弓，一日一勾。此人目常在後，眉常在腰，而人民又無矣。（這是說，中華人民共和國建國九十多年後，大致也是在2044

年，木葡之人和賀之君是製造中國內戰的人，火龍和聖人火兔是中央一派，木葡之人和賀之君是叛軍一派。百姓遭受很多苦難。這裏是說，兩廣是內禍的源頭，根據《黃蘗禪師詩》，隨後禍端進入西部，面臨中原，根據《推背圖》，在吳越之地被平定）。若非真主出世，天下烏得文明。（這一句也和《馬前課》「拯患救難，是唯聖人」對應，聖人幫助天下獲得文明，「真主」則和外國教化相關，包括伊斯蘭的「真主」和基督教的「基督」）

太宗曰：何謂文明？

淳風曰：此人頭頂一甕，兩手在天，兩足入地，腰繫九筋帶，身穿八丈衣，四海無內外，享福得安寧。秀士登紫殿，紅帽無一人。（普遍認為這句話是說聖人，「頭頂一甕，兩手在天，兩足立地，腰繫九斛帶，身穿八丈衣」是說聖人的姓，符合這一形象的小篆體的姓非常多。聖人為大同世界開了理論和行動的先河，通過「行政市場化」打破各國政府的地域壟斷，協調各國政務，讓四海之內民生無內外困頓，百姓享受幸福安寧。秀士登紫殿，紅帽無一人，可能是說聖人的發家依靠的是科舉考試，和推背圖44象聖人和朝廷合作相關聯，秀才和進士到朝廷進行殿試，為首批「百靈爭鳴」，但是朝廷並沒有為其中的人安排高官職位，也就是說和孔子一樣的行政人力獵頭的業務沒有做成，但是智庫業務中的文教外交業務可能達成了合作）

第十一段：貞朝

太宗曰：太平幾何？

淳風曰：如是者五十年，惜以一長一短，以粗為細，以小為大，而人民困矣，朝野亂矣。賴文武二曲星，一生於糞內，一生於泥中。後來兩人同心，而天下始太平矣。（文武二曲星，和《推背圖》48象相關，一生於糞內，可能是家長是做衛生清潔。一生於泥中，可能家長是做陶瓷、磚瓦或者是農民。紫微星無為而治，導致五十年後朝野又亂了，他們通過總攬政務和開展金融戰爭，「貨幣民間化」，幫

助中國取得了世界金融的話語權）五百餘年，天使魔王下界，混亂人民，一在山之山，一在土之土，使天下之人民，男不男，女不女，而天下又大亂矣。（年分可能不準確，應當是第三次世界大戰中混亂世界局勢的人）

第十二段：未知內容

太宗曰：亂後何如？

淳風曰：大亂之後，又有眞主出焉，無口無目，無手無足，觀之不見人，聽之不聞聲。當是時也，天下文明，皆知禮俗，尚淳厚。三代而後，此爲有道之世也。（第三次世界大戰中，靈界參與了此次調整，和凱西預言的「第五人類」相關，也和推背圖中的「天使此人彌殺機」的第五人類相關）

太宗曰：如是者幾何年？

淳風曰：如是者二百八十年，迨後立不立，天下無日，坐不坐，地下無貨，安之曰安，一不成，危之曰危，二不成。而混世之王出焉，男女皆去衣而行，禽獸皆著衣而走。海內之地，幾無人類矣。幸太原有人主之分，而天下始平。

太宗曰：此後復何如？

淳風曰：此後衣冠文物之世而大聖生於言午，相之者又桑中白玉，上黃盤河中，而天下有三日，地無一石。生在此時者，皆享莫大之福也。

太宗曰：若此者多少年？

淳風曰：如此者六百年，後來天出口，山內水鳴，始壞國家。於是人民惶惶，魔王生焉，人皆四目，牛無足。頭生於背，尾生於口，而天下大亂，有口者曰妖，二目者曰魔，鼠生當陽，群魔盡焉。背上生子，腰中出手，天上無星辰，地下無山河。幸有向日之主出焉，貧者憐之，富者仰之，而人皆享福。當時二人一處生二天，不外走，大者須供小者，又要走。

太宗曰：以後如何？

淳風曰：此後二百年間，雖治亂相循，然不至於大亂。過此以往，海內又有海，天上更有天，人馬東南走，苦死中原人。有也常在側，貓兒不輕身，見之者曰：有耳。視之者曰：無形。而天下大亂者，六十餘年。

太宗曰：此後又如何？

淳風曰：此後一治一亂，兩兩相至。酉戌之年，人數盡矣，天地合矣。（瑪雅預言第五次人類是最後一次人類，之前有四次滅世，人類文明重新開始，但是第五次以後就不再有人類）

太宗曰：噫，朕知之矣。

第六章：姜子牙《乾坤萬年歌》

《乾坤萬年歌》，又稱《萬年乾坤歌》或《萬年歌》，是中國民間流傳的著名預言之一，是假託周朝姜太公姜子牙所作，每七字一句共一百零六句，文末有「行仁行義立乾坤」、「我今只算萬年終」兩句，故稱《乾坤萬年歌》。

根據周朝文字、語義、地名、生肖、「皇帝」等辭彙、韻律等於後代的不同，可以知道《乾坤萬年歌》為後人創作，但是其預言內容十分精妙。

另外，到了當代，預言的次序完全是錯誤的。我們根據和其他預言的對比，會在文中按照調整好的次序進行解析，幫助大家發現它所蘊藏的新知識。

在解讀上，《乾坤萬年歌》大致預言五千年的事件，相關數字可以縮減一半去看。而且相關的情形經常出現兩種相似的描述。

第一節：周朝

太極未判昏已過，風後女媧石上坐。
三皇五帝已相承，宗派源流應不錯。
而今天下一統周，禮樂文章八百秋。

解析：
女媧補天造人，三皇五帝延續文明，一直到了周朝，也就是姜子

牙所在的朝代，這一段是對過去的總括。在其中，姜子牙預言周朝國
運八百年。

第二節：秦朝

串去中直傳天下，卻是春禾換日頭。
天下由來不固久，二十年間不能守。

解析：
串去中直是「呂」，據說秦始皇是呂不韋的兒子。春禾換日頭是
「秦」，秦朝接續周朝，但是只有二十年國運。

第三節：兩漢

卯坐金頭帶直刀，削盡天下木羊首。
一土臨朝更不祥，改年換國篡平床。
泉中湧出光華主，興復江山又久長。

解析：
「卯坐金頭帶直刀」是繁體字「劉」，劉邦建立漢朝。「一土臨
朝」是「王」，王莽篡漢。「泉中湧出光華主」是指光武帝劉秀，開
創東漢。

第四節：三國

四百年來更世界，日上一曲懷毒害。
一枝流落去西川，三分社稷傳兩代。

解析：

兩漢共四百一十年，「日上一曲」是「曹」字，曹操，曹氏父子篡漢，曹魏政權接替漢朝。「一枝流落去西川」是說漢朝的一個分支，流落到四川，這是說劉備的蜀漢政權。「三分社稷」是說三國，「傳兩代」是說劉備傳位給劉禪，兩代後被魏國所滅。

第五節：魏晉

四十年來又一變，相傳馬上同無半。
兩頭點火上長安，委鬼山河通一占。
山河既屬普無頭，離亂中分數十秋。
子中一朱不能保，江東復立作皇州。
相傳一百五十載，釗到兔兒平四海。

解析：

四十年後，曹魏政權被司馬家族篡奪，「同無半」是說「同」字去掉左半邊，是「司」字。「相傳馬上」是傳給司馬家族。「兩頭點火上長安」是說司馬炎，「委鬼山河」是「魏」，司馬炎占了曹魏的山河。「普無頭」是「晉」，是晉朝國號。「離亂中分」是說西晉五十二年都是離亂的狀態。司馬家族的子孫不能保護江山，在江東建康建都，建立東晉。兩晉共一百五十五年，釗到兔兒是繁體字的「劉」，劉裕結束了晉朝。

第六節：南北朝

天命當頭六十年，肅頭蓋草生好歹。
都無真主管江山，一百年來擾幾番。
耳東入國人離亂，南隔長安北隔關。

解析：

劉宋政權天命當頭，有八個君主共六十年。蕭頭蓋草是「蕭」，是指南朝齊高帝蕭道成篡奪了劉宋政權，建立了南朝齊。南北朝沒有王者統一天下。南朝包括「宋齊梁陳」四個朝代，南齊之後是南梁，開國者是蕭衍。南梁之後是南陳，開國者是陳霸先，「耳東入國」是「陳」，指的是陳八仙。齊梁陳三朝共一百多年。

第七節：隋唐

水龍木易承天命，方得江山歸一定。
五六年來又不祥，此時天下又紛爭。
木下男兒火年起，一掃煙塵木易已。
高祖世界百餘年，雖見干戈不傷體。
子繼孫承三百春，又遭離亂似瓜分。

解析：

「木易」為「楊」字，指楊堅承天命做天子，統一天下。隋朝共二十九年，被唐朝所滅。這裏「五六」是說大約三十年。「木下男兒」是「李」，指李淵和李世民父子，他們起兵在丁丑年，是火牛年，楊氏的隋朝被李唐王朝覆滅了。唐高祖李淵開創的唐朝在一百多年裏，雖然有一些戰爭，但無傷大體。唐朝江山有三百年左右，中國又走向分裂和動盪。

第八節：五代十國

五十年來二三往，不真不假亂為君。
金豬此木為皇帝，未經十載遭更易。

解析：

五代十國是「梁唐晉漢周」五代，共五十六年，五代君主繼承方

式很亂。「金豬」是辛亥年，「此木」是「柴」字，指柴榮。後周皇帝郭威在辛亥年得天下，郭威的兒子被殺，他就把妻子的侄子柴榮作為繼子，傳位給他。郭威在位六年，柴榮與他兒子在位共三年半，三個君主在位共九年半，就禪位給趙匡胤。

第九節：宋

肖郎走出在金猴，穩穩清平傳幾世。
一汴二杭事不巧，卻被胡人通占了。
三百年來棉木終，三閭海內去潛蹤。

解析：

「肖郎走出」是繁體字的「趙」字，「金猴」是庚申年。第一句是說趙匡胤在庚申金猴年得天下，建立宋朝。「一汴二杭」是說北宋建都汴京，也就是河南開封，南宋建都臨安，也就是杭州。北宋被金人所滅，南宋被蒙古所滅，北方少數民族通稱「胡人」。兩宋一共建國三百二十年，「棉木」是「宋」字，宋朝滅亡。崖山之戰中，大臣陸秀夫背著小皇帝跳入大海，宋朝終結，所以說是「三閭海內去潛蹤」。

第十節：元明

一兀為君八十載，淮南忽見紅光起。
八隻牛來力量大，日月同行照天下。
土猴一兀自消除，四海衣冠新彩畫。
三百年來事不順，虎頭帶土何須問。
十八孩兒跳出來，蒼生方得蘇危困。

解析：

「一兀」是「元」字，元朝國運共八十九年，之後被淮南發展壯大的紅巾軍以及有著火運的朱元璋所滅。「八隻牛來」就是「朱」字，指朱元璋。「日月同行」是「明」字，指明朝建立。「土猴」指洪武元年戊申年，元朝滅亡，明朝建立，衣冠服飾大變。明朝一共二百七十年，很多事情都不順，所以是「三百年來事不順」。「虎頭帶土」是戊寅年，崇禎十一年，旱災、蝗災並起，清兵南下，天下大亂。「十八孩兒」是「李」字，指李自成，李自成敗逃後，蒼生才能免受流寇災難。

第十一節：清朝

相繼春秋二百餘，五湖雲擾又風顛。

解析：
「相繼春秋二百餘」指清朝統治中國有二百多年。之後，中國又將是風起雲湧的亂世。

第十二節：中華民國

人丁口取江南地，京國重新又一遷。

解析：
「人丁口」是「何」字，「丁口」是「石」字，指蔣介石取得江南之地並定都南京，京城與國家都是一次變遷。

第十三節：中華人民共和國

大好山河又二分。幸不全亡莫嫌小。
兩分疆界各保守。更得相安一百九。

解讀：大陸臺灣兩分疆界各自保守，彼此相安九十五年，從1949年兩分疆界算起，也就是2044年發起的內戰，可能就是因爲要攻打臺灣。關於未來的內容都是站在不同的立足點，對同一事件進行了兩段相似的闡述，相關數字也增加了一倍，所以要減半來計算。

誰知不許乾坤久。一百年來天上口。
王上有人雞上火。一番更變不須說。

解讀：五十年以後出現變化，在吳國的地方，大概是南京，火龍平定內禍，聖人推行王道，兩個人要變更朝代。這裏的「一百年」可能是說對的，就是將近百年國運。

第十四節：貞朝

兩人相見百忙中，治世能人一張弓。
江南江北各平定，一統山河四海同。
那時走出草田來，手執金龍步玉階。
清平海內中華定，南北同歸一統排。

解讀：火龍和聖人相見，共同配合，一文一武，平定北部外患和南部內禍，其中聖人說服北方的美國日本退兵，火龍戰勝南方的叛軍。「走出草田來」和推背圖47象「來自田間第一人」相似。「治世能人一張弓」是說聖人姓名帶弓，「那時走出草田來，手執金龍步玉階」是說聖人是從民間直接成爲君主的，手執金龍步玉階就是換屆儀式要走祠堂的一條階梯，然後手拿金色腰帶來換屆。最終統一了南北，清平海內，定中華。

二百年來衰氣運，任君保重成何濟。

二百年來爲正主，一渡顛危猴上水。

別枝花開果兒紅，復取江山如舊許。

解讀：將共和國近一百年的國運後（九十九年國運），中華文化重新取得江山。和《推背圖》第55象相同，圖是火龍摘取果實，對應「別枝花開果兒紅」，實際上最後是聖人摘了果實。這一段與火龍和聖人之間的合作，以及未來的普選相關。

水邊田上米郎來，直入長安加整頓。

木邊一兔走將來，自在爲君不動手。

解讀：遷都成功，聖人或者紫微星進入西安整頓行政策略，上任的紫微星用無爲而治的方法來治理行政。水邊田上米郎來，木邊一兔走將來，和紫微星姓名、年齡相關。聖人或者紫微星遷都長安整頓政務，用了無爲而治的手法，和《推背圖》47象「匹夫有責」有關聯，放政給百姓，採用民主方法，君主無爲而治，百姓自治。

第十五節：宋氏元朝

二百五十年中好，江南走出釗頭卯。

又爲棉木定山河，四海無波二百九。

解讀：兩百五十年減半爲一百二十五年，新成立的貞朝能有一百二十五年國運，治理很好。如果結合推背圖，然後江南走出了三尺童子，「釗頭卯」是繁體的「劉」字，可能三尺童子姓劉。根據上文宋朝「三百年來棉木終」，「又爲棉木定山河」應當是說，再下一個朝代國號爲「宋」，或者當時主持平定第三次世界大戰的君主姓「宋」。四海無波二百九，是說新的宋朝能保持一百四十五年的安定。

平定四海息干戈，二百年來爲社稷。

此時建國又一兀，君正臣賢垂黼黻。

行仁行義立乾坤，子子孫孫三十世。

　　解讀：平定第三次世界大戰，天下大同的朝代到來，對應推背圖59象，新任君子發佈全球行政命令，各國採用，大概有一百年或者二百年國運。需要注意的是，這裏出現了「一兀」。根據《推背圖》第二十五象元朝建立那一象，裏面有「北帝南臣，一兀自立」。《藏頭詩》關於元朝有「有一兀之主興焉，人皆披髮，頭生花」。《乾坤萬年歌》關於元朝又是「一兀爲君八十載，淮南忽見紅光起」。這裏說「此時建國又一兀」，那麼就是又一個元朝。加上上面那一段「棉木」，我們推測有兩種可能。第一種，是「又爲棉木定山河，四海無波二百九」，新宋朝國運過去以後，又出現了「此時建國又一兀。君正臣賢垂黼黻」，新元朝建立。那麼未來就是有貞、宋、元三個朝代。另外一種說法，是宋氏建立的元朝，就比如說是趙家建立的宋朝，趙家的國號不是趙，是因爲趙匡胤的封地在宋，一般以封地或者封號作爲國號，比如漢王劉邦，封在漢中。李淵在稱帝以前曾襲封「唐國公」，而且其封地也是「唐」，因爲當時其山西封地即陶唐氏所在，傳說爲遠古部落名，堯是其領袖，故後人稱「唐堯」，後來這個地方改「唐」爲「晉」。以封號爲國號的也很多，比如曹操封「魏王」，其後立國號「魏」；司馬昭封「晉公」，其國名「晉」；楊堅襲爵「隋國公」，稱帝後國號「隋」。那麼可能就是宋氏封地在元，然後建立了元朝，或者有別的原因定國號爲元。在這裏，我們偏向於採用「宋氏元朝」的說法，因爲別的預言除了《藏頭詩》外，都是在未來的大同社會終結，所以這裏就和別的預言一樣，在未來兩個朝代就終結。而且關於未來的象，《乾坤萬年歌》都是用兩句不同角度的話說同一件事，那麼「又爲棉木定山河，四海無波二百九」，和「此時建國又一兀。君正臣賢垂黼黻」，可能說的是同一件事。我們接著

解析。君正臣賢，「垂黼黻」和我們談論的聖人創制衣冠文明，採用古代的十二章紋、九章紋袞服類似，也就是「龍彰其服」。不管是君主的袞服，還是大臣的五章紋袞服，只要是官服，它們都有的基礎的花紋，就是「黼黻」，代表的是華美的辭藻，是文臣治國。《晏子春秋·諫下十五》：「公衣黼黻之衣，素繡之裳，一衣而王采具焉。」其中黼是斧頭的樣子，取其「割斷」（果斷），象徵帝王幹練果敢。黻是雙背弓，和「弓乙靈符」差不多，代表背惡向善。「行仁行義」和《推背圖》「帝王稱弟兄，紛紛是英豪」、「稱兄弟，六七國」差不多，一世三十年，三十世是九百年，減去一半，是能保持四百五十年的安泰。根據《藏頭詩》，之後還會有混亂，也會有許姓聖人出現，這是未來的一個新聖人。

第十六節：結束

我今只算萬年終。剝復循環理無窮。

知音君子詳此數。古今存亡一貫通。

解讀：和推背圖最後一象一個意思，也是結束語。

第七章：黃蘗禪師詩

　　黃蘗，別名黃檗、黃蘗希運，號稱黃蘗禪師，是唐代靖州鷲峰（今江西省宜豐縣黃蘗山）大乘佛教高僧，做過唐宣宗李忱的師父。

　　傳說黃蘗作有十四首《禪師詩》，《黃蘗禪師詩》自乩壇流傳出來，從詩文內容看，是民國年間的文人所做。

詩一：明末清初

　　日月落時江海閉，青猿相遇判興亡。
　　八牛運向滇黔盡，二九丹成金谷藏。

　　解析：「日、月」合起來為「明」，第一句是說，明朝滅亡後，中國將閉關鎖國。「青猿」是甲申青猴年，是1644年，這一年正值大明、大清、大順、大西四個政權交鋒之時，崇禎帝自縊，明朝滅亡。「八牛」為「朱」字，「滇黔」指雲南貴州一帶，說的是南明政權最後鎮守的地方。從努爾哈赤1616年立金國，到皇太極1644年改國號為清，前後共二十九年，滿清將取得天下。

詩二：康熙

　　黑虎當頭運際康，四方戡定靜垂裳。
　　唐虞以後無斯盛，五五還兼六六長。

解析：1662年為壬寅黑虎年，「康」指清朝康熙帝，這一年康熙登基。康熙平定各地叛亂，拓展疆土，也就是「四方戡定」，「康乾盛世」開啟。五五相乘是二十五，六六相乘是三十六，兩者相加為六十一年，是康熙在位年數。

詩三：雍正

有一真人出雍州，鶿鶒原上使人愁。
須知深刻非常法，白虎嗟逢歲一周。

解析：「雍州」出的「真人」指雍正。「鶿鶒」是一種鳥，生性凶殘，是雍正的個性和治國方法的描述。「歲一周」是歲星（即木星）運行一周天的時間，木星約十二年繞太陽一周，這種紀年法被稱為歲星紀年法，雍正在位十二年多一點。

詩四：乾隆

乾卦占來景運隆，一般六甲祖孫同。
外攘初度籌邊策，內禪無慚太古風。

解析：「乾卦占來景運隆」是乾隆，按干支紀年算，一甲是六十年，乾隆在位六十年，和他的爺爺康熙在位時間一樣，乾隆是刻意這樣做的，做皇帝時間不願意超過康熙。「外攘初度籌邊策」指乾隆對外政策很成功。「內禪無慚太古風」指乾隆晚年禪位，「太古風」指乾隆用的是三皇五帝禪位的風俗。

詩五：嘉慶

赤龍受慶事堪嘉，那怕蓮池開白花。
二十五弦彈易盡，龍來龍去不逢蛇。

解析：「赤龍受慶事堪嘉」是說「嘉慶」，「那怕蓮池開白花」指白蓮教起事，從嘉慶元年到嘉慶九年，歷時九年，是清代中期規模最大的一次農民戰爭。「二十五弦彈亦盡」是說嘉慶在位二十五年。「龍來龍去不逢蛇」指嘉慶龍年即位，二十五年後的龍年去世，繼任的道光沿用「嘉慶」年號至龍年年底，蛇年第一天就改為道光。

詩六：道光

白蛇當道漫騰光，宵旰勤勞一世忙。
不幸英雄來海上，望洋從此歎洋洋。

解析：「白蛇當道漫騰光」指道光在蛇年即位。「宵旰勤勞一世忙」指道光在位時非常勤政，道光為人也很簡樸，但是這時候清朝已經開始走向末路。「不幸英雄來海上，望洋從此歎茫茫」指外國列強由海上進入中國，發動鴉片戰爭。

詩七：咸豐

亥豕無訛二卦開，三三兩兩總堪哀。
東南萬里紅巾擾。西北千群白帽來。

解析：「二卦」是「咸」與「豐」兩卦，咸豐年號。「三三兩兩」共十，咸豐在位十年，在位期間國運衰落，他成為最後一個有實權的皇帝。「東南萬里紅巾擾」指東南部從廣西開始的太平天國之

亂。「西北千群白帽來」指指西北部有回民之亂。

詩八：同治

> 同心佐治運中興，南北烽煙一掃平。
> 一紀剛周陽一復，寒冰空自惕兢兢。

解析：「同心佐治運中興」是同治年號，「南北烽煙一掃平」指平息了太平天國和回民之變。「一紀剛周陽一復」指同治在位十三年，「一紀」是十二年。「寒冰空自惕兢兢」指當時內外憂患，同治做皇帝戰戰兢兢。

詩九：光緒與民國

> 光芒閃閃見災星，統緒旁延信有憑。
> 秦晉一家仍鼎足，黃猿運兀力難勝。

解析：「光」是指光緒，「見災星」是說光緒的運勢不好。「統緒旁延」是指光緒、宣統都是親王的兒子，是旁支。「秦晉一家仍鼎足」是說南北國民政府表面議和，但實際上形成南北鼎足之勢。「黃猿」指黃興與孫中山，力量難勝袁世凱。

詩十：抗日戰爭

> 用武時當白虎年，四方各自起烽煙。
> 九州又見三分定，七載仍留一線延。

解析：庚寅白虎年，1890年，全世界烽煙四起。後期日本侵華，中國權力三分，分別是國民黨、共產黨和日本，全面抗戰經過了七載

加一載，共八年。

詩十一：國共內戰

紅雞啼後鬼生愁，寶位紛爭半壁休。
幸有金鰲能載主，旗分八面下秦州。

解析：「紅雞」是火雞乙酉年，1945年日本投降，抗戰結束，「紅雞啼後」對應《推背圖》39象「一朝聽得金雞叫，大海沉沉日已過」。同時這也是新一輪災難的開始，鬼都生愁，國共內戰，蔣介石敗退臺灣，是「半壁休」。「金鰲」可能是指毛澤東，共產黨旗分八面，全面占領中國。

詩十二：國民黨偏安

中興事業付麟兒，豕後牛前耀德儀。
繼統偏安三十六，坐看境外血如泥。

解析：中華民國偏安一隅，蔣介石把復興的事業交給了自己的兒子蔣經國，豕後牛前，也就是鼠年，大致是1984年鼠年，蔣經國第二次當選，連任第七屆「總統」，在經濟建設上作了一些興改，使臺灣經濟有較快發展；提出「自由化」和「政治革新」，使臺灣內政有所鬆動。國民黨於1949年到臺灣，偏安三十六，說的是1985年，時間差不多。這一段時間，看到大陸通過各種運動，死了很多人。

詩十三：黑兔叛亂

赤鼠時同運不同，中原好景不爲功。
西方再見南軍至，剛到金蛇運已終。

解析：赤鼠爲丙子年，1996年、2056年均爲丙子年，但運勢不同，2056年中原遭遇困境。南方遭遇內戰，根據《藏頭詩》及其他預言，應當是共產黨準備攻打臺灣，但是前鋒在兩廣叛亂，入川陝，兵臨西部，向下對準中原，炸掉三峽大壩，形成四年南北對峙。到了2061年金蛇辛巳年，雖然平息了叛亂，但是一朝運勢也將宣告結束。與《龍華經》「一步一金假太平，鼠嘴牛頭現魔王。龍兒上天戰黑兔，和平尚需長蟲兵」一樣，都是說鼠年叛軍出現，火龍和黑兔對戰，到了蛇年才能迎來和平。這裏要注意的是，與其他預言相比，這裏的赤鼠、金蛇要晚了十二年。別的預言是2044-2049年，正符合「九十九年成大錯，稱王只合在秦州」。這個過程是火龍、聖人平息內外禍患，遷都西安的過程。這裏在時間上是孤例，可能爲了不那麼敏感，故意把事情向後多說了十二年。應當是「青鼠時同運不同」、「剛到土蛇運已終」。

詩十四：結束語

日月推遷似輪轉，嗟予出世更無因。
老僧從此休饒舌，後事還須問後人。

解析：結束語。有人說「轉輪」暗喻佛教的「轉輪聖王」，接著延伸出聖人是彌勒轉輪聖王，這只是一個參考，不建議當真。最好把它當作和《推背圖》最後一象、《馬前課》最後一課一樣，當成「世事輪轉，自有其規律」來看待。那麼《黃蘗禪師詩》的意思就很明白了，是說2044到2048年，因爲臺灣問題，中華運勢出現了變化，軍隊從南方入西部，但是僵持四年後，到了蛇年就結束了。

第八章：步虛大師預言

　　《步虛大師預言》是清朝光緒年間佛家居士高靜涵扶乩，請得仙人隋代步虛大師降下預言。文中推測中國1904年後大約一百五十年左右國運。

詩一：開篇

　　昔因隋亂采菩提，誤入天臺石寶西；
　　朝飲流霞且止渴，夜餐玉露略充饑。
　　面壁九年垂大道，指彈十代換新儀；
　　欲我辟途途誤我，天機難泄泄禪機。

　　解析：步虛大師是隋朝大將，見隋末朝廷腐敗，馬上就是亂世，就出家避難到天臺山中，證得大道。

詩二：宣統

　　雲暗暗，霧愁愁，
　　龍歸泥土塑獼猴，三歲孩童三載福，
　　月下無主水空流，萬頃煙波一旦收。

　　解析：慈禧太后垂簾聽政，日月無光，烏雲蔽日，人們都發愁。

「龍歸泥土塑獼猴」，是說皇帝被控制，慈禧擅權。宣統三歲登基，三年後退位。「月下無主」是「清」，清朝「水空流」，清朝結束。

詩三：孫中山

君作祖，質彬彬，

萬里長虹破浪征，黃鶴樓中吹玉笛，

八方齊奏凱歌吟，旌旗五色換新新。

解析：君作祖，有兒孫，質彬彬，缺「文」，這裏是孫文孫中山的名字。「萬里長虹破浪征」，是孫中山從日本坐船回中國，然後從南向北發動戰爭來征討清朝以及袁世凱。「黃鶴樓中吹玉笛」，是在武昌發起的辛亥革命，黃鶴樓在武漢。「旌旗五色換新新」，是中華民國最初的國旗是五色旗。

詩四：袁世凱

吉士懷柔，三十年變。

豈凡人哉，曇華一現。

南北東西，龍爭虎戰。

七八數定，山川粗奠。

解析：「吉士懷柔」是「袁」字，上面是「吉」，下面是繁體字「懷」的一部分。「三十年」是「卅」，變一下成為「世」字。「豈凡人哉是「凱」字。袁世凱曇花一現，軍閥勢力風起雲湧。「七八數定」是十五年，孫中山北伐成功後才「山川粗奠」。

詩五：蔣介石

干戈起，逐鹿忙，
草莽英雄將出山，多少枕戈豪傑士，
風雲聚會到江南，金陵日月又重光。

解析：「干戈起，逐鹿忙」是軍閥混戰，「草莽英雄將出山」是「蔣」字，帶草字頭，草莽英雄蔣介石出山。「風雲聚會到江南，金陵日月又重光」是說蔣介石平定大部分軍閥，在南京定都。

詩六：日本侵華

瀛洲虎，渡海狼，
滿天紅日更昏黃，莽莽神州傷破碎，
蒼生到處哭爺娘，春雷乍響見晴陽。

解析：「瀛洲虎」是日本。「渡海狼」是海外蠻夷。「滿天紅日更昏黃」是說日本侵略，神州大陸支離破碎。蒼生到處哭爺娘，春雷可能是說原子彈，兩個原子彈炸了日本以後，才能換來好的景象。

詩七：抗日戰爭

細柳營中，群雄豪飲。
月掩中秋，酣醉未醒。
雙獅搏球，一墜其井。
紅粉佳人，面屬櫻景。

解析：「細柳營」是說今陝西省咸陽市西南渭河北岸，有細柳倉，即西漢周亞夫屯軍處。「群雄豪飲」是結束了軍閥混戰，通力抗

日，包括東北易幟和西安事變，是凝聚對外力量的兩件事。月掩中秋，酣睡未醒，是1931年918事變，日軍深夜突襲瀋陽的東北軍北大營，很多士兵睡夢中慘遭槍殺，抗日戰爭從此開始，並在1937年七七事變後轉為全面抗戰。雙獅搏球，一墜其井，是指蔣介石和汪精衛，主戰派和投降派。紅粉佳人，面豔櫻景，是指汪精衛降日，委身日寇，櫻花是日本國花。

詩八：日本戰敗投降

> 春雷乍，豎白旗，
> 千萬活鬼哭啼啼，石頭城中飛符到，
> 又見重整漢宮儀，東山又有火光照。

解析：「春雷乍」是原子彈落地日本，日本豎白旗投降，千萬日本鬼子哭啼啼。石頭城是南京，捷報傳到南京，中華勝利，重整威儀，但是東山又有戰火起來，國共內戰要開始了。

詩九：國共內戰、中華人民共和國建立

> 日月蝕，五星稀，
> 二七交加掛彩衣，野人舉足迫金虎，
> 遍地紅花遍地饑，富貴貧賤無高低。

解析：有兩種解釋，一種是國共內戰，那麼日月蝕後天地黑暗，內戰開始，局勢混亂。五星稀，「五星」代表共產黨的國旗。「二七交加掛彩衣」中，「二七交加」是「毛」字，毛澤東獲勝。「野人」指村野之人、農夫，這裏指的應當是共產黨發動農民、無產階級的人參加戰爭，「金虎」應當是指武器精良的國民黨，共產黨戰勝國民黨。

第二種解釋，是中華人民共和國，那麼日月蝕後天地黑暗，五星紅旗管理中國，但是「稀」表示不太積極的態度。二七交加掛彩衣是說毛澤東為自己增添色彩，製造個人崇拜，為個人專權發動了各種運動，其中包括農民鬥地主，金虎可能是指有錢人，中產階級和地主。

遍地紅花遍地饑，可能是共產黨紅色國旗占領全國以後，後面緊接著通過各種運動造成了饑荒。富貴貧賤無高低，可能是說鬥地主、三反五反、打擊資本家等等運動，宣傳窮人當家作主，分配土地等，社會之前的高低不再以富貴貧賤為判斷。

詩十：攻打臺灣

> 二七縱橫，一牛雙尾，
> 無復人形，日行恆匭，
> 海上金鱉，玄服律呂，
> 鐵鳥凌空，東南盡毀。

解析：「二七縱橫」和上文「二七交加」一樣，是「毛」字，「一牛雙尾」是「朱」字，可能是說毛澤東和朱德，也可能說是毛家後人和朱姓新人。折騰得沒有人樣兒了，但是日月照常運轉，《推背圖》有「日月麗天」。《黃蘗禪師詩》有「幸有金鱉能載主」，我們說是毛澤東，也可能是說蔣介石，這裏說的「海上金鱉」應該是說蔣介石，或者說是臺灣島像是烏龜殼一樣。玄服律呂，是說穿著黑禮服，可能是西服，奏著音樂、唱歌。鐵鳥就是飛機。東南盡毀，是戰爭中轟炸了東南的土地。

詩十一：火龍和聖人出山

> 紅霞蔚，白雲蒸，
> 落花流水兩無情，四海水中皆赤色，

白骨如丘滿崗陵，相將玉兔漸東升。

解析：在紅色統治中，白雲蒸騰，白雲可能是說聖人的學問、學說，或者傳統文化在馬克思共產黨紅色文化中復興。落花流水兩無情，是戰爭起來，落花流水，人民被無情摧殘。四海水中皆赤色，是四海都被血水染紅，白骨如丘滿崗陵，戰爭規模很大，非常殘酷。但是相將玉兔位置高升了，包括火龍、平定內亂的人才、聖人等重要人物在戰爭中逐漸浮出水面，取得了高位。《龍華經》裏的「戰火連綿百姓苦，唯有玉兔上龍床」，表達的是同一個意思。戰火連綿百姓苦＝白骨如丘滿崗陵，唯有玉兔上龍床＝相將玉兔漸東升。

詩十二：貞朝建立

棺蓋定，功罪分，
茫茫海宇見承平，百年大事渾如夢，
南朝金粉太平春，萬里山河處處青。

解析：為上一個朝代蓋棺定論，功罪明晰，中華復興。四海承平，中華人民共和國近百年國運如同一場夢，山河煥然一新，迎來生機。

詩十三：聖人定禮

世宇三分，有聖人出。
玄色其冠，龍彰其服。
日月復明，處治萬物。
四海謳歌，蔭受其福。

解析：世宇三分，可能分為中天、近邊天、遠邊天，是根據教化

來劃分區域。其中中天有比較好的祖宗流傳，範圍包括東亞、中亞、東南亞等，人人心裏有一個理，有一個太極。南亞、西亞、美國等爲近邊天，人們有業障。基督教世界、非洲屬於遠邊天，是以基督教原罪爲特徵施展教化，對百姓進行提升。聖人戴著黑色帽子，穿著袍子，是秀才漢服的樣子，也是基督再臨時候的裝扮。有序處置萬物，是世界的聖人。周朝制定了禮法，規定了皇帝的禮服，也就是袞服，後世皇帝的袞服也是按照周朝來制定，其中九章紋的袞服，就是以龍爲首的袞服，這就是「龍彰其服」。另外，皇帝的冠冕，其頂部的叫「綖板」，綖板前圓後方，比喻天圓地方，表示博大之意，綖板塗黑漆，以示莊重，這就是「玄色其冠」，玄色是黑色。四海謳歌，和「四海重譯稱天子」說法類似。

第九章：劉伯溫《金陵塔碑文》

　　《金陵塔碑文》相傳爲劉伯溫所作，於民國七年，也就是西元1918年，國軍入南京時發現。碑文預言的是二十世紀以後的中國的事。前半部分主要講國共內戰、日本侵華和中華人民共和國，後半部分至今還沒有完整的解釋。這個預言像是民國時期的乩文，水準一般，好像是抄襲其他預言所作。

1、國共對抗

　　金陵塔，金陵塔，劉基建，介石拆。拆了金陵塔，軍民自己殺，草頭相對草頭人，到尾只是半縮龜。洪水橫流成澤國，路上行人背向西。

　　解析：
　　劉基建成了金陵塔，被後來的蔣介石拆掉。拆了金陵塔以後，全國軍民互相殺害。「草頭相對草頭人」分別爲「蔣」和「共」，最後蔣介石龜縮臺灣。洪水橫流成澤國，是「澤」，路上行人背向西，是正向「東」，指毛澤東。

2、國外侵略狀況

　　日出東，日沒西，家家戶戶受慘淒。德逍遙，意逍遙，百載繁華

一夢消。紅頭旗，大頭星，家家戶戶吊伶仃。三山難立足，五子齊榮升。心忙忙，意忙忙，清風橋拆走如狂。

解析：

日本從東邊侵略，被西方原子彈炸了以後落下。德國義大利等國外勢力逐漸消亡。紅旗、大頭星是五星紅旗，共產黨獲勝。三山難立足，五子齊榮升，是指中華民國的三大勢力難以立足，中華人民共和國的五代新貴產生。

3、共產黨獲勝

爾一黨時我一黨，坐高堂，食高粱，全不計及他人喪。廿八人孚眾望，居然秧針勝刀槍。小星光蔽星光，廿將二人走北方。去家木，路傍徨，到處奔波人皆謗。

解析：國共內戰中，用一個黨替代另一個黨，做事方法差不多，坐高堂，食高粱，老百姓的生活仍舊不太好。「廿八」為「共」，竟然以遠遠落後於共產黨的武器裝備獲勝。最後在北方建都，而蔣介石路彷徨，敗逃臺灣。

4、中華人民共和國

大海落門閂，河廣未為廣。良田萬頃無男耕，大好蠶絲無女紡。麗人偏愛將，爾我互相幫。四水幸木日，三虎逞豪強。白人誠威武，因心花鳥慌，逐水去南漢，外兒歸母邦。

解析：新中國建立後，美國對中國進行封鎖，是大海落門閂，河廣未為廣。通過各種運動，比如人民公社制度、大煉鋼鐵、大躍進、三反五反等，導致良田萬畝無人耕，人們也不安居樂業。麗人偏愛

將，爾我互相幫，是江青四人幫。「四水幸」是「澤」的繁體字，木為東，東方屬木，是指毛澤東。「三虎」是「彪」，林彪。歐洲人占了中國的地方，比如港澳，終於回歸了。

5、戰爭與權貴

盈虛原有數，盛衰也有無。靈山遭浩劫，烈火倒浮濤。劫劫劫，仙凡逃不脫。東風吹送草木哀，洪水滔天逐日來；六根未淨隨波去，正果能修往天臺。二四八，三七九，禍源種己久。民三民十民三七，錦繡河山換一色。馬不點頭石沉底，紅花開盡白花開，紫金山上美人來。一災換一災，一害換一害。十九佳人五五歲，地靈人傑產新貴。英雄拔盡石中毛，血流標竿萬人號。頭生角，眼生光。庶民不用慌。國運興隆時日到，四時下種太平糧。

解析：靈山遭浩劫，中華傳統文化遭遇困境。對應《帝師問答歌》裏的內容，「上末後時年，萬祖下界，千佛臨凡，普天星斗，阿漢群真，滿天菩薩，難脫此劫」。東風吹送草木哀，洪水滔天逐日來，是說中國面臨外患，外患是東海日本和美國合作，踏浪而來。二四八，三七九，數字缺少「615」，內禍的源泉。南方的將臣可能來自南京，紅潮逐漸退去，國運即將改變。這是新舊勢力交替的過程，產生了禍患，一災換一災，一害換一害，災禍橫行。十九佳人五五歲，地靈人傑產新貴，是說叛軍的年齡，是新貴。英雄拔盡石中毛，血流標杆萬人號，是破除舊勢力，改換新天地。這個時候百姓不用慌張，國運興隆的時代將要到來。

6、戰爭與百姓

一氣殺人千千萬，大羊殘暴過豺狼。輕氣動山嶽，一線鐵難當。人逢猛虎難迴避，有福之人住山莊。繁華市，變汪洋。高樓閣，變坭

崗。父母死，難埋葬。爹娘死，兒孫扛。萬物同遭劫，蟲蟻亦遭殃。

解析：對於百姓來說，這是一場巨大的災難，很多預言把它描述成為末日，比如《五公經》、《格庵遺錄》等，其中《五公經》說到，「九女共一夫」，男女比例本來差不多，但是戰爭過後，男女比例改變，那麼九個男人可能會死掉八個，殺人千千萬，非常殘暴。山嶽都被炸掉，重型防護也難以抵抗。人們很難迴避戰爭，有福分的人住在山裏。繁華的城市，被洪水沖垮，當時是三峽大壩被炸，形成南北阻隔。高樓大廈，被炸掉，變成了坭崗。父母死後難以埋葬，是因為孩子死的更多。戰爭規模很大，連蟲蟻都遭殃。

7、火龍與聖人

幸得雙木條支大廈，鳥飛羊走返家邦。能逢木兔方為壽，澤及群生樂且康。有人識得其中意，富貴榮華百世昌。

解析：火龍和聖人共同支撐社稷，「兩火初興定太平」，「江南江北各平定」，火龍平定南方叛亂，聖人說服北方美日退兵。人們不再四散逃離。能夠跨過乙卯年（木兔）2035年（和其他預言的時間不一樣），就可以享受和平了。能夠猜測出預言含義，能夠避免災禍，獲得富貴。

8、貞朝建立

層樓疊閣聳雲霄，車水馬龍竟夕囂。淺水鯉魚終有難，百載繁華一夢消。意可意，是時意。日出東，月落西，胡兒故鄉起烽煙。草弓何優柔，目睹江山落夷手。冬盡江南萬古憂，繁華忽見瓦礫丘。回天一二九，引起白日結深仇，眼見日西休。

解析：和平到來，中華繁華。舊朝代將近百年國運消散。外國發生戰爭，因爲剛剛建國，立足不穩，結果亞洲的某些土地落入夷人手裏。

第十章：諸葛亮《武侯百年乩》

　　《武侯百年乩》，即《諸葛武侯乩文》，是民國時期某易學家托名道士諸葛亮所作，預言了民國開始一百年後的中國國運。但是水準較低，幾乎都是爲抄襲所得，有不少順序和內容的錯誤。

　　這個乩文貌似抄襲舊版的《推背圖》，是當時人對某一版本的《推背圖》進行解析，可能是康熙61年版的《推背圖》。明顯的一個問題是金版《推背圖》中42象「美人自西來，朝中日漸安」是已經發生過的事情，在這裏和康熙61年版《推背圖》一樣，是沒有發生過的事情。下面我們對應著來看。

1、第二次世界大戰與國共內戰

　　天數茫茫不可知，鸞臺暫說各生知。

　　此次戰禍非小可，鳶飛魚躍也愁眉；（世界性的戰爭，天空、陸地、海洋都涉及）

　　天下生靈西復東，可憐遍地是哀鴻；（從歐洲西方到亞洲東方，戰爭引發遍地哀鴻）

　　屍填溝壑無人拾，血染山河滿地紅；

　　天下重武不重文，那怪環球亂紛紛。

　　人我太陽爭北土，美人東渡海波生；（「人我」是「俄」，太陽是日本，日俄戰爭爭奪東北，日本東渡偷襲珍珠港後，美國東渡，爆發太平洋戰爭）

十四一心人發憤，水去西方啓戰爭；（「十四一心」是「德」，
「水去」是「法」，德國入侵法國，法國領導人逃往英國，二戰進入
高峰期）

晉有出頭寧坐視，中央生草不堪耘；（「晉有出頭」是「普」，
普魯士，也就是德國，「中央生草」是「英」，英國剛開始是坐視德
法戰爭）

切齒讎仇今始復，堅固金城壹旦傾；

除非攜手馬先生，馬騰四海似蘇秦；（二戰後馬歇爾來調停國共
雙方）

遊說辯才世罕有，掉他三寸舌風生；

得與聯軍說事因，東人首肯易調停。

青天白日由西落，五色旗幟向東生；（青天白日旗是國民黨旗
幟，共產黨替代國民黨）

二蔣相爭一蔣傷，兩陳相遇一陳亡；（這時候稱得上比較有名的
蔣姓和陳姓包括蔣介石、蔣光鼐、陳誠、陳毅）

東土不如西土樂，五羊風雨見悲傷；

水巷仍須是樂邦，諸生不用走忙忙；（「水巷」是香港）

錢財散盡猶小事，性命安全謝上蒼；（有錢人逃往香港，能夠防
止清算，保命）

今宵略說言和語，留與明宵話短長。

2、中華人民共和國

紅日落完白日落，五星燦爛文明國；（紅日是日本國旗，日本戰
敗，白日是國民黨的青天白日旗，國民黨失敗，五星紅旗接替，結束
戰亂）

中山傾頹草木殃，豺狼虎豹同一鑊；

兩重火土甚光明，士農工商皆有作；

木子楊花真武興，小小天罡何足論；

強反弱兮弱反強，王氣金陵黯然盡。

故都陝北聚英華，文物衣冠頭尚白；（陝北延安，陝北人戴白帽，似乎對應康熙61年版《推背圖》第38象「有一真人坐中土，治化何須用軍伍，天下鐘聲一時鳴，眾臣扶主登九五」）

氣運南方出豪傑，克定中原謀統一。（南方出豪傑，克定中原，統一中國。對應金版《推背圖》第52象「搖槍一點現東方，吳楚依然有帝王」）

佳人絕色自西來，弄權竊國氣驕溢；（江青四人幫。康熙61年版《推背圖》43象和金版《推背圖》42象都是在說這件事情，只是康熙61年版《推背圖》是還沒有發生的事情，金版《推背圖》中這一象已經發生，並被解讀為四人幫。）

狐兔成群功狗烹，倒亂君臣誰與匹；（毛澤東殺功臣，鬥天鬥地鬥人）

太陽沉去霧雲收，萬國低頭拜彌勒。（順序錯誤，應當是後世的聖人。很多預言和民間說法，把聖人看做彌勒佛下凡。這裏應當是對應金版《推背圖》第44象，參考康熙61年版《推背圖》，裏面有許多象說到了「真人」、「天子」，這裏應當是概括的一句話。）

治亂循環有定時，根樹生枝惟四七；（對應金版《推背圖》第43象或者康熙61年版《推背圖》44象「惟有外邊根樹上，三十年中子孫結」。從發生順序來看是以康熙61年版《推背圖》44象為參考。）

老人星出現南方，紀念化為公正堂；（這一句可能是作者自己加進去的。可能對應《黃蘗禪師詩》「西方再見南軍至，剛到金蛇運已終」。是說不遠的內禍。）

西南獨立曇花現，飛虎潛龍勢莫當。（在內戰中，西南方向想要獨立。如果不是聖人和火龍力挽狂瀾，一個在思想方面打仗，一個實際主持作戰，可能中國真的會出現南北朝、民國軍閥混戰這樣的場面，那中華就會遭受更大的苦難，影響到未來中國主持世界政務、平定第三次世界大戰，那麼第三次世界大戰可能就會成為人類的滅頂之災，和大洪水製造的人類滅絕一樣，成為第四次人類滅絕，文明重新

開啓）

聯軍東指同壹氣，劍仙俠士有奇祕；

水能克火火無功，炮火飛機何處避；

此是陰陽造化機，意土發明成絕技；

稱雄東土運已終，物歸原主非奇事；（可能抄襲金版《推背圖》第57象的圖「物極必反，以毒制毒。三尺童子，四夷讋服」，實際上是第三次世界大戰中發生的事，在2158年之後）

3、火龍與聖人

此時國恥一齊消，四海昇平多吉兆。

異術殺人不用刀，偃武修文日月高；（可能抄襲金版《推背圖》第47象的「偃武修文，紫微星明」，是說聖人偃武修文，成為國之君子。）

三教聖人同住世，群魔妖怪豈能逃；（可能抄襲金版《推背圖》第44象的「中國而今有聖人，雖非豪傑也周成」。此文雖然拙劣，但是因為語言通俗，適合現在人的語言環境，所以在網上流傳很廣，很多人相信聖人是「三教聖人」，有的說是儒釋道，有的說是道釋神，在這裏就不糾結了）

可歎草頭燒不盡，野外春風吹又生；

官中仗劍除奸佞，白頭變作赤頭人。（可能抄襲金版《推背圖》第46象的「有一軍人身帶弓，只言我是白頭翁。東邊門裏伏金劍，勇士後門入帝宮」，是已經發生之象，白頭翁是周永康）

田間再出華府，造福人群是真命；

此人原是紫微星，定國安民功德盛；

執中守一定乾坤，巍巍蕩蕩希堯舜。（抄襲金版《推背圖》第47象的「偃武修文，紫微星明。匹夫有責，一言為君」。「巍巍蕩蕩希堯舜」也有可能是抄襲《推背圖》明君娶妻，也即金版推背圖51象「坤順而感，後見堯舜」）

4、結束語

　　百年世事不勝悲，誠恐諸君不及見；好修因果待來生，將相公侯前世善；或是星辰下界來，或是神仙搖一變；或是前生因果大，當然轉世功名顯；山人復對諸君談，續上前文同一線；千年萬載事悠悠，縱使神仙難預算；略將一二說君知，酬答諸君還了願；山人告別返山川，來年再會諸君面；諸君各自顧前程，好向靈山勤修煉。（這是作者對世人的勸勉，同時也對應《燒餅歌》「萬法歸宗」一段「萬祖下界，千佛臨凡」）

第十一章：俞樾預言詩

俞樾預言詩是一個「非主流」的預言，在預言當中的地位不高。但是預言到了最近兩百年的事件，所以我們這裏也說一下。

我國清朝末年的著名國學大師俞樾，生於1821年，是道光年間進士。曾經做過翰林院編修，河南學政。他的著作有《春在堂全書》四百六十四卷。死於1907年2月5日，那時辛亥革命還在準備。

據《陶廬老人隨年錄》記載，俞大師在臨終前忽然讓他的兒子把筆墨紙給他，寫了九首七言絕句，然後說：「今後兩百年的國家和世界大勢，都在這九首詩中了，第一首是總論，第二、三、四首是前一個一百年，後面的五首是後一百年。」說完就離開了人世。

其中前一百年的事情已經得到印證，我們現在把兩百年大致平均分配到這九首詩裏面，前八首每首詩暫定二十年，這樣一共是一百六十年。最後一首沒有說出實際的話，相當於《推背圖》最後的總結語，不能算時間，但是和別的預言相比，他大致也就是預言了一百六十年的事情。

因為預言的事件是重疊的，所以在這個時間線上，要向前後拉長，但是這段時間核心的矛盾，就是預言詩所揭露的矛盾。

第一首：1907年-1927年

歷代成敗與興衰，禍有根苗福有基；
不過循環一甲子，釀成大地遍瘡痍。

解析：第一首詩是總論，說歷代成敗，就牽涉到了清朝的滅亡。1911年辛亥革命後，清朝滅亡。當時前後一甲子，也就是六十年，中國各種戰爭起伏，鴉片戰爭、太平天國、外寇入侵、義和團起義等風起雲湧，中華大地滿目瘡痍。

第二首：1911年-1931年

無端橫議起平民，從此人間事事新；
三五綱常收拾起，一齊都做自由人。

解析：無端橫議起平民，是說中華民國建立，五四新文化運動等讓普通老百姓的聲音更容易被聽到。以往的君權社會被民權社會取代，三綱五常遭到批判，人人追求自由，這些都是新的思想和事物。

第三首：1931年-1945年

才說平權便自由，誰知世界起戈矛；
弱者之肉強者食，膏血成河滿地流。

解析：這裏說的是世界大戰，因此從年分上並不是嚴格按照二十年一段來討論的，而是按照事件的重大程度或者內外的順序來說的。第二次世界大戰起止時間是1931年9月18日至1945年9月2日。

第四首：1911年-1945年

英雄竟逞各圖強，各自分封各自防；
道路不通商賈絕，紛紛海客整歸裝。

解析：清末開始的軍閥混戰。孫中山是從日本開始舉起反清旗幟的，是「紛紛海客整歸裝」，到國內鬧革命。大家各自在各自的地盤，各自防守。清末是漢人各自有各自的地盤，慈禧對外宣戰後，劉坤一、張之洞等東南督撫策劃東南互保協議。辛亥革命後，袁世凱的北洋軍閥獲得民國控制權。袁世凱死後，北洋軍閥將領各自為戰，形成了皖系、直系和奉系三大軍閥派系。奉系張作霖被日本炸死後，張學良組織了東北易幟。這個時候商業也是被隔絕。

第五首：1945年-2000年

大邦齊楚小邾滕，百里提封處處增；
郡縣窮時封建起，始皇廢了又重興。

解析：大邦齊楚小邾滕，百里提封處處增，是說劃分省分，出現齊魯的山東省，燕趙的河北，三秦的陝西，以及各類大大小小的自治省、直轄市、自治州、自貿區、自治縣、自治鄉等。同時有城鄉分化、戶籍制度、住房限購、產業政策等。這種分割給了地方政府巨大的權利，相當於各種方式封賞了紅色家族，形成權貴資本。

郡縣窮時封建起，始皇廢了又重興，可以從財稅改革來看，剛開始是實行計畫經濟模式的「統收統支」制度，即全部財政收入統歸中央，再由中央統一分配中央預算和地方預算，然後分發給地方，大鍋飯盛行，是「秦始皇」模式。後來拿糧食給蘇聯還債，出現了餓殍滿地的災禍。郡縣窮時封建起，經過多輪調整，確定了「核定收支、分級包乾」的財政包乾體制，擴大了地方的財權、調動了地方籌集財政資金的積極性，但中央財力又隨之分散和弱化。地方政府越權給予企業減免稅優惠，擾亂正常的稅收秩序，為擴大稅源大搞重複性建設，不惜依靠行政手段和稅收壁壘，阻攔外地商品進入本地市場。這和春秋戰國時期分封大夫，大夫製造各類貿易壁壘相似。後來中央要求「逐步實行稅利分流和分稅制」，但「觸動利益比觸動靈魂更難」，

1994年，朱鎔基接過了推行分稅制的重任，中央拿走八成稅收。在之後的二十年，土地財政興起，房價開始飛漲。地方的財政收入占全國收入不到50%，但卻負擔了全國80%的支出，這是「始皇廢了又重興」的權力集中。

第六首：2007年-2027年

幾家玉帛幾家戎，又見春秋戰國風；
歎息當時無管仲，茫茫劫運幾時終？

解析：幾家玉帛幾家戎，又見春秋戰國風，是說當今世界格局是一個新的春秋戰國，美國與加拿大、中國、歐盟、俄羅斯、中東等幾個強一些的區域，以及各類附庸國。美國四處征戰。

歎息當時無管仲，茫茫劫運幾時終。齊桓公是春秋戰國唯一的霸主，推行的是霸道。管仲推動全球聯合，救華夏於危難，九合諸侯一匡天下，讓齊國成為春秋時期唯一協調全球的霸主。霸道是一個強企，形成產業鏈，很多友商會依附。同時霸道也會針對某些大的競爭企業進行打擊，比如齊國讓楚國屈服於周天子的管理，並針對一些國家開展了一些貿易戰。春秋戰國時期其餘的強國都是推行「雄道」，用武力來征討別的國家，掠奪他們的人民和財產，這和當今美國的做法類似。也就是說，現在全球類似春秋戰國，但是有雄主而無霸主。霸道已經是不及格，雄道更是一個劫難。

第七首：2027年-2049年

蝸觸蠻爭年復年，天心仁愛亦垂憐；
六龍一出乾坤定，八百諸侯拜殿前。

解析：蝸觸蠻爭年復年，天心仁愛亦垂憐，是說世界的政治、武

力在小範圍內不斷爆發，各國的政治都有或大或小的問題，武力尤其是中東地區很突出。這個時候，天地仁心大道將要凸顯。

六龍一出乾坤定，八百諸侯拜殿前。六龍是在2044年前後凸顯的一些人才，「火德星君來下界，金殿樓臺盡丙丁」，其中首功之人和聖人是火龍和火兔的組合，「眾君揖讓留三星」，大家相互謙讓，未來可能還會出現一個紫微星。紫微星之後更是會有文曲星和武曲星在五十年後扶大廈之將傾。經過2044年到2049年的動盪，「戰火連綿百姓苦，唯有玉兔上龍床」，幾個大才能的人凸顯了出來，中華將進入盛世。

第八首：2049年-2069年

人間從此又華胥，偃武修文樂有餘；
壁水圜橋觀廢禮，山岩屋壁訪遺書。

解析：人間從此又華胥，偃武修文樂有餘，其中「偃武修文」是火龍和聖人平定內禍和外患之後，建立的一個新的和諧盛世。華胥是中國的「伊甸園」，但是「華胥」如何成為一個普遍的現象，這裏面大有文章可作，我們在後面重點講述一下。

壁水圜橋觀廢禮，山岩屋壁訪遺書。「觀廢禮」是重點，是說聖人繼承之前的禮制，來給新的朝代定制了一套禮制。「禮制」是王道的基礎，也是政治行業標準，《龍華經》預言聖人「口中吐火要稱王」，推行王道，把手就是超越法制的「禮制」。八卦、連山易、歸藏易、周易各自管理三千年，周易循環復始，現在又到了春秋，可能一百五十年到兩百年後會形成新的周王朝，也就是《推背圖》最後的天下大同。中國以禮制協調全球，發佈免費的行政策略，各國斟酌使用，類似堯舜時期的全球聯合體模式，從黃帝到堯舜的虞朝有一千六百年，當時的行政是市場化的，政府依靠自身的勞動獲取報酬。

孔子說：「殷因於夏禮，所損益可知也；周因於殷禮，所損益可知也；其或繼周者，雖百世，可知也。」百世就是三千年，就是說，繼承周朝禮制，就算是三千年，也能知道，這三千年的行政標準都要看孔子，最終走了一個圈，又回到周朝。網上流傳「繼周者」是一個預言，馮友蘭在《中國哲學史》中說到，康有為覺得自己就是孔子所說三千年後「繼周人」。不過孔子說的是行政標準，一流企業做標準，在禮制基礎上，就算管理不善，也能建百年以上的朝代，可以把這句話當成孔子對行業標準的預言，經濟學家想預測十年內的經濟走向，孔子則預測了三千年的政治走向，和我們談論的常規的玄妙的預言不是一回事。

「山岩屋壁訪遺書」可能和凱西預言的「關於古文明的考古發現將逐漸改變人們對人類歷史的認識」有關聯。

第九首：2067年-2107年（40年）

天地原來張弛弓，略將數語語兒童；
悠悠二百餘年事，都付衰翁一夢中。

這一句是結束語，和《推背圖》「不如推背去歸休」一樣。
關於「華胥國」的辨析：
根據傳說和「集體潛意識」的關聯，以及佛洛伊德「下流」的學問趨向，可以這樣分析。亞當和夏娃在伊甸園生活，不知羞恥，赤身裸體，是一個「春夢」的意向，後來有了想法以後用葉子遮擋，也是「春夢」被人發現後的意向。夏娃是亞當抽出肋骨以後製造的，兩個人親密，這是一個「自慰」的意向。另外，左右的肋骨分別是在心臟和肝臟的部位，肝臟魂、肺臟魄、心臟神、腎臟精，這是一個自慰過度以後失魂落魄的意向。總之，這個傳說代表著「本體」中很不好的意向。

還有，夏娃是吃了蘋果之後「增長了奸詐的智慧」，但是蘋果本

身沒有增長智慧的功效，而桃子則被譽爲水果之王，能夠「生津止渴」，通過津液的提升而對人的思考有一定的幫助，所以亞當和夏娃很可能是吃了桃子，桃子是中國人古代經常吃的水果。既然他們都是有原罪的，不能接觸智慧，否則只能生出奸詐來，那麼爲什麼還要有智慧果呢？根據希伯來傳說，亞當和夏娃是二婚，之前亞當的老婆是莉莉絲，身手矯捷，是一個母夜叉，有蛇的身子，和女媧是很像的，她早就接觸過智慧果，並且生出很多怪異想法。

根據希伯來的傳說，人是用泥土製造出來的，和中國女媧用泥土製造人是一樣的，莉莉絲很可能是女媧根據自己的樣子製造出來的，女媧水準太高，造出差勁的人反而不容易，所以辛辛苦苦製造出劣質品莉莉絲和亞當，讓他們自己生孩子，生出來的孩子又是近親結婚繁衍後代，按照佛洛伊德的分析趨向，是亂倫的意向。可惜莉莉絲和亞當造人是很不成功的。莉莉絲知道上帝更具體的形態是什麼樣，所以因爲做愛的體位問題和亞當鬧掰以後，能夠逃出伊甸園，並在未來成爲瘟神、女巫。這段黑歷史在《聖經》中被隱去了，但是在基督教的起始猶太教、希伯來傳說中保留得極爲完善，並有《死海古卷》記載了伊甸園偷吃果實事件之後的撒旦和米迦勒的七次大戰，也就是光之子與暗之子的大戰，莉莉絲、亞當等都參與了進來。根據種種跡象來看，伊甸園很可能是中國人的果園，因爲基督教世界的人有原罪，所以不能吃智慧果，而中國人有優根，能夠吃智慧果。

基督教上帝製造人，根據世代傳播，世界只有六千年左右，中華是一萬年前由女媧和伏羲製造，女媧和伏羲所在的地方就是「華胥國」，所以很可能已經有了兩伊地區的果園，和非洲的動物園。這裏的人有優根。根據這些背景，這個預言很可能是說紫薇聖人的一個關於「本心」、「本體」的文旅專案帶動了整個哲學、傳說體系的提升。

和「本心」相關有陽明心學。「本心」是一棵透亮的樹，它延伸出三個「優根」，分別是「長進」、「快樂」、「全面」，是「人之初性本善」，圍繞在它周圍是各種情愫，就是構成本性的基本元素，

根據理學家門的觀點，它會繼續構成大的「情感」、「個性」等，再形成「純潔、童真、善良」等品質，成為人和自然接觸的觸手、感測器。

　　和「本體」相關的學問更多一些，理學、哲學、形上學會研究本體，它是人的能量的來源，但它是蒙昧的，是「人之初性本惡」，是一棵黑色的樹。這棵樹延伸出三個「劣根」，在佛教看來是「貪」、「嗔」、「痴」，是構成其他有缺陷的性格、情感的來源，如果再惡劣一點，它會是「七宗罪」的來源。關於「本體」的學問都不屬於「自由意志」，「自由意志」在本心，是情愫，對外是不產生傷害的，也和外界不直接相關聯，需要各類觸手來關聯。Philosophy（翻譯為「哲學」有損「哲學」這個辭彙）認為「本體」是根本的，是一個黑箱、黑洞，是不可知的，並且生出很多悲觀的哲學觀點，人生是無意義的，自由意志是荒誕的，行為產生很多混亂，也形成了各種暴力和蒙昧的教化，有「文」而沒有「明」，完全沒有發現能讓世界變亮的「本心」。

　　正因為「本心」文化才有光明，「本體」文化沒有光明，所以李淳風《藏頭詩》說到了「若非真主出世，天下烏得文明」，因為只有中華的文化才有「明」，世界其他地方都沒有「文明」，李淳風的《藏頭詩》是說中華文化差點湮沒，幸虧被「真主」重新挖掘了出來，「本心」的光明重新照耀華夏子民，「本心」結構也就成為紫薇聖人重要的學問之一。

　　總體來看，「本心」更為根本，「本體」只是一個發動機，需要「本心」來操控它。中醫中的「三魂」可能對應「本心」，「七魄」對應「本體」，構成本心和本體的解剖。本心和本體構成人的「先驗經驗」。「道法自然」，「道」是萬物的大數據，「德」包含陰陽動靜，是數據的存儲，那麼通過「本心」、「本體」的趨向，能夠形成偏重於人的「仁」。「仁」就是「雲端運算」，它包羅萬象，是萬物在人心裏的「理」的起源。王陽明說萬物之理都在於心，是本心做了「仁」的標準，因此「仁」與本心本體的結合，形成了人工智慧，

也就是形成了人的智能。其他許多動物也都有「本心」、「本體」，這一點可以觀察到，並且根據「仁」所覆蓋的範圍，瞭解「本心」、「本體」所能達到的極限。人的「太極」就在於本心，人的「無極」就是萬物之理的「道」。

總體來說，通過所有的這些學問整合，可以通過一個文旅體驗專案來傳揚關於「道德仁義禮」以及「本心本體」的學問。具體流程如下：

歡迎乘坐「科學綠皮火車」，科目之學是將學問分門別類進行研究，第一站「伊甸園站」到了。我們看到，伊甸園有一棵「本體之樹」，上面長滿了邪崇的果實，請勿食用。

然後是本體樹VR觀賞講解。

遠邊天人士，此站是你們的終點站。請「近邊天」人士和「中天戰士」繼續乘坐「小學特快列車」，小學是最大的交叉學科，有心而無科目分別（凱西預言「科學和心靈學停止互相爭論，太一之能量將指導所有科學」，就是「有心無科」的小學讓科研加速），第二站「華胥國站」到了。我們看到，華胥國有一棵「本心之樹」，上面長滿了智慧的果實，「近邊天」人請勿食用，會消化不良（佛教觀點，「近邊天」人有業障），「中天戰士」可採摘食用（理學觀點，人人心裏有一個太極，有一個理）。

然後是本心樹VR觀賞講解。

近邊天人士，此站是你們的終點站，但是你們是幫扶對象，請中天戰士選取近邊天人士中的優秀者「彩虹戰士」，幫助他們登上「大學特色航班」，我們的下一站將是「天堂」，在那裏，我們將會看到「民樂廣場」和「太極殿」，請中天戰士一定要摀住彩虹戰士的眼睛，防止灼傷（根據基督教觀點，只有智天使、熾天使能直視上帝的光芒，熾天使長著3對翅膀，能護住眼睛和腳，防止灼傷，熾天使是脫離輪迴的人）。

「本心樹」、「本體樹」的具體結構就不在這裏講解。這裏要說的是，「華胥」可能會超越「伊甸園」，重新被提升為很重要的人類

起源傳說。而「本心」也將超越「本體」，成為人們知識的新的來源，讓哲學走出怪象，「眞主出，天下獲得文明」。

第十二章：龍華經

　　《龍華經》是一部地地道道的偽經，也是一個極具影響力的預言書。《龍華經》奉無生老母為最高神，其起源於明代中葉出現的羅教。明清的民間宗教幾乎都以無生老母作為最高神祇，「無生老母，真空家鄉」成為民間宗教的「八字真言」。

　　與其他預言為英雄寫傳記、為帝王通道路不同，《龍華經》和《五公經》都是給普通老百姓看的，幫助老百姓在災害時候趨利避害的預言。其內容朗朗上口，但是也非常迷糊，這種閱讀習慣正是普通老百姓比較喜愛的，但是也容易陷入迷信，裏面摻雜了非常多的教化類的內容，比如佛教和道教。如果想要理性辨別，那就需要挑揀一下。

　　由於《龍華經》、《五公經》篇幅太長，我們就挑選其中和英雄帝王類預言重合的部分來解析。至於其他部分，也是非常重要的，普通老百姓想要趨利避害，可以在英雄帝王的骨架搭起來以後，從中找到趨利避害的內容，比如在戰爭中應該到哪裡躲藏，會遇到哪些災害等等。另外，根據《馬前課》，聖人是來拯患救難的，而《龍華經》、《五公經》都是在說2044-2049的末世災難，所以對聖人有大幅筆墨描寫，我們闡述的重點對象就是聖人。

第一節：《龍華經》裏的聖人一生

　　《龍華經》完整地呈現了聖人一生的狀況，包括出生地、出生日

期、人生業務，其中流傳最廣的一段話大致如下：

太行山上東風起，火中玉兔從天降。
口中吐火要稱王，十人打水甚慌忙。
南方無水來濟火，十人抱孩躲北方。
一路走來紅滿天，豈知紅星把天扛。
三十年後男兒立，黑眉龍嘴白裘裳。
風姿秀逸志氣剛，睿智靈光語不長。
兔兒吃草不吃餉，土木金銀甚荒唐。
一步一金假太平，鼠嘴牛頭現魔王。
龍兒上天戰黑兔，和平尚需長蟲兵。
斗轉星移換天象，紅星暗淡落夕陽。
戰火連綿百姓苦，唯有玉兔上龍床。
聖王當道光明現，魑魅魍魎大掃光。
東海龜來西海鷹，二人同心欺長龍。
眞龍在世何足道，洗去大恥氣不長。
燕飛長安做新家，四夷朝拜大中華。
百年盛世國昌隆，福滿世間人人享。

太行山上東風起，火中玉兔從天降：結合《推背圖》開口張弓之讖，聖人出生於冀州，燕南趙北，在太行山東面，大致是保定、石家莊地區。是丁卯火兔年出生，1987年。

口中吐火要稱王，十人打水甚慌忙：聖人要用王道來推動天下大同，並用新型教化統一十字架代表的基督教世界，引發較大的變化。

南方無水來濟火，十人抱孩躲北方：風水中水爲財，木生火，是聖人所需，聖人工作、傳道方位在北方。

一路走來紅滿天，豈知紅星把天扛：中國被紅色文化覆蓋，紫微星則要在紅色中復興傳統文化。

三十年後男兒立，黑眉龍嘴白裘裳：三十歲後的聖人開創事業，

穿白色漢服，根據其他預言，應當是國子監秀才樣式的白色漢服。未來這種服裝會成為基督教世界的標誌，基督再臨會穿，被提升天的十二支派也穿這種衣服。

風姿秀逸志氣剛，睿智靈光語不長：聖人儒風道骨，說話簡練通達。

兔兒吃草不吃餉，土木金銀甚荒唐：官員不靠工資生活，而是靠土地財政、地方政府權力集中下的灰色收入，通過房地產、土木工程來撈金，非常荒唐。

一步一金假太平，鼠嘴牛頭現魔王：政府一心搞經濟，利用調控、金融、國家戰略等方式來促成表面的繁榮假象，破壞了中國自主發展，民生多艱，終於在鼠年末牛年始，出現了一個魔王，是2044年。

龍兒上天戰黑兔，和平尚需長蟲兵：天下龍兔相爭，發生戰事危機，和平還需要等到蛇年軍事分化清晰後才能出現。火龍最終平息內亂，是2049年。龍兒、黑兔可能是雙方的出生日期。

斗轉星移換天象，紅星暗淡落夕陽：隨著時間變化，天命顯露，紅色文化暗淡。

戰火連綿百姓苦，唯有玉兔上龍床：在火龍平息內亂之前，戰火連綿，百姓受苦，但是聖人卻越來越凸顯。火龍得位，平息混亂，正在醞釀讓出位置，對應《推背圖》47象紫微星。

聖王當道光明現，魑魅魍魎大掃光：聖人王道在天下推廣，世界的紛亂有明晰的苗頭

東海龜來西海鷹，二人同心欺長龍：趁著中國內部混亂沒有平息，日本和美國聯合發難，威逼中國，想要造成中國長期混亂。美國的標誌是老鷹，具體而言，是白頭海雕，被選定為美國的國鳥。

真龍在世何足道，洗去大恥氣不長：火龍在世間，不用害怕外部問題。聖人單槍匹馬展開外交，安撫了外國，讓美國變成自己的盟友，日本的問題被平息。

燕飛長安做新家，四夷朝拜大中華：首都從北京遷往西安，中華

復興。

百年盛世國昌隆，福滿世間人人享：中國進入盛世，新朝代大概有一百多年的國運。

第二節：儒童老祖降生

《龍華經》提到「儒童老祖」，是聖人的另一個稱號。其中非常著名的一段話，與「燕南趙北把金散」對應：

> 儒童老祖暗臨凡，隱姓埋名在世間；
> 趙北燕南傳聖道，三心聖地立中元；
> 只待雞鳴乾吼叫，春雷驚惶古眞天；
> 那時走馬才傳道，三明四暗總收源。

儒童老祖暗臨凡，隱姓埋名在世間；按照《聖經》記載，基督再臨的時候，悄麼聲地，和賊一樣。儒童老祖就是聖人，是儒家的老祖裏面還稱聖人是儒童佛，分別是道家和佛家對聖人的稱呼。能匹配上這一稱號的其實只能是孔子，聖人大致是孔子再來。

趙北燕南傳聖道，三心聖地立中元；網路普遍認爲「燕南趙北」是說聖人在北京傳道，又傳聖人是「三教聖人」，所以是儒釋道三教合一的文旅專案在「中元」建設起來。「中元」可能是聖人的家鄉，可以在保定、石家莊一代尋找。

只待雞鳴乾吼叫，春雷驚惶古眞天；在雞年的時候，聖人開始出道，春天開始名聲大噪，有可能是在春天，聖人與朝廷合作，名聲大噪。同時，《馬前課》有「晨雞一聲，其道大衰」，是說中華人民共和國衰敗的一年，不知道是不是和聖人出道的那年是同一年。如果是同一年，那大概就是2029年。如果不是同一年，朝代衰敗可以是在2041年，這一年並不是聖人出山的年分，因爲太晚了。

那時走馬才傳道，三明四暗總收源：到了這個時候，有外力幫

助，聖人才眞正開始傳道，推動世界大同，並開始教化賢愚。

第三節：中天教主、祖教興隆、萬教合一

一、中天教主

紫薇聖人可能會有中天教主的名號。

聖人會創立中天學派，統一百教，自己也便成爲「中天教主」，《龍華經》共有四個描述場景。

（1）天上龍華三會者。乃是日月星也。日中有金華開放。月中有玉華開放。星中有精華開放。大如車輪。若是日月並行。只等到辰勾月。森羅萬象普現。朝見中天教主，有八部龍天助道。

（2）請無極燃燈佛分身化現，請太極釋迦佛早得知聞，請皇極彌勒佛同來赴會。請諸佛共諸祖地藏觀音，請天宮合斗府中天教主，請星祖駕圓光聞法聽經，請羅漢並聖僧來臨赴會，請天龍合八部降臨壇中。

（3）三清玉帝，太上老君，佛祖菩薩，羅漢眞人，文殊普賢，地藏，觀音乘跨鳳。八部天龍，明山洞府，有道眞人。南極壽星，北極玄天。香花明王，護法善神，中天教主，萬神隨跟，對對提爐。

（4）中天教主率領天龍八部，森羅萬象，三界內外一切善神。

中天教主在《龍華經》中出現的次數不多，但是非常關鍵。一個自古從未聽說過的神仙，在龍華三會上隆重登場，前面各大祖、佛、菩薩都到場，似乎是作爲嘉賓先入座。然後中天教主登場，被大家朝見。同時還有護法善神開路，天龍八部助道，萬神跟隨，對對提爐。在中天教主入場以後，才是觀眾席上的羅漢聖僧入座。那麼在龍華三會中，中天教主只能是作爲主持人或者主講人。龍華三會是彌勒佛所開，那中天教主與彌勒佛，到底是主持人和主講人的關係，還是根本就是同一個人？

另外，文中出現了「天宮合斗府中天教主」，另外出場嘉賓中有三清、南極壽星、北極玄天，那中天教主很可能又是「中天紫微大

帝」。這又符合當今社會關於「紫薇聖人」的呼聲。

如果把《龍華經》當作一部預言書來看，那麼未來的聖人思想和「中天」這個辭彙已經有了非常深的聯繫。如果是彌勒佛，也很可能以「中天」作爲自己的一個IP。

二、儒童老祖

根據《龍華經》，未來的教主是和儒家有很深的關係，是「儒童老祖」，也有聲音認爲，彌勒佛白陽三會，要興儒教。下面是關於「儒童老祖」的記載，和很多預言中對於聖人醫生的描述相同。

《龍華經》還說，「孔聖臨凡號儒童。千賢萬聖緊隨跟」。這就是說，聖人是孔子轉生，孔子再臨。原文還有「後有儒童佛出世。乃是聖人化現。走馬傳道。周流列國。化愚爲賢。天下傳道三年整。千日功勞果完成。眾諸佛赴雲城。龍華會上續長生。」這就是說，聖人就是儒童佛，會走馬傳道，周遊列國，挖掘賢人，帶領一群賢人來工作。這符合《推背圖》44象「四夷重譯稱天子」。

燒餅歌說聖人不相僧來不相道，頭戴四兩羊絨帽，其實就是說聖人是儒家的人。

1、儒釋道分爲三教。三教聖人各有一說。老君立教。四維上下傳道。釋迦立教。周流普復傳道。聖人立教。行程走馬傳道。後有儒童佛出世。乃是聖人化現。走馬傳道。周流列國。化愚爲賢。

2、見今末劫臨頭。恐怕失了眾生的性命。因此。家鄉老古佛心中不忍。親差儒童佛臨凡下世。普化天下人民。

3、孔聖臨凡號儒童。千賢萬聖緊隨跟。

4、儒童佛。暗臨東。周流列國化賢人。天下傳道三年整。千日功勞果完成。眾諸佛赴雲城。龍華會上續長生。

三、祖教興隆

關於祖教興隆，有十四個描述。

（1）天下皇胎兒女盡在中央立命。祖教興隆乃爲聖地。

（2）戊己二土安身命，祖教興隆萬古傳。

（3）一齊下參天地，俺九人願皈祖教。

（4）黃河岸先收了道人普廣，祖教他汴梁城度脫賢人。

（5）在湖川都承天立下四生，做一個人緣會祖教興隆。

（6）收補殘靈皈根命，久後龍華祖教興。

（7）聖唾一部龍華卷，刻板印行祖教興。

（8）囑天然證明字眼，闡祖教演法度生。

（9）至今不滅，祖教興流。末後一著，都來中天中國。

（10）與我刊下一副板，龍華眞經祖教興。

（11）祖教興流，吩咐眾等。

（12）留下部龍華經興隆祖教，囑咐你眾頭行都要合心。

（13）這一來我問你誰人刊板，誰與我興祖教大有功能。

（14）萬民平安，祖教興隆，萬古流傳，盡入龍華古道場。

「宗教」含義是「爲宗的，可延續的教化」。太祖立身，太宗立命，一個朝代的氣質和太祖太宗緊密相關，也在這個時候決定了管理時長。有開山的「祖」，才有延續的「宗」。

《龍華經》說到「祖教」的時候，還說到了「中天中國」。如果中國是中天地界，那麼應當還有「近邊天」和「遠邊天」的分法，根據教化的優劣程度分爲「近邊天」和「遠邊天」，這也會契合中國古代十大預言之一《步虛大師預言》所述「世宇三分，有聖人出，玄色其冠，龍張其服」的說法。

四、萬教歸一

關於「萬教歸一」，這裏取部分內容來看。

（1）原古至今千佛萬祖之聖典，千宗萬教之教綱，非門派之千宗萬教。

（2）弓長出世幾人知，度盡萬教來皈依。走馬傳道時年至，度醒皇胎早出期。各門頭領把頭低，萬教歸一續宗支。

（3）論的是後天原因。講的是龍華三會。分的是萬法歸根

（4）末後一著，萬法一門。

（5）三性圓明萬法皈一，收源結果結成龍華。

（6）山水相連光皎潔，一炁通流萬法章。

（7）通者，是萬法皆明。

（8）祖今明心萬法皆通。

（9）原來是天眞佛臨凡住世，收萬法皈一根總續蓮宗。

（10）南頭起北頭落將頭做尾，北十乘南十善萬法皈根。

（11）取一部鑰匙經通開萬法，取一部天眞經救度元人。

「法」與「教」差不多，在百姓眼裏是法，在研究者眼裏是教。不論是誰，都知道萬法歸一是非常難的，到現在也沒有人找到方法。無生老母信仰者如今普遍相信萬法歸一，按照《龍華經》來看，重要的是「通」、「明」。其實仍舊沒有做到萬法歸一。可能問題的根本不在於「萬法歸一」本身，而眞的在於「通」、「明」。到達通明的層次以後，不必執著於萬法的表象，不統一反而可能成了統一的方法。根據已有的所有訊息，可以總結出紫薇聖人「中天學派」的框架，將萬法放在分門別類放在貨櫃裏。

第四節：中天學派的框架：祖教、宗教、民教、社團教

根據以上訊息，我們在這裏總結出一個「中天學派」，來大致歸納以上內容。

中天學派就是一個超市，祖教、宗教、民教、社團教是貨櫃，裏面分門別類放的是各類教化。這種分類方法有利於大家去對比和接受不同的學問教化。

一、祖教：文明之發端，萬理之起源

第一是祖教，這時最初的知識，是教化之始，origin，不能反駁，因爲你用來反駁的語言系統都出自它，你只能做出和它平行的知識才算成功。可以說它是四維知識，看起來凌亂，但是每個時空都可

以用，代表學問是道學。

二、宗教：文明之延續，治世之保障

第二個是宗教，爲宗的教，開賢人教化，包括儒學、心學、理學等，接續祖教治化世界，非常人可以把玩。三維知識，有的時候有的空間不大好用，比如亂世難爲，卻是治世保障。形而上爲學，形而下爲教，雖然儒學、心學、理學在名義上是「學」，但說出來教導大眾，就是「教」，而「學」只是沒有具體形態的思維過程，凌亂卻能給單獨的個人帶來頓悟感，只有個人眞切有深度的思考才是「學」。

語言是一種教化，外國是沒有「宗教」的。其他地方的所謂「文明」都沒有延續，包括古希臘、巴比倫、古埃及的「culture」，都是有斷層的。

三、民教：形象而省力教化百姓，生活之依靠

第三民教，這是最爲龐大的教化，是開化百姓幫助他們生活的教化，正統的高端大氣上檔次的民教，比如佛教、道教。

還包括理念教，比如高尚、道德、誠實、正直等理念辭彙。「生而知之者」，沒有切實含義，但是支撐人的信念，是常規道德的起源。

還有科教，科教多是二維的知識，和科學有所不同，眞正的「學」是無形的，是思考過程，說出來就成了教化。

巫筮教，包括占卜以及拜火等教化，這些教化在人類早期有比較明顯的表現，如今很多只是歸於習俗。

習俗教，百姓依生產生活所產生，一定要尊重，是禮法和教化的來源，比如孔子說「麻冕，禮也；今也純，儉，吾從眾」。

歷史教，主要的是歷史經驗形成的有關社會管理和爲人做事方法的教化。一國「文化」體現爲一國人的「體質」，這些「體質」經過千百年的變遷，保留在人群的「性」與「情」中，體現爲有不同的思考和情感趨向。可以從技術上來說，「歷史」很大程度上體現出「文

化」。

傳說教，是人們觀察一些社會事件結合人群品性產生的故事，和「習俗教」有類似的地方，體現人群「體質」。其中最為豐富和具有柔和人文氣息的是中國的各種民間傳說，它能體現一個人群的「文明」程度的人群素養，是洞察文化的窗口。

四、社團教：處理社會具體事務，爭執中略有頭緒

第四是社團教，高明一些的偏向於「學」，比如聖人王陽明做的社團，比如船山學派，這些是學習團體。還有一些社團教派，產生了具體的「教派章程」，比如五斗米道等。

世宇三分，在於分成中天、近邊、遠邊，三種文化，三種人群，來普施教化，有統一有分別，提高世界整體人群的素養。

「religion」拆解為首碼的「re」和「ligion」，「ligion」是「社團的、團體的」，加入首碼「re」為「相反的，或加強的」，可以翻譯為「大社團教」。

目前在中國影響比較大的有幾個外來社團教，其中伊斯蘭教比較長久。從一些哲學理論上來看，它比基督教要好許多，尤其對「阿拉」的解釋更加切近於「道」，遠邊民理解的「god」則有太多扭曲的人性。從哲學層面來說，「god」被遠邊民的「本體」的凌亂給拖累了，他們不可以胡亂猜測「god」，因為總是誤解「god」，只能順服於「道」，在「道」面前低頭。

除中國周邊的一些國家，另外的國家是沒有「宗」的觀念的。那麼，英語當中的「religion」不應當翻譯為「宗教」，而應當翻譯成「社團教」。

五、為什麼要中天學派？

聖人學問融合百教，著重從學問上來講清其「理」，但是為了不影響其他人的自主理解，所以自成一派。

人生無非教學二字，中天學派從科目之學入有心無科的小學，也

就是最大的科際整合，再從小學入有象無理的大學，最終明心見性至於太極，感悟「道」。出來可以通過互通的三個途徑來證得「聖位」，通過另外三個途徑證得「賢位」。這種在家修煉的方法是「精思樂活節欲儉修」，能帶來社會道德的提升和科技的有序發展，很適合當代人去學習。

　　以上便是主要根據《龍華經》，以其他預言書籍爲輔助所歸納出來的「中天學派」理論體系，如果不仔細追究，可以大致算是達到了「百教歸一」，其實是作爲商品陳列在了一個超市裏，對應推背圖47象紫微星的書架。

第十三章：《五公經》中的末日災難

　　《天圖記末劫經》又被稱為《五公經》，五代、北宋以來的《轉天圖》或《五公經》。《轉天圖經》是五代時吳越的錢鏐於唐昭宗乾寧四年命屬下所撰，借天臺山五公菩薩之名造作讖語，以救處於末劫時期之世人。

　　《五公經》和《龍華經》都是給普通老百姓看，尤其是《五公經》，如果熟讀並正確理解的話，能夠用來在2044-2049年趨利避害。

　　《五公經》是一部專門講大劫難的書，該書借五公，即唐公、郎公、寶公、化公、及志公之口，宣揚末劫來臨時的種種徵兆。

　　經文稱：若逢末劫之時，東南天上有「字星」出現，長數仗，形狀如龍，後有二星相隨，東出西入，晝夜賓士，放光紅赤。前一星紅光閃灼，後二星其光黃白，天下萬民見到，即知是「末劫」來到。

　　對於「末劫」來臨之時的景象，該經寫道：有洪水飄蕩，狂風猛雨，紅白不現，高山崩頹，坡塘盡行打破，人無所依，鳥無宿處。天下荒亂，人民饑謹，十日無食。刀兵競起，鬥戰相爭，干戈不停。

　　而且「乾坤星宿不定，日月星辰流移，江山河海黑黑昏暗，草野龍蛇不分。六國不順，白骨堆山。」

　　到那時，「善者又遭惡人害，天使魔王下界來，闔家加憂愁。鼠尾牛頭，男兒盡殺臥荒丘，女子作軍儔。黃斑惡虎如家犬，晝夜尋門咬人並豬羊。天下盡損傷人命，畜命亂縱橫，不疏是親情。造惡之人都盡死，住宅歸鄰近。百里行程無一家，目擊起黃沙。良田萬頃將何

用，永無人耕種。」

「可惜拋荒田與土，房屋無人住。可惜廳館與廚房，長人盡拋荒。姑娘姐妹守空房，流淚哭爹娘。人與畜生都死了，難見聖明君。」

在這一劫難過後，將出現一個太平盛世。「後出明王清帝君，山河光彩換朝廷。」

雖然世界上的預言說的「末世」多數都指向了第三次世界大戰，也就是核戰爭，但是《五公經》和《龍華經》卻把「末劫」指向了2044到2048年四年戰爭。當然了，這兩個劫難是相連的，只有經歷了2044到2048年的劫難，才能開創貞朝，聖人才可以推行王道，通過百年的功德積累，讓中華到時候平息第三次世界大戰。

那我們把《五公經》關於末劫的預言拿出一部分內容來分析一下。

1、吾知帝王姓，土木連丁口。吾知帝王君，三丁及二丁。其更連一字，懸針更向腦中生。到來木生家，骸骨自縱橫。

寅卯之年正月內（虎年過去兔年剛來的正月），太陰太陽降下生（太陰是八月十五，這裏太陰太陽不知道是幾月，是出生月份，按照正月懷胎，只能十月出生，如果太陰太陽是八字，那就是正月的某天出生）；帝姓本等連丁口（陳），帝名三丁及二丁（立）。

解析：根據這個預言，聖人姓名「土木連丁口」可以推出繁體字的「東」字與「柯」字。其中帶東的姓為「陳」。「柯」比較小眾，加上別的預言比如「來自田間第一人」也指向了繁體字的「東」，這裏採用「陳」的說法。是兔年生人，符合聖人「火兔」的屬性，為丁卯火兔年生人。這個比較難猜測，網路上說法眾多。可以結合開口張弓之讖去猜測，但是這裏並沒有說到「弓」。

2、若逢末劫之時，東南天上有「孛星」出現（兩廣地區叛

亂），長數仗，形狀如龍，後有二星相隨（木葡之人和賀之君），東出西入（叛軍入川陝），晝夜賓士，放光紅赤。前一星紅光閃灼，後二星其光黃白，天下萬民見到，即知是「末劫」來到。

解析：這裏說的兩星製造出末劫，正是李淳風《藏頭詩》裏的木葡之人和賀之君。根據各類預言總結，他們會入川陝，可能會炸掉三峽大壩，然後和中央軍隊形成南北對峙，同時美日侵略東北。

3、善者又遭惡人害，天使魔王下界來，闔家加憂愁。鼠尾牛頭，男兒盡殺臥荒丘，女子作軍儔。黃斑惡虎如家犬，晝夜尋門咬人並豬羊。天下盡損傷人命，畜命亂縱橫，不疏是親情。造惡之人都盡死，住宅歸鄰近。百里行程無一家，目擊起黃沙。良田萬頃將何用，永無人耕種。

子丑之年江南客，死者萬萬欠棺材。

子丑年逢田野眠，江南災難由又可，河北地上淚漣漣。發心啓原早作福，方免災難保安寧。

解析：這個預言說的魔王應當是木葡之人，根據預言的其他部分來看，這個魔王也是帶著使命的，就是要消滅惡人，但是老百姓也會跟著遭殃。鼠尾牛頭年，正是2044年的鼠年，戰爭開始，男兒戰死，女人被軍人侵犯，人們大量死亡，買不到棺材，導致人煙稀少，野生動物或者拉壯丁的人很猖狂。造惡的人要死掉，有些人家全家都沒了，住宅就成了鄰居家的了。有的地方百里沒有人煙，戰爭把沃土變成了焦土，很多土地都沒有人耕種了。戰爭受災區域是河北地區，應當是南軍瞄準了北京地區，而江南是雙方部隊僵持不下，總體中央軍隊在鼠年牛年，也就是2044到2045年會有不利的局面。只有火龍出山接下平叛的重任，中央軍隊才能有一些抵抗力。

4、姑娘姐妹守空房，流淚哭爹娘。人與畜生都死了，難見聖明

君。

　　風雨七日七夜昏，鳥無宿處人難過；荒郊白骨滿乾坤，洪水飄蕩人煙少（三峽被炸）。

　　解析：丈夫戰死，女人守空房，家畜也死了，鳥獸受到戰爭帶來的災難，荒郊野外都是白骨。三峽大壩壞了以後，水淹很多地方。這時候看不到有結束的苗頭，是戰爭剛剛起來，聖人還沒有行動。《金陵塔碑文》記載了同樣的事情：一氣殺人千千萬，大羊殘暴過豺狼。輕氣動山嶽，一線鐵難當。人逢猛虎難迴避，有福之人住山莊。繁華市，變汪洋。高樓閣，變坭崗。父母死，難埋葬。爹娘死，兒孫扛。萬物同遭劫，蟲蟻亦遭殃。

　　5、寅卯之年八九月，遍地人死不堪言；米熟五穀無人吃，絲棉衣緞無人穿；專心敬信此因果，幾多白骨滿乾坤。

　　解析：寅卯年，也就是2046到2047年，正是戰事進入白熱化的階段，遍地都是死人，莊稼熟了，但是人口大量減少，沒有人去收糧食。以前製造的衣服也沒有很多人穿了。根據其他預言，經過龍年戰爭分化，中央軍隊占上風，但是戰爭結束還要等到蛇年。

　　6、一愁房屋無人住，盡是鬼神路。
　　二愁擾亂乾坤不安，州縣殺盡人。
　　三愁州縣無城郭，富貴皆零落。江南郡南百餘營，率土起軍兵。
　　四愁怕無人百姓不寬心，多少兒孫差作兵。
　　五愁辰巳年，世人都死盡。絲棉無人問，只見明王不見人，不論富與貴。
　　六愁米豆連天下，一斗千金價。忽遭凶年總是空，何處見人蹤。
　　七愁少女無人要，漸漸成狼籍。
　　八愁太平難得見，死盡絕人煙。

九愁十女共一夫，早嫁莫零孤。

十愁雷電黑暗風，難見明王清世界。

解析：戰爭過程中，因為死去的人太多，導致房屋沒有人住，州縣裏隨意殺人，富人都被搶劫，也就是文中的「零落」。兒孫被抓壯丁去當兵。辰龍巳蛇年，也就是2048到2049年戰爭接近結束的時候，世人都死的快沒有了。只能看到明王，也就是火龍在位或者聖人做了王，但是百姓凋零了。這時候糧食價格很貴，一斗值千金。但是因為少男戰死沙場，少女沒有人要。到處看不見人的蹤影，到處都沒有人煙。男人十個裏面死了九個，結果十女才能有一個丈夫。越早嫁人越好，要不然只能孤苦伶仃。

7、五公歌曰：

山南山北人煙少，普天率土動刀兵；

破田之年兩個月，多少兒孫差作兵；

有日到頭湯潑雪，從新更立太平春；

九女一夫莫人笑，荒郊白骨亂紛紛；

更慮他時人絕種，十分之人在一分；

榮華富貴休貪戀，三五年時盡轉身；

絲棉五穀無人受，萬兩黃金化灰塵；

惡者不信當除滅，善人得見聖明君；

五公菩薩偈曰：

山南山北人煙少，普天率眾起刀兵；

破田之年兩個月，多少兒女差作軍；

有日到頭蕩凌雪，從新更立太平春；

九女一夫莫人笑，荒郊白骨滿乾坤；

更慮他是人絕種，十分之人去九分；

榮華富貴休貪戀，三五年來盡轉身；

絲棉五穀無人受，萬兩黃金化作塵；

惡人不信皆除滅，善人得見聖明君；

　　解析：我們需要著重看裏面的死亡人數，裏面是「九女一夫」，而且「多少兒女差作軍」，女人也有上戰場的，「十分之人在一分」、「十分之人去九分」，十個人裏面只剩下一個存活。這場戰爭很慘烈，現代化戰爭打了五年，可是死去了這麼多人。如今中國有十四億人，那麼戰爭過去後只剩下了1.4億人。從1840年鴉片戰爭起至1949年中華人民共和國建立前，從人數來看，中國人口到19世紀中葉已經超過四億，儘管有鴉片戰爭、八國聯軍侵華、軍閥混戰、抗日戰爭、國共內戰，人口仍舊是從1841年的4.13億增加到1949年的5.41億，在109年中增加了31%以上。這一速度，遠遠超過中國古代的人口增長速度，但大大低於前100年，即從1741年（清乾隆六年）的1.43億增加到1840年（第一次鴉片戰爭）的4.13億的速度。那麼這五年戰爭將超過之前所有的戰爭，一次讓人口減少12.6億，退回到和乾隆六年人口差不多的數量。

　　我們再看看各朝代人數最多時候的人口數量。秦朝2650萬人，西漢5850萬人，東漢5600萬人，三國2650萬人，西晉3600萬人，南北朝4000萬人，隋朝4500萬人，唐朝9000萬人，五代十國3200萬人，南宋1.32億人，元朝8660萬人，明朝2.15億人，清朝4.32億人。那麼各朝代最高峰人數之和在12億7610萬人，如果加上夏商時期人口幾百萬，春秋時期人口超過千萬，那這次死亡人數幾乎是中國自古歷朝歷代人口巔峰期的人死絕了。

　　這是中華民族巨大的災難，如果說第三次世界大戰是中國一致對外，在世界上合縱連橫，那麼這次國內的戰爭基本上算是中國的一個末日，這是末日劫難，很多預言都在此終結。剩下的這1.4億人口，讓中國人口和俄羅斯、墨西哥、日本、菲律賓淪為同一線，甚至比不上孟加拉，想要復興就難上加難。

8、與君分明說原因，英雄盡是公家奴；總是江南大丈夫，臨時尋覓定應無（英雄出，局勢定）。

解析：英雄都是朝廷的人，普通人沒有權勢，很難參與進去。現在不是古代那樣，年輕人拿著刀上戰場就能建功立業，還需要有雄厚的背景來調動軍隊。江南地區的火龍，「紫金山上美人來」，根據其他預言，應當是火龍帶領南京軍隊維持住了局面。

9、後出明王清帝君，山河光彩換朝廷。

解析：紫薇聖人出面拯患救難，和火龍一起更換了時代。

10、懸針直向裏頭生，此是聖人名。卯時君王登龍位，永遠無災危。勸汝切莫向前挫，便是安身所。太平普化好風光，彌勒坐朝堂。

解析：猜測「懸針直向裏頭生」應當是「立」。「卯時君王登龍位」對應「戰火連綿百姓苦，唯有玉兔上龍床」，火兔聖人登上龍位，帶來了和平。如果是卯年，應該是2047年，但是這時候戰爭甚至還沒有分化出強弱，聖人登龍位太早了。如果是2059年，那麼2048年貞朝成立，中間十一年，還可以有一代君主，到時候聖人七十二歲，已經無力再做君主，可能是年輕的紫微星在2059年即位。按理說2048年貞朝成立後，2049年戰爭才結束，競選國君要在兩年以後理順普選思路後才能進行，更何況當時經過戰爭之後，百姓流離失所，不適合有大的政治風波，那麼競選就要更加推後。但是根據這段話，又確實是聖人登上高位，這個聖人帶來太平，彌勒坐朝堂，就是說紫薇聖人就是彌勒，這和很多預言貼合。那麼如果是火龍在2048年後做君主十年，聖人在2059年經過普選即位，兩個人基本上都要穿著紙尿褲執政。兩個人在歷代開國君主中算是最老的了。以當前美國總統拜登的身體狀態來看，做君主是一件非常苦的差事。拜登已經在嚴肅的場合

打瞌睡、摔跟頭、拉褲子了。

第十四章：《格庵遺錄》與弓乙靈符

　　《格庵遺錄》是韓國古代的一部預言書，全文共計六十篇。作者南師古，生於1509年，死於1571年。南師古少年時去金剛山遇一神人，將神人所述祕訣記錄下來成爲《格庵遺錄》。

　　《格庵遺錄》從末世之初至新的世界之誕生，將其過程分階段道出。《格庵遺錄》用大量筆墨預言了聖人在末世之際救度眾生的經過，和其他預言中關於聖人的預言相互印證。

　　《格庵遺錄》有大量的修煉術語，字句重複，很難看懂，但是，預言說得再多，都是圍繞幾句話說，只要把核心的幾句話提出來、弄明白，其他的可以暫時擱置。

　　另外，《格庵遺錄》有大量的關於聖人未出山時候的描述，聖人不被人理解（若是東方無知聖，英米西人更解聖，若是東西不知聖，更且蒼生奈且何）。甚至可能連聖人上過的大學、用過的筆名都說了出來（鄭本天上雲中王）。影響一個人幸福感的是童年，決定一個人社會目標的是青少年，相對於其他預言側重描述聖人的功業，《格庵遺錄》可以說是較爲體貼。但是那些是聖人自己應該瞭解的，他可以對著鏡子自己照一照，顧影自憐一下。

　　裏面也寫了聖人生活非常困苦，比如「隱居密室生活計」，可以看做是蝸居並爲生活忙碌。另外有「隱居密室依天兵」，當然這一句可能也不是在說聖人，這段話中間也出現了將軍火龍。裏面有說聖人或者火龍從監獄中出來的情節，很可能是說聖人，但是別的預言是說火龍受困，聖人應該是沒事，「龍蛇之人不免獄」等等，就像諾查丹

瑪斯預言說的，很多人認爲是說聖人受困要到法國，可能性不大，而且很像是孤例。《格庵遺錄》的前後邏輯不夠清楚，所以很多是猜測，聖人本人應該能看懂一些。《格庵遺錄》的價值現在眾說紛紜，但是並不是很值得花大的心思去研究，因爲也容易產生誤解。

別的預言裏就很容易看出來，聖人出身貧寒，較爲貧窮，這是現在較爲公認的內容，值得研究的是，其中有預言顯示聖人是從普通老百姓直接成爲民選國君的，可能是在本朝受到了一些壓制，因爲「群陰懾服」，爲朝廷出的主意可能是對權貴產生了影響，很難被重用。這也無所謂了，因爲現在離戰爭已經越來越近了，聖人也沒辦法避免這場戰爭。更何況戰爭本身就是改革到激烈後的狀態，不激烈又不能改變現狀。

《格庵遺錄》晦澀難懂，可能聖人自己能看懂一些，最主要是從裏面挖一些和聖人本身相關的一些知識，所以他去看相對來說簡單，我們研究《格庵遺錄》的效率並不高，對於整體的預言遠不如《推背圖》、《燒餅歌》、《乾坤萬年歌》等等，對於我們避免災禍又遠不如《五公經》、《龍華經》。而且裏面有說錯的地方，比如「斥儒尚佛」，聖人是「儒童老祖」，「不相僧來不相道」，主要還是以儒家身分來出現的，當然了，用佛教來統一基督教，尤其是已經成爲基督教國家的韓國還是相對方便一些的，《格庵遺錄》就出自於韓國，所以這些是非論斷又不是絕對的。裏面也有一些別的預言沒有的內容，比如聖人出山時間的說法，裏面把聖人出山時間說的不是固定的一個時間，「聖之出世三有」，在三個不同階段出山，會有不同的作爲，「辰巳午未先動之反，申酉戌亥中動之生，寅卯辰巳末動之死，巳午未樂堂，興盡悲來，一喜一悲，苦盡甘來，天呼萬歲」。甚至說了聖人創業的事情，「雞龍創業，曉星照臨」，這和算命差不多，能看一下聖人本身的運勢，但是也不一定就很準確。

建議多看看其他的預言。剩下有時間後，在把別的預言研究透了以後，再去《格庵遺錄》查漏補缺更好一些。

現在最重要的是弄清楚2044-2049年的那場戰爭，根據現在政治

層的變化，已經越來越接近預言描述的情景了，到時候聖人會有拯患救難的任務，可是聖人現在還沒出現，時間已經挺緊急。這個時候如果做一些學問上的研究，更容易把握住頂層變化。預言是一個捷徑，說出了路標和結果，就像簡單介紹了一段歷史，避免走彎路，但是這段路具體怎麼走，如何能走到，爲什麼要走到那樣的一條路，就遠遠不是預言能說明白的了。

本文我們不探討關於聖人自己生活狀態的內容，這些和我們關係不大，我們可以探討其中很功利的內容。

本次要從中提煉的，是包括第二十二篇「弄弓歌」、第四十四篇「弓乙圖歌」等內容，它們指出，聖人將創制「弓乙靈符」、「中天印符」，並且詳細闡述了「弓乙靈符」的樣子。

我們來看看《格庵遺錄》中關於「弓乙靈符」的描述。

第一節：彌勒佛與弓乙靈符

一、伏羲帝與先天八卦

始祖伏羲稱太昊，先天八卦開天道；

曾經轉生周文王，後天八卦辟地道；

末世再爲彌勒佛，中天印符興人道；

善始善終救眾生，弓乙靈符把命保！

「少男少女先天河圖羲易理氣造化法」

「開闢以來初逢運三八木運始皇出」、「五帝中之首上仁易理之中祕藏文句」、「儒佛仙三理奇妙法用之易理出現也」

「大小白何爲河洛之數」、「龍馬太白靈龜小白」、「兩弓不和背弓也，雙弓相和彎弓矣」

二、周文王與後天八卦、周易

伏羲始皇再轉世，文王拘而演周易；

鳳鳴岐山應劫出，後天八卦天下治；

兩木聖人臨末世，弓乙靈符來救世；

末世審判辨正邪，人獸分別兩端日！

「先天河圖已去之後天洛書到來也中男中女後天洛書周易理氣變化法」、「八卦陰陽著亂故相生變爲相剋也八卦磨練周易法四時動作一般之」

「八卦六十四爻數易理出現紅桃花」

「大小白何爲河洛之數」、「龍馬太白靈龜小白」、「兩弓不和背弓也，雙弓相和彎弓矣」

三、彌勒佛與中天印符（弓乙靈符）

東來佛祖名不虛，轉輪聖王彌勒出；

拯患救難唯聖人，萬王之王救世主；

弓乙靈符神印符，廣濟蒼生活人符；

三教聖人同住世，人心歸正得厚福！

「左右弓間彌勒佛龍華三界出世之」、「欲知弓弓乙乙處只在金鳩木兔邊」

「後天洛書又已去中天印符更來時長男長女印符中天正易理奇造化法」

解析：通過以上的訊息，我們知道聖人的思想體系是來自八卦周易，並且派生了「弓乙靈符」也就是「中天印符」。「中天印符」是說它的功能，而「弓乙靈符」是在說它的形狀。而且「左右弓間彌勒佛龍華三界出世之」，這個「弓乙靈符」在形狀間蘊含著彌勒佛龍華三界的訊息。我們再看看關於「弓弓乙乙」的具體描述。

「河圖洛書無弓（窮）理大聖君子出世也」、「外有八卦九宮理內有十勝兩白理」、「大小白何爲，河洛之數」、「落盤四乳十字（是）四乙中（爲）十勝（也）米字之形背盤之理，四角虛虧亦十字」、「利在弓弓祕文也四弓之間神工夫矣」、「兩弓不和背弓也，雙弓相和彎弓矣」、「乙乙縱橫十字是，乙乙相和幾元之數」。

「禍因惡積不免獄人獸分別兩端日」、「天道者生無道者死」、「三神帝王始出時善者多生惡者死」、「天降弓符天意在拯濟蒼生誰可知」、「欲識蒼生保命處吉星照臨眞十勝」、「時言時言不差言廣濟蒼生活人符」。

根據這些內容，「弓乙靈符」有「兩弓不和，雙弓相和」、「乙乙縱橫十字是，乙乙相和」、「落盤四乳十字，四乙中十勝，米字之形背盤之理，四角虛虧亦十字」、「四弓之間神工夫」、「吉星照臨眞十勝」的屬性。大致推斷圖形有如下兩種：

其中圓形圖是「兩弓相和」，右邊的「亞」是「兩弓相背」。我們之前講過，我國古代官服的「亞」紋章是最符合這個說法的符號，這也是聖人「龍彰其服」中，官服上有的一個圖形。

前面的圖像大致就是一個圓形天盤分爲三種顏色，分別是藍、綠、黃，代表天、動植物、地。上面的十字星代表的是紫微星，應和了關於紫微星和聖人的關係。其中有四個「乙」字，兩個相合的「弓」，縱橫成爲十字星的樣子，四角虛虧，也就是無稜角，落在天盤當中。

《古蘭經》講到，穆聖說：「指著掌管我的生命的眞主盟誓，公斷的、公道的爾薩聖人將要降世，他毀十字架（解析：統一各個宗

教），消滅豬類，廢人丁稅，那時，財多得無人接受，禮一番拜勝過擁有整個世界。」

爾薩聖人是以重建和統一各教來達到毀滅十字架的目的，而基督教的十字架沾染了太多歐洲人的原罪和蒙昧，不適合作為新的更好的教化，所以基督再臨和爾薩聖人降臨，可以用新的十字架代替舊的十字架，也算是基督教裏的新人代替了舊人，進入神的國度。

這裏還有一個關鍵問題，就是「儒佛仙三理奇妙法用之易理出現也」、「左右弓間彌勒佛龍華三界出世之」。關於前者，這個圖示和易經有關聯，我們後面會講到，你可以簡單拿天盤中三種顏色對應人的「精氣神」，來創造出新的易經詞文，但那只是一個概括，相當於把很多內容強制塞進一個小包包裏面。而後者說到圖示和彌勒佛的龍華世界有關聯，那麼我們完全可以把教化超市就按照圖示的啟示建設出來。

以上說法是根據各個教化的預言內容搭建起來的一個猜測。乍看之下，這個圖示本身沒有什麼含義，也並不能給予太多期望。它只是對祖教、宗教、民教、社團教的一種概括，也就是說，頂部小的地方，是祖教、宗教的體積。中間膨脹的，是民教的體積。下面變小變窄，是社團教的體積。也就是說，這個十字星代表的是各類教化對人們生活的指導和影響力，代表的是教化超市的建築模型。我們真的把四類教化按照祖祠、宗祠、民祠、社祠的樣子建造起來，大致就是這樣一個十字星的樣子。另外，弓乙靈符不知道是不是和《推背圖》47象中，紫微星的書架相關，裏面大概就是教化超市貨架的樣子，讓人們自己從裏面找適合自己的教化。

第二節：由「弓乙靈符」延伸的教化構造

具體的教化分門別類，要建設五大建築群來說明這個問題。

整個園區中心構造和弓乙靈符的結構相似，超市的貨架也是這樣的。

1、祖祠：祖教興隆萬古傳

首先是祖祠，大致來說，祖包括伏羲、黃帝、炎帝、堯舜、姬昌、姜子牙、老子、孔子、孫思邈等人，人數很多，而且從低調的風格來看，最好不要安排具體的人。讓歷史上的各人來自動歸位。不放人，要放書，比如《易經》、《八卦》、《黃帝內經》、《道德經》等。祖中很多人都是沒有留下名字的，比如《黃帝內經》的作者們，歷史上隱沒的祖系聖人非常多，這些人默默隱藏在人群，通過改善教化、風俗、醫學等，來改善了人的體質，提升「本體」的通透度，讓中國人精神上非常有靈性。

2、宗祠：三教聖人同住世

宗祠裏的人物包括孔子、孟子、朱熹、二程兄弟、陸象山、王陽明等人物，孔子可以歸於祖祠，可以歸於宗祠。在宗祠裏，最好也不要建立塑像，只是把宗學的書籍擺放在裏面，比如《論語》、《近思錄》、《二程全書》、《傳習錄》等書。

3、民祠：萬國低頭拜彌勒

民祠是最大的，要分成七個以上的分區。

第一個，是兩大民教教派，佛教和道教。

第二，是理念教，包括道德、正直、誠實、善良等辭彙，其中每個辭彙用一個形象來表徵，很有藝術感。「誠摯」的形象是向上看的兩顆眼珠，眼神中表現出期盼和試探。「道德」一團上大下小的雲霧。「正直」形象是衣裝筆挺的人有一個肉嘟嘟的大臉盤。「誠實」低著頭用試探的眼神向上瞧的小孩。「善良」淳樸農民形象，平易近人的笑臉。「高尚」一個男根頂著一顆心。

第三個是科教，其分類目前還不明晰。但僅是十三大門類：哲學、經濟學、法學、教育學、文學、歷史學、理學、工學、農學、醫學、軍事學、管理學、藝術學。

第四個是巫筮教，包括拜火習俗，占卜習俗等。可以放置一些塑

像，在燒龜甲，在拜火，在占卜等等。

第五個是習俗教，放一些好的風土人情的東西，場景佈置溫馨華美。包括趕大集的場景，過年的場景，過中秋的場景，過端午節的場景，以及其他節日場景，以及二十四節氣的表述。

第六個是歷史教，主要是歷史經驗形成的有關社會管理和爲人觀點的教化。可以放置各朝各代的著名人文景觀，比如商朝的鼎器，春秋的孔子帶弟子周遊列國，邯鄲學步，屈原跳江，春秋五霸。戰國可以放置秦朝兵馬俑。漢朝放黃帝內經，征戰匈奴等。晉朝放竹林七賢，宋朝放清明上河圖，選取每個朝代具有代表的人、事和藝術品。

第七個是傳說教，是人們觀察一些社會事件結合人群品性產生的故事。比如伏羲和女媧的故事，嫦娥奔月，大禹治水，姜子牙封神，七仙女和牛郎，雷峰塔鎮白蛇，梁祝化蝶等等。

4、社祠：世宇三分，有聖人出，神臺重排榜

社祠裏面可以佈置一些牌位，分四德天，根據歷史人物來排功德。另外，增加「無德天」，位置在大地。

政治人物在歷史上最耀眼，也非常多，但是主要還是加入許多醫學人物，比如醫神華佗，藥神李時珍等，這些人位置比較高，放在一德天。

文財神比如子貢，可以放在二德天。武財神范蠡則放在四德天。商神胡雪巖放在四德天或無德天。財神是比較受歡迎的形象。

文判官包拯，武判官海瑞，放在一德天。順應時代的需求，以後文武判官會是端正律法的代表。

在這裏，牌位只是論功德的表現。道教封神榜是眞正的封神榜，有知識體系做基礎，並且已經形成非常濃厚的民間文化。而華林園中的牌位，只是稱量歷史名人的功德，其教化主旨仍舊歸於百姓。但沒有照顧到百姓生活，而是偏向於社會調節，和道教封神榜並行不悖，而且以道教爲主。

預言中有關於聖人再封神的說法，不過這次封的都是古人，是爲

了給今人樹立榜樣。

第十五章：瑪雅預言彩虹戰士

外國的預言尤其是西方的預言，很側重對紫薇聖人和第三次世界大戰的描述，比如瑪雅預言、霍比預言、《古蘭經》關於爾薩聖人的預言、《聖經》關於基督再臨的預言、諾查丹瑪斯預言、珍妮‧狄克遜預言等等，這是全世界的大事件。但是它們對2044-2048年中國內部四年內占的預言，遠遠比不上國內的預言。國內的預言中很多在貞朝建立之後戛然而止，在2044-2048年花費了許多筆墨。但是全世界牽連到西方的預言，似乎並不在意中國內部的戰事，它對世界的影響也是相對較小。

外國的預言中，瑪雅預言是我們所知較多的預言。

一、瑪雅預言的彩虹戰士

在一九九五年十一月瑪雅所有土著部落長老的一次莊嚴的聚會儀式上，瓜地馬拉的瑪雅長老唐‧阿萊堅德羅宣佈了一個振奮人心的消息：「彩虹戰士就要誕生！」

彩虹戰士要追溯到瑪雅人世代相傳的一個古老預言。預言說：淺色皮膚的人（白人）將從美洲東岸登陸征服印第安人。後來由於人們無休止的對物質的欲望，地球上的情況變得越來越糟糕。對這些災難，印第安人幾乎無能為力。但就在這時，東方出現了新的曙光，印第安人重新獲得了力量，自尊和智慧。

預言說他們與許多顏色皮膚的兄弟姐妹一起開始努力改變地球。

在彩虹的旗幟下，所有種族和所有信仰的人們都將聯合起來，向四處傳播人類應與大自然和睦相處的觀念。具有這種意識的人將成為「彩虹戰士」。他們雖然被稱作戰士，卻繼承了祖先的精神，頭腦中有智慧的光輝，心中有慈悲的力量。他們不會傷害任何生命。傳說這些彩虹戰士通過非暴力的激烈鬥爭，最終制止了地球的毀滅和解體，和平與富足長久地統治世界，歡樂祥和的黃金時代終於來到人間。

以上的預言符合紫薇聖人、基督再臨的預言。《步盧大師預言》裏的世宇三分，包括中天中國、有業障的近邊天，有原罪的遠邊天，而雨後天邊掛彩虹，彩虹戰士就出現在邊天，我們可以稱為「邊天彩虹戰士」，與之對應，就有「中天戰士」，邊天有彩虹，中天就是紫薇星。

「許多顏色皮膚的兄弟姐妹一起開始努力改變地球」的預言符合《推背圖》「紅黃黑白（膚色）不分明，東南西北盡和睦」，也符合凱西預言的「第五人類」。「東方出現了新的曙光」則符合《聖經》中記載的「閃電從東方發出，直照到西邊，人子降臨，也要這樣。」

「頭腦中有智慧的光輝，心中有慈悲的力量」，是耶穌的特徵，也是彌勒的特徵。耶穌在天上的職位是大天使米迦勒，米迦勒就是彌勒，都在第四天兜率天或者太陽天教座天使或者色界天人知識。「通過非暴力的激烈鬥爭，最終制止了地球的毀滅和解體」，是說這些人在聖人思想的幫助下，共同解決了第三次世界大戰的問題，世界歸於大同。

那彩虹戰士是做什麼的？如果結合《聖經》關於「人子」的描述，他們其實就是人子監的學生，那些通過科舉考入人子監，準備掌管其他國家政治經濟的一批人。彩虹戰士的名字，是從美洲瑪雅預言中來的，那麼彩虹戰士會把美國變成中國的都護府。

西方現在建立的各種政治體制其實是非常落後的，和魏晉南北朝的士族門閥體制是一樣的，就需要用科舉在人間挖掘人才，讓哲學王來執政。

二、瑪雅預言的世界末日

　　瑪雅最著名的預言是關於「世界末日」的預言，它和基督教的「世界末日」、佛教的「末法時代」的預言是相似的，但是也具有自身的特點。

　　瑪雅曆法包括各類大週期和小週期，和中國的「三元九運」有類似。在瑪雅八百多個象形文字中，有四分之一已經被破譯，其中就提到了以瑪雅曆法（卓爾金曆）爲準的「世界末日」。在瑪雅曆法中，太陽系繞昴宿公轉一周時間爲兩萬五千八百年，每個週期又分爲五季，2012正是第五季，也是第五個太陽紀。在每一紀結束的時候，地球上都會上演一出驚心動魄的毀滅劇情。我們所生存的世界，共有五次毀滅和重生週期。2012年左右是「第五太陽紀」的開始，北半球的生命將枯竭凋亡，文明也將瓦解，人類只剩下得成正果的眞人回到低緯度過天人合一的遷徙生活。這一預言催生了《2012》等著名災難片。凱西預言未來會出現「第五人類」。

　　5125年爲一個太陽紀，瑪雅人記載的四次超級文明，現代文明最弱。

　　第一個太陽紀：根達亞文明，超能力文明，身高一公尺左右，男人有第三隻眼，翡翠色，功能各有不同。有預測的，有殺傷力的等等……女人沒有第三隻眼，所以女人害怕男人。但是女人的子宮有通神的能力，女人懷孕前會與天上要投生的神聯繫，談好了，女人才會要孩子。根達亞文明毀於大陸沉沒。

　　第二個太陽紀：第二個太陽紀是美索不達米亞文明，美索不達米亞文明是上個文明（根達亞文明）的逃亡者的延續。但是人們把以前的事忘卻了，超能力也漸漸消失了。在根達亞文明裏面，男的有第三隻眼睛，可是到了美索不達米亞文明男人的第三只眼開始消失。他們對飲食特別愛好，發展出各色各樣的專家，所以又被稱爲飲食文明。美索不達米亞文明發生在南極大陸，毀於地球磁極轉換。但以上只有少數資料有提到過，沒有什麼現代的理論依據。

第三個太陽紀是穆里亞文明，瑪雅人所推測的地球上的第三次文明，也稱生物能文明。是上個文明（美索不達米亞文明）的逃亡者的延續。美索不達米亞文明的先祖開始注意到植物在發芽時產生的能量，這個能量非常巨大，經過一個世紀的改良發明了利用植物能的機器，這個機器可以放大能量，該文明毀於大陸沉沒。但以上只有少數資料有提到過，沒有什麼現代的理論依據。

第四個太陽紀是亞特蘭提斯文明，光的文明，繼承上個文明，這裏用繼承，不用延續，是因爲，亞特蘭提斯是來自獵戶座的殖民者。他們擁有光的能力，是火雨的肆虐下引發大地覆滅。早在穆里亞文明時期亞特蘭提斯就建立了。後來這兩個文明還打核戰爭。

第五個太陽紀是最後一個「太陽紀」。我們存在的文明，情感的文明，會使用情感。

按照佛教說法，分爲「過去莊嚴劫」、「現在賢劫」與「未來星宿劫」三大劫，大劫中有「成住壞空」之八十增小劫，人類有不同的身高和年齡，時間很長，更像是把靈界也加了進來。道教則是元會運世，計算更爲複雜，有大小週期。

第十六章：北美印第安霍比部落預言

　　北美印第安古老的霍比（Hopi）部落因著名的霍比預言而聞名，「霍比」的原意是「和平的人民」。霍比人從祖先那裏流傳下了許多關於人類的起源、歷史及未來的預言。約在1950年，有人把它第一次用英語公佈於世，其中包含很多關於歷史的預言，如前兩次世界大戰都預測得十分準確。

　　根據霍比部落神話所述，他們曾與瑪雅人一同生活在墨西哥地區，後來在神靈的指引下，遵循神靈所給的地圖一路北上，來到了美國地區。神靈告誡他們要世代守護好腳下的土地，因為那裏蘊藏著足以毀滅世界的力量。

　　值得注意的是，霍比預言中的巴哈那（Pahana），來自東方的神聖力量。

　　霍比預言講到，地球將會面臨大的災難，雖然生存會很艱難，但是如果我們能夠走過來，那之後，地球將開始新一輪的人類週期循環。

　　談到災難，很多人都曾經問過：「我們能不能避免它？」答案是巴哈那（Pahana）——來自東方的神聖力量可以避免災難。巴哈那就是遠古時期與印第安霍比部落分散的他們真正的白人兄弟，當時去了東方，以後會從東方再回來。巴哈那並不是現在西方的這種白人，霍比人說「現在的這些白人貪婪占有，掠奪我們的財物。」而巴哈那真正的白人兄弟從東方回來的時候，膚色已經改變，不再是白色，但頭髮還將保持是黑顏色的。回來的時候他們還會帶來一種新的類似宗教

的信仰，他們懲惡揚善，統一世界。

「地球將會面臨大的災難」，是基督教的末日天啓，是瑪雅預言的第四文明的末期，也是《推背圖》預言的第三次世界大戰。「雖然生存會很艱難，但是如果我們能夠走過來，那之後，地球將開始新一輪的人類週期循環」，是瑪雅預言的第五文明的開始，也是《推背圖》預言的大同世界，也是佛教預言的未來彌勒的國土。

「來自東方的神聖力量可以避免災難」與瑪雅預言「東方出現了新的曙光」、《聖經》記載的「閃電從東方發出，直照到西邊，人子降臨，也要這樣」是相同的事情。

「眞正的白人兄弟從東方回來的時候，膚色已經改變，不再是白色，但頭髮還將保持是黑顏色的」是說中國人。一些考古證據發現蒙古人與北美印第安的瑪雅文化有關係，而美洲也發現了一些中國文化的器具。普遍認爲美洲人是中國商朝人通過白令海峽遷移過去的。另外，還有一種觀點認爲，埃及文明後來向東遷移，通過崑崙山到達中國。美洲人會製造金字塔，可能是通過中國聯通起來的。這些僅做參考。

「回來的時候他們還會帶來一種新的類似宗教的信仰，他們懲惡揚善，統一世界」，這個預言和紫薇聖人「百教合一」的信仰相似，它沒有其他教化的限制，和「道」一樣相容並包，通過「中天學派」來製作教化超市，讓百教和諧共處，讓百姓各取所需。這一個預言也符合基督教中基督再臨以後要主持末日審判、清算人的靈魂相同。「統一世界」符合《推背圖》的天下大同，也符合彌勒轉輪聖王的預言，也符合基督教「萬王之王彌賽亞、基督再臨」的預言。

那總體來看，霍比預言就是說中國人會用新的類似信仰的教化來教育美洲人，這和瑪雅預言的彩虹戰士差不多，就是人子監的國學知識來培養政治文化和經濟人才，讓這些人成爲彩虹戰士。

霍比族人通常是通過口口相傳的方式來傳承部落的文化和歷史，找到書面記載是非常困難的。但是他們有一塊具有上萬年歷史的石刻，因爲它準確地預言而被稱爲預言石。和瑪雅記載一樣，裏面有幾

段古老文明的記載。

　　根據當前主流的解析，左邊的大人象徵偉大的高級生命，手指此預言，兩條水平線指兩條不同的發展路線：上邊的線象徵沒有精神約束的科技之路，下邊的線象徵精神之路。有三條豎線，第一條是此預

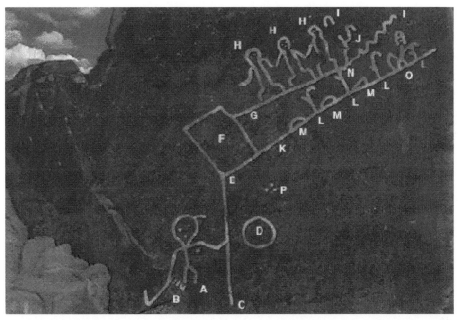

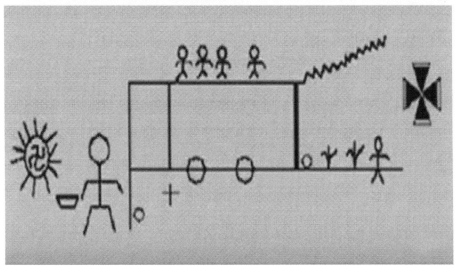

言的開始時間；第二條表示某個時間人類將決定走哪條路，實證科學之路還是精神之路；下面的線上的兩個圓圈象徵兩次世界大戰；最後一條粗的豎線是最後一條決定走哪條路的時間，也就是今天。如果選擇物質之路，結果將曲折而至毀滅；而如果選擇精神之路，結果將和平而和諧。

　　另外，有解析認為，左邊的大人是偉大的高級生命，他左手上的碗代表他對霍比部落要放下武器的訓導，高級生命右邊的豎線象徵以成千上萬年為計的時間比例，線上高級生命所觸的一點是他將回來的時間。高級生命所開闢的生命之路，分為下面窄些的與自然和諧融洽的連續生命之路，以及上面寬些的一條白人的科技成果之路。十字是基督教義，十字之上，兩條路之間的豎線指白人的到來，十字下的小圓圈代表連續不滅的生命循環。上面一條路表明部分霍比部落的人將受白人表面文明的誘惑而走向白人的道路。下面這條生命之路上的兩個圓圈是第一次世界大戰和第二次世界大戰。圖最左邊太陽之中的符號與古老的佛家卍符號相同，和圖最右邊的核輻射相似的圖示（據說與基督教有關）象徵著Pahana的兩個幫助者，Pahana是印第安人的真正的白色兄弟。兩條生命路線之間的第三條粗豎線代表人類在科技之路走向曲折之前返回自然的最後一次機會。隨後的小圓圈即是霍比人所說的「生命大淘汰更新期」，也就是現在。再之後穀物繁榮生長，高級生命重回地球，也就是新一輪的人類。

第十七章：《聖經》預言

　　《聖經》啓示錄預言，基督再臨會自稱人子，穿著齊腳踝的長袍，繫著金色腰帶。

　　現在我們知道的，基督再臨是彌賽亞，彌賽亞就是彌勒，根據聖經啓示錄記載，它和彌勒在兜率天講法時候的場景是一樣的，幾乎是一模一樣。

　　那有人就奇怪了，紫薇聖人出現以後，爲什麼會在國外自稱人子呢？這涉及到國子監的變形。國子是什麼？國子就是一個國家的孩子，他把百姓當作父母，把國家當作家庭，如果家庭不幸，那麼他們會默默承受國家的苦難，努力改善它，一直到他成長爲國士，成爲這個家庭的大家長，這時候愛民如子，敬民如父，爲這個家庭而努力。

　　雖然是國子監，但自古國子監都是全球化的，外國人也可以來參加科舉考試，考得好可以當官。但是到了現在呢，國子這個詞就有些狹窄了。從全球的事業來看，不如就稱爲「人子」，把全人類的社會當作一個家庭。說人子這個詞有點貶低自己，但是人在低處才能納百川，在基督教世界中，the son of man，其實並沒有貶低的意思。

　　通過對基督教理念的分析，可以發現基督教能夠融入佛教。

一、《啟示錄》與《彌勒上生經》相同

　　《啓示錄》對比《彌勒上生經》，可以知道，耶穌再臨的時候，和彌勒上升的場景是一樣的，可以說把兜率天的淨土帶到了人間，實

現耶穌人間天國的願望。《彌勒上生經》是說聖人在天堂的樣子，也可以認爲是大天使米迦勒在天堂的樣子。

1:13燈檯中間，有一位好像人子，身穿長衣，直垂到腳，胸間束著金帶。

注解：漢服，人子監學子。

1:14他的頭與髮皆白，如白羊毛，如雪。眼目如同火焰。

注解：彌勒菩薩眉間有白毫相光，眾光顯耀百寶色。

4:2我立刻被聖靈感動，見有一個寶座安置在天上，又有一位坐在寶座上。

4:3看那坐著的，好像碧玉和紅寶石，又有虹圍著寶座，好像綠寶石。

注解：碧玉是說彌勒的頭髮是紺青琉璃色，紅寶石是說彌勒有摩尼如意珠如甄叔迦寶（赤色寶），又有虹圍著寶座是七寶射出的無量光及帷幔。

4:5有閃電、聲音、雷轟從寶座中發出。又有七盞火燈在寶座前點著，這七燈就是神的七靈。

4:6寶座前好像一個玻璃海，如同水晶。寶座中和寶座周圍有四個活物，前後遍體都滿了眼睛。

4:7第一個活物像獅子，第二個像牛犢，第三個臉面像人，第四個像飛鷹。

4:8四活物各有六個翅膀，遍體內外都滿了眼睛。它們晝夜不住地說：「聖哉，聖哉，聖哉，主神是昔在、今在、以後永在的全能者！」

注解：玻璃海是琉璃溝，四個活物是獅子座四面的雕飾，其中主雕飾是獅子雕飾。寶座前的七展燈是獅子座前的七寶。三對翅膀是獅

子座前的蓮花。

4:9每逢四活物將榮耀、尊貴、感謝歸給那坐在寶座上、活到永永遠遠者的時候，

4:10那二十四位長老就俯伏在坐寶座的面前敬拜那活到永永遠遠的，又把他們的冠冕放在寶座前，說：

佛經：善法堂的四門外生四朵蓮花，水色交映，好像寶華流，每一朵花有二十四位天女。

7:9此後，我觀看，見有許多的人，沒有人能數過來，是從各國各族各民各方來的，站在寶座和羔羊面前，身穿白衣，手拿棕樹枝。

7:11眾天使都站在寶座和眾長老並四活物的周圍，在寶座前，面伏於地，敬拜神。

佛經：彌勒菩薩出現兜率天後，即時與諸天子，個個坐在蓮花座上，日夜六小時常常演說不退轉之法，不久即成就五百億天子，使他們在無上正等正覺得不退轉。

二、基督教的天國是佛教的欲界天

基督再臨會在人間建立天國。佛教的欲界天，就是基督教的天國。天堂小鎮設計靈感，是佛教、基督教、道教諸天。

基督教：天使6層天，上帝1層天或3層天。
佛教：欲界6層天，色界22層天，無色界4層天（三界）。
道教：欲界6層天，色界22層天，無色界4層天（三界），梵民天4層（脫離輪迴）、三清天3層，大羅天1層。

根據對各層天的研究，其結果大致如下：

1、第一天

（1）佛教說法：四天王天

欲界裏邊，四天王天是最大的地方，大的分化有四層，是軍事戒備的場所，用來抵禦阿修羅的進攻，和人間在地理上相接，由四大天王掌管。

（2）基督教說法：月球天

稱為Shiamaim，由加百列（嫦娥）掌管。駐守此地的天使群也負責管理星星、氣象等等。月球是最接近塵世的天界，信仰不堅者的居住地。

2、第二天

（1）佛教說法：忉利天

忉利天意譯「三十三天」，有三十三個天國。居須彌山頂巔，中央為主國帝釋天，為三十三天之主釋提桓因（帝釋）所居，四方各有八個天國，四角四峰。

（2）基督教說法：水星天

稱為Akira，大天使拉斐爾的領地、部分受懲天使的禁閉所亦設於此。水星天，力行善事者，死後靈魂居於此。大天使拉斐爾就是欲界天主帝釋天。

3、第三天

（1）佛教說法：夜摩天

自夜摩天以上之諸天被稱為「空居天」，脫離須彌山，相傳夜摩天界光明照耀，生於此天界之天人，身體輕盈潔淨，相親相愛，享受種種歡樂。其殊勝妙樂，遠非忉利天所能及。

（2）基督教說法：金星天

稱為Sagoon或Shehkim，支配天使為權天使Angel。在伊斯蘭教中，死亡天使Azrael領有此一天界。金星天是多情者的靈魂居所，和佛教的說法相同。

4、第四天
（1）佛教說法：兜率天

兜率天有內外兩院，「外院」是凡夫所住的穢土，「內院」是一生補處菩薩（即將成佛者）居住的淨土。釋迦牟尼佛為一生補處菩薩時，也曾在此天修行，現為補處菩薩的彌勒今也在此處說法教化。

（2）基督教說法：太陽天

稱為Zeble或Mahanon，由大天使米迦勒支配。啟示錄中所記載的天上耶路撒冷城，便座落於太陽天，以諾書亦聲稱生命之樹長在太陽天的義人之園中。太陽天，智者與聖者被安置於此重天。米迦勒是彌勒，太陽天對應大日如來，這一天的地位比較尊貴。按照佛教說法，居住在兜率天內院的聖者、智者應當是座天使。

5、第五天
（1）佛教說法：化樂天

此天眾生因能常思維修習正法，攝念正心，斷諸欲貪，修習善業，增長善根。於自身諸欲，不需假以知足念，貪念自然不生。得自在樂。故稱化自在天。但遇到外緣時，仍會被染著至貪念現前，不得自在。

（2）基督教說法：火星天

稱為Mahon，此天之北部為荒涼廢墟，設有天使的牢獄，南方則是舒適宜人。火星天的支配者一說為墮天使Samael。火星天，殉教者的靈魂被賜居此天。

6、第六天
（1）佛教說法：他化自在天

他化自在天佛教欲界六天中最高一層天。此界天眾自己不用變化出欲樂來享用，但是卻能隨意受用其他天人化現出來的欲樂目標，故曰他化自在。

此天為欲界之主與色界之主摩醯首羅天，皆為佛教中害正法之

魔。即四魔中之天魔。釋迦牟尼證道時，來試障害者，亦此天魔。或言第六天上別有魔之宮殿，魔住之，非他化天王。這與基督教第五天的墮天使Samael相似，基督教有一種說法，墮天使Samael（薩麥爾）就是撒旦。

（2）基督教說法：木星天

稱爲Zebel或Maccon，天使學習智識的所在，智天使的大本營。日與夜分別由Zeber、Saabs掌管。木星天是明君的居所，介於炎熱的火星和寒冷的土星之間，因此氣候宜人。根據這種說法，他化自在天應當是智天使也就是無色界天人學習知識的地方。

7、第七天：土星天、恆星天、水晶天，神的御座在此

因爲這裏太過閃耀，基督教世界的人是看不清楚這裏的。希伯來人認爲自己是座天使，能看到其中分爲三層，那麼「土星天」可能就是佛教中的28層「色界天」，「恆星天」可能就是佛教中的4層「無色界天」，「水晶天」則支持了道教的說法，是「三清天」，再往上是大羅天。佛教所說是當時的印度人有業障，中國則是人人心裏有一個理，一個太極，是能夠正面「神」的。可以猜測，有業障的印度人和自稱座天使的希伯來人，是「色界天人」，中國人則是「無色界天」人。

8、總結：佛教、基督教、道教IP合一的關鍵事件——六層天

根據基督教說法，天共有七層或者九層，其中最高的第七層或者第七、八、九層，因爲太過閃耀，普通的天人不能夠直視。那麼，這第七層到第九層天，不是基督教所能解釋清楚的。

基督教能解釋清楚的六層天，和佛教欲界六層天不僅是相似的，還是能夠互相彌補的。佛教沒有說清楚的地方，基督教的描述能補充。基督教沒有說清楚的地方，佛教能補充。而且基督教側重實際的形態，佛教側重教化闡述。

比如，第一層天，都是偏軍事化，用來作爲保衛天國的場所。

第四層天，佛教天主是彌勒，基督教天主是米迦勒。佛教說第四層天有內院，彌勒在裏面給天人說法，外院的俗天人進不去，甚至不能看到兜率天內院，這裏是淨土。而基督教說，第四天是米迦勒教授座天使知識的地方，低級天使不能聽到。下面會講到，座天使其實是色界天人，基督教補充了佛教的內容，說明兜率天淨土內的主要聽眾是色界天人，這也預示了彌勒教化的形態。

第五層天，基督教的說法，北部是荒涼的地方，用來禁閉天使。南邊是溫暖宜人的氣候，適宜生活。而佛教的說法，這裏是化自在天，眾生修習正法，從其下諸天攝取材料製作幻象，得到其中的歡樂。但遇到外緣時，仍會被染著至貪念現前，不得自在。這樣兩級的分化，正符合基督教對於此天的描述。

第六層天，基督教說是智天使學習的地方，佛教則稱爲他化自在天，這裏天人不僅於己身諸欲自然不起貪念。於外緣所遇眾生心念諸貪相亦能不染著，令貪念自然不生，得外緣自在。這裏的天人再向上就是色界人了，而智天使則是色界人或者無色界的人，可能在這裏又開了一個淨土培訓班。

道教與佛教的三界二十四層天相同，但是多出了梵民天、聖境四天。在這一點上，基督教比較支持道教，首先基督教諸天地位低於佛教和道教，不能進入色界天，這符合《聖經》福音書中耶穌預言，基督徒只有重生才能進入天國，現在，天國也就是色界天以上，還沒有向基督徒開放，需要先等基督再臨。而佛教諸天未及道教，佛教所述脫離輪迴脫離三界的難度非常大，提出梵民天會有更多迷茫，有人說脫離輪迴的阿羅漢、辟支佛、菩薩和佛分別住在梵民四天。基督教不仔細看是7層天，將色界天以上看成一個，但是仔細看是三層結構，其中分別是色界、無色界和梵民天，再往裏就眞的看不到了，因爲「上帝是不可質疑、不可猜測的」，否則只會理解錯。

三、佛教、基督教具有相同的天使、天人

基督教、伊斯蘭教都來自於猶太教，有一個共同的大天使：基督教的米迦勒、伊斯蘭教的彌額爾，其對應佛教的彌勒，在第四層天居住，太陽天也即兜率天。也對應阿波羅、太陽神密特拉等。成系統的教化中，天堂及天使是比較共性的存在，普通天使可達的六層天國可能是佛道的欲界天，熾天使是無肉體的脫離輪迴者，智天使為無色界天民，座天使為色界天民。可把這些內容做成一個文旅園林。

基督教有些教派認為耶穌在天上的職位是大天使，名字是「米迦勒」（《聖經》中出現的第一個熾天使，和「彌勒」發音相似）。季羨林和其徒錢文忠教授發現「佛家的未來佛彌勒佛和基督教的救世主彌賽亞是同一人」！彌賽亞、彌勒發音相似，同為至尊。未來基督再臨是彌賽亞，和傳說中彌勒末世渡人一樣。

佛教、基督教、道教IP合一的關鍵團體 —— 天人及九階天使：

神聖的階級
熾天使撒拉弗Seraphim（脫離輪迴）
智天使基路伯Cherubim（無色界天，中國人）
座天使托羅努斯Thrones（Ofanim）（色界天，如印度人和希伯來人）

聖子的階級（欲界天，基督教世界的人）
主天使托米尼恩斯Dominions
能天使衛爾特斯Virtues
力天使帕瓦斯Powers

聖靈的階級（欲界天，基督教世界的人）
權天使普恩斯巴利提斯Principalities

大天使阿克安琪兒Archangels

天使安琪兒Angels

　　按照基督教已經公認的天使體系，天使分成三類九等，其中較低的六等分布在欲界天，對應欲界六層天的教化。還有三等高等天使，分別是熾天使、智天使、座天使。

　　1、熾天使就是脫離輪迴的佛菩薩、阿羅漢：熾天使是天階中最高級「神聖的階級」的最高等級，對熾愛產生共鳴。意思是造熱者，傳熱者。極少從事任何勞動，唯一的使命（或云本質）就是歌頌神，展現神的愛。熾天使無形無體、與神直接溝通，是純粹的光和思考的靈體，以其振動創造生命，以赤紅的火焰爲象徵，是以太陽爲化身的最優秀的天使。

　　其中，以太陽作爲化身，符合「大日如來」的說法。唯一的使命是歌頌神，說明是在天界最高層，也就是梵民天以上，脫離了輪迴，很少參與人類活動。基督教見到的熾天使只有兩個，其中一個是米迦勒，也就是彌勒，另一個是分身，後來主管地獄的路西法，象徵基督教很少受到「上帝」的照料。而沒有形體的，除了熾天使，還有智天使。

　　2、智天使就是沒有形體的無色界人：智天使象徵神的智慧，其語源爲「仲裁者」或「知識」，意味著認知和看見神的力量。智天使有直接凝視上帝之光芒的能力，同時不動情地，純潔地和開放地接受來自上帝的光照（這符合中國「人人心中有一個理，有一個太極」）。熾天使及智天使，在正式的天使系統中應該是處於最內環的天，是無實體的存在。無實體的存在，除了脫離輪迴的佛菩薩，就是無色界天民了。同時，中國人可以通過戒除欲望修往無色界天，同時每個人心中有個太極，有一個道，這與基督教完全不同，按照基督教的說法，那麼中國人就是上帝選民，接受上帝的知識。而《聖經》福音書中耶穌不讓基督徒直接進入天堂，只有重生的基督徒才有資格進天堂，基督徒不可猜測上帝，是一致的。

3、座天使就是沒有人類缺憾的色界人：這稱號表明它們之中有一種對一切塵世缺陷的超越。它們毫無激情和沒有對物質的關懷而完全適宜於接受神聖的巡視。如果熾、智天使維持其純靈的存在體的話，座天使（掌管神的正義）才應該是物質世界和神國間的介面，是物質世界的基礎及來源。猶太教似乎認為所有希伯來人的祖先升天後，都會化為座天使，這個說法沒有被基督教採納。他們的特徵符合色界人的特徵，色界天人沒有凡人的各種欲望，只有精神上的享受，不用吃喝拉撒，也沒有肉欲，可以隨時變換身上的衣飾，身體輕靈，淨土主要針對色界天人，包括兜率天的淨土。

4、上帝就是「道」的具形化：基督教和伊斯蘭教都是發源於猶太教，有共同的幾位天使，典型比如大天使米迦勒（向穆罕默德傳遞《古蘭經》）。因為基督世界的人的原因，將「god」具形化，其實「god」是無實體的存在，它和「阿拉」一樣，「是天地萬物的創造者，他自有自在，無始無終，永恆，無形無相，至仁至慈，本然自立，全知全能，超絕萬物」，追本溯源，「阿拉」、「god」的描述更貼近於「道」。而「上帝」這個名諱，其實是道教的翻譯，類似「玉帝（全稱『昊天金闕無上至尊自然妙有彌羅至真玉皇上帝』）」、「真武大帝（又稱『玄天上帝』）」等。

「民心為帝」，聖人無常心，以百姓心為心，承接不同的民心成為不同的帝。

第十八章：教皇預言

　　教皇預言，也被稱爲「聖瑪拉基預言」，由十二世紀愛爾蘭的阿馬總主教聖馬拉奇所作。他二十五歲時成了一名神父，三十歲上成了主教，創設了愛爾蘭第一所基督會修道院。他有預言的能力，據傳他曾在1139年到羅馬訪問期間，經歷了關於未來的異象，看到最後的審判之前一百一十二位教皇的影像，他隨後列出了一長串的人物清單。他把這些幻覺寫在五頁羊皮紙上，把手稿交給當時的教皇英諾森二世。教皇讀了上面的內容，然後密封在檔案館裏。預言裏沒有留下這些教皇的名字，而是留下足供辨認的人物特徵，或是有關國家、臂章、勳章等線索的暗喻。

　　我們現在將部分教皇的名字與書中的綽號進行比對。

　　第一位教皇是雷定二世，西元1143年到1144年在位，他的預言是「臺伯河上的城堡」，據傳這位塞萊斯廷二世就出生在一座臺伯河邊的城堡裏。

　　第二位教皇盧修斯二世，西元1144年到1145年在位，他的預言是「被趕走的敵人」，這位教皇在任期被羅馬人趕出羅馬。

　　第六位教皇維克多四世，西元1159年到1164年在位，他的預言是「可怕的監獄」，這位教皇最終被關進一間淒冷的牢房。

　　第十二位教皇額我略八世，西元1187年在位，他的預言是「羅蘭之劍」，這位教皇的樞機物徽上有兩把相重疊的寶劍，1187年，聖城耶路撒冷被伊斯蘭勢力攻陷，這位教皇發出教令，呼籲整個基督教界重新拿起劍來，繼續聖戰。

第三十一位教皇聖雷定五世，1294年在位，他的預言是「孤獨的生活」，這位教皇是一位一個生活在山中的隱士，在當了幾個月的教皇後辭職又回到了山嶺生活。

第四十位教皇烏爾班五世，西元1362年到1370年在位，他的預言是「法國貴族」，他是法國人，出身貴族。

第五十八位教皇西克斯圖斯四世，西元1471年到1484年在位，他的預言是「礦工和漁民」，這位教皇是漁民的孩子，幼年父母雙亡，被做礦工的哥哥們養大。

第八十位教皇額我略十五世，西元1621年到1623年在位，他的預言是「和平的歷程」，他在任期最大的貢獻是讓當時禍害歐洲的五十年戰爭的各方達成了停火協議。

第八十一位教皇烏爾班八世，西元1623年到1644年在外，他的預言是「百合與玫瑰」，烏爾班八世出身的佛羅倫斯教區是以百合花爲象徵，烏爾班八世曾在其盾形徽章中，用了三雙採集百合和玫瑰花蜜的蜜蜂。

第八十二位教皇依諾增爵十世，西元1644年到1655年在位，他的預言是「十字架上的歡樂」，這位教皇就正在1644年9月16日基督教十字日當選爲教皇的。

第八十三位教皇亞歷山大七世，西元1655年到1667年在位，他的預言是「山峰的守門人」，這位教皇的家徽上中心位置就是一座山峰。

第八十四位教皇克雷芒九世，西元1667年到1669年在外，他的預言是「天鵝之星」，這位教皇出身在星星河旁，他在當選教皇之前居住的地方叫做天鵝廳。

第八十五位教皇克雷芒十世，西元1670年到1676年在位，他的預言是「大河」，這位教皇出身在羅馬，傳說嬰兒時曾被父母丟棄到羅馬臺伯河裏。

第八十六位教皇依諾增爵十一世，西元1676年到1689年在位，他的預言是「凶猛的野獸」，這位教皇的家徽上左右有一隻雄獅和禿

鷹。

　　第八十九位教皇克雷芒十一世，西元1700年到1721年在位，他的預言是「花朵周圍」，這位教皇出身在被稱爲花城的義大利城市。

　　第九十位教皇依諾增爵十三世，西元1721年到1724年在位，他的預言是「宗教的僕人」，依諾增爵十三世所在的家族出了九位教皇，是宗教僕人。

　　第九十一位教皇本篤十三世，西元1724年到1730年在位，他的預言是「戰場上的士兵」，本篤十三世是軍人世家。

　　第九十四位教皇克雷芒十三世，西元1758年到1769年在位，他的預言是「翁布里亞的玫瑰」，克雷芒十三世在成爲教皇之前，做過翁布里亞的總督。

　　第一百零一位教皇庇護九世，西元1846年到1878年在位，他的預言「來自十字架的十字架」，庇護九世在義大利革命中被迫身背十字架，而逼他的義大利皇室家族家徽上就有一個大十字架。

　　第一百零四位教皇本篤十五世，西元1914年到1922年在位，他的預言是「受苦的宗教」，在他的任期間經歷了一戰，西班牙流感和十月革命，天主教會受到了很大的打擊。

　　第一百零八位教皇保羅六世，西元1963年到1978年在位，他的預言是「花」，其牧徽上有三朵法國百合花的樣式。

　　第一百一十位教皇約翰・保羅二世，倒數第三位教皇，他的預言是「太陽的工作」，他的出生日和葬禮日都是一個日食日。

　　第一百一十一位教皇本篤十六世，是天主教第二百六十五任教皇，他的預言是「橄欖的榮耀」，將會是世界末日最終審判前的倒數第二位教皇。

　　教皇預言的最後一任教皇是方濟各，他的預言是「羅馬人彼得」。方濟各的父親是由義大利移民至阿根廷，因而教皇方濟也有義大利血統，符合「羅馬人」的預言。

　　教皇預言最後也是最長的一段預言漢語譯文是：「在對神聖羅馬教會的最後迫害中，（教會）將由羅馬人彼得所統治。他將在苦難中

牧養主的羔羊。當這些完結後，七山之城將會被毀滅，令人敬畏的天主將審判他的子民。完結。」

裏面說現在的教皇方劑各將是最後一任教皇。方劑各之後，七山之城將會被毀滅，令人敬畏的天主將審判他的子民。這時候就是天主將會出現，親自來審判子民。而珍妮預言中國聖人，也就是紫薇聖人的時候，其中一個場景就是看到教皇的寶座空無一人，教皇在旁邊流著血，無數只雙手伸向寶座。那就是說，聖人這一生必定是要和教皇產生交集，結果就是教皇從寶座上被拉了下來，那無數只雙手，就是被教廷迫害過的人，我們知道歐洲黑暗的中世紀中，教廷做了很多錯事，現在也在做錯事。

現在的教廷其實和耶穌本人關係不是太大，首先，是他們掩藏了死海古卷，也掩藏了很多耶穌到印度學習佛法的經歷。當時已經明確有耶穌的同學記載，說自己的同學到西方傳教，結果被處死了，是釘在木頭架子上。其次，因為耶穌很早就被人釘死在十字架上了，現在這個刑具還掛在基督徒的脖子上，這些人根本就沒有領悟到耶穌所傳教化的真相。

總之，既然教廷不能代表耶穌，不能代表真實的基督教，那聖人親自來的時候，要親自審判，那教廷也要被審判。

現在用人子監是一個比較合適的處置方案。

第一，用儒家的行業標準，來在全世界政府之上建立一個政府中的政府。因為現在的全球政府都是地域壟斷的企業，沒有為政的方略，聖人制定標準，各國政府都需要按照他的行業標準去運作，甚至不用大量改變現在全球的結構，所以比較方便。

第二，用人子監系統培養行政人才，能夠打破貪腐功利的政黨體制，政黨體制就是權錢交易的代名詞，人子監培養賢人，賢人是哲學王的2.0版本，是升級版的哲學王，那麼人子監培養的哲學王，具有法理上的正當性，這一點從柏拉圖的《理想國》裏可以找到它的社會文化基礎。

第三，聖人是人子，其實聖經中的人子不僅是耶穌的專有名詞，

聖經的以西結書中也表示，神共有九十三次以「人子」稱呼以西結，那麼這個人子監培養人子，就具有教化方面的正統性，他們的學生都可以自稱人子。

因此，從行業標準來說，人子監具有充分的治國能力，從法理上來說，哲學王的2.0版本，也就是賢人，即使不通過推選，也具有天然的執政者的正當性，而人子又有教化的正當性，所以政教合一的人子監，完全可以取代現在的教廷，現在的教廷無論是從政治還是教化上來說，都已經是聾子的耳朵，擺設，人子監要開拓一個更大的市場。

如果聖人託管孔子學院，那各國的孔子學院將成為新的基督教廷，每個國家的孔子學院院長，將成為新的紅衣主教。

我們說過紫薇聖人創制禮制，會有三套禮服，首先是祭祀天地的十二章紋袞服，其次是「龍彰其服」，祭祀孔子和老子時候的九章紋袞服。現在說的人子齊腳踝的長袍、金色腰帶，是其中最簡單的一個便服。

第十九章：爾薩聖人的預言

　　《古蘭經》講到，穆聖說：「指著掌管我的生命的真主盟誓，公斷的、公道的爾薩聖人將要降世，他毀十字架（解析：統一各個宗教），消滅豬類，廢人丁稅，那時，財多得無人接受，禮一番拜勝過擁有整個世界。」

　　我們在上文對此已經有過解釋。聖人毀掉舊的十字架，建立了中天星標，也是紫微星的象徵，是新的十字架。基督教將殺死耶穌的刑具放在脖子上，很難脫離原罪。耶穌再臨，將洗刷十字架上的血，消除原罪，將天國展示給沒有原罪的「新人」（凱西預言的第五人類，瑪雅預言的第五紀的人類）。展示天國，這個意思和彌勒把我們所在的娑婆世界變成淨土，是相同的意思。

　　消滅豬類，是通過「行政市場化」消除政府的地域壟斷和在百姓身上的寄生。廢人丁稅，就是消滅豬類的手段，通過「行政市場化」，讓政府成為生產部門。聖人認為「稅收」是不應該存在的，會對自然生產形成極大的阻礙，是違背市場規律的。因此，消除稅收，讓政府和五千年前一樣成為生產部門，是聖人推行王道，為全球政府提質增效，推廣真正的民主和市場化的重要理念。地域壟斷、民族分化的政府、國家是在第一次世界大戰後迅速形成的，是違背人倫、市場的，是「原罪」的體現，聖人將會消除這些隔閡，去掉寄生蟲，推動行政、經濟、市場的天下大同。《古蘭經》預言了結果，那就是「財多得無人接受」。

第二十章：《諸世紀》預言

　　諾查丹瑪斯是法國籍猶太裔預言家，號稱十六世紀最偉大的預言家。同時他也是一位生活在歐洲中世紀的法國醫生，生於1503年，卒於1566年。他以中世紀占星術為思想基礎寫成預言集《百詩集》或者《諸世紀》一部，裏面有一千首預言詩。《諸世紀》成功言中了法國大革命、希特勒的崛起，甚至還預言了飛機和原子彈的出現。《諸世紀》雖然寫得極晦澀，含意難明，但字面相當清楚，有不少法國或歐洲地名，也有很多災難的詞語，描述人類的末日來臨。

　　由於預言的都是外國的內容，和我們關係不大，我們就簡單摘取其中部分已經發生過的事情。

　　1、原子彈：「在城門附近，在兩個城市裏，將會有像從未見過的災難，瘟疫中的饑荒，人們用鋼鐵製造的饑荒，向偉大的上帝哭喊著救濟。」

　　解析：鋼鐵製造出原子彈，炸掉廣島和長崎。

　　2、希特勒：「從歐洲西部的深處，一個小孩子將從窮人中誕生，他的舌頭會引誘一個偉大的軍隊；他的名聲將逐漸向東方的領域發展。」、「饑餓的野獸會穿越河流，戰場的大部分將與海斯特對抗。」、「當德國的孩子什麼都不注意的時候，偉大的人就會被拉進鐵籠裏。」

　　解析：希特勒出生於西歐，父母很窮。他依靠自己的演講能力，成功成為德國的元首，發動了第二次世界大戰。

　　裏面關於聖人和未來的預言是這樣的。

一、關於聖人的預言

深夜　月亮掛在高山上
只有腦袋的年輕賢者凝望著它
弟子們詢問他
不滅的存在能繼續嗎
他雙眼向南
兩手置胸前　身體在火中

正義之音被天神壓制
他不知所措寸步難行
祕密永遠成為祕密
人們還會繼續前進

歷經五百多年世人方注意
他的存在是那個時代的榮譽
偉大的啟示在瞬間產生
同世紀的人得到巨大滿足

古老的大寺院將再現昔日風光
大局已定開始撒網
敲打喪鐘的偉人過度疲倦
很早以前就被流矢擊中

某日　偉大的高位聖職者　夢深沉
夢之奧義被逆向解說
桑斯的高位聖職者
得到萬眾的推舉　神光發於頭頂

聖潔的寡婦　耳邊常常傳來
孩子們被痛苦折磨的消息
自己的足跡
指引繼承人前進的方向
掉下的頭顱　堆積如山

解讀：聖人同世紀的人得到滿足，他的文旅專案讓佛教重現昔日風光，在五百年之後，人們發現他是那個時代的榮耀，就像是春秋戰國時期的孔子，「天不生仲尼，萬古如長夜」。

二、平息第三次世界大戰的君主

火星和權杖將同度
在巨蟹下一場災難性的戰爭
很快一位新王出而救世
他將為地球帶來長久的太平

解讀：這位君主是在地殼變動中主持調整的君子，也是最終平息大戰的君主。

三、第三次世界大戰爆發

天神為安德羅格奧斯的出現而神傷
人類的血在天邊白白流淌
人們奄奄一息終不咽氣
久盼不來的希望突然而降

解讀：天邊發生戰爭，說明主要是在歐洲基督教世界，這裏是「遠邊天」。

四、三尺童子平息戰火

神的聲音清晰地響在耳邊
行為神祕活動於天地之間
肉體　心　精神都堅不可摧
天地萬物他踩於足下
彷彿他的坐墊

公主的大兒子勇敢的人
將凱爾特人打到很遠的地方
他可操縱雷電
同行者成群結隊
行至不遠處又折頭向西
向著更遠的深處

解讀：《推背圖》作為天使的三尺童子以毒制毒，四夷聾服，平息世界大戰。

五、中國成為世界行政中心

古老的道路將被極好改善
他們奔赴類似曼斐斯的大地
海克力斯的聖墨丘利，百合花
大地、海洋、異國震撼

天使人類的子孫，
統治著我們，也保衛著共同的和平。
他為了統治而中途制止戰爭，
和平得以長期永存。

解讀：如果第三次世界大戰時間不長，這一首詩應推背圖59象，關於世界大同。「天使人類的子孫，統治著我們，也保衛著共同的和平」，是說天朝上國成為全球行政中心，對政務進行管理。「一人為大世界福，手執籤筒拔去竹」是在發佈行政命令。「紅黃黑白不分明，東南西北盡和睦」，是消除國家、民族的界限。「他為了統治而中途制止戰爭」是上文「很快一位新王出而救世，他將為地球帶來長久的太平」的君主。

第二十一章：凱西預言

　　愛德加・凱西在西方社會極負盛名，他的預言方式很特殊，就是在自己被催眠情況下進行診斷或者預言，甚至可以瞭解別人的前世今生，因此被稱為「睡著的預言家」。

　　凱西的預言包羅萬象，準確率極高，預言了兩次世界大戰、1929年經濟危機、印度獨立、以色列建國，以及種族問題在美國造成的混亂、美國總統在任期內去世等。

　　凱西對史前文明亞特蘭提斯情有獨鍾，曾數百次提及這個地方，描繪了亞特蘭提斯的細節特徵，還預言亞特蘭提斯將在1968年被世人重新發現，1968年，位於大西洋比米尼島周邊水底下的巨石道路被發現，這正是凱西所描述的亞特蘭提斯所在海域。瑪雅預言的第四個太陽紀，便是亞特蘭提斯文明，意思是「光的文明」。

　　凱西對未來的第三次世界大戰有非常詳細的描述，我們已經在《推背圖》進行瞭解讀，以便大家瞭解《推背圖》描述的2158年第三次世界大戰的背景。現在我們側重對凱西預言的二十一世紀的中國的解讀，以便瞭解聖人如何促成這樣的局面的出現。

　　以下十件事將會在我們有生之年實現，和紫薇聖人也有一定關聯。

　　1、一種新型的醫療方法將會出現：一種基於靈性和身體能量系統的轉換療法；

　　解讀：中醫獲得推廣。中國古代也有手術，現代的「縫縫補補、殺菌除蟲」的醫療方式，對人體屬性沒有太多瞭解，屬於「醫治死

人」的方式，而傳統的中醫則是醫療活人，借助「經脈氣血」、「精氣神」等理論，將「精化氣化神」，讓「靈性和身體能量系統的轉換療法」幫助正常人「大保健」。這種說法類似於「心理學」，首先，在心理學看來，人人都是精神病。大醫治療未病，「心理學」分為心學和理學，其中王陽明為代表的心學，是幫助正常人「大保健」，將病症化解於發端。西方的「心理」則是完全研究精神病人的，「Psychics」應當翻譯為「精神病人思路猜想集」，很難治癒已經成型的精神病。現代醫療體系研究治療大病，在藥品上形成「劣幣驅逐良幣」，醫療成本越來越大，但是世界上的癌症人數不斷增加，並且創造出了「愛滋病」等新型疾病，加大了社會成本和人群的苦難。未來聖人將醫療改革配合「行政市場化」、「貨幣民間化」來推廣，通過自由市場來降低醫療成本。中醫在中國古代以極低的成本構成了全民醫療體系，提高了全民體質，而沒有這種醫療的歐洲在中世紀黑死病等疾病，和「死神」鬥爭，形成了極為惡劣的「文化」、「原罪」，可見其中差別。

2、生命的連續性被大眾接受成為一種事實；

解讀：這是聖人通過文旅，把基督教做成道教、佛教的分支，隨之佛教的因果輪迴的觀念普遍被基督教世界所接受。另外，基督教本身也認為生命有連續性。

3、科學和心靈學停止互相爭論；

解讀：和中國預言的百教合一對應，形而上為學，形而下為教，「學」是人們頭腦中無定型的東西，說出來，就成了「教」。因此「科學」沒有實際含義，只是「分科目之學」，是一個理念，讓人們分類思考，說出來就是「科教」，成為聖人「百教合一」中的一個「教」，歸屬更大的「民教」分類。聖人能夠給科目之學加上「心」，這就是「小學」，是最大的交叉學科。

4、一種類似於社會平衡為全球所接受；

解讀：佛教的因果輪迴觀念就是一種社會平衡觀念，包括六道輪迴，讓人和動物在一個更大的系統內達到了平衡。基督教認為動物沒

有靈魂，所以虐殺動物，這種觀念將被拋棄。基督再臨將天國打開，就是把佛教更多的天國教給了基督教世界。

5、地貌的戲劇性變化，包括氣候的顯著改變；

解讀：這個與聖人無關。

6、國際重心向東方移動，中國內陸占據重要的位置；

解讀：「創立新君修舊京」、「稱王只合在秦州」，遷都西安，也就是《聖經》預言的未來人類文明最後聚居地的「錫安（Zion）」，成為世界的行政中心。可以用一首詩來形容「文明偶逢疑，三朝漢多疲。天下在中華，華榮在漢衣。聚國立中地，建都當在西。只待收賢能，重整漢威儀」。

7、關於古文明的考古發現將逐漸改變人們對人類歷史的認識；

解讀：這個與聖人無關。

8、直覺和靈異能力的使用普遍，許多個體將可以直接與靈性世界聯絡，並運用在日常生活中；

解讀：這個和《推背圖》預言的「天使此人彌殺機」有類似，已經有一些玄妙，不容易解釋。

9、太一原則成為人類所有事務的參數：太一之神的概念成為宗教的指導，太一之能量將指導所有科學，人類的整體太一概念成為政治事務的核心；

解讀：「太一原則」是百教歸一後的體驗，包括教化的協調，也包括行政標準的統一，中國推動天下大同，《推背圖》稱「炎運宏開世界同」。「道」便是「太一之神」，《聖經》翻譯的第一句就是「太初有道」，現在基督教徒及基督教衍生的文化、影視把「上帝」描繪得具有各種扭曲的人性，但是其本質原本和伊斯蘭教的「阿拉」一樣，是無形、自在的「道」，沒有人性的缺憾，未來這種觀念會被全球所認知。「太一之能量將指導所有科學」，是說聖人將所有的科目之學加上「心」，形成「有心無科」的「小學」，也是最大的交叉學科，然後推動了「大學」，「執大象，其理多變而多用」，讓人快速通過修煉心法達到「理」的貫通，對「科目研究」的促動力非常

大，然後讓人步入「太一之能量」的「太極」。人之至爲太極，到太極，每一次對「理」的尋求，都會變成頓悟，如天花般散落。哲學講，沒有「頓悟」就沒有新知識，太極的能量，能夠讓人高效獲得各種頓悟。「人類的整體太一概念成爲政治事務的核心」，是聖人通過推行「王道」來實現的，「口中吐火要稱王」的聖人統一行政標準，具有「道德仁禮」四個線程，有「儒釋道神」四個核心，「賢不遺野」的賢人制度是ROM，各種教化的融合構成GPU，能夠簡化行政，突出「行政市場化」，打破政府作爲企業的地域壟斷，用「貨幣市場化」等方式推動眞正的民主、無國界的民主、沒有壟斷的市場化，形成行政、經濟的統一，提高全球效率。關於這一段的解釋，對於常人來說不好理解，未來聖人會花大量的時間把其中的道理塡充、解釋。

10、基督再臨。

解讀：紫薇聖人來臨。

凱西對中國有特別的認知，他曾經預言：「中國通過緩慢的成長來保存自身（的文明）……她有一天會醒來，剪掉了辮子！開始思考並實踐！」凱西宣佈，「有一天，中國那裡將成爲孕育Christianity（在現代英語中，字面意思是指基督教）的搖籃，並應用於人們的生活中。是的，這對人來說很遙遠，但對神來說很快——很快，中國將醒來！」

西方學者認爲，預言可能指中國將會出現類似佛教、基督教那樣的信仰復興。這種理解很不正經，耶穌剛剛傳教就被人殺死了，他的知識根本沒有傳出。而且現代的基督教經過一千五百多年的各種篡改，實在沒辦法讓人相信。教化本身就是要應用於人的生活，聖人是基督再臨，那他代表的教化才是眞正的基督教。聖人創造的中天學派，將教化做成超市，根據不同人的偏好來選擇適合的教化，就像給馬吃草料，給人吃餅一樣，總是適合不同群類的消化能力。其中最有營養的是給中天人吃的精糧「根本之道」，根據佛教預言，聖人創立自己「疾至解脫道」的方法，是彌勒的前導教化。釋迦牟尼說彌勒的

教化是「根本之道」，所以讓學生們先不要脫離輪迴，等著和彌勒下生，一起來聽彌勒的「根本之道」，獲得更好的成果。根據普遍流傳的一個說法，未來彌勒將走出寺廟，在社會上教人「一世修成」，這也是彌勒「疾至解脫道」的方法。而百教合一之後，給各類科目之學的研究加上「心」這個超級馬達，也會對社會應用形成極大的促動。孔子、老子的學問針對「人人有一個理」的中國人，釋迦牟尼將它加上上各種外殼、包裝，給有業障的人來理解、消化，而耶穌只能通過神叨叨的方式來讓有原罪的人群來順服，餵他們草料，在當時也是無奈之舉。

第二十二章：珍妮預言

美國的珍妮狄克遜是二十世紀美國著名的占星師、聞名世界的預言家。珍妮狄克遜曾經準確預言了美國總統羅斯福的死亡時間，並且預言中國將會出現一位聖人，拯救世界。她曾三次看到中國聖人誕生前後的異象。

珍妮說：人類無須對諾查丹瑪斯的預言感到恐怖。1999年人類不會滅亡，拯救人類的希望在東方，西方只代表事物的終端。作為一個虔誠的基督徒，她預言「中國會是基督教的搖籃」。凱西也曾告訴別人，中國最終將「成為基督教的搖籃，應用於人們的生活中」。聖人會將基督教做成道教、佛教的分支，下一章會詳細講解其中的邏輯。

以下是珍妮看到中國聖人的相關內容。

第一次是在1952年，珍妮看到一條眼裏充滿和平之力的蛇纏住了自己，那條蛇面向東方，並示意珍妮也要看向東方，這時一道紫光在東方的窗戶裏透過。

「紫光」和「紫薇聖人」看起來似乎相關。珍妮自己的解讀則是：「它轉過頭去，看了看東方。繼而又轉向我，好像對我說，我也必須看著東方，祈求上帝的智慧和指引。我感到它在告訴我，如果我的忠誠不容置疑的話，就能領悟到一些神授的智慧。」、「我把這種幻覺解釋為：我們一定要面向東方，求得生存；面向西方，意味著萬物的終結。」

第二次是看到渾身是光的聖母站在她的面前，看了看教皇的寶座空無一人，教皇在旁邊流著血，無數只雙手伸向寶座。

聯繫教皇預言（聖瑪拉基預言），「羅馬人彼得」方濟各將是最後一位教皇，可能這個預言是說聖人以基督再臨的身分統領基督教，而教皇作為有原罪的「舊人」的代表，將會衰敗。

　　珍妮認為第三次幻象在她一生中最有意義、最激動人心。1962年2月的一個早上，她朝窗外一看，見到的不是熟悉的街道，而是在湛藍色的天空下，一片荒蕪的沙漠。在地平線上方，是一輪金球一樣的太陽發出燦爛的光芒。它像一塊巨大的磁鐵，把地球吸向它。從燦爛陽光中走出一位法老和娜芙蒂蒂王后，他們手拉著手。王后另一隻手抱著一個嬰孩。嬰孩那破爛不堪的衣服與法老、王后的服飾形成鮮明的對照。據珍妮說，「小孩的那對眼睛極為機敏，充滿著智慧和知識。」

　　在娜芙蒂蒂的一邊，珍妮瞥見一座金字塔。法老和王后向她走來，把小孩遞了過來，好像把這小孩託付給整個世界。在太陽裏，珍妮看見約瑟夫像一個操縱木偶的人，拉著繩索正在指揮著這個場面。這時，小孩身上突然發出光芒，和太陽光融合在一起，把法老從她的視野中湮沒了。

　　珍妮再轉過頭看那個小孩時，他已變成了大人。他頭頂形成的一個小十字架開始越變越大，直到從每一個方向向整個地球滴下甘露。與此同時，不同民族、不同信仰、不同膚色的人們都跪在地上，舉起他們的手臂，拜倒在他的周圍。

　　這次的幻象不同以往，會逐漸消失。她彷彿身臨其境，在他們中間，同他們一道拜倒在他的腳下。

　　她說：「我好像一粒即將發芽生長的種子，但只是成千上萬這樣的種子的一粒。我深深地知道，這就是智慧的萌芽。」

　　隨後房間又變暗了，珍妮走出幻境。

　　這裏要注意的是，「他頭頂形成的一個小十字架開始越變越大，直到從每一個方向向整個地球滴下甘露。與此同時，不同民族、不同信仰、不同膚色的人們都跪在地上，舉起他們的手臂，拜倒在他的周圍。」爾薩聖人再來，他毀掉十字架，可能又建立了一個新的十字

架，就是《格庵遺錄》的「弓乙靈符」、「中天印符」，用新的基督教來代替舊的基督教，也就是完成《聖經》啓示錄和福音書裏說到的內容。

總體來看，珍妮和凱西，甚至教皇預言都認為，紫薇聖人會代替舊的基督教，成為新的信仰的領導者。

第二十三章：貞朝英雄傳

這一年，聖人已經四十多歲了。

其實，羽早在五年前就已經知道聖人的存在，但是他沒有嘗試招攬聖人，想著讓聖人自己湮沒在芸芸眾生裏。畢竟這個朝代湮沒無名的能人太多了。

羽在年輕時候就自命不凡，曾經有一個大師給他算過命，說他未來一定會龍登九五，但是前提一定是，要低調做人做事。

從此，羽就低調做人做事。在別的二代大肆撈錢的時候，他顯得無欲無求；在別的二代揮金如土的時候，他讓家人低調做事；在別的二代爭權奪利的時候，他總是能夠謙虛謹慎。在那些位高權重的人看來，他是一個憨厚本分的人，甚至有些愚鈍，很好控制。一方面，這份愚鈍給他帶來了很多人的支持，另一方面，也帶來了很多羞辱。但是，也有些人看出來，他絕非一般的人，他的城府是那些驕橫跋扈的其他二代遠遠比不上的。

他親歷了《推背圖》中的白頭翁之變，經歷過和薄的鬥爭，他上位了。只是這次爭奪，讓他的心思發生了極大的變化。龍登九五並不是那麼容易，周圍的人和事太紛繁複雜，稍微不謹慎，就會踏入萬劫不復的深淵。

但是無論如何，他是獲勝的那一位，也是天命註定的那一位。

羽曾經認為自己是聖人，剛上任的時候，他躊躇滿志，通過打擊貪腐來排除異己，鞏固了勢力。但是緊接其後，他發現周圍的權貴只是把他當作一個工具來玩弄。但是他想要做出一番事業，他選擇了一

個強作爲自己的副手，想要應《推背圖》第44象，但是朝政竟然日漸衰落。

這個強不是他要的，朝政日漸衰落也不是他希望的，他想要獲得歷史美名。而且，如今的朝政已經混亂，二代三代的爭名奪利日漸凸顯。百姓已經被盤剝地不能再盤剝了，面對一個腐朽的大船，他只能集權。

於是他突破了桎梏，繼續留任皇位，並選擇了另一個強作爲自己的副手，想要應《推背圖》第44象。但是他們之間配合地並不好。民怨沸騰，權貴虎視眈眈，他陷入了一個王朝末尾的怪圈，越是提振經濟，經濟越是衰敗，越是想要變法，朝代墮落地越快。人才，他看不到，他也認識不到人才。

難道羽就是一個平庸的君主？甚至像敵對的人的評價那樣，是末代君主？那《推背圖》第44象難道是他的一個錯覺？

如果沒有預言中的奇蹟發生，那麼他現在已經在火堆上了，只有玩弄權力，他才能活下去。但是如果玩弄權力，他可能會越陷越深，到最後成爲朝代的陪葬。

民間的《鐵板數》顯示他將成爲末代君主，並且會撞死在懸崖上。他很害怕。他擔心朝廷到處都是白頭翁，越是擔心，越是害怕，越是瘋狂。他瘋狂打擊周邊的權貴，打破了各個黨爭集團，讓太子黨臣服。但是，未來的路，他還是不知道怎麼走。

這時候，他看到了聖人的消息。難道聖人另有其人？羽不敢相信，他一直以爲自己是聖人，但是難道眞的要去找站立背弓人，找一個新的強來合作？難道聖人不是姓李，而是名中帶「立」？

這一次，他很愼重，如果聖人有天命，自然會找到他來應《推背圖》第44象，他不想像前兩次那樣，找到了兩個強，又擔心這個副手會成爲身帶弓的白頭翁。

而且，明顯聖人對本朝是懷著非常大的憎恨的，這樣的人，怎麼能是來合作的呢？

這時候的聖人也想著應《推背圖》第44象。聖人出身草根，一直

非常貧困，在社會上沒有翻起多大的風浪，於是性格也變得非常古怪。他憎恨這個朝代，憎恨這個朝代所依賴的思想基礎。他推崇王道，推崇中華經典，這些東西和馬克思主義是格格不入的。羽不敢主動去碰聖人，現在聖人是可以被湮沒的。如果他去碰聖人，說明預言可能會成真，那這個朝代只有不多的十年國運了，他可能會成為末代君主，遭受巨大的變故。而且，聖人的思想是針對當前的權貴的，能夠讓群陰懾服，所以那些紅顏色的權貴非常反對聖人，他們害怕聖人的思想讓他們不再享受特權，不能享樂。

但是，即使不用聖人，他們也會遭遇變故。這是一個朝代的末尾，民間的利益不夠權貴們分享，他們自己內鬥會越來越厲害，最終可能會多輸，權貴輸，朝廷輸，百姓輸，最後清算的時候，他們會遭受更大的災難，就像開國時候他們搶奪地主和企業家、殺害平民一樣被清算。而且，如果這樣發展下去，只要羽退位，那麼這個朝代立刻會陷入戰亂紛爭中。

等到聖人在民間掀起了一些風浪，羽看到，聖人的崛起已經有一些趨勢了，他不得已要見到聖人，這能夠幫助他籠絡民心。他現在最缺少的就是民心的支持，水能載舟亦能覆舟，羽知道周圍的權貴一個也靠不住，如果民心再不穩，那麼風浪會更大，自己會更顛簸。

但是羽也知道，聖人來這裏不會幫助自己解決大的問題。如果聖人能夠幫助自己分擔一些權貴的恨意，幫助進行一定的變法來緩解朝代面臨的問題，那麼還是不錯的。

怕的就是聖人過來合作，非但沒有解決問題，反而過來拿各種好處，這樣的活閻王，自己不見也罷。

聖人自己也知道，現在入朝見羽，相當於是買了一張鐵達尼號的船票。問題是，他現在不得不上船。第一，是因為他在民間已經有了一些聲音，自己根本藏不住。如果等羽來找自己，會更麻煩，還不如自己主動來投誠。第二，他必須要有一些權力，需要更大的影響力，因為他有巨大的責任，那就是「拯患救難」。現在距離朝代末尾的戰亂還剩下十幾年，時間已經非常緊迫，他必須借助朝廷的力量來佈

局。第三，未來的朝廷會戰勝，每個人都想要站到正確的佇列中。

但是實際上聖人對朝廷，甚至對羽並不報很大的希望，第一，這個朝代註定要完；第二，自己在這個體制中根本發揮不出什麼能力；第三，他所出的主意並不能被現在的體制所接納；第四，他並不想成為炮灰；第五，破而後立，在新的基礎上，才能全面貫徹他的思想。

如今，羽終於有耐心，尋找到了第三位「強」，來和聖人進行一場談論。

聖人底氣不足，他只好以科舉考試的名義，招募了100個秀才進士，所謂「秀士登紫殿」，即使自己的思想不能被看中，也希望這100個人能夠有人被朝廷所用。聖人自己則學習孔子，為朝廷輸送人才。

輸送人才，是朝廷最害怕的，因為他們就是靠著壟斷官位，進行各種聯姻和聯絡，來控制朝代的資源，讓百姓淪為自己的奴才。如果人才體制被打破，那麼自己的根基就會被砍掉，這就是「群陰懾服」的地方。但是權貴們又無可奈何。

聖人必須要找羽合作，按照儒家傳統，權貴是不可信的，只有帝王才有改變的可能。帝王就是一個槓桿，能夠撬動格局，讓百姓享受到巨大的好處。每個朝代都是被權貴們高昂的人力成本拖垮的，古代有效的變法必須打擊權貴。雖然聖人不覺得羽有治國才能，但是只要他能夠接受一些東西，聖人就有為百姓謀福的可能。因此，聖人甚至極力推崇帝王集權，因為只有集權的帝王，才能夠做出巨大的變法。而一切的變法，只能落實到一個個人身上，打破權貴的壟斷，才能有成功的可能。

所以聖人帶領百靈來朝，希望以百靈的歌喉，來提出一些好的治國方略，唱出幾家金鳳凰，引發全國的百家爭鳴。只有民間的百家爭鳴，才能盡快把各種好的可能性試出來，減少未來戰爭的損耗，讓人們能夠明白應該朝著什麼方向去發展，避免戰爭以後可能帶來的分裂和傷痛的不可彌合，為未來的美好奠定基礎。當人們知道未來是美好的時候，才能盡快忍住傷痛。

也就是說，聖人知道那場戰爭不可避免，甚至那場戰爭也是變法的一部分。變法到了深刻的地方，到了不可修改的地方，就是戰爭，而聖人沒有避免它的辦法，只能讓它成為新生的開始。

一、《推背圖》44象：聖人入朝合作

等到入朝以後，羽對聖人說：「你給我的那十多封諫書，我都收到了，但是我就是壓著，沒搭理你，也是為了考驗你的忍耐力呀！」

聖人回答：「我知道最近兩年比較敏感，我提的意見又多是很讓您為難的意見。這兩年您雖然沒接見我，但好歹也是投資我辦了一屆科舉。也謝謝您幫助我得到這麼多人才。」

羽聽著覺得有些奇怪：「這是你自己招攬的人才，何必謝我呢！」

聖人回答說：「如果不是您壓制這些人才，我怎麼能從社會上把這些人招攬進來呢？如果不是您的前任貫徹人口紅利，把百姓當成礦藏來開採，讓百姓普遍窮困，您自己又推崇共同貧困，我的這點獎勵怎麼會吸引這些人才呢？」

羽聽了以後有些不高興：「哎呦，小子，你這說話火氣還挺大呀。」

聖人趕忙轉移話題：「我知道皇上很為難，但是這次我帶來100個進士，還是希望能得到朝廷的認可。」

羽問到：「這一百個進士，是有什麼寓意嗎？」

聖人說到：「我們舉辦的這次科舉，一共招攬一百個人，水準遠遠達不到百家爭鳴，所以寓意是『百靈爭鳴』，希望能引起社會的百家爭鳴。春秋戰國在中國歷史上熠熠生輝，就是因為當時的朝廷知道自己沒有執政能力，所以從社會上採購人才，以『行政市場化』的方式供養起了百家爭鳴，讓很多需要線上下花大量金錢和物力來完成的工作，能夠線上上進行演練，最終選擇了大一統，開未來兩千五百年天朝上國的盛世。」

羽想了想，說：「那你是想讓我從社會上獲取這些人才，通過人才來執政，對嗎？」

聖人回答：「能這樣是最好的。」

羽輕蔑地笑了起來：「但是你也說過，現在的情況是有朝廷卻沒有政治，有官位卻沒有官員，有君位卻沒有國君，其實很多事我也不能做主，不如這樣吧，以前商鞅見秦孝公拉融資，還見到了兩個職業經理人甘龍和杜摯，現在你見一下我的馬侍郎和鶴侍郎。」

於是馬侍郎和鶴侍郎一起上朝。

鶴侍郎說：「我來這裏是審查聖人的外交策略的，我看到聖人的諫書裏面，關於外交，首先要認識到『明三邪、用四御』，是吧？我感覺『三邪』的說法有些震撼，『四御』的說法是不是又有點費錢？」

聖人回答：「『三邪』說法震撼，但它是事實呀！尊重世界各地的教化傳統，結合他們的哲學人文，按照他們的思辨來理解自身的傳說故事，歸納出來就是這樣。至於『四御』，我會用市場化的方式來做成。我們效仿的是孟子、老子、釋迦牟尼、耶穌的商業模式，我們只輸出模型，免費公開，讓社會和市場去建設重資產，肯定是有用，他們才會去建設。」

鶴侍郎說：「另外，我聽你們說要託管孔子學院。你知道甘龍和杜摯審查商鞅的專案的時候，就是說『功不十不易器，利不百不易法』，孔子學院雖然每年只有二十億元財政資金補貼，但也不是小數目，我們把這個專案給你們，你們確定會按照你們的想法，把禮法做成全球朝廷的行業準則，把科舉做成全球性的公務員考試嗎？」

聖人回答：「『功不十不易器，利不百不易法』，這是說改革是個天使投資，我們只是託管一個小專案，而且這個專案在國外被排斥，在國內被老百姓鄙視，每年二十億元補貼，加上志願者的各種免費勞動力，其實遠超這個數字。貢獻給外國頭腦不清楚的混帳，教那些毫無市場效果的漢語，你覺得它還有再爛一點的空間嗎？」

鶴侍郎想了想，說到：「你這個說法倒是真的，有具體的章程，

有具體的做法，你用『人子監』託管『孔子學院』，形成和世界對接的『國子監』，這個專案本身我是不反對的。那接下來馬侍郎來說一下吧。」

馬侍郎審查的是聖人向朝廷輸送人力資源的專案。

馬侍郎說：「行政市場化，從民間選人才，但是現在人民很愚蠢，我不知道你為什麼還提出了『貨幣民間化』的奇思妙想。而且當前是國困民乏的非常時期，必須要用非常的手段。你的同行商鞅也曾說過，行動高人一等的，一定受世人批評；見解獨到深刻的，一定被老百姓嘲笑。事情辦成了，笨蛋都不明白前因後果；聰明人卻能通過某些跡象判斷事態進展。所以決策之前老百姓不必有知情權，他們只需要享受你創造的美好生活就行了。要討論最高的道德，就不能管跟世俗是否和諧，要取得最大的功業，就不能聽群眾意見。所以聖人如果強國，就不學習舊原則；如果可以利民，就不遵守舊禮法。」

聖人回答：「不不，人民並不愚蠢，而是您愚蠢才以為人民愚蠢，而且朝廷從開國到現在的民不聊生，中間只是開放的時候用過老百姓的力量，它淪落到現在並不是老百姓介入的結果，而是您就這樣掩蓋百姓耳目、不讓百姓有知情權，玩出來的結果。堯舜在位的時候，比屋可封，挨家挨戶可以封執政官的爵位，堯舜就算不做事，老百姓也會免費幫助他執政。後來歷朝歷代用民之力，成民之事，文景之治是政府少作為，貞觀盛世是極力挖掘民間的賢能。凡是古代賢君盛世，都是很注重利用民間的力量。而夏桀和商紂的時候，老百姓比屋可刑，挨家挨戶都是罪犯，這是因為最高的執政者的問題。」

馬侍郎微微一笑：「那你說現在是夏桀和商紂的時候嗎？」

聖人淡定地回答：「您能說出人民愚蠢這樣的話，那和夏桀、商紂的治國心法是一樣的。」

馬侍郎想了想，這句話沒套住聖人，於是轉移話題：「你還反對改革。」

聖人回答：「我並不反對改革，我反對的是無效的改革，就比如說，你得了病，低血糖，去拿胰高血糖素（升糖素）給你的鄰居治

病，行得通嗎？」

馬侍郎想了想：「我不覺得你這個比喻能說明問題。」

聖人說到：「現在是朝廷內部管理成本巨大，人力成本極高，各種灰色收入和壟斷，還壟斷基建，造成了自身資金缺乏，這就是低血糖症狀。但是你拿著變法的名頭，折騰老百姓，提出人口紅利，讓老百姓拿養老治病養孩子的錢去消費，這就是拿自己病去治老百姓，讓老百姓買單了，但是不能填無底洞呀。供給側變法，富了官企，讓無數民企倒閉，混合所有制變法，倒是讓很多民企最後被官企收購。變法是個天使投資，沒有準備就去變法，結果是以國有名義封賞了各個諸侯，好處沒有，壞處一大堆。朝廷老是覺得自己缺錢，其實朝廷最缺的是腦子，沒有腦子，再多的錢也填補不了那個腦洞。與其製造PPP等各類奇葩金融方式從民間要錢，不如從民間要智力，來填補一下腦洞。歷代變法，中興的不多，就是因為改革吏治的不多，每個朝代都是被自身高昂的人力成本拖垮的，你不變法還行，你變法壓榨百姓，朝代就更快走向滅亡。聖人不易民而教，智者不變法而治，真正需要變法的是朝廷內部，應當順應百姓，才能夠不辛苦變法卻獲得成功。我提倡的禮制，就是這種換血長新肉的方法，變法本身就是挖肉補瘡，局部潰爛就要截肢，不治標也不治本。」

馬侍郎聽了有點不耐煩：「我不覺得你是能填補腦洞的人，你還反對法治，這真是讓人很難理解，不靠法律治國，依靠什麼呢？」

聖人回答：「沒有法治才談論法治，您應該知道，現在別說朝廷高官了，就是一個地方小吏，殺一個人是多麼容易？您看看您身邊的同事，已經人人都是搶劫犯了，是不是幾乎人人還都是殺人犯？有誰遵守過法律？摘人器官來給自己做大保健的不都是你們這些官員嗎？法治約民，社會運營成本是越來越高。禮制約束官員，老百姓會很和樂。先進於禮樂的是鄉野百姓，人民的執政是一手執政，法治的社會治理成本極高，和銀行間接融資一樣低效率，是二手執政。」

馬侍郎生氣地說到：「你這根本就是在胡攪蠻纏！」

聖人回答：「不是我胡攪蠻纏，我反對法治，其實是提倡堯舜的

『比屋可封』，這些您根本就聽不懂。但是很抱歉，我現在正在兜售的是『王道』，您聽不懂是正常的，聽懂了反倒是奇怪了。」

馬侍郎心裏一驚，又覺得好笑：「我問你，有誰能聽得懂你的『王道』嗎？」

聖人回答：「很少有人能聽懂，孔子四處兜售『禮』，其背後就是王道。」

馬侍郎就說到：「孔子四處碰壁，那你這『王道』，根本就兜售不出去呀！沒人懂呀！你倒不如給我們講講『霸道』，我們對這個有興趣。」

聖人趕忙擺擺手：「不，您對『霸道』沒有興趣，如果您對這個有興趣，那中國已經復興了，天朝上國的榮耀已經回歸了。『霸道』是『小王道』，『帝道』是『聖王道』，把握了『王道』的心法，普通的君王可以成就霸道，聖明的君王可以成就帝道。我用經濟產業來比喻，一流企業做標準，孔子的標準維持三千年沒問題；二流企業做政府平臺，重資產運營，時間最長的是兩漢，四百年出頭；三流企業才做具體的產業，現在你們的朝廷就是一個企業而已，所以不可能搞好經濟。聖王道做標準，別的朝廷願意做你的分部門；王道提供操作系統，別的朝廷願意做你的分公司；霸道是強企，別人願意做你產業鏈上的友商；雄道就是打擊友商搶占市場，全球都會是競爭者。」

馬侍郎摸了摸腦袋，罵到：「說的全都是浮雲一樣的屁話，哪有一點實用的地方，古人都已經死了，你現在把孔子翻出來，簡直就是笑話！」

聖人回答：「您覺得是笑話是應該的，因為您沒有受過中華傳統的教育，是一個香蕉人，你們信奉的是不入流的馬克思。您說我說的話是浮雲，是屁，也是對的，因為您眼裏只有浮雲和屁。聖人的話看似無關痛癢，聖明的君王馬上就知道應該怎麼做；賢明的人滿嘴都是禮義蒼生，明智的君王馬上就要行動；聰明人出具體的策略，有霸心的君主會打起精神來聽；您這種眼睛裏全是浮雲和屁的人貢獻自己的智慧，結果就是民不聊生。」

馬侍郎被懟得有點吃驚，想了想，隨即笑了笑：「嘴皮子還挺俐落，不錯。我作爲職業經理人對你的專案進行審查，說的嚴格一些沒有錯。你理論挺多，但是爲政毫無經驗。另外現在確實是世家大族的社會，就是你說的士族門閥，這個官位的舉薦，是和古代九品中正制一樣，只有世家大族可以進來。如果開了你們這個口子，是萬萬不可以的。」

　　聖人聽到這裏，反而眉頭舒展開了：「感謝馬侍郎，讓這些人才留在了我的旗下。皇上，我不勉強您給進士們官爵，但是我們這次參加殿試，其實就是想跟您進行業務的合作。我們現在有一百個進士，兩百個政務諮詢產品，您按照自身的需求把這些進士和他們的觀點排列，分三甲。其中一甲的狀元榜眼和探花，我還是希望您給他們一人分北京一套房，即使不任用，也表示您對人才的尊敬。」

　　羽站了起來：「你這樣說話，讓我有些生氣呀！你明知道我們不可能給你們安排職位，還這樣說話。」

　　聖人回答：「您找我們，是來看我們有什麼爲政之道的，不是來聽我們拍馬屁的，對吧？聰明的耳朵聽到我們在這裏嘰嘰喳喳，那就是百靈鳥在唱歌。除非您想繼續睡覺，那我們的叫聲就眞的是很吵了。」

　　羽想了想，說：「僅僅憑藉科舉考試的一些文章就選官入仕，這完全不符合我們現在的人才戰略。」

　　聖人回答：「我知道，您的人才戰略就是高層任用世家大族，底層任用能幫您融資的人，您是在辦一個公司，不是治國，但是爲政上，還眞是不能缺我們的產品呀。」

　　聖人眞的是挺不會說話，羽聽了就有點煩，說到：「你還是少說話吧！就你這樣說話，咱們能合作多久？這樣，雖然我們不能任用你們，但是我還是會讓你們託管孔子學院，進行外交。鶴侍郎，未來聖人有相關的需求，你可以滿足他們，但是這個人，我不想再有其他更深入的合作了。」

　　聖人趕忙說：「哎，皇上，您不用我來深入業務可以，我也不想

深入。但是十年後的戰爭，您看……」

羽已經很不耐煩了：「那些都是無稽之談，不可信！」

於是，在未來的幾年中，羽不再見聖人了，他只是爲聖人提供了一些方便。聖人知道自己不可能在朝廷如今的體系中有任何作爲，如果強行作爲，不僅會給自己帶來危險，而且可能阻礙了朝廷盡快破而後立的趨勢，還可能適得其反。所以，他就用無爲而治的態度來參與到民間思想的發展中。他知道，未來，火龍將會領導一場戰爭，而他必須要提前十幾年進行佈局，在民間領導一場思想上的戰爭，來盡量避免未來的戰爭對百姓造成的巨大傷害和對國運的巨大損害。他要拯患救難，並且避免未來朝代陷入五代十國一樣的亂局中，爲新的大一統奠定理論基礎。

於是，在朝廷的改革失敗後，朝廷已經完全失去民心。老百姓生活一年不如一年，甚至盼望戰爭的發生。而聖人則在民間發起了百家爭鳴的思想活動，在民間形成巨大的勢力。

二、黑兔明和賀之君的謀劃

到了2043年，羽已經九十多歲，實在無力掌管朝政了。集權的社會有這樣巨大的缺點，就是下面的權力是分散的，如果帝王的身體出現問題，就會對國運造成巨大的影響，甚至發生戰爭。

於是作爲有力的繼承人之一，黑兔明開始爲自己謀算了。

黑兔明有一個謀士，也是自己的一個將軍，叫賀之君。他把賀之君叫過來商量。

黑兔明說到：「皇上要退位了，但是又沒有立儲，你說誰會接替呀？」

賀之君說：「當然是您了，您有很大的作爲，在朝廷中也很有威望，這次肯定是您。」

黑兔明說：「你不要拍我馬屁了！這次我根本就不可能當選。我們這些權貴呀，眞的是誰也不服誰，以前已經出過事了，現在我怕這

世道會產生七國之亂、八王之亂的局面呀！」

賀之君說：「那您就不得不早做打算了。掌握軍隊，才是硬道理。」

於是黑兔明就開始為自己謀劃了。

與此同時，聖人也開始行動了。這天，他入朝面見羽，對羽說：「皇上，您都已經準備退位了，您看這儲君之位，到底能不能選出合適的人來？」

羽很生氣：「這是你該關心的事嗎？」

聖人趕忙說：「不是，我這不是擔心您嗎？您現在身體不好，稍微有一些疏忽，就可能被小人趁人之危，所以一定要找能幫助自己的人，太子是一國之本，現在到事後立儲了。」

羽想了想，說：「你又要給我推薦符合你標準的人選？」

聖人趕忙笑笑：「是呀，未來中華安定就靠這個人了，他是這部戲的主角。」

羽就有些奇怪：「你說說你，在二十多年前你給我寫的諫書裏面，就開始提這件事了，到現在你連這個人姓什麼叫什麼都不知道，只知道這個人在軍隊，比你大十一歲，符合這個要求的人太多了，你讓我找誰？」

聖人問：「有最近遭受苦難的人嗎？」

羽擺擺手：「你別說了，這個人沒找到，就算有，現在也不會出現。我現在要退位了，人選已經定了，讓濟北王來走馬上任吧。」

聖人聽了以後覺得有些震驚：「現在朝廷因為儲君的事情已經鬧得不可開交，濟北王威望不夠，我怕您讓他上位，他控制不住局面，崩盤了怎麼辦？」

羽就說：「那就找人輔佐他，你覺得誰合適？」

聖人回答：「還是我提出的那個人選。」

羽鄭重地提醒聖人：「按理說儲君是非常敏感的話題，我讓你參與已經不錯了，你還這麼多事！你不知道因為這件事，我現在就可以殺了你嗎？」

聖人趕忙賠笑臉：「您沒有這個必要殺我，現在這局面不好控制，這是事實呀！」

羽生氣地說：「你只知道事實，沒有解決方案，我信你個鬼！」

與此同時，朝廷裏為立儲和攻打琉球的事情已經鬧得不可開交。

這天，等黑兔明從常務會議回來，就把賀之君找了過來。

黑兔明罵到：「媽的，怎麼就讓濟北王做了儲君！這不行，我得鬧點事。」

賀之君聽了以後頭都大了：「您就不要鬧事了，現在的情況，是朝廷早有防備，您現在的地位已經很敏感了，還想怎麼樣？」

黑兔明生氣地說：「那君位本來就應該是我的！我已經想好了，必須說服皇上攻打琉球，為我自己爭取功勞！」

賀之君趕忙勸到：「您可千萬不要在這個節骨眼上做這些事呀！」

黑兔明罵賀之君：「你滾一邊去！」

為了幫助自己繼承皇帝之位掃清障礙，黑兔明找到了羽。

黑兔明說：「皇上，臣認為，我們必須要攻打琉球，收服國土，一是為了幫助您獲取青史美名，二是現在朝廷人心渙散，您正好可以借著這個機會，調理一下政務，為未來您的退休做好打算。」

羽回答：「你說的這個倒是有些道理。現在我想要退休了，各種風言風語都已經起來了。你說這儲君吧，首先，得給他清理一下道路，其次，現在誰也不服誰，也應該給儲君一些功勞，讓他接班接的名正言順。」

黑兔明聽了以後有一些不滿，他沒想到羽這麼幫儲君說話，感覺前景不妙：「您說的是呀，秦朝商鞅變法強國，就算是皇子皇孫，也必須得建立功業以後才能名正言順，更何況咱們現在這個時代，人心渙散，如果儲君沒有一點安身立命的東西，還真是難立穩呀！」

羽問：「那你覺得誰可以做總指揮呢？」

黑兔明趕忙說：「那當然得您親自指揮呀！」

羽連忙擺手：「我年紀大了，做不動了，得讓你們來做。這樣

吧，我讓濟北王做總指揮，你做都點檢，怎麼樣？」

黑兔明想了想：「既然皇上安排了，那我定當全力輔佐濟北王。」

這次黑兔明入朝談事，他感覺自己爭奪皇帝位置希望變得更小了，他沒想到羽那麼支持濟北王。

等到回家後，黑兔明又找來賀之君，罵到：「真是氣死我了！怎麼就讓濟北王做了總指揮！出這個主意的可是我呀！難倒就這樣拱手把別人推上君位了嗎？」

賀之君趕忙上前勸：「您別這麼著急，當初我跟您說別說這事，您還是說了，您這不是挖坑給自己跳嘛！」

黑兔明沒好氣地說：「那你說怎麼辦！」

賀之君說到：「這其實也好辦，郭威、趙匡胤怎麼登上帝位的？因為當時流傳一個讖語『點檢做天子』，現在民間流傳說有軍隊的人當作天子，您這都點檢，只要幹成了，那必定有功勞呀！」

黑兔明想了想：「那我得主動出擊呀！我不能等著好事輪到我頭上呀！」

賀之君趕忙勸阻：「您千萬不要著急，這種事急不得！」

黑兔明不耐煩地罵到：「你給我滾一邊去。」

等到朝廷要攻打琉球的消息傳開以後，聖人趕忙入朝去找羽商量。

聖人上來以後就趕緊問：「皇上，聽說您要攻打琉球？」

羽回答：「對呀。」

聖人趕忙說：「這萬萬使不得呀！那琉球本來就是我們國家的一部分，為什麼要討伐它呢？」

羽覺得有點不好意思，但是也不好直說：「是有些將軍他們都想討伐琉球。」

聖人著急地說：「皇上，將軍說的是自己的想法，答應他們的是您呀！我早就對您說過，琉球不能打！那是自己人！您攻打琉球，是讓老虎出了籠子，破壞經濟，讓灰犀牛對百姓橫衝直撞，讓真正治國

安邦的人才毀在房地產裏，這是您的過錯呀！」

羽回答：「現在琉球放在那裏，不去攻打，以後一定會成為子孫後代的禍患！」

聖人勸到：「皇上呀！君子厭惡那種不說自己想去做卻偏要編造藉口來搪塞的人。我聽說想要國泰民安，害怕的不是有孤寡，而是分配不均衡；害怕的不是有貧困，而是因為動盪不安產生的傾軋。如果能夠達到分配均衡，人人沒錢了就能工作，工作後能得到公平待遇，就不會有貧苦。孔子說，如果富貴可以求，就算是做司機，他也願意，問題是富貴不是通過勞動就可以獲得的，而是和你治理下的為政機制相關，所以孔子就很煩樊遲總問他種莊稼的事。如果達到了民眾和樂，就不會有孤寡無依；勞有所得，那就能夠達到「養吾老以及人之老，幼吾幼以及人之幼」的狀態；如果朝廷安定不瞎折騰，就不會產生過分的傾軋，也不會產生朝廷的傾覆。總之所有的問題都是在於朝廷自身。只有做好了這些，如果外國的人不服，那麼就修文德，讓他們順服。如果他們順服，那就是王道推行出去了。我早就跟您說過，推帝道足不出戶，各國朝廷使用你的為證標準，能夠提升效率，願意做你的分部門；王道是統治大部分區域，各國朝廷願意做你的子公司；霸道推出，各國朝廷願意做你產業鏈上的友商；雄道推出，全球都是競爭者。你現在為政，連琉球這種屬於我們領土之內的人都不服，怎麼能讓全世界的朝廷為你所用？現在國家分崩離析，不能守護，卻想著在內部動干戈。我怕你的憂慮，不在琉球，而在於朝廷內部呀！」

羽不耐煩地說：「你跟我說這些有什麼用！現在我年紀大了，要退休了，可這後面的事，我真難控制得住，這些都不是我一個人說了算！」

聖人有點不甘心：「我很早就讓您立儲了，您真是一點也沒用我的策略呀！」

羽回答：「是，你二十年前就讓我給儲君鋪路了，可現在你說的儲君，我也沒看見。」

聖人著急地說：「那我說的鋪路方法您也沒用，現在想著通過對琉球用兵來立儲，不是太荒唐了嗎？」

羽已經非常不耐煩了：「你有本事你把那個儲君給找出來！」

聖人回答：「行，我這就到各軍隊大牢裏把這個人給你找出來！」

等到御前會議開完，黑兔明高興地回家了。他找到了賀之君，和賀之君商量接下來的動作。

黑兔明說：「我已經和濟北王說好了，這次戰爭，我可以支持他，但是我們必須平起平坐！」

賀之君聽了以後都驚呆了：「您瘋了吧！這種事怎麼可能平起平坐？他現在答應你，是因爲他還沒坐到那個位置上。等他坐上去了，不弄死你都奇怪了！」

黑兔明想了想：「那我也沒辦法呀，現在濟北王人氣太高了，還有魯王、九江王、關中王都聽他的。我正好借著和他們聯合，讓他們出兵，攻打琉球，削弱他們的勢力。」

賀之君長歎一口氣：「我怕的是你搬起石頭砸自己的腳呀，你想削弱他們的實力，他們還想削弱你的實力呢。」

黑兔明想了想：「你說的確實是個問題，現在他們讓我出兵帶兵攻打琉球，做總指揮，那你覺得我能不能依靠攻打琉球，來獲取權威，奪得皇位呀？」

賀之君一拍大腿：「我看您是一點盤算都沒有呀！怎麼做事總往好的地方想呢？奧，你帶人攻打琉球是爲了獲得權威，你退居幕後是爲了削弱別人，你不怕你攻打琉球削弱了自己，退居幕後會遭受非議，讓別人奪得功勞嗎？」

黑兔明聽了以後很吃驚：「那你說怎麼辦？」

賀之君說到：「現在的情況，是您主動挑起了事端，現在又把自己推到了前沿。根據我的判斷，你攻打琉球是錯誤的。琉球，是難攻打的地區，它的防衛薄弱，離我們又近，開炮都能打到它的土地。它的軍隊渙散，戰鬥力差。它的君主愚昧而不仁慈，大臣們虛僞，一點

也不中用。它的士兵、百姓又厭惡打仗，這樣的地區，不可以和它交戰。您不如去攻打倭國和瀛洲，倭國背後有瀛洲做支持，防衛比較好，士兵經過挑選而精神飽滿，有人才、部隊精銳，這樣的國家是容易攻打的。」

黑兔明頓時忿怒了，臉色一變：「你這是不是胡扯嗎！你認為難的，別人聽起來就知道很容易；你認為容易的，聽起來反倒是難的。用這些話來指教我，是什麼用心？」

賀之君說：「您別著急，聽我細說。我聽說，憂患在國內的，要去攻打強大的國家；憂患在國外的，要去攻打弱小的地區。現在，您的憂患在國內，在對君位的爭奪上。我聽說您多次差點成為儲君，但是最終失敗，是因為朝中大臣的有反對你的呀。你要攻占琉球來擴充疆域，如果打勝了，國君和現在的儲君就更驕縱，占領了琉球土地，朝廷大臣就會更尊貴，但是你的功勞都不在其中。這樣，您和國君、儲君的關係會一天天地疏遠。這樣的話，你對上讓國君、儲君產生驕縱的心理，對下讓大臣們放縱無羈，想要因此成就大業奪得皇位，太困難啦。國君驕縱就要無所顧忌，大臣驕縱就要爭權奪利，這樣，對上你與國君、儲君在感情上產生裂痕，對下你和大臣們相互爭奪。像這樣，那您的處境就危險了。所以說不如攻打倭國。假如攻打倭國不能取得勝利，百姓死在國外，大臣率兵作戰，朝廷勢力空虛，這樣，在上沒有強臣對抗，在下沒有百姓的非難，孤立國君專制政權的只有你了。」

黑兔明思慮了很久，說：「好。雖然如此，可是我的軍隊已經開赴閩越了，從閩越撤軍轉而進兵倭國的話，大臣們懷疑我，怎麼辦？」

賀之君說：「您按兵不動，不要進攻，請讓我為您出使去見瀛洲國王，讓他出兵援助琉球而攻打我們國家，您就趁機出兵迎擊它。」

黑兔明想了想，說：「行，反正我們攻打琉球，瀛洲和倭國都是非常不滿意的，倭國和我們積怨很深，攻打它的話，老百姓阻力小。如果攻打倭國，瀛洲更不能坐視不管了。」

於是賀之君就接下了出使各國的責任。

他首先去的是瀛洲，見到了瀛洲總統，他便說：「我聽說，世界霸主不能讓另外的強敵出現，在千鈞重的物體上，再加上一銖一兩的分量也可能產生移位。如今，軍事、經濟和科技非常強大的中華，想要占據有不少科技企業的琉球，和瀛洲來爭高低，我私下替你感到危險。況且去援救琉球，是顯揚名聲的事情；攻打中華，是能獲大利的事情。安撫西太平洋的各國諸侯，討伐強大的中華，用來鎮服強大的羅剎國，沒有比這樣做獲利更大的了。名上保存危亡的琉球，實際上阻阨了中華的擴張，這道理，聰明人是不會懷疑的。」

瀛洲總統說：「好。雖然如此，可是我曾經和倭國、高麗作戰，它們的國王退守在東亞，刻苦鑽研軍事和經濟，發展科技，表面很順服，但是其實也不是特別安分。我覺得，還是不能直接和中華產生正面衝突，您等我安排好高麗以後再按您的話做罷。」

賀之君勸到：「琉球的力量超不過高麗，在東亞這片地區，瀛洲的強大比不過本土作戰的中華，大王把中華擱置在一邊，去攻打高麗，那麼，中華早已平定琉球了，況且大王正借著世界員警的名義，卻攻打弱小的高麗而害怕強大的中華，這不是勇敢的表現。勇敢的人不迴避艱難，仁慈的人不讓別人陷入困境。聰明的人不失掉時機，施行霸道的人不被別人騎在頭上作威作福，憑藉這些來樹立你們的地位。保存高麗，向各國諸侯顯示您的權威，援助琉球攻打中華，施加羅剎國以威力，各國諸侯一定會競相來瀛洲朝見，獨霸天下的大業就成功了。大王如果畏忌高麗和倭國，我請求東去會見高麗王和倭國國王，讓他們派出軍隊追隨你，這實際上使高麗空虛，名義上追隨諸侯討伐中華。」

於是，賀之君就來到了高麗，見到了高麗王。

高麗王出郊外三十里迎接了賀之君，說到：「我這裡是個偏遠落後的國家，大夫怎麼屈辱自己莊重的身分光臨到這裏來了！」

賀之君說：「我已經勸說瀛洲王援救琉球攻打中華，他心裏想要這麼做，卻害怕高麗，說：『等我攻下高麗才可以』。像這樣，攻破

高麗是必然的了。」

高麗王嚇得瑟瑟發抖：「我身處羅刹和中華兩個大國之間，曾不自量力，才和瀛洲交惡，被瀛洲制裁，恨入骨髓，只打算和瀛洲王一塊兒拚死，這就是我的願望。我該怎麼辦？」

賀之君說到：「瀛洲王為人凶猛殘暴，大臣們難以忍受；國家多次打仗，弄得疲憊衰敗，士兵不能忍耐；百姓怨恨國君，大臣內部發生變亂，這是殘害國家的表現啊。大王如果能出兵輔佐瀛洲王，以投合他的心志，用重金寶物來獲取他的歡心，用謙卑的言辭尊敬他，表示對他的禮敬，他一定會攻打中華。如果那場戰爭不能取勝，就是大王您的福氣了。如果打勝了，他一定會帶兵逼近羅刹，請讓我北上會見羅刹王，讓他共同攻打它，一定會削弱瀛洲王的勢力。等他們的精銳部隊全部消耗在中華，重兵又被羅刹國牽制住，而大王趁它疲憊不堪的時候攻打它，就算不能滅掉瀛洲國，攻打下倭國也是綽綽有餘。」

高麗王聽了以後很高興：「那太好了。但是我現在是中華的小弟，怎麼能夠攻打中華呢？」

賀之君就說：「現在中華分崩離析，馬上就會形成軍閥割據，到時候你支持朝廷軍隊，可以攻打叛軍，支持叛軍，也可以是支持新興力量，這是可以變通的地方。就算沒有軍閥割據，也可以打著清君側的名義跟在瀛洲後面。」

等到賀之君勸說了高麗國王，就又回到了瀛洲，見到了瀛洲總統。

賀之君說：「我鄭重地把大王的話告訴了高麗王，高麗王非常惶恐，說：『我很不走運，夾在中華和羅刹個大國之間，又不自量力，觸犯瀛洲，被經濟制裁，現在背靠的大樹眼看就要發生混亂了，仰賴大王的恩賜，使我能夠捧著祭品而祭祀祖宗，我至死也不敢忘懷，怎麼另有其他的打算！』現在他們派出使者跟隨我。」

這時候的倭國首相小野妹子也在現場，他就說：「我是倭國首相小野妹子，您的炸彈讓我們屈服，我們性情下賤，您說讓我們做什麼

就做什麼，我們願意做您的先行軍，去拯救琉球。」

瀛洲總統翻了個白眼：「你可拉倒吧，你懷著什麼心思我能不知道？是不是想搶人家島嶼去釣魚？」

高麗王派出的使者趕忙說：「我是高麗代表棒子，您的經濟制裁我不能忍受，現在中華眼看就要給我斷絕經濟支持，我想和您和好。聽說大王將要發動正義之師，討伐強暴，扶持弱小，我請求出動境內全部軍隊三千人，國王請求親自披掛上陣。」

瀛洲總統就問賀之君：「高麗想親自跟隨我攻打中華，可以嗎？」

賀之君說：「不可以。使人家國內空虛，調動人家所有的人馬，還要人家的國君跟著出征，這是不道義的。你可接受他的禮物，允許他派出軍隊，辭卻他的國君隨行。」

瀛洲總統：「行，那高麗出一部分軍隊，倭國全力支持我，去攻打中華！」

做完了這些，賀之君又擔心瀛洲總統做的太過分，於是就想到了制衡瀛洲，他找到了朝廷的合作方，羅剎國，見到了羅剎國王。

賀之君說：「羅剎國王，我聽說，不事先謀劃好計策，就不能應付突然來的變化，不事先治理好軍隊，就不能戰勝敵人。中華和瀛洲即將開戰，如果那場戰爭瀛洲不能取得勝利，高麗、倭國必定會趁機擾亂它；和中華一戰取得了勝利，瀛洲王一定會帶他的軍隊逼近羅剎國。」

羅剎王已經在二十年前的戰爭中吃了很大的虧，當時瀛洲扶持二毛和它打仗，讓羅剎國損耗巨大，到現在都沒緩過來，現在更是沒有主意，於是羅剎王問：「那該怎麼辦呢？」

賀之君說：「整治好武器，休養士卒，等著瀛洲國的到來。」

三、火龍出現

等到黑兔明和賀之君的謀劃已經推動得差不多，國內也有很多人

看出了苗頭不對。這時候的將軍火龍找到了羽。

火龍說：「皇上，你現在攻打琉球，從內部來說，百姓不願意，官員們分崩離析，我看前鋒部隊馬上就要叛變了。從外部講，我看到賀之君出使瀛洲、高麗等國家，恐怕中華已經岌岌可危了！」

羽白了火龍一眼：「火龍，你是在挑唆君臣之間的關係嗎？」

火龍回答：「並不是，我說的這些都是事實，現在是朝廷人盡皆知，可只有您被蒙蔽，不要老糊塗呀！」

忠臣良將說話總是不好聽，所以總是吃虧。現在羽聽到火龍這樣說話，也是非常生氣，說到：「那我就聽信你的讒言嗎？將在外，君命有所不受。懷疑前鋒，那這琉球還能攻打下來嗎？」

火龍氣憤地說：「那您就聽信黑兔明他們的讒言嗎？將在外君命有所不受，當初趙匡胤就是假傳邊境有戰事，然後帶領大部隊到了外地，殺死了朝中反對的大臣，逼迫皇上退位，你也想遭遇同樣的困境嗎？」

羽怒上心頭，但是轉念一想，又回答：「這些我都知道，但是潑出去的水很難收回來，現在能做的，恐怕只能是先把你下到監獄，來安定軍心民心！」

火龍激憤地說：「皇上糊塗啊！」

與此同時，黑兔明和賀之君也在進行暗中謀劃。

黑兔明說：「現在朝廷已經懷疑到我們了。」

賀之君堅定地說：「外部我已經佈局好了，現在就需要您趕緊決斷了。」

黑兔明一頭霧水：「要我怎麼決斷？」

賀之君說：「現在朝廷一定會想辦法削弱你的權力。要是沒有爭奪儲君的心志而讓朝廷懷疑，太拙劣了；要有爭奪儲君的心志又讓別人知道，就不安全了；事情還沒有發動先叫人知道，就太危險了。這三種情況是辦事的最大禍患。而你現在就處於這樣的境地！」

黑兔明吃了一驚，雞皮疙瘩都起來了，問：「你是說，反了？」

賀之君鄭重地點點頭：「早點反，還能保持軍力，和朝廷對抗。

晚點反，恐怕只能被投到監獄。這種事不能猶豫，當初呂后死後，儲君位置空虛，呂產掌握禁軍，但是聽信了別人的勸告，交出兵權，結果馬上就在叛亂中被劉章殺掉。你現在如果有遲疑，會是同樣的結果呀！」

黑兔明的心臟怦怦跳：「嚇我一跳，其實已經有人勸我迷途知返了，你是說，不能？」

賀之君回答：「現在你需要做的事殺掉那些勸你迷途知返的人，然後舉旗，就以『清君側』的名義，瞄準儲君，或者以『驅除韃虜、恢復中華』的名義，和朝廷對抗。」

黑兔明非常疑惑：「但是我們能取勝嗎？」

賀之君回答：「這就需要有相關策略。」

黑兔明問：「你有什麼策略？」

賀之君說：「自古以來，由南向北只有朱元璋進攻成功，而從北向南有三條進軍路線。現在的上策，是策反西南和西部，自己帶軍從東線北進，直接攻打首都，這需要非常強大的調動能力，一點時間不能耽誤，在盡量短的時間完成。」

黑兔明想了想：「我們現在剛剛起來，向北有重重阻力，我不覺得這是上策。而且策反西部的難度比較大。」

賀之君說：「那中策，就是我們向西，和西南軍、西軍會合，入川陝，容不得他們多考慮，然後依據地理優勢，從西向東進發。」

黑兔明說：「這個路程又太遠，放棄東部也不明智，如果我們攻打不下來，怎麼辦？」

賀之君說：「那樣我們就炸掉大壩，如果我們攻不下中原，那就讓中原成為南北阻隔，這個時候我們加大宣傳，使用『驅除韃虜、恢復中華』的名義，舉起義旗，收買民心，從國際上拉援助，把戰線拉長。」

黑兔明想了想：「這個主意不錯。那還有一個策略是什麼？」

賀之君說：「最後一個策略，就是聯合琉球、瀛洲等，分別從南北夾擊，內部打輿論戰，這樣我們有一個退路，如果打敗後可以逃

跑，但是這種方式還是不建議，蠻夷沒有信用，要做事還真是不能靠他們。」

黑兔明想了想：「那我們採取第二個策略，第三個策略做輔助，一邊讓瀛洲、倭國從北方給朝廷施加壓力，幫助我們奪取朝廷控制權，怎麼樣？」

賀之君說：「這樣就好了。」

等到羽把火龍下到監獄，聖人也聽說了這件事。他當時就覺得，火龍受困，大破大立，知恥而後勇，時機成熟了。於是就急忙到朝廷找羽。

聖人對羽說：「我都告訴你了不能攻打琉球，現在黑兔明已經叛亂了，你自以為聰明，其實是老糊塗了！」

羽也有點拿不定主意：「那你說現在怎麼辦？」

聖人就說：「趕緊把火龍放出來呀！以前我們找了很久都找不到這個人，現在他親自找上門來了，你卻把他關到監獄裏了，有你這樣辦事的嗎？」

羽想了想：「把軍隊交給他，我不放心呀！」

聖人有些生氣：「你放心把軍隊交給黑兔明，他讓你放心了嗎？」

羽問：「現在南北對峙，你說怎麼辦？」

聖人回答：「你聽我說，他們現在會選擇進軍西南，占領川陝，炸掉大壩，讓中原成為沼澤，形成南北對峙。這樣的對峙會持續四年，百姓遭受很大的禍患。同時，黑兔明他們會發動輿論戰，想要更換朝代。北方也會遭遇瀛洲和倭國的為難。」

羽聽了以後覺得很難辦：「那我們怎麼辦？」

聖人說：「現在朝廷不得民心，搞起了這麼大的混亂，以前不修文德，欠下許多血債，老百姓想要看戲。所以，從根本上，要進行自我革命，首先排除外國的馬恩思想，讓自己成為中華的正統，有一個好的立足點。」

羽問：「然後呢？」

聖人說：「然後你還得跟著打輿論戰，把叛軍說成危害百姓、製造內亂的罪魁禍首。」

羽想了想：「這樣就可以了嗎？」

聖人說：「當然不行，然後是具體的事情上，讓火龍應對南部戰場，抵抗叛軍，我去說服瀛洲和倭國退軍。」

羽問到：「這樣可以嗎？」

聖人說：「現在朝廷太愧對百姓，從本朝初期就一直出軌，累積的怨氣太多了，我都知道根本不能避免這個劫難。二十年前我就勸你要終止這場內戰，但是你就是不聽。現在應該想盡一切辦法，減少內耗，減少對百姓的傷害。如果能說服叛軍投降就說服叛軍，兩者可以組建新的政府、新的朝代。未來能統一天下的主要不是朝廷或者叛軍來作分別，而是有仁德的人能統一中華呀！」

羽知道大勢已成，自己沒有太多辦法了：「我多問一句，現在他們打著清君側的名義，我能不能把火龍殺了，讓他們的叛亂顯得很沒有理由？」

聖人聽了以後很震驚：「這種假設您連問都不應該問，當初漢景帝殺了晁錯，阻止叛軍進攻了嗎？那晁錯是一心為了漢朝，漢景帝的做法讓多少士人寒心了。您如果把這麼重要的人殺死了，是自毀長城，要在歷史上留下罵名。顯得朝廷很心虛、很弱勢，讓老百姓向新軍靠近，到時候您失去民心，失去勝利，失去名望，會成為歷史的罪人。」

羽聽完以後滿頭大汗。

聽說聖人找羽商量對策，一個宦官內侍就悄悄找到了羽。

內侍說：「皇上，這聖人說要幫助朝廷終止內戰，我看他是居心不良，想要自己上位呀！」

羽問到：「這怎麼說？」

內侍說：「這聖人對本朝和對皇上一直多有怨言，他其實更希望南北對峙，來消磨掉本朝最後的一絲元氣，好改朝換代。」

羽回答：「那能怎麼辦？現在人心渙散，叛軍都開始驅除韃虜

了，大勢已去了！」

內侍說：「那在新朝代的建立上，聖人他也是居心不良呀！兩邊消耗的時間越長，他能做的事就越多，到最後拯救受到災禍的老百姓，贏得名聲，那些有著功業，現在想取得功名的將軍們要麼戰死，要麼失去民心，將來他排除異己，消解掉權貴的勢力，是想給新的朝代一個乾淨的開局呀！」

羽問到：「你這是什麼意思？」

內侍回答：「你看歷朝歷代，趙匡胤杯酒釋兵權，朱元璋殺功臣，劉邦殺王，都是需要一定時間的，現在你是在幫助新朝代開闢航線呀！」

羽說：「你說的都沒必要，全都是動心機。那現在成這樣了，你有更好的辦法嗎？」

內侍想了想：「沒有，但是這些陰暗的事情，你得知道呀！這些才是決定勝敗的關鍵呀！」

羽就生氣了：「放屁！這個朝代成了這樣，就是因為我以前聽你們這樣說話聽得太多。越是這樣想，恐怕我在歷史上留下的惡名越大呀！既然天命歸到了火龍和聖人身上，那我就成全他們吧。」

於是羽把濟北王的太子職位去除，黑兔明清君側的方法就不能再使用了，等到羽把火龍扶上位，火龍帶領軍隊開始平叛。這個時候，百姓已經遭受了巨大的災難，大壩被炸，百姓流離失所，中原成為汪洋。高樓閣，變泥崗，繁華市，變汪洋。男兒九個裏面死去八個，形成了「九女共一夫」的慘狀。有錢的人逃出了國，沒錢的人把兒女搭進了戰爭裏。

終於，在戰爭持續三年以後，局勢分化，中央的實力明顯增強。

火龍和聖人也在百忙之中見面，兩人相遇百忙中，兩火初興定太平，江南江北各平定。

火龍說：「現在戰爭已經持續三年了，我現在很想結束這件事，你覺得應該怎麼辦？」

聖人回答：「還是以和平為主，現在你們和叛軍的矛盾，主要的

問題就在於用什麼做統治思想。我認為呀，一定要去除馬恩，用儒家的『禮』做執政標準，這樣才能真正管理好政務，贏得民心。」

火龍說：「現在這麼長時間了，人心動盪不安，馬恩已經沒有市場了，你看朝廷也是想著精簡業務，用輿論宣傳造勢。現在關鍵是怎麼獲得勝利。」

聖人說：「不在其位，不謀其政。勝利那是你們的事，我的事是在思想方面，讓中華傳統占據主流。」

火龍問到：「你現在還是沒有確定的立場嗎？你支持朝廷還是支持叛軍？」

聖人回答：「最終的結果，一定是朝廷會勝利，但是我希望的，是朝廷和叛軍盡快達成協議，不要想著清除哪一方，弄得兩敗俱傷，最後受苦的還是百姓。」

火龍生氣地說：「你說的話都是迂腐的話，我還是希望你給出一個確定的意見，怎麼來解決這場戰爭。我知道人子監已經制定了一套禮制方案，這些都可以用，但那一定是在戰爭結束後才行得通呀！」

聖人說：「這樣，我先派人去和黑兔明溝通一下，看看他們對和平結束對峙有什麼想法，自己想獲得哪些權益。與此同時，你仍舊需要把這場戰爭進行到底。在瀛洲和倭國方面，我可以親自去他們那裏進行勸說。現在人子監在瀛洲和倭國已經有了比較好的底子，為他們培養了不少的官員，已經成了他們朝廷和社會上的重要力量。」

火龍說：「如果能解決北方的邊患問題，那就太好了。至於南方的叛軍，這方面我會軟硬皆施，以硬為主，以談判為輔。」

聖人回去以後，想了想，覺得由自己去勸說黑兔明，可能不太明智。兩隻雞打起來的時候，必定要決出勝負。就算兩隻雞都倒在了地上，那也是一隻啄一隻一口，一定要最終垮掉一個才行。贏者通吃，能達到和解的實在太少了。當然，在這個時代，也不一定不能實現。於是聖人就派出了自己的得意門生，紫微星去勸說黑兔明。

等到紫微星見到賀之君，賀之君便問紫微星：「你是北方軍隊派來勸降的嗎？」

紫微星說：「我不是來勸降的，我是來對接一下訊息。當初你起兵是因為皇上懷疑你要謀反，結果你真的謀反了。」

賀之君說：「本來說好打琉球，結果事情還沒起來，自己人先鬥了起來。在這個過程中，我也找到了自己的目標，那就是恢復中華，給老百姓一個更好的未來。說實話，誰也不想在歷史上留下罵名。」

紫微星說到：「我覺得也是這樣，其實呀，並不一定要得到君位才能留下美名，孔子沒有成為帝王，可是學問傳了三千年，反倒是各種帝王留下了罵名。我們也知道，朝廷是不義的，但您的出發點也並不完全是為了蒼生，是現在找到了正確的發心，這也是我們老師聖人不站隊的原因，因為你們雙方並沒有清楚的對錯。」

賀之君冷笑：「那你是說，我可能是會贏的，對吧？」

紫微星回答：「可以肯定的是，朝廷是會贏的，這已經是《推背圖》等中國十幾個預言已經說明白的結果。但是您也不一定會輸。現在是您發心最好的時候，可以留下好的名聲。我建議您現在向朝廷提出一些願望，比如說推行普選，恢復禮制，祭祀孔子等，這樣實際上是您來引導出了一個新的政治，也能證明您最早的發心確實是為了蒼生。現在朝廷有意和解，您更應該把握主動權，讓四年的戰爭戛然而止，這是極大的功德。」

賀之君懷疑地問：「那麼，首先，會在歷史上留下好的名聲嗎？其次，我能保全自身嗎？」

紫微星就說：「您是依靠誅不義起兵的，現在朝廷在您的催化下，已經發生變化了，在敵人變好的同時，您也應該及早收手，否則您的發心會遭受質疑，到時候才真的是自身難保了。」

賀之君目露凶光：「我倒是想要試一試。」

這次談判的結果並不明朗。

為了盡快結束戰爭，聖人到了瀛洲，和瀛洲總統見了面。

聖人說：「朝廷再怎麼不好，那也是我們自己的朝廷，你這個外人進來摻和，而且真的殺死了我們許多戰場上的士兵，讓老百姓遭受了喪子之痛，現在老百姓只會對你們越來越恨呀，到時候不管是北方

軍還是南方軍獲得了權勢，都得和你離心離德，就不好辦了。」

倭國首相小野妹子也在場，它說：「你這個人算是南軍還是北軍？」

聖人說：「我說瀛洲總統，你不是瘋到以爲自己能控制住哪邊吧？以前的朝廷就是個廢物朝廷，你和那個廢物朝廷作對，卻不知道，如果沒有那個廢物朝廷，中國得有多強大。現在你不支持那個廢物朝廷，這個廢物朝廷已經變好了，而且正在逐漸取得民心，你這次進攻肯定是賠本了，不如及時止損。」

瀛洲總統斜著眼說到：「那我支持南軍呢？」

聖人說：「南軍打著恢復中華的旗號，現在反倒在傳統文化上比不上北方的理念。你可以把這次戰爭看成一次競選，依靠南軍的資金、人品、執政理念，你覺得他能競爭上任嗎？」

小野妹子說：「你根本就是來提北軍說話的！」

聖人當時就怒髮衝冠了：「這哪裡來的傻逼孩子，趕緊滾！」

小野妹子驕傲地說：「我是倭國首相小野妹子！」

聖人一巴掌扇到了小野妹子臉上：「倭國的人竟然還敢在這裏說話，不管是南軍還是北軍，一個倭國敢和哪個叫板？要不是我攔著，倭國現在已經被數百個原子彈炸沒了！一個死人還敢在這裏和我說話！瀛洲總統，趕緊讓倭國的人滾蛋！」

瀛洲總統見勢不妙，趕忙上來打圓場：「聖人也這麼大氣性嗎？」

聖人回答：「我來這裏不是來跟你談條件的，我是來給你出主意的，我告訴你，未來中國一定會推行普選，也一定會有更加自由民主的社會。你現在能做的，是趕緊撤兵，然後支持中國和平統一，這樣未來的朝廷一定會和瀛洲關係不錯。但是如果你不這樣做，未來中國仍舊會成爲世界最強，到時候你就吃不了兜著走了。」

瀛洲總統心想，你這聖人來這裏也不是來談判的吧，就說：「那如果我支持讓中國四分五裂呢？」

聖人回答：「和平統一是現在中華的主基調，現在市場上各種人

研究各種合縱連橫，未來一定會有王者統一中國，這一點瀛洲是沒有主導能力的。你現在想在中國賭一把，我怕會輸掉未來呀！以前你是怎麼培植現在的對手羅剎國的？」

瀛洲總統想了想：「哈哈，聖人你說的有道理呀，如果不花錢，還能和中華交好，那我何必要去賭呢？我撤兵就是了。」

於是羅剎國撤兵，北方的戰爭也解除了。

四、貞朝建立

等到局勢定下來，大家想到了改朝換代的事情。

火龍找到自己的謀士，說：「現在我們把叛軍打敗了，瀛洲也退兵了，現在已經遷都到了長安，四夷就要來朝拜我們大中華，我覺得是時候修改國號了。」

屬下說：「修改國號，聖人說，可以是『貞』，也就是『元亨利貞』的最後一個字，一方面是代表嚮往理想的狀態，另一方面又時刻警醒自己，這是處在一個邊緣地帶。只是這國君的選立，您需要多考慮一下。」

火龍問：「現在誰的人氣最旺呢？」

屬下說：『現在您在民間的人氣最旺，在朝廷也有非常多的支持者。但是聖人的名望也不差。』

火龍問：「那你覺得我應該怎麼做呢？」

屬下回答：「依我的愚見，您平定了叛亂，拯救了蒼生，功勞第一當之無愧，也應該順理成章獲得國君的地位。」

火龍想想：「說的也對，那大家都是這麼想的嗎？」

屬下回答：「說實話，從歷朝歷代來看，也由不得別人不這麼想。勝利者就應該是獲得這樣的地位。而且您現在就正在君位呀，從皇上把儲君的位置給到您，您帶領眾人平定叛亂，也有三四年的時間了，如果想繼續做下去，估計也沒人攔得住。」

火龍聽出屬下話裏有話，就有些不滿意：「你這樣說話我就不愛

聽了，怎麼叫沒人攔得住？」

屬下就說到：「那您恕我直言，雖說您是新的朝代的開創者，但也是舊的朝廷的國君，這樣的一個身分轉變，其實也讓許多人產生了不信任。你做了又髒又累的工作，但是又要獲得收益，那麼您的功勞其實就會得到損折。」

火龍很奇怪：「爲什麼這麼說呢？怎麼會有損折？」

屬下回答：「受國之垢，是爲社稷主。您如果在這個時候能夠順應民心，推動普選，又髒又累的工作是您做的，未來社會的問題是別人的，那您才是眞的有功於民，否則占著國君的位置，只是有功於自己。」

火龍問：「你是說讓我急流勇退？」

屬下說：「是的，您看看華盛頓，他的地位其實是在他離職的時候定下來的。」

火龍想了想：「這樣說也對。但是你眞的覺得我在國君的位置上，不好嗎？」

屬下說：「可以肯定的是，您的治國能力是遠不及聖人的，您在馬上打天下，是帶著戾氣的。現在民間和許多大臣都盯著您，如果您把權利讓出來，那天下人人都會推讓，都會知書達禮，那您就是一個開明朝代的開創者。如果您沒有讓出權利，那天下人人都想著自己，您只是上一個朝代的延續者，和東漢西漢、東晉西晉、南宋北宋一樣，只是因爲局勢的不同，形成了一個實際上延續的朝代，那您的功勞甚至不是一個朝代的開創者。」

火龍想了想：「眞的會這樣嗎？」

屬下說：「對呀，東漢的劉秀還比較高明一點，他破除的是新朝，您遭遇了北患，而且是正統繼承了上個朝代的君位，加上上個朝代和魏晉南北朝一樣是個很差勁的士族門閥體系，所以我覺得和東晉西晉差不多。」

火龍想了想：「如果是東晉西晉，那就太糟糕了！哎，我問你，如果推行普選，是不是聖人會被選上？」

屬下說：「聖人的功勞雖然比不上您，但是他從20年前其實就已經在佈局這件事了，在叛軍炸掉大壩之前疏導百姓撤離，調整南北爭端，一直在努力拯患救難。您衝在前面平定叛亂，是功在當代，聖人是利在千秋。說實話，您如果參與競選，不一定能比得上他。」

火龍哈哈大笑：「那你說的就有意思了，我決定了，推行普選，我也參與，倒是要看一看聖人有什麼本事！」

這時候的聖人，已經建立了國子監，改善了教育、醫療和法律，把絕大部分的行業放手給民間來做。同時建設好了太極殿。如今他和自己的門生紫微星一起商量起普選的事情。

聖人說：「現在火龍要推行普選，我和他年紀都很大了，他實際上已經沒有足夠的時間再做十年了，我現在也已經老糊塗了，其實還是更看好你們這些年輕人。」

紫微星想了想：「老師，您是說讓我也參選嗎？」

聖人說：「對，我們三個人都是這次競選的有力競爭者，你年輕有為，火龍比我還大十一歲，雖然現在看著身強力壯，但我們都到了一年不如一年的年齡了。他本來能繼續坐在國之君子的位置上，我估計他這次參選根本就沒想著要贏，而是想讓出位置，扶一個人上臺，用現在的掌控力幫助理順普選這件事。我們三個人的競選也將成為歷史的經典案例。我呢，六十多歲了，前半輩子一直在為生計打拚，還有很多的知識沒有整理，其實是想學習孔子，晚年有更多的時間放在學問上，那才是我們聖人的本職工作。現在的讖語雖然傳成了紫薇聖人，但是如果一個朝代有紫薇和聖人兩個人，那不是百姓更大的福分嗎？所以，我倒是希望能夠將兩者分解開。其實早在二三十年前，我主動扛起聖人的責任的時候，還一直希望，如果能有兩個聖人就好了，這和孔子老子出生在同一個時代差不多，如果我們能相互提攜，那中華未來的前景就很值得期待了。但既然推行普選，那還是看看民意吧。」

紫微星說：「老師，您和火龍有充分的民意，我如果參與競選，感覺還是不如您來當選。現在學院整個禮制體系是您制定的，現在火

龍主動讓出位置，可能是想要給您充分的空間，來把禮制貫徹到這個朝代，那是最合適的。我沒有這個能力，怕是不能勝任。以您的年齡，做到七十多歲，其實後面應當還會有最少十年的時間來整理自己的學問。」

聖人回答：「做國君，就像是頭上懸著一把劍，要時時刻刻警醒，承擔的責任實在是太大了。你覺得，相對於君位，我是做已經在手的學問好，還是競爭一個外在的不一定能成就功業的位置好呢？學問比位置更重大呀！」

紫微星回答：「那我就聽您的，我也參選，給您留一個後路。但是如果您當選，也希望您能夠不辭勞苦，順應百姓吧。」

經過普選之後，大家相互禮讓，最終紫微星獲選成為第一任民選國君。火龍實際上是借著普選，進行了禪讓。

等到登基大典的那天，火龍站在太極殿頂上，身旁跟著三個隨從，拿著紫微星的三套禮服。第一套禮服，是十二章紋的袞服，每年正月初一祭天的時候穿。第二套禮服，是九章紋的袞服，每年祭祀孔子和老子的時候穿。第三套禮服，是平時工作穿的簡約的白色漢服，由於在太極殿換衣服不太合適，所以紫微星是提前穿上了第三套禮服，第三個盤子裏放的是代表國君地位的金黃色腰帶。高階大臣用的是紫色腰帶，一般的大臣用的是紅色腰帶，底層官員是穿青色腰帶。

等到紫微星從太極殿下走到了太極殿上，就由前任國君火龍來舉行交接儀式。

火龍說到：「咨！爾紫微星，天之歷數在爾躬，允執其中。四海困窮，天祿永終！」

紫微星回答：「予小子紫微星，敢用玄牡，敢昭告於皇皇后帝：有罪不敢赦，帝臣不蔽，簡在帝心。朕躬有罪，無以萬方；萬方有罪，罪在朕躬。」

說完這些，火龍從托盤上拿到金色腰帶，紫微星脫下自己代表平民的棕色腰帶，和火龍手中的金色腰帶進行了調換。等到紫微星繫上金色腰帶，他轉過身，向百姓鞠躬。

基督再臨的時候，穿的就是白色齊腳踝的漢服，胸間束著金帶。

接下來，是將相玉兔漸東升。

在朝會上，紫微星對聖人說：「老師，您的學問比我高，希望您繼續做國師，將您的禮制方案充分貫徹，幫助我達到無為而治。同時以人子監祭酒的身分，在全球推行王道。」

聖人說：「感謝國君能給我發揮餘熱的機會。」

紫微星又說：「火龍，你平定內亂有功，而且能夠不貪戀權力，幫助順利推行普選，現在經過朝臣商議，為你上尊號「武成君」，為本朝太祖。由於你現在卸任了，就封你為定國公，享受朝廷贈送的津貼。但是津貼並不多。我這個國君不同於以往的國君，你這個王公也只是一個榮譽稱號，我們要盡量避免功臣派、士族門閥的體系。」

火龍回答：「感謝國君的恩賞。但是我請求不要贈與我各類優待，當初許多兄弟跟我一起平定叛亂，每天要把腦袋別到褲腰帶上，不一定哪天就會死去。現在我不能給他們足夠的回報，自己反倒接受這麼多榮譽，覺得內心有愧。希望能夠封賞我身邊功勞最大的幾個人侯爵的身分，我願意以普通市民的身分卸任。」

紫微星回答：「終止內亂，大家功勞確實都不小，獲得侯爵的封賞，當之無愧。但是我們新的朝代，有新的作風，既然獲得了名譽上的賞賜，那在金錢和社會地位上，仍舊要和那些有才能的人平起平坐。因此，該給你的仍舊要給到你，侯爵的封號也要給到有功勞的人。古代的君主賞賜功臣，尚且要延及子孫，以作為對大眾的激勵。現在我不能讓你們的封號和津貼延及子孫，但是你們的德行也一定會讓你們的後代獲得很多好處的。」

火龍回答：「國君英明！」

最終，紫微星也算是「無王無帝定乾坤」，自己則從平民直接晉升為國君。火龍也以太祖的名義退休，但因為火龍是本朝的軍事天才，紫微星仍舊讓他掌握了兵權，來讓中華的兵力強大。這樣火龍和聖人一文一武，輔佐紫微星開創盛世。

等到一切辦妥當，紫微星找到了聖人，向聖人請教問題。

紫微星問：「老師，您看我這次做的對不對？」

聖人回答：「做的很好了。」

紫微星問：「那未來我們應該引出怎樣的社會呢？」

聖人回答：「王道的推廣需要三代，我們需要理順科舉制度，從民間挖掘賢能，繼承我們的事業，未來一百年不斷爲天朝上國增添福慧，一直到一百二十年後的第三次世界大戰。到時候，我們的繼承者需要發動一場《彩虹計畫》，來終止戰爭，完成我們世界大同的夢想！」

未來國運更加跌宕起伏。

五、第三次世界大戰

以下年分爲大致年分：

2100年，48象，天下不安，苗姓主持金融戰爭，朱姓主持國事。「貨幣民間化」主導大一統的貨幣體系，但是並不擁有，所以「不殺賊」，但是市場會自主去誅殺那些挑動「石油戰爭」、「對沖基金」的賊人。

2102年，51象，新任的國之君子娶媳婦，賢內助，中天中國再現新氣象。

2103年，53象，明君生子，中國治理得很祥和。

2157年，45象，日本想要趁亂和中國打，但是卻被地震給滅國了。

2158年，56象，飛起來的是飛機，潛在水裏的是核潛艇，戰爭看不見人，導彈在天上飛，把大壩都給炸掉了。戰爭如同玄幻片，還沒有近兵交接，已經產生禍患。

2159年，57象，三尺高的小孩子，製造電磁武器的核心部件，讓包括核彈在內的武器失效，形成巨大的防護網，這個小孩子出生在南京周圍，平息世界大戰。

2160年，49象，世界大戰要收尾，各國的叛亂者、引發世界大戰

的人逃到了山谷，被圍剿。

2161年，58象，四夷服從中國，世界分成了友好的相互合作的六七個國家。中國爲帝，四夷有王，天下一家。中國收回了西伯利亞、庫頁島，亞洲成爲緊密的一個國家，俄羅斯回到西北，仍舊不太安分。

2162年，59象，天下成爲一家，帝道推行，各國成爲中國的分部門，中國的國之君子爲大，是世界的福分，制定行政標準，發佈政令，各國根據需求來稍加改善，遵照執行。紅黃黑白四色人種不再有不公正，世界和睦。

2163年，60象，循環往復。

第二十四章：紫薇聖人知識問答

在這一章，我們對紫薇聖人相關的預言內容進行整合，來分析未來將發生的大事，以及紫薇聖人如何處理這些事情。其中大部分內容都是網路傳言比較多，大家比較感興趣的內容。

一、未來故事的核心人物：紫薇聖人

在未來的故事中，紫薇聖人將是首先登場的人，也是未來世界發展的關鍵人物。

那麼紫薇聖人是誰呢？

1、道家預言稱其為「紫薇聖人」；

2、佛家預言稱其為「彌勒」、「彌勒轉輪聖王」；

3、基督教稱其為「基督再臨」、「彌賽亞」；

4、伊斯蘭教稱其為「爾薩聖人」；

5、他是《駭客帝國》裏的主角「尼奧」；

6、他是《終結者》裏的救世主「約翰・康納」；

7、他是《X戰警・創世紀》中的「耶和華」；

8、他是《基督再臨》中米迦勒保護的出生者；

幾乎全世界所有的預言都指向了他。現在有很多人研究紫薇聖人，但是很難領悟紫薇聖人的做事邏輯和商業版圖，因此很難把如此大量的訊息串聯起來給出一個解決方案。未來一百四十年中國在全球推行王道，推動天下大同，紫薇聖人是最重要的發起人。

總體來看，我們還是非常有必要知道紫薇聖人的，紫薇聖人就是未來的一個明星人物，是政治和商界的雙重明星。聖人在人間生活幾十年，不在於自己能夠做到什麼，而在於能和孔子、老子、釋迦牟尼一樣，打開市場，讓利於百姓，以至於人人都成為紫薇聖人，人人都去做紫薇聖人應該做的事，這樣他的事業才會成功。

孔子、老子、釋迦牟尼，他們有最好的IP，能夠傳頌前年；最好的輕資產運營，讓別人去建設重資產的寺廟連鎖，免加盟費，也不承擔風險；最好的管理，歷代各種有才能的人加入，並不斷對其進行適合當代的改善。最好的管理是「譬若北辰，居其所而眾星共之」，自己不做，把藍海市場打開，把利潤讓出去，整個市場都會幫助聖人。

二、「世宇三分」是什麼意思？

《步虛大師預言詩》裏的「世宇三分」是什麼意思？我們經常在各種媒體上，聽到近東、中東、遠東的名詞，是以歐洲為中心，把東南歐、非洲東北稱為「近東」，把西亞附近稱為「中東」，把更遠的東方稱為「遠東」。這是大航海時期的產物，充滿著掠奪、殖民和戰爭的味道。

自古以來中華是唯一有文化的地方，是世界的中心。聖人可能將根據教化來把世界分為中天中國、近邊天和遠邊天，中天中國包括亞洲地區，是歷史上中華文化能夠開展的地方，這裏人人心裏有一個理，有一個太極，需要開展聖賢教化；近邊天，包括西亞、美國等地區，這裏的人都有業障，需要用佛教文化來統一這些地區，摻和一點聖賢文化，我們簡單舉例，除了佛教本身以外，還包括猶太教，希伯來人一直認為自己是座天使化身，也就是色界天人，而中天中國百姓則是更高級的無色界天人，這個我們先不細說，是個大課題；遠邊天，是基督教及以外的世界，包括歐洲和非洲中南部，這裏的人都是有原罪的，好的食品他們吃不習慣，但是還可以用佛教來統一他們，耶穌本身是把佛教傳向歐洲，形成了基督教。

那麼對於中天，在一百二十年後的第三次世界大戰以後，會成爲一個統一的國家，包括當今亞洲的絕大部分和部分大洋洲地區。近邊天，我們會做成都護府的模式，比如在美國建立人子監的分部，發佈行政標準，就是新的政教合一的教廷，也是都護府。那麼雨後天邊掛彩虹，彩虹戰士就出自於這個地方。

三、紫薇聖人的三套禮服

根據各類預言進行總結，紫薇聖人或將興衣冠文明，預言中有關衣服的預言如下。

《乾坤萬年歌》說到：「此時建國又一兀，君正臣賢垂黼黻」。

《步虛大師預言》說到：「玄色其冠，龍章其服」。

《藏頭詩》預言：此人頭頂一甕，兩手在天，兩足立地，腰繫九斛帶，身穿八丈衣。四海無內外，享福得安寧；秀士登紫殿，紅帽無一人。

《聖經—啓示錄》預言：有一位好像人子，身穿長衣，直垂到腳，胸間束著金帶。

《燒餅歌》預言：上下三元無倒置，衣冠文物一齊來。

《佛說法滅盡經》：沙門袈裟自然變白。

紫薇聖人的衣服應該有三套。

第一，是最爲華貴的禮服。

這裏重點是《乾坤萬年歌》的「黼黻」，《步虛大師預言》的「龍章」，《藏頭詩》的「頭頂一甕」、「紅帽無一人」、「腰繫九斛帶，身穿八丈衣」。

先說《乾坤萬年歌》的「黼黻」。

黼黻是十二紋章之二，黼為斧頭，帝王穿，黻是雙背弓形狀，聽起來和弓乙靈符差不多，代表背惡向善。帝王及高級官員禮服上繪繡的十二種紋飾，分別為日、月、星辰、群山、龍、華蟲、宗彝、藻、火、粉米、黼、黻等，通稱「十二章」。繪繡有龍紋的九章禮服稱為「袞服」。黼黻的位置也確實是垂在小腿到腳面的。

十二章內涵豐富：日、月、星辰，取其照臨之意；山，取其穩重、鎮定之意；龍，取其神異、變幻之意；華蟲，美麗花朵和蟲羽毛五色，甚美，取其有文采之意；宗彝，取供奉、孝養之意；藻，取其潔淨之意；火，取其明亮之意；粉米，取粉和米有所養之意；黼，取割斷、果斷之意；黻，取其辨別、明察、背惡向善之意。

十二章紋的起源可追溯到舜帝時期，後世沿用，到了周代，周公旦制定《周禮》，規定以日、月、星辰三章畫於旗幟，衣服上只保留九章紋，以龍為首章而稱為「龍袞」。後來秦始皇帝登基，廢除章紋制度，祭祀禮服一律為純黑，稱為「袀玄」。直到東漢才再度恢復

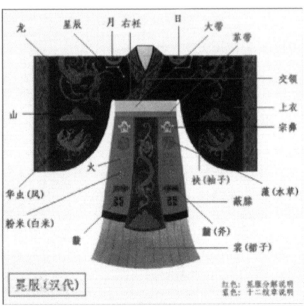

十二章紋。此後成爲歷代帝王的服章制度，一直沿用到近代袁世凱復辟帝制爲止。民國北洋政府時期的國徽也是依照十二章紋設計的。

我們先看看明朝和漢朝的袞服。

十二章爲章服之始，以下又衍生出九章、七章、五章、三章之別，按品位遞減。例如明代服制規定：天子十二章，皇太子、親王、世子俱九章。

《隋書·禮儀六》記載，皇帝「祀昊天上帝」等，用十二章，「享諸先帝」等，用九章；諸公之服，有時用九章，有時用八章，有時用七章，有時用六章。

那麼就牽涉到《步虛大師預言》的「龍章」，《藏頭詩》的「腰繫九斛帶，身穿八丈衣」。應當是以龍章爲首的九章禮服。

總體應當是紫薇或者聖人設立了漢服禮儀制度，在出席正月初一最重大典禮的時候，有十二紋章的禮服，其中龍章屬於十二紋章之一。在出席其次的重大典禮，比如祭孔、祭祀老子的時候，是以龍章爲首的九章袞服。也就是說，紫薇的禮服是這樣的：十二紋章或者九章的禮服，代表不瞎聽瞎看的冕冠。

十二章紋的意思是奉天承運，在祭祀昊天上帝的時候，可以穿這個。那在祭祀孔子的時候，你就不能說你是奉天承運了，人家的職位可比你大呀，人家更奉天承運，所以要用九章紋。那像都護府，周邊歸附的國家，最多就用五章紋。

《步虛大師預言》所謂「玄色其冠」就是說的黑色的冕冠。《藏頭詩》預言「此人頭頂一甕」、「紅帽無一人」，應當說的就是古代皇帝傳統禮服中的冕冠，冕冠的樣子就是如同一個甕，黑色，頂部是前圓後方的冕延，冕冠主要由冠圈、玉笄、冕綖、冕旒、充耳等部分組成。

玉笄：紐中可插玉笄，以便將冠固定在髮髻上。

冕旒：綖的前後兩段垂旒，用五彩絲線穿五彩圓珠而成，象徵君王有所見有所不見。視佩戴者的身分，有三、五、七、九、十二之分，以十二旒最為尊貴，是帝王的專用。漢代冕服的垂旒卻不限於五色，十二旒為白玉串珠。

冕綖：又寫作綖，最上面的木板，又稱冕板、延板，上黑下紅、前圓後方，象徵天圓地方之意。後比前應高出一寸，使呈向前傾斜之勢，即有前俯之狀，象徵君王關懷百姓，冕的名稱即由此而來。

帽卷：即帽身，圖中沒有標出。帽卷夏用玉草、冬用皮革作骨架，表裱玄色紗，裏裱朱色紗做成。

武：帽卷底部的帽圈，用金片鑲成。中古時期以前冠武正前方飾以玉蟬，意為受禪於天。

纓：冕板左右垂下的紅絲繩，在頷下繫結，用於固定。

纊：是繫在冠圈上懸在耳孔外的兩塊黃玉，叫做瑱，俗名充耳。因懸掛於兩耳邊，象徵君王有所聞有所不聞，不輕信讒言。

紞：是垂在延的兩側用以懸纊的彩條。

天河帶：冕板上垂下來的一條兩指寬的紅絲帶，長度可以垂到下身。天河帶至遲秦代就開始出現，其可考據樣式多出現在隋唐以後的畫中，宋代開始有明確的定制。明代恢復冕冠時取消了天河帶。

冠服制度至周代定制規範、完善，自漢代以來歷代沿襲，源遠流長，雖然冕服的種類、使用的範圍、章紋的分佈等等屢有更定、演變，各朝不一，情況較為複雜，但冠服制度一直沿用到明朝，到清朝「剃髮易服」後終結。

漢服禮儀是在周朝定版的，十二紋章，肩挑日月，龍在右臂。所以「雖非豪傑也周成」，「繼周人」的傳說，可能是從周朝獲得了一些禮法制度。

第二，是為政、外交時候的工作服。

《聖經啟示錄》預言：「有一位好像人子，身穿長衣，直垂到

腳，胸間束著金帶」。

《藏頭詩》預言：此人頭頂一甕，兩手在天，兩足立地，腰繫九斛帶，身穿八丈衣。四海無內外，享福得安寧；秀士登紫殿，紅帽無一人。

《佛說法滅盡經》：沙門裟自然變白。

「身穿長衣，直垂到腳，胸間束著金帶」。這個意思是說，紫薇或者聖人開展外交的時候，穿的是樸素的漢服長袍，腰帶是金黃色的，可能他們平時的工作服就是這樣，是個書生的樣子。其中國君，國之君子，也就是聖人創立的新君，是金黃色腰帶，國家級是紫色腰帶，省部級是紅色腰帶，縣市級是綠色腰帶，和古代體制一樣。上班時候穿，下班如果要去運動直接脫掉長袍就行了。

耶穌再來的時候，各種畫冊裏都顯示穿的是漢服樣子，這是做外交時候的樣子。先學習一下漢服大致的規制，後面才有關於「人子」、「國子」、「秀士登紫殿」的說法。總之各種預言有一個最省錢最節儉，能把所有的事都串聯起來的方法。

「腰繫九斛帶，身穿八丈衣」，有人說是姓名，但是似乎也和禮服有關。至於後面說到「四海無內外，享福得安寧，秀士登紫殿，紅帽無一人」，那或許是在四海之內進行外交的過程中的打扮，秀士登紫殿，那就是接見外國使臣的時候，大家都穿著秀才進士的衣服，這裏應當是利用國子監的科舉考試，在各國挖掘從政的人才，做成全球性的公務員考試，和孔子一樣做各國獵頭，大家來到中國，頭頂戴著黑色的帽子。這裏建議將「國子監」在全球擴展為「人子監」，在國為國子，在世界做人子，對應基督再臨時候自稱的人子，為各國培養的這些人子也就是紫薇或者聖人的學生，那麼人子監就成了新的基督教廷，和古代的基督教廷一樣成為政教合一的新主宰，由中國的國之君子為各國的從政者來加冕，就是戴上黑色的帽子。畢竟最後達到了「四海無內外」，天朝上國的君子就是全世界的君主，自然應當給各國總統加冕，尤其是日本、韓國、越南等地方的長官，自古都會主動來朝見，由宗主國來贈送五章以下的禮服，來作為恩賜。

第三，是接見賢人的便服。

這個便服還是從《藏頭詩》中來，秀士登紫殿，紅帽無一人。可能是紫薇或者聖人復興科舉制度，把利潤更高的官職交還給老百姓，用民之力來管理國家，不再有現在的士族門閥對自然資源、政策資源、稅收資源的壟斷，不再用官企和政策對百姓的工作生活進行壓制，能用禮制達到民主制度，讓社會運行更加高效。而紫薇或者聖人，在接見這些賢人學者的時候，就是穿著白色的便服。

秦朝推崇法制，社會管理成本太高，而且破壞了周朝衣冠制度，任何場合都是黑色，直到東漢才恢復衣冠制度，一直到清朝。現在也是法制，禮服西服也是黑色。紫薇和聖人借助復興禮法，是低成本的社會治理，所謂「民主」就是禮法，無為而治，百姓自己能治理好，所以是「匹夫有責」，形成「比屋可封」，人人都是不發工資的執政官，那麼紫薇就可以無為而治了，只要用衣冠文明做一些禮法，其政悶悶其民察察，紫薇糊里糊塗，下屬們和百姓自己能明白怎麼管理，這就是中庸之道。不過麻煩的是無為而治只有聖賢能做好，所以《藏頭詩》說「惜以一長一短，以粗為細，以小為大。而人民困矣，朝野亂矣。」

第四，我們一定要知道，紫薇或者聖人是要來復興中國傳統文明，包括衣冠文明的。

不管我們現在多麼推崇古代文化，但是由於幾十年的洗腦教育，肯定是對其中很多東西是排斥的，我們沒有紫薇或者聖人對中華文化那麼瞭解，所以對衣冠文明不要排斥。衣冠文明代表著中華文化的演變，從夏商周開始的國家最高大學，庠序、太學一直到國子監，也是中華文化的根本。這些東西和等級制度並沒有直接關係，只是遵從自然的一種文化秩序。

預言對紫薇或者聖人開衣冠文明是這樣解釋的。

《燒餅歌》預言：

四大八方有文星，品物咸亨一樣形；

琴瑟和諧成古道，左中興帝右中興；

上下三元無倒置，衣冠文物一齊來；
愛民如子親兄弟，創立新君修舊京。

《推背圖》47象預言：
書櫃裏的琴瑟代表禮樂文明、衣冠文明。

「琴瑟和諧成古道，左中興帝右中興」，應該是以古代朝服為代表的重大典禮，古代祭祀就是現在的春晚加上閱兵。而《燒餅歌》已經明確「衣冠文物一齊來」，衣冠文明和傳統文化會一起興起。作為文星，紫薇或者聖人「雖非豪傑也周成」，根據周禮訂制了一整套的禮法，快速復興中華文化，創立了新君，不再是古代的國君，而是「國之君子」，簡稱仍舊是「國君」，但是內涵已經變成了「國之君子」，和西方「哲學王」一樣，讓君子執政具有了天然的合法性。至於修舊京，自古在西安建立的朝代都是很正統，很讓後人有自豪感的朝代，比如漢朝和唐朝。

聖人就職的時候會有這三套禮服。其中第一套是十二章紋袞服，第二套是以龍章紋為首的九章紋袞服，第三套就是平時的白色漢服長袍和金色腰帶，這個平時的禮服就是基督再臨時候穿的白色漢服長袍。

總體上來說，就是紫微星就職時候，他們在太極殿上進行交接，紫微星從民樂廣場沿著臺階走上太極殿，由上一屆的火龍把紫微星的三套禮服給到他。那當時就是可以說，是手執金色腰帶，站在太極殿的臺階上。這就是「手執金龍步玉階」。

四、「創立新君修舊京」是什麼？

我們講一講聖人創立的國之君子制度，劉伯溫燒餅歌裏有「創立新君修舊京」，修舊京我們知道，就是遷都西安了。關鍵在於創立新君。因為推背圖47象有「匹夫有責，一言為君」，也就是紫薇聖人在

西安創立了「新君」，並且自己做了第一任新君，普遍認為是這位新君是通過普選來獲得的。

所謂「新君」，就是創立了「國之君子」執政的方式，「國之君子」簡稱「國君」，但是不同於古代的「國君」，古代的國君都是世襲制的，有家族地位，這個辭彙也就有「大君之子」的意思。但是新的國君是國家裏的君子執政。

這件事非常重大，為什麼呢？我們看到，古代有皇權、功臣、外戚、宦官、文官等群體，其中最好的就是文官群體。現代各國的朋黨體制其實是養腐敗、竊國弄權的腐爛體制，在古代非常避諱，現在也是要被打破的。而當前我國去除科舉，打破儒家行業標準，封閉了窮人做官的道路以後，和古代盛行了一千三百年的士族門閥體系是一樣的，也就是和魏晉南北朝差不多。現在我們看到全球都是有政府沒政治，政府成為一個個地域壟斷企業，貧富差距巨大，戰爭不斷，是一個新的戰國時期。

那賢人是哲學王的2.0版本，而君子又是賢人中修身比較好的人，天下汙垢在於一人。我們可以用一個詩來表述：以利尚賢民多爭，亂世之下有大能。君子輕身民相讓，君子重身民相輕。大德隱德民含德，大為省身世無爭。天下汙垢在我身，簡在易形天下明。也就是說，為政之本，在於君子自我反省，他只要轉個身就能解決的問題，就不要把問題歸罪在外部，歸罪在社會，如果問題在社會，那你是無論如何都不能解決，其實所有的社會問題都是政治問題，所有政治問題都是君子一人的問題，所以國君的位置很關鍵。古人甚至認為，國君的日常工作並不是勤勤懇懇處理政務，而是修身，每天反省自己，天下就能治理好，因為為政是在內而不是在外。一般人很難理解這個，但君主修身確實會產生這樣的效果。

未來國君是普選出來的，這要牽涉到「行政市場化」。我們知道的是行政市場化供養起了百家爭鳴，因為政府一般都是沒有執政能力的，只能從社會尋找智力，普選和科舉都屬於行政市場化的一部分，能夠通過更好更多樣的競爭，互相配合，選出最優秀的人才來執政。

五、《佛說法滅盡經》和紫薇聖人相關嗎？

　　《佛說法滅盡經》是一部佛教經典，又名《佛說法滅盡經》，主要內容是佛陀在涅槃前講述末法時代後期，佛教與佛法澈底滅亡之時的慘狀。這部經見於《乾隆大藏經》第466部（第47冊），《乾隆版大藏經》為清代官刻漢文大藏經，又稱《清藏》或《龍藏》。由皇帝欽定，以明朝《北藏》為底本增減刻印的敕版藏經。它始刻於清雍正十一年（1733），完成於乾隆三年（1738），是我國歷代官刻大藏經極為重要的一部。

　　《佛說法滅盡經》是佛教著名的預言經，在網路流傳相對較廣，此外預言經還有《十夢經》、《七夢經》等。

　　《佛說法滅盡經》原文如下：

　　聞如是，一時，佛在拘夷那竭國。

　　如來三月當般涅槃，與諸比丘及諸菩薩，無央數眾來詣佛所，稽首於地，世尊寂靜，默無所說，光明不現。

　　賢者阿難作禮白佛言：世尊前後說法，威光獨顯。

　　今大眾會，光更不現，何故如此？其必有故。願聞其意。

　　佛默不應，如是至三，佛告阿難：吾涅槃後，法欲滅時，五逆濁世，魔道興盛。

　　魔作沙門，壞亂吾道，著俗衣裳，樂好袈裟，五色之服，飲酒噉肉，殺生貪味。無有慈心，更相憎嫉。

　　時有菩薩辟支羅漢，精進修德一切敬待，

　　人所宗向教化平等，憐貧念老鞠育窮厄，

　　恆以經像令人奉事，作諸功德志性恩善，

　　不侵害人，捐身濟物，不自惜己，忍辱仁和。

　　設有是人，眾魔比丘咸共嫉之，誹謗揚惡，擯黜驅遣，不令得住。

　　自共於後，不修道德，寺廟空荒，無復修理，轉就毀壞。

但貪財物，積聚不散，不作福德。

販賣奴婢，耕田種植，焚燒山林，傷害眾生，無有慈心。

奴為比丘，婢為比丘尼。

無有道德，淫妷濁亂，男女不別。

令道薄淡，皆由斯輩。或避縣官，依倚吾道。

求作沙門，不修戒律。

月半月盡，雖名誦戒，厭倦懈怠，不欲聽聞。

抄略前後，不肯盡說。

經不誦習，設有讀者，不識字句。為強言是。

不諮明者，貢高求名。

虛顯雅步，以為榮冀，望人供養。

眾魔比丘命終之後，精神當墮無擇地獄，五逆罪中。

餓鬼畜生，靡不經歷，恆河沙劫。

罪竟乃出生在邊國，無三寶處。

法欲滅時，女人精進，恆作功德。

男子懈慢，不用法語，眼見沙門，如視糞土，無有信心。

法將殄沒，登爾之時，諸天泣淚。

水旱不調，五穀不熟。疫氣流行，死亡者眾。

人民勤苦，縣官計克。不順道理，皆思樂亂。

惡人轉多，如海中沙。善者甚少，若一若二。

劫欲盡故，日月轉短，人命轉促。

四十頭白，男子淫妷，精盡夭命。

或壽六十。男子壽短，女人壽長。七八九十，或至百歲。

大水忽起，卒至無期，世人不信，故為有常。

眾生雜類，不問豪賤。沒溺浮漂，魚鱉食噉。

時有菩薩辟支羅漢。眾魔驅逐不預眾會。

三乘入山福德之地。恬怕自守，以為欣快，壽命延長。

諸天衛護，月光出世。得相遭值，共興吾道。

五十二歲，首楞嚴經。般舟三昧。先化滅去。

十二部經尋後復滅，盡不復現，不見文字。沙門袈裟自然變白。

吾法滅時，譬如油燈，臨欲滅時，光明更盛，於是便滅。

吾法滅時，亦如燈滅。自此之後，難可數說。

如是之後，數千萬歲，彌勒當下世間作佛。

天下泰平，毒氣消除。雨潤和適，五穀滋茂，樹木長大。

人長八丈，皆壽八萬四千歲。眾生得度，不可稱計。

賢者阿難作禮白佛：當何名斯經？云何奉持？

佛言：阿難，此經名爲《法滅盡》，宣告一切，宜令分別。功德無量，不可稱計。

四部弟子，聞經悲慘惆悵，皆發無上聖眞道意，悉爲佛作禮而去。

很多人認爲現在就是末法時期，《佛說法滅盡經》的內容也符合當下的社會狀態。概括來看，《佛說法滅盡經》講的內容是，佛陀曾在涅槃前，住在拘夷那竭國。其對弟子阿難及他人說，在其身後佛法將會有滅亡的時候，彼時社會混亂、魔道盛行。會有魔鬼假裝佛教徒，對佛法進行破壞。即使有菩薩、辟支佛、阿羅漢等佛教修行者對世界的苦難作出貢獻，也難免受到這些魔鬼們的嫉妒與貶低，使虔誠的佛教徒無法進行修行。這些魔鬼只知道貪淫無道，毫無憐憫，傷害眾生，對佛法毫不尊敬。佛法要滅亡的時候，人們無法對佛法有恭敬之心，天界的善人哭泣，天逢乾旱、糧食無收、瘟疫肆虐、死亡遍野。民眾更加苦難，而官吏貪得無厭，惡人將越來越多。最後，日月時間變短，壽命也隨之短促，男子壽命很短，而女子則長壽。後天降大水、眾生混雜於水中被魚鱉吞食，時有菩薩、辟支佛、阿羅漢等來救，而眾多魔鬼從中阻礙、驅趕。部分有善根的眾生，進入山野地方，淡泊名利遵守佛法，以得到歡喜。之後，又有諸天衛護著月光童子菩薩出世，月光童子菩薩與眾人相逢，共同興盛佛法正道，一共有五十二年。這之後佛門的袈裟自然變成白色了。

佛法要滅亡時，《首楞嚴經》、《般舟三昧經》會首先消失，之

後十二部經緊接著也會滅掉，全部不現，沙門的袈裟忽然間就變成了俗家樣式。佛法滅亡時，就如同油燈一樣，在臨滅時光明會格外亮一點，隨即馬上熄滅。這樣之後，要過數千萬年，一直到彌勒菩薩下生世間修證成佛，天下泰平毒氣消除。風調雨順五穀豐收，眾生長壽，並得以救度。

需要注意的是，有些人認為裏面的「月光童子菩薩」就是紫薇聖人。我們說過，單獨去看預言，我們可以有多種解釋方法。但是如果很多人都這樣認為，那麼就值得我們思考一下，大家說的可能就是對的，因為民間的流傳就代表民心，民心所向，就能讓預言成真。而且絕大多數民間流傳的說法，基本可以肯定就是真的，民間的流傳就是一種讖語。

裏面說月光童子菩薩，有三點需要注意。

第一點，是末法時期，修道人不在寺院，月光童子菩薩也是帶領大家從外部興盛佛法，應對了劉伯溫《帝師問答歌》中「不相僧來不相道，頭戴四兩羊絨帽，真佛不在寺院內，他掌彌勒元頭教。」、「未來教主臨下凡，不落宰府共官員，不在皇宮為太子，不在僧門與道院，降在寒門草堂內，燕南趙北把金散。」聖人出身貧寒，雖然不在僧門道院，但他是能夠興盛佛教的。

第二點，是諸天衛護著月光童子菩薩出世，月光童子菩薩與眾人相逢，共同興盛佛法正道，一共有五十二年。也就是說，聖人讓佛教興盛了五十二年，就像是燈滅前最後要突然變亮一下，像是回光返照。老子說，將欲弱之必固強之，只有加強佛教，才能會導致佛教衰敗。而加強後衰敗的最好方法，就是進行商業化。我們知道現在的寺院都是商業化氛圍很重的，就像是《佛說法滅盡經》說的，和尚都在進行商業化運作。如果說有的寺院盡量想要少商業化，那也是出於運營的考慮。我們之前也說了，佛教和基督教其實有相同的天人、天使、天界，所以先用佛教來同化基督教，是比較合適的。但是用佛教並不是根本的方法，最終還是要讓大家聚集到中華文化這裏，所以佛教的使用是權宜之計。用商業的方法，加上VR、AR等現代科技，是

非常適合表演佛教的場景的。佛經裏的場景都是非常簡單但是宏偉的，製作出來會很吸引人，包括前些年比較流行的無錫靈山景區，只是簡單用燈光製作了拈花灣小鎮的景區，就成爲一個經典案例。用商業化的思路運營佛教，來同化基督教，也是見效最快的方法。但是這種商業化，會讓佛教在之後遭遇極大的困境，人們看多了就會覺得不新鮮，就像是吃一個美味的東西，突然吃很多，就會膩。那麼到時候追求平淡但是眞實的中華文化，也是可以的。彌勒的教化是讓一切佛國不斷佛法，中華文化本身就一直沒有斷絕，我們可以從宏觀上看這件事，中華文化可以算是彌勒堅持的道法。

第三點，是佛門袈裟變白。這一點和基督教預言的，被提升天的十二支派也要穿著白色衣服是一樣的。那說明聖人的教化自然替代了佛教，用人子監來替代是一個比較合理的方向。

據說當初耶穌是先學習了佛法，然後回到自己家鄉想要傳播佛法，但是被釘在了十字架上，現在佛教和基督教有非常多相同的地方。

六、聖人的王道是什麼？

王道分成三個，一個是聖王道，就是帝道，一個是王道，還有一個小王道，就是霸道。

那麼爲什麼說聖人會推王道呢？這裏有兩個證據，第一個，就是《龍華經》裏說的，太行山上東風起，火中玉兔從天降，口中吐火要稱王。就是這三句，把聖人的出生時間、出生地、要做什麼說清楚了，那就是出生在太行山東面，出生於火兔年，也就是1987年，要推行王道。

另外一個說聖人要推王道的，是《聖經》，裏面有「萬王之王彌賽亞」的說法，王中王，應該是帝道。但是這個翻譯是不對的，在英語裏是King of Kings。它源自歐洲地區的統治者稱號，相當於是「大領主中的領主」，總之就是最大的那個領主，有點政教合一的意思，

中國最大的領主就是王，最早就是統領著祭祀和戰爭，國之大事，在祀與戎。王就是King of Kings，所以不是「萬王之王彌賽亞」，而是「彌賽亞王」，彌賽亞就是推王道。外國應當是不知道帝道的，帝道比王道要高出一個層次，但是帝道太難推動，並不是非要在王位才能推動，比如孔子在民間制定標準，照樣能被歷代朝廷所用。

七、紫薇聖人的「封印」

網路流行說聖人不出來是因為被「封印」了，這個說法很玄，並不真實。我們最好是採用形象的說法來瞭解「封印」，就是紫薇聖人要克服某些東西，才能出現。

《推背圖》44象是說聖人帶著百靈到朝廷去談合作，其中雙羽四足作為審核人，對聖人的合作專案進行了審查。雙羽四足，根據猜測，就是翟，還有管外交的鶴，以及吏部侍郎馬，這和當初商鞅見秦孝公，有甘龍和杜摯來審查商鞅的專案類似。那麼結果我們已經知道了，就是「秀士登紫殿，紅帽無一人」，這一百位進士秀才參加殿試，選出了三甲，託管了外交業務，這樣才能「四夷重譯稱天子」，但是因為「紅帽無一人」，所以是沒有安排人員進入朝廷做高官。

聖人託管外交業務是很容易的，比如我們出的主意，是託管孔子學院，我們知道現在孔子學院辦的太爛了，被各國排斥，在國內又認為是瞎花錢，也沒有好的商業模式，還濫用志願者資源，可以說毫無可取之處。那聖人用人子監託管孔子學院，依靠它的硬體設施建立人子監，相當於建立了一個新的教廷，能夠直接參與到各國的政治建設中，尤其現在政府對歐美國家很難形成制約，非常弱勢，依靠人子監來打通這方面的交流，是非常可取的。

但是輸入人才就比較麻煩了，因為現在是士族門閥的體系，和魏晉南北朝一樣，當時的士族和庶族的關係，九品中正制下所謂「上品無寒門」，但是這些人根本沒有執政才能，人才體制太老了，相當於讓中國退回了中古時期。聖人就和孔子一樣做人力獵頭，給各國政府

輸出人才。但是很難突破現在的士族門閥制度，給你開了個口子，不就讓普通人也能參與到這個利潤非常大的行業裏了嗎？

百家爭鳴的理論類似於「行政市場化」，因爲只有足夠的競爭，才能讓政治行業顯得有活力。最突出的例子，就是春秋戰國時期，各國知道自己的家族體系很難出現人才，所以封地外包、變法外包，行業利潤巨大，這才有了百家爭鳴。聖人通過科舉挖掘出一百個秀才進士，因爲水準遠遠達不到百家爭鳴，所以叫百靈爭鳴，想要引出社會的百家爭鳴。他們製造了兩百個左右的政府專案諮詢產品，想要兜售給政府，我們知道聖人本人的人力獵頭業務沒成功，但是外交諮詢產品成功了，別的秀才進士也可以出售自己的諮詢產品。抱團嘛，總有一款能賣出去，聖人正好借助這次入朝合作，打造自己的團隊，拉攏人子監的業務，獎品的錢還省了，秀士登紫殿，讓羽給排列三甲，那獎品肯定得羽來出呀，一甲三名各獎勵北京一套房，別的獎勵一輛車，或者北京戶口，是難事嗎？並不難。

那麼現在既然預言出現了百靈爭鳴，而且百靈爭鳴成爲聖人入朝合作的最大特徵，那現在他們也就成了聖人的封印，也就是聖人必須集齊這一百個人，才能召喚出羽。孔子有七十二賢，聖人有百靈。不管靈不靈，反正這百靈裏面，最起碼五十個以後是會跟紫薇聖人一輩子的吧。

八、紫薇聖人如何打開封印？

根據推背圖44象，聖人嶄露頭角必須要帶著百靈一起入朝參加殿試，去和朝廷合作。所以在找到百靈之前，他偉大的事業並沒有起步，最多只是賺點小錢而已。

那麼想要成就紫薇聖人的事業，其實是要走很多關卡，打開許多封印。第一道封印，其實是最難的，也就是心靈上的封印，聖人都有各自的本領，但是大多都要悟道或者明心見性。這一點對於普通人很難，但是對於聖人來說，並不難。

第二個封印，也就是我們最關心的封印，打破這個封印，我們才知道紫薇聖人是誰，也就是說聖人出名了，發財了。聖人最重要的任務是挖掘百靈，他需要先製造一些社會影響力，尋找百靈。找到百靈以後，就可以登紫殿，見到關主。那這裏面是有技巧的，因為之前有很多假聖人，導致粉絲們都已經不相信他了，而且還有很多自以為是聖人的糊塗蛋來阻擋聖人的腳步，聖人需要創造名氣，拉攏民間的賢能，有一百位入圍，組成百靈團體，去見羽。這是最難的，因為第一桶金是最難獲得的。

　　紫薇聖人的第二個封印，就是「百靈封印」。打破這個封印，我們就知道紫薇聖人是誰了，但是這並不代表他就成了紫薇聖人，他必須做出紫薇聖人要做出的事，才能完成任務，獲取紫薇聖人的名號。

　　那麼他就要打破另外兩個封印。

　　第三個封印，其實就是打野發育，努力賺經濟。聖賢們都是有點潔癖，愛乾淨，肯定在體制內不能生存下去，所以就要打野發育，努力發展經濟。和孔子一樣，給各國做人力獵頭，而且掌握了科舉，就可以挖掘各國的人才，在歐美，這些人才就是彩虹戰士。這些人要和他一起努力。

　　那這一局的關主是誰呢？是各國的政黨，還有一個教皇，也就是教皇預言中的最後一個教皇方濟各，我們知道在教廷的統治下，西方經歷過黑暗的中世紀，還有七次十字軍侵略。現在既然彌賽亞基督親自下來了，以國子，也就是人子的名義來了，那就不要教廷了，就用人子監也就是國子監來替代教廷就可以了。那麼就是聖人打野發育後，帶領中天戰士和彩虹戰士，一起擊敗各國政黨，將教廷推下神壇，進入神聖的殿堂，掌握世界政治和文化發言權的過程。

　　紫薇聖人的第三個封印是在打野發育，是要成為彌賽亞、爾薩聖人和基督再臨。這件事其實很慢，和孔子一樣，你沒掌握頂層權力，去各國遊說，能有多大效果？就這樣推，你這輩子是很難達到一個高點的，孔子死後多少年才成為政治行業祖師爺的？

　　然而紫薇聖人在有生之年就能達到一個頂點，打破這第四個封

印，他才會成為真正的紫薇聖人，到時候他五年做的事，就比打野發育的二十多年的成績還要大。

這也就是推背圖47象說的，關於普選。想要普選獲勝，他首先是要「拯患救難」，在2044-2049年的戰爭中解救百姓，獲得民望。

但是因為長期打野發育，他在朝廷根本就沒有話語權，而且他並不喜歡朝廷，最後還是幫助朝廷獲得勝利，是因為他已經成功將朝廷轉化，這是一個非常巨大的工程，能夠保全自身，還能轉化對方，大家想想，這其實難度非常大。

在這第四關，就是2044到2049年的內部混亂了，到時候因為選舉的問題，出了差錯，叛軍從兩廣入川陝，兵臨中原，美國日本又在東北搞鬼。聖人就在夾縫裏推銷自己的思想，別人是打仗，他是在思想方面打仗，把雙方往好的地方引。直到2047年左右，他是單槍匹馬安撫外國，說服對方退兵，平息戰爭，後來才有普選。

那當時其實是這樣，關主是黑兔明和美國日本，黑兔明是魔王，但他也起到了消滅惡人的作用，所以聖人是主持疏導老百姓撤離，保護好好人。黑兔明消滅壞人，等消滅差不多，老百姓也有很大損失。這時候火龍出現，抵擋住黑兔明，聖人就能夠取得聖火令，帶領秀才進士占領重要的位置，打開太極殿的大門，取得能號令天下的黃緞帶。這個黃緞帶就是腰帶，就和堯舜換屆時候的做法一樣，在太極殿換屆，拿到十二章紋的禮服和黃緞帶，穿著齊腳踝的儒生漢服，別人一看，這不就是耶穌再來時候的裝扮嗎？這聖人一下自己就更火了，全球老百姓會看到這一幕，可能會支持人子在自己國家開展事業，不管是文旅還是輸出政治人才，都會支持。這時候，聖人才成為紫薇聖人。想要獲取一個國家，就在於獲取這個國家的百姓，想要獲取一個國家的政治，就在於獲取這個國家的人才。

這是第四個封印，其實還有第五個封印，這比紫薇聖人前四個封印加起來都厲害，但是這個封印不是由聖人去打開了，而是從2158年開始的地震引發的第三次世界大戰，就是電影《2012》裏面的片段，世界末日。聖人需要提前準備，確立好國之君子的選立制度，在這

一百年的時間不斷爲天朝上國增添福慧，到時候我們天朝上國才能調整好整個事件，順利化解第三次世界大戰。

九、紫薇聖人是誰？

　　現在自稱紫薇聖人的人如果不是想要騙錢，那應該就是有精神問題。普通人玩不轉預言，看預言容易走火入魔。但是說到底，有一個成聖的心是好的，因爲一個人做成事情是很難的，就算是紫薇聖人，也必須是打開市場，分享出一個上千億的大市場，讓更多人參與進來，讓更多人成爲紫薇聖人，他想做的事業才能盡快做成，尤其是在有生之年就要達到一個高峰的人，必須要凝聚很多力量來一起做。但是目前來看，自認爲是紫薇聖人的，頭腦都不是太清醒，很難做出正經事。

　　現在紫薇聖人這個人有很大的不確定，有一些人認爲，紫薇聖人是一個群體，甚至還有人認爲是人工智慧，人工智慧的想法是很荒誕的，但是說是一個群體，大家聽過集體無意識嗎？一個群體是很不聰明的，現在社會上各類社團已經夠多了，沒有聰明的。在這裏告訴大家，紫薇聖人就是一個明確的人，而且這個人並不敏感，各種預言都已經表述很明白了。而且這個人並不像火龍和黑兔一樣，需要被特別保護起來，他自己能在危險中游刃有餘，就算在雷區，他也能避開，否則那些預言早就害了他了。

　　另外，有人說，有人說，紫薇聖人就是一個位置，誰能先搶到那個位置，或者證得那個位置，誰就是紫薇聖人。但是我們看預言看多了，會發現，紫薇聖人並不是一個誰證到就是誰的位置。紫薇聖人，很可能就是一個確定的人，他的名字、年齡、出生地都是預言幾乎要說出來的。只有紫薇聖人本人能符合這些說法，並且踐行這些事。這需要渾然天成，不是後天去爭搶這個位置就可以的。

　　因此，現在如果網路有一萬個人自稱紫薇聖人，那麼就最少有九千九百九十九個假的。如果有十萬個人認爲自己是紫薇聖人，最少

九萬九千九百九十九個人是假的。現在網路的假聖人只會比這個數量多，真聖人也沒時間和你聊太多，所以如果有人對你說他是紫薇聖人，那麼他就是假的。

十、紫薇聖人的名字是什麼？

紫薇聖人的姓名，各種語言都已經談論了。其中最經典的就是《推背圖》，而且其中有兩象來表述聖人姓名。第一個是44象，百靈來朝的那一象，裏面站立背弓人，就是聖人，他是入朝找羽合作，所以這個圖就非常形象。這張圖說明了聖人姓名中有弓，如果有「立」的話，可能有「張立」、「立弘」、「立強」的說法。這就牽涉了第二象，就是開口張弓之讖。

宋朝人岳珂，也就是岳飛的孫子明確記載，《推背圖》有開口張弓之讖，宋太祖趙匡胤其實寫了很多假的推背圖，岳珂又是南宋人，但是那時候的版本比現在的真多了，所以如果進行權衡，我認為，金聖歎版本的《推背圖》44象可能是後人加入的，而且是水準非常高的一個人加入的，因為裏面預言了雙羽，這對應了現在的朝廷格局，預言的聖人名字和別的預言又非常符合。

那開口張弓之讖，圖說是「一胡人吹箭牽犬，張弓立槍在地」，張弓立槍，說明名中有立有弓，立槍在地，其實就是從發音上預示聖人叫立強。當然，岳珂的說法，是當時人認為開口張弓是「弘」字。所以「張立」、「立弘」、「立強」都是可以的。

另外，《推背圖》54象，就是在改朝換代之前的一段黑暗的時間，人們生活困苦，但是又懷有好的希望，聖人的思潮形成一股重大的社會力量。當時是朝廷改革失敗以後，民間力量開始興起，圖是五個小孩子趕著一頭牛，這頭牛就是1949年牛年，預示本朝，五個小孩就是興起的五個民間力量，就是聖人百家爭鳴引發的社會新氣象，從五個角度來改進社會管理。那頌就非常明顯了，「不分牛鼠與牛羊，去毛存靷尚稱強，寰中自有真龍出，九曲黃河水不黃」。就是說呀，

在牛鼠牛羊年這段時間，社會思潮要去除毛思想，是在保留當前行政外殼下的縫縫補補，因爲聖人就是和朝廷合作，他主導了百家爭鳴，所以社會「尙稱強」，稱道聖人「強」的思想。這麼說還不夠，後面就補充說，現在是有眞龍在世的，黃河水變清了，自古以來有「黃河清聖人出」的讖語，這裏說道黃河水清，那就是跟聖人有關聯，我們也知道，不管是人爲的原因還是自然的原因，現在黃河水是經常有變清的情況，這裏就說了，這一象和聖人相關，社會上廣泛稱頌「強」，那磊磊落落、殘棋一局、啄息苟安、雖笑亦哭，其實就是，大家都知道什麼是正確的，但是這改革呀，眞是改不動自身，只能等著破罐子破摔，那聖人就成了唯一的希望，這是聖人累積民心的時候。

根據其他預言，聖人的姓名還有很多不同說法，我們後面再說。

十一、聖人出生地

關於聖人出生地，很多預言有表述。關於聖人出生地，從開口張弓之讖可以看出聖人出生在河北。此帝生身在冀州，開口張弓左右邊。冀州就是河北，一個出生於河北，姓名中有弓的帝王，目前還沒有出現。

《龍華經》還有太行山上東風起，火中玉兔從天降。這就是聖人的出生地、出生時間，聖人出生在太行山東，是火兔年生，也就是1987年生人。又有，燕南趙北傳聖道，三心聖地立中元。

河北，燕趙交接的地方，那大致就是石家莊保定一帶，其中以石家莊正定和平山的滹沱河爲交界。還有此帝生身在冀州，也就是在河北石家莊保定一帶，挨著太行山的區縣，那三心聖地立中元，這個就要猜測了，可能還是和聖人家鄉有關係。

十二、聖人出生時間

關於紫薇聖人出生年齡，很多預言展示和兔子有關聯。總體來看，有木兔、玉兔、火兔等說法。木兔是1975年，到2049年已經七十四歲，年齡非常大了，所以這個年齡應當被排除。1999是土兔，而且九〇年代以後其實就已經沒有寒門草堂了，草堂其實是八〇年代農村很普遍的房屋，就是土坯房。所以最好的選項在火兔，也就是1987年。關於這一個時間，《龍華經》裏說是「太行山上東風起，火中玉兔從天降」。也就是火中玉兔，火兔年。

或許是爲了掩蓋相關訊息，所以在年分上，不同預言會有一些曲折。但總體來說，敢預言的還是敢明說的，比如說火龍，我們可以明確就是火龍年，但是又有「大木兩條支大廈」，其中一條木是火兔聖人，另一條是火龍，兩個人是「火風鼎，兩火初興定太平」，「兩人相遇百忙中，治世能人一張弓」，兩個人都屬火，聖人名中有弓，木生火，也差不多。戰火連綿百姓苦，唯有玉兔上龍床，聖人就是在戰火中上位的。總體來看，聖人五行是屬火，火兔丁卯年，也就是1987年生。在2049年掌權以後，再做十年，年紀很大了，說他不貪戀權力，也是沒精力再貪戀權位了。總之，1987年正好，前十二年太老，後十二年又不符合預言。

那麼我們說到，聖人是火兔，會和火龍一起來開創新時代，那麼火龍是怎麼回事呢？

十三、火龍是誰？

關於紫薇聖人的合夥人火龍，這個人在未來的能量比紫薇聖人要大很多，他就是未來最靚的崽。但是他比聖人更加敏感，未來他會是帶領朝廷平叛的第一人，也是安定整個國家的首功之人。關於他，《梅花詩》說的是，火龍蟄起燕門秋；《龍華經》裏面有，龍兒上天戰黑兔。這說明火龍在開創新局面過程中，有著不亞於聖人的功業。

這位火龍最終是和聖人走到了一起，平定了大局，基本上是火龍平定南方叛亂，聖人說服北方的美日退兵，燒餅歌的說法是，單槍匹馬安外國。聖人是火兔，在這之前，聖人和火龍的見面，是這樣的，燒餅歌說是，兩火初興定太平。姜子牙的乾坤萬年歌則是說，兩人相見百忙中。治世能人一張弓。江南江北各平定。一統山河四海同。就是說聖人和火龍見面以後商量對策，分別平定了南北，共同開創了新局面。

　　對聖人來說，火龍很重要，因為火龍最終會讓出位置，就比如說乾坤萬年歌裏面說的，兩人相見百忙中，治世能人一張弓，說明談判條件可能是要推普選，因為見面以後就說了聖人的治國能力。燒餅歌則說，火風鼎，兩火初興定太平；火山旅，銀河織女讓牛星。這就是說，兩火丁太平，火龍讓出位置給火兔，因此雖然戰火連綿百姓苦，但是唯有玉兔上龍床。

　　燒餅歌還說，火德星君來下界，金殿樓臺盡丙丁；一個鬍子大將軍，按劍馳馬察情形；除暴去患人多愛，永享九州金滿盈。這說明火龍的人氣也是很高的。

　　總之，火龍是個很重要的人物，關於他，我們現在最好不要挖太多，他現在肯定是在中上層，但肯定不是在最上層，因為那樣就太容易被發現了。

　　那麼同樣需要特別保護的，是火龍的敵人，也就是發起叛亂的人，雖然他造成了很不好的影響，但是也是有著天命的，也就是木葡之人。

十四、木葡之人是誰？

　　關於這個木葡之人，李淳風的《藏頭詩》說：九十年後，又有木葡之人出焉，常帶一枝花。太陽在夜、太陰在日，紊亂山河。兩廣之人民，受無窮之禍。幸有賀之君，身帶長弓，一日一勾，此人目常在後，眉常在腰。而人民又無矣。這句話是說發動叛亂的是木葡之人，

他的屬下有一個賀之君，或者是接替他持續叛亂的將軍。

之所以說這個木葡之人需要被特別保護，是因為他也是天命之人。未來的災難根本不能避免，這是一個劫數，現在的愚民教育和行政宣傳，已經讓人們喪失了判斷力，對行政沒有足夠的認識，所以這場災難根本不能避免。如果能夠按照預定的路線走，那麼這條路線可能是最好的路線。如果不能走，馬上就可能四分五裂。民國的軍閥時代就很混亂，後來建立的朝代也都很不好。

那麼我們返回來說木葡之人，包括龍兒上天戰黑兔等等，都說明這個人是黑兔。《五公經》又叫《天圖記末劫經》對這次叛亂有充分的描述，並且把木葡之人說成是魔王，但是這個天使魔王滅惡人，也就是他是上天派來，通過戰爭來消滅惡人的，當然了老百姓肯定也會有很大傷亡，這是一個劫數。

那麼我們來念一下《天圖記末劫經》裏關於這個魔王的論述。

善人善死有棺材，惡人惡死無土埋。

天差魔王滅人，凶暴之人逢凶。

善人又遭惡人害，天差魔王下界來。

天使魔王滅惡人，只留善根人。

天使魔王下界來；闔家加憂愁，

天差魔王巡天下，鬼神一切怕。

天差魔王滅惡人，死盡化灰塵。

善者不遭惡人害，天使魔王把火燒。

天差魔王在前立，不待死時將一延，

天使魔王巡世界，君臣士庶皆連害。

由此可見，這個魔王發動戰爭，主要是要消除惡人，當然，普通人會受到很大的牽連，但是從歷史來看，幾乎不可避免。

在這次混亂中，「戰火連綿百姓苦，唯有玉兔上龍床」。戰爭過後，聖人會登上高位。

十五、《推背圖》第44象講了一個什麼故事？

　　《推背圖》關於聖人的表述最吸引人的是44象和47象，「紫薇聖人」的名號就是從這兩象出來的，尤其是第44象是即將發生的事，那44象到底是發生了一件什麼事情呢？我們先來看看44象的讖曰和頌曰。

　　讖曰：日月麗天，群陰懾服。百靈來朝，雙羽四足。頌曰：中華而今有聖人，雖非豪傑也周成。四夷重譯稱天子，否極泰來九國春。站立背弓人面見在位者。同類有「秀士登紫殿，紅帽無一人」。

　　中華而今有聖人，我們稱之為紫薇聖人，雖非豪傑也周成，他雖然不是朝廷中人，但是行為和思想都比較全面，是以合作者的身分來做事。站立背弓人面見在位者，是立弘、立強或者張立來面見在位者。他們是秀士登紫殿，日月麗天，群陰懾服，他們是以科舉從民間選才的方式，想要打破當代的士族門閥體制，讓體制內的群陰害怕但是又順服，害怕利益被侵害，順服是因為聖人群體有解決他們矛盾的方案，害怕2048年被清算（九十九年成大錯的國運預言，剛到金蛇運已終）。

　　百靈來朝，雙羽四足，這「百靈」就是「秀士」，是聖人通過科舉拉攏的百位師資力量，和聖人一同以兩百個左右的政務諮詢產品和朝廷合作，其中包括外交和人力資源輸送，之所以稱為「百靈」，是想通過「百靈爭鳴」唱出幾家金鳳凰，吸引社會上的「百家爭鳴」。

　　其中一羽為翟，一羽為鶴，鶴來審查外交專案，馬來審查人力資源。結果紅帽無一人。四夷重譯稱天子，否極泰來九國春，也就是人力資源輸送沒有談成，但是外交業務合作談成了。現在猜測是託管孔子學院，以國子監、人子監的身分做部分外交，首先是孔子學院運營效率低下，其次是人子是基督再臨的自稱，容易拉攏現在對抗劇烈的歐美國家，合作託管有益無害。

　　這要牽涉到「行政市場化」的一個國際大佈局，是對當代全球行政體制的一個顛覆，很難理解。我們大致看到就是聖人拼湊了一百多

人想要和朝廷合作，結果真的去合作了，託管了孔子學院。這一百個老師和付費學生留給自己更好，給朝廷它不要，但是殿試就是讓習給發獎品，比如北京一套房或者一個戶口，用別人的錢做自己的事業，反正和習合作才會有錢有業務合作，預言都指出來了，沒必要去社會上找那些不可靠的投資機構去融資，投資機構眼光短淺，唯利是圖。而且找投資機構其實是繞遠了，直接找在位者是最省力的。

十六、紫薇聖人是儒家的人？

關於紫薇聖人，根據《龍華經》等預言，我們知道他是「三教聖人」，會做出「百教合一」、「萬法歸宗」之類的事。那麼他到底是哪個教派的呢？或者他會以哪類教派的名義出山？還是說他自創了個教派？

關於自創教派這件事我們不用提，這個難度很大，估計功成名就前很難公開宣傳自創門派，這不是瘋子才做的事嗎？那他出山前用哪個教派？其實《燒餅歌》已經很含蓄指出來了。裏面說「不相僧來不相道」，我們知道「相夫教子」，這裏說的是聖人出山的時候並不是輔助佛和道的，也就是不是佛道的小三，不是在家居士，也很可能不是僧人道士。那三大教派裏面，就只剩一個了，就是儒家。

《燒餅歌》原句是「不相僧來不相道，頭戴四兩羊絨帽。真佛不在寺廟內，他掌彌勒源頭教」。四兩羊絨毛可能是儒家的方形帽子，我們知道劉邦沒讀過書，看不起儒生，經常把人家的帽子摘下來往裏面小便，現在說出這種帽子是羊絨的，可能未來就會成為儒生的新標配。同樣說出聖人裝扮的，還有很多，比如《聖經啟示錄》說的白色齊腳踝的長衣，胸間繫著金帶，這就是一副漢服書生的裝扮。另外關於聖人的衣服，還有很多其他的預言，我們已經分析過聖人有三套衣服，包括龍章紋袞服，龍章其服嘛！

其實聖人是以系統化和最節省的方式達成了所有預言所說的內容，關於聖人是儒生的說法，還有很多，包括「秀士登紫殿，紅帽無

一人」、「百靈來朝，雙羽四足」，這就是說聖人舉辦科舉，挖掘秀才進士參加殿試，排列三甲，這樣便於他向朝廷輸送人力資源。另外我們知道基督再臨會自稱人子，穿著齊腳踝的長衣，也就是基督再臨是漢服書生打扮，自稱人子。在國爲國子，在世界爲人子，那麼國子監可能就會變成人子監，從全世界傳播學問。

另外，我們知道儒家是政治行業標準，只有在非常差勁的朝代才會拋棄儒學，而且管理得非常差。那未來聖人肯定還是會撿起儒家作爲自己推行政治行業標準的一個抓手。所以，可以肯定的是，紫薇聖人出山會是以儒家的身分。

十七、紫薇聖人會自稱紫薇聖人嗎？

我們知道，如今在網上自稱紫薇聖人的人基本上都是騙子，那麼紫薇聖人本人會自稱紫薇聖人嗎？

這個比較難說，按理說，即使是紫薇聖人本人，也不應該自稱紫薇聖人，因爲確定這個名號要到2048年他普選獲勝後才能定下來，中間變數很大，比如火龍應當比聖人名望更大，說不定紫薇還另有人選。所以從愼重一點的角度來說，即使是紫薇聖人本人，也不應該自稱紫薇聖人，除非他窮瘋了。

那紫薇聖人會不會自稱聖人？其實自稱聖人沒太大意義，首先，聖人這個名號看起來比較奇怪，其次，你自稱聖人有什麼用呢？關於聖人，《黃帝內經》的表述是：其次有聖人者，處天地之和，從八風之理，適嗜欲於世俗之間，無恚嗔之心，行不欲離於世，舉不欲觀於俗，外不勞形於事，內無思想之患，以恬愉爲務，以自得爲功，形體不敝，精神不散，亦可以百數。

《黃帝內經》是醫學和保健的書籍，裏面是從生理方面對聖人進行了表述，那在聖人之上，還有至人和眞人，這兩個人的生理狀態比聖人要好。從我的理解來看，就是聖人從至人的良好生理狀態下來，倒駕慈航才能做聖人。佛教講出來的各類層次和認知，比如十地十住

十行十回向，可以做參考。

另外在心學方面，王陽明一生都在追求成為聖人，他也確實成為了聖人，是立德立言立功三不朽的人物。實際上王陽明屬於二流聖人，孔子、老子屬於一流聖人，紫薇聖人本人應當是和孔子、老子是同一級別的，是一流的聖人，那麼他成為聖人，就和愛因斯坦稱自己為科學家一樣是自然的，但同時也是沒必要的，因為你沒必要對人說自己是聖人。

聖人的主要工作並不是當聖人，而是完成一些目標和任務，尤其是紫薇聖人，很可能和王陽明一樣也會成為無可爭議的三不朽人物。現在網上給紫薇聖人安排了很多任務，我們需要自己去認識他，比如《推背圖》44象說他入朝合作，那我們就看看誰會帶著一百個秀才進士入朝合作，或者誰準備擔任起這項職責就行了。

十八、紫薇聖女存在嗎？

很多紫薇聖人的粉絲對於紫薇聖女的事情很好奇，紫薇聖女也有一大批粉絲。第一類是自認為是紫薇聖人的女性，第二類是自認為是紫薇聖人老婆的女性。

最早在貼吧有一些想要和紫薇聖人交好的女性，從容貌氣質來看多數是比較不錯的。這樣的女性好像有很多，可現在是一夫一妻制，所以其中幾乎所有人都是想太多了，可能是某些青春期女性特有的幻想特質，就比如說總是想像著有一個騎著白馬的武功蓋世的人來迎娶她們。小時候我們也接觸了很多王子和公主的故事，這些人可能就是在幻想裏沒有走出來。

「紫薇聖女」的說法已經偏離紫薇聖人的正軌了，紫薇聖女作為聖人的一個附屬，我們沒必要關注太多。即使是紫薇聖人本人，我認為他很大概率上是並不想讓紫薇聖女出現的，因為這個世界上好看的女性太多了，紫薇聖人作為一個極品男人，不缺乏追求者，從兩性關係來說，有一個紫薇聖女對他來說沒有太大意義。除非這個女人能夠

幫助他節制自己的欲望，幫助他料理很多事情，那這樣紫薇聖女更多是作為一個合夥人來幫助紫薇聖人的，從容貌和氣質上來說紫薇聖女並不一定需要非常非常突出。總之，紫薇聖人並不會在乎有沒有紫薇聖女。一個好女人很難找到，但是要求低一點，一抓一大把。

雖然如此，那到底有沒有紫薇聖女的？我們要從五點來分析，這五點是人們經常認為的有紫薇聖女的一些一局。

第一點：紫薇聖女就是說紫薇聖人是個女人。

從這一點來說，紫薇聖女的存在是不成立的，因為女性很難成為聖人。

女性每個月來大姨媽，還要生出幾個孩子，還要產奶，已經很累了，沒必要再想著做聖人。按照佛教說法，女人是有漏之身，丟掉自身血肉，都為外部做貢獻了，受到外界因素影響很大。天龍八部有一個很懵逼的蛇，叫摩呼羅迦，智力較低，很無知，但是這樣反倒去除過多的外部影響，能夠自我反省，所以成為護法之一。我們也知道，菩薩裏面原本都是男兒身，這個身體漏掉比較少的能量。有漏之身是很難成就大的事業的。

有人說，武則天不也當了皇帝嗎？可是中國歷史上四五百個皇帝，只有一個女皇帝，可這段時間也就孔子老子王陽明幾個聖人，女性做聖人沒有先例，這個難度比武則天當皇帝難上好幾個量級。叔本華說女性是守著智慧的大門但不進去。女性已經為人類延續做了很多貢獻了。女性的思維是正態分佈，中間層普普通通的比較多，太傻和太聰明的都不太多，男性是中間的相對較少，太蠢和太聰明的相對比較多。女性起著維持社會穩定的作用，亂世之中女性會扛起維持人類延續的重任。男性和女性思維結構不同，這裏只是分工不同，女性沒必要去爭取聖人的名額，就好比說，「高尚」這個辭彙和女性沒有關係，它和男性的生理結構是有關係的。大家如果看到有女性想做紫薇聖人，聽一下就算了，不要相信，也不用笑話她。

第二點：網路流傳很廣的一首關於紫薇聖女的詩，也就是《中華聖女乩》。原文是這樣的。

其一：

若問聖女在何處，千遍預言指一處。
先有一圖引女名，再接一象來指路。
聖女有姓畫有名，其名隱於河洛書。
四象有二聖女名，海上有人尋溪路。
聖人若去海上尋，聖女姓名非雨露。
小女待閨未談嫁，只因出自富人家。
前面雖有書生往，此女非聖不相嫁。
庚寅此女逢開運，辛卯正值旬頭掛。
身高相配入宮中，獨女單身一枝花。
推背有圖顯此象，人間大道應伍雅。

其二：

緣分到時花未開，猶如風中黃葉來。
各圖千象均指正，四方臣服送入懷。
翻開推背後二象，美人家中有泥胎。
選擇姻緣看一象，其人身上有異色。
此女相貌儷端莊，糖衣素裹八尺裳。
滿園春色居京地，祖上長安河邊香。

其三：

東瀛之濱，東尊之北，白鳳輪迴，昏天地暗接拂曉。
琳珪復生，丹鳳柳眉桃花面，中華大美集一身。

其四：

根樹生枝旁四七，雙羽四足。
唯有外邊根樹上，三十年中子孫結。

其五：

聖女其名歸自然，五行當屬木，林林總總，玉字當頭。

聖女其數隱東江，五行值青龍，浩浩湯湯，堯日始到。

其六：

聖人聖女本同鄉，九世輪迴一情緣。

陰差陽錯不相見，空空長久飲寂寞。

山下一人主一橫，聖女出身方始現，

辛卯之年有變機，五載之內當連理。

其七：

土日反背，陰陽逆氣，聖女始困，心思有變，

生計多勞頓，感情又忐忑。

兩載三載四五載，心氣終歸真。隱寧謐，保貞潔，

念紫薇，往京城。

日月山河動，彩雲飄飄，琴瑟和諧成古道，品物咸亨一樣形。

　　據說這首詩是從北京白雲觀流傳出來的，而且說是有兩個聖女。內容說的有理有據，比如說「聖女有姓畫有名，其名隱於河洛書。四象有二聖女名，海上有人尋溪路。聖人若去海上尋，聖女姓名非雨露。」這是在說聖女的姓名。又說「小女待閨未談嫁，只因出自富人家。前面雖有書生往，此女非聖不相嫁。」是說聖女之前有過男朋友。詩裏還說「推背有圖顯此象，人間大道應伍雅。」實際上推背圖根本沒有紫薇聖女的象，我們在第五點的時候會說這件事。按照地址來說，詩中還說「滿園春色居京地，祖上長安河邊香」，說聖女祖籍西安，在北京工作。從長相來說，有「丹鳳柳眉桃花面，中華大美集一身。」和聖人的關係，說是「聖人聖女本同鄉，九世輪迴一情緣，陰差陽錯不得見，空空長久飲寂」，說他和聖人是同鄉，當然，這可能是在說第二個聖女，因為聖人本身的籍貫不是西安。說這第二個聖

女是「念紫薇，往京城。」因爲想念紫薇聖人，所以去了北京。

　　這首詩落款是2011年6月10日，在北京白雲觀流出。由於《中華聖女乩》前後文描寫聖女部分有矛盾的地方，所以後來就有人解讀爲「兩位聖女」，就這樣「北京白雲觀預言兩位聖女」的說法產生了。

　　但是從邏輯上來說，這裏面有很多相互矛盾的地方。第一點，就是寫的文字水準太低了，不是說它沒有文采，而是從預言的角度來說，它的個人特色太濃重，就像是在大雅之堂播放一些太俗氣的流行歌曲，有太多個人感情。專門研究預言的人能看出來，這首預言詩是不合格的，包括已經證明水準還可以的民國預言詩《武侯百年乩》裏面的一句「田間再出華盛頓」就已經顯得水準很低了，現在這首《中華聖女乩》水準低到連裏面內容的眞實性都讓人懷疑的地步了。第二點，文中內容是相互矛盾的，也因爲這個，才流傳出有兩個聖女，一個老家在西安，一個和聖人是老鄉。在具體的描述上很多地方都是迷迷瞪瞪，什麼「辛卯正値旬頭掛」、「美人家中有泥胎」，還有很多說出來沒有什麼意義，但是能引起一些人遐想或者瞎想的句子，比如「中華大美集一身」、「五載之內當連理」、「彩雲飄飄」、「聖女之愛多愼潔」，這些從預言的角度來說毫無意義，但是聖女們會產生很多意淫的地方。第三點，《中華聖女乩》從別的地方摘了很多句子，比如說了好幾遍《推背圖》，可是《推背圖》裏面沒有關於聖女的象，它還用了「根樹生枝旁四七，雙羽四足」，可是放在這裏非常不合適，因爲這兩個句子和聖女無關，雙羽四足是聖人挖第一桶金時候見到的習、鶴、馬，聖人是和這三個人談合作。

　　總之，《中華聖女乩》就是一個標題黨製造出來的網路熱門，你要說它有水準吧，它是假的。你要說它沒水準吧，其實它還是有一點水準的，包括說出「兩個聖女」，「中華大美集一身」都是有一點點的依據的。

　　那我們就賢說「中華大美集一身」，這一點要從佛教裏面的「轉輪聖王」去找。

　　我們就說說第三點：聖王的七寶。

預言中說紫薇聖人是彌勒轉輪聖王，轉輪聖王是在家佛，也就是不出世成就了大事業，有佛的福報。轉輪聖王一生的劇本比較固定，先是生前推廣普世價值，推動大一統，等老了就隱居山林。轉輪聖王會有一千個兒子，我們就認爲是有一千個學生和弟子。根據聖王能力的不同，又分成了金輪聖王、銀輪聖王、銅輪聖王和鐵輪聖王，分別對應古代推廣的帝道、王道、霸道和雄道。當然在這之上還有一個佛再來做的聖王，就是法輪王。

　　我們說一下金輪聖王，他在世統治世界的時候會有七寶，其中最重要的是「輪寶」，這個「輪寶」是聖王出行的工具，是個圓盤狀的東西，速度非常快，輪子中間還放出光芒。在基督教《聖經》裏預言彌賽亞，也是坐著這樣的一個輪寶。按照我們現在的理解，這就是一個飛碟。有可能聖人是和外星人溝通，從他們那裏採購了一架飛碟。這個輪寶是聖王依靠自己的福德感應出來的，會卡到皇宮的城樓上，也就是那裏有個停機場。可能只有聖王出現，才能獲得和外星人平等交流和交易的機會。

　　當然，我們現在說的主要不是輪寶，而是說「七寶」中的「女寶」。在說「女寶」之前，我們要說說其他兩個。這「七寶」中有三樣寶是人，其中「主藏寶」是聖王的財政大臣、「典兵寶」是聖王的軍隊將領。我們知道日本的中央政府財政機關叫做「大藏省」，主管日本財政、金融、稅收，就是從佛教聖王的七寶裏面延伸出來的。而紫薇聖人的「典兵寶」，如果非要和現實關聯上，那也是存在的，這個「典兵寶」就是「火龍」，我們知道「火龍蟄起燕門秋」、「龍兒上天戰黑兔」，這個人未來的功勞不比聖人小，有可能功勞還比紫薇聖人要大，最後是他讓出位置，推行普選，才讓聖人登上高位，這才成爲了「紫薇聖人」。而且這個「典兵寶」的年齡是比聖人要大十一歲，這個如果非要關聯上，那是可以關聯的。

　　除此之外，「七寶」還包括「白象寶」、「紺馬寶」，根據希伯來預言，彌賽亞來的時候會有紅色的小牛出現，他們爲此還在找那個渾身紅色的小牛，這個我們就不多說了。

那這七寶中的第三個人，就是「玉女寶」，據說「其相貌端正，全身毛孔皆有栴檀香，芬芳自然，言語溫柔，舉止安詳，身行正道、智慧非凡，忠心輔助轉輪王。」從這個角度來說，玉女寶也就是紫薇聖女，可以存在。但是說到底，和「輪寶」是飛碟的猜測差不多，都只是一個猜測而已。「典兵寶」真的能對應到「火龍」，但是「玉女寶」並沒有根據，我們只能說，紫薇聖人是會娶一個媳婦的，那他娶到誰，就算誰是吧。萬一聖人被家裏人催婚很厲害，感覺功成名就後娶一個漂亮有內涵的女性比較困難，那娶一個普通人做媳婦，結婚生子繁衍後代，也是有可能的，那這個普通人算不算是紫薇聖女，各位自己去想吧。

那麼紫薇聖女存在的第四點：也就是聖經預言。

我們知道聖經的福音書是預言彌賽亞也就是紫薇聖人的，根據《聖經馬太福音》，「兩個女人推磨。取去一個，撇下一個。」有人就認為，這兩個女人說明聖人會離婚後再結婚。比如說，在窮困的時候被催婚，就娶了一個準備傳宗接代。等自己發達了，找到了更好輔佐自己的女人，就拋棄糟糠之妻，另娶他人。《中華聖女乩》裏的兩個聖女，其中一個是聖人同鄉，做聖人的第一個妻子，然後祖籍長安的做第二任妻子，這樣安排似乎很合理。但是我們要知道，《聖經馬太福音》關於這兩個女人的說法，並不一定就是說紫薇聖女，它很可能是說紫薇聖人進行審判的時候，有些窮困的人能得到福報，但是又不能完全拯救其他困苦的人，也就是說聖人的能力也是有限的，救渡的只是某些類型。

總之，關於聖經預言紫薇聖女，把握非常小。如果是紫薇聖人本人看到這條訊息，我覺得他會趕緊忽略過去。自己的媳婦被人盯上是很不好的事，趕緊否定這件事是非常有必要的。

還有，紫薇聖女存在的第五點：《推背圖》中關於紫薇聖女的象。

如果非要找出一個相關的象，那就是第51象，甲寅。很多熟悉《推背圖》的人應該很瞭解這一象，這一象是在描述一個女人，圖是一男一女在一個門框裏，穿著華貴的好像是結婚用的衣服。讖曰「陰陽和，化以正。坤順而感，後見堯舜」。也有預言說紫薇聖人的治理

是「巍巍蕩蕩希堯舜」，就是說聖人的治理和堯舜一樣。堯舜是聖人，是轉輪聖王，聖人也差不多。而這一象的「讖曰」，說一個男人和聖女陰陽調和，聖女能夠感化聖人。就比如說，聖人是窮困出身，有點自閉症，雖然有治國能力，但是在跟人溝通上總是有點不順暢，經常會很尷尬。下屬們不知道他是什麼意思，他又容易鑽牛角尖，缺少一種自然和坦然的感覺，這樣訊息溝通會產生誤差，讓大臣們不明白聖人到底要做什麼。聖女的出現讓聖人感受到了這種自然和坦然，消除了聖人的自閉症，讓他能夠更好治國。

另外，頌曰：「誰云女子尚剛強，坤德居然感四方。重見中天新氣象，卜年一六壽而康」。也就是說，在這個女人的治理下，能夠「重見中天新氣象」。我們之前說了，「世宇三分」的意思就是分成「中天、近邊天、遠邊天」，按照教化分別對應「中華教化、佛教等周邊世界、基督教世界」，和如今歐洲以為自己是中心，劃分出了「歐洲、近東、遠東」差不多。雨後天邊掛彩虹，這才有「彩虹戰士」的說法。可以說紫薇聖人就是「中天」這個辭彙的來源，他也是中天紫薇大帝的轉世。他競爭成為「國之君子」，他「創立新君修舊京」以後，出現的是「初見中天新氣象」，那麼現在紫薇聖女管理下出現的是「重見中天新氣象」，也就是中天中國第二次出現了新氣象。所以說，這一象其實是在紫薇聖人之後的。根據我的猜測，這一象應該是在2100年，這時候紫薇聖人已經去世五十年了。我願意把這個女人稱為「紫薇聖女」，但他只是聖人衣缽的繼承者，和聖人相差三四代人，兩個人根本見不到面。

把《推背圖》的順序重新梳理一遍後，關於裏面的紫薇聖女，我猜測應當是在一次中美金融爭奪之後，也就是推行「貨幣民間化」後，才會出現的情況。金融戰爭中一共有兩個人凸顯了出來，其中一個朱姓，一個苗姓，也就是《推背圖》第48象「辛亥」出現的情況，李淳風《藏頭詩》預言「賴文武二曲星，一生於糞內，一生於泥中」，這兩個人中的朱姓人後來可能成為了新的國之君子，這時候他年齡不小了，也就是《推背圖》第53象「丙辰」說的，「順天休命，

半老有子」。他和紫薇聖女結婚以後生了個孩子，應該是在四十多歲娶了個年輕的妻子。這是一個窮人好不容易發達後走上人生巔峰迎娶白富美的故事，非常勵志。這之後中國成為了世界的統領者，也就是說，紫薇聖人上任是鋪平了道路，他的王道最少要三代人努力才能成功，而他之後的第二代，先成了世界最強，到了第三代，是平息第三次世界大戰。

那麼總之來說，我看到大家還是挺注重紫薇聖女的話題。總體來看，紫薇聖女可能存在，可能不存在，可能在不存在的情況下有勉強來湊數的人。總體上我是傾向於不存在的。這個問題，對聖人來說也是沒有必要，天下何處無芳草，何必單戀一枝花。有則勉之，沒有也不用加勉。對於男性，你就不要盯著別人家老婆了，不禮貌，也沒必要。天下好看的女人太多了，比紫薇聖女好看的也太多了，萬一碰見武則天這樣厲害的，簡直能要命。對於女性，也不要想著自己就是紫薇聖女了，你就是你自己，沒必要成為別人，更沒必要成為不存在的一個人。

十九、《燒餅歌》密文裏的紫薇聖人

聖人的思想體系和彌勒佛的思想體系緊密相關，可能是彌勒佛的先導教化，也可能如《格庵遺錄》所說，是彌勒轉輪聖王本人，那麼聖人是有宣傳佛教的義務。這個根據就是《帝師問答歌》。

劉伯溫最著名的預言就是《燒餅歌》，又稱《帝師問答歌》。據傳，1860年，英法聯軍攻入北京，火燒圓明園時，一聯軍士兵從掠來的珍寶典籍中發現一冊珍藏本，內容包括中國歷代先賢的預言，其中一篇就是《帝師問答歌》。

據傳《帝師問答歌》錄入《永樂大典》的時候，其中被後人稱為「萬法歸宗」的一段預言沒有錄入，而是祕密流傳於佛教寺院之中，最後於吉林省的農安縣寺院輾轉流傳入民間。之所以稱這段預言特殊，是因為劉伯溫在這段預言明確的說到當人類進入末法時期，未來佛彌勒佛轉世的情況。

從IP挖掘上來說，這一段話很討巧，因為它用非常短的話打造出了一個超級IP。

這一段的內容大致如下：

帝曰：末後道何人傳？

溫曰：有詩為證：不相僧來不相道，頭戴四兩羊絨帽（現代人的髮型），真佛不在寺院內，他掌彌勒元頭教。

帝曰：彌勒降凡在哪裡？

溫曰：聽臣道來：未來教主臨下凡，不落宰府共官員，不在皇宮為太子，不在僧門與道院，降在寒門草堂內，燕南趙北把金散。

帝曰：清朝盡，你說得明白，使後人看。

溫曰：不敢盡言，海運未開是大清，開了海運動刀兵，若是運運重開了，必是老水還了京。

帝曰：老水有何麼？

溫曰：有有有，眾道小會下引進修行，大變，老轉少，和尚倒把佳人要，真可笑來真可笑，女嫁僧人時來到。

「上末後時年，萬祖下界，千佛臨凡，普天星斗，阿漢群真，滿天菩薩，難脫此劫。乃是未來佛下方傳道，天上天下諸佛諸祖，不遇金錢之路，難躲此劫，削了果位，末後勒封八十一劫。」

朱元璋問末法時期誰傳大道？劉基說這個人不是僧人或者道人，而是普通人的打扮，掌握彌勒的教化。根據我的猜測，他不是道家，不是佛家，很可能是儒家的人，通過宣揚儒家來成名。朱元璋問這個人會降生在哪裡，劉基說降生在窮人家裏，在燕南趙北傳播自己的學問。朱元璋讓劉基詳細講一下清朝後的事情，劉基說清朝沒有開海運，海運開了以後會引發戰爭。到了中國完整的對外開放的時候，是「老水」進京的時候，網傳這是說胡錦濤進京主政。朱元璋問這個時期發生了什麼事，劉基便講了一段足以寫成劇本的一段話。

這一段話主要是針對聖人說的。比如「金線之路」是聖人教化裏

的修身成聖賢的道路，可能是有六條金線，讓不同的真人菩薩來重新修煉。說到這裏，已經進入非常玄的地方。民間有傳「海上尋絲路，得見先天祖」，《龍華經》裏也說到「先天祖」，根據推測，可能是盤古開天闢地的時候，有許多仙界大咖跟盤古一起醒來，他們和盤古都屬於「先天祖」，也就是先於天地而生，從開天闢地就脫離在三界外。於是和盤古一起掌管三界，開展教化，並試驗出了成各種佛的脫離三界道路，供人們選修。如此玄妙的內容，只能當作影視專案，所以這裏就不多說了。

　　我們現在針對《燒餅歌》不再說更深入的內容了，因為它有點深奧，我們看到很多預言，說了很多情節，只有聖人本人能以成本最低的方式將所有的說法串聯起來。講太深入，大家不會理解。如果講淺一些，大家可能很難相信。所以我們現在先講一些周邊的容易理解的內容，到時候聖人出現後大家就知道怎麼回事了。

二十、金線之路是什麼

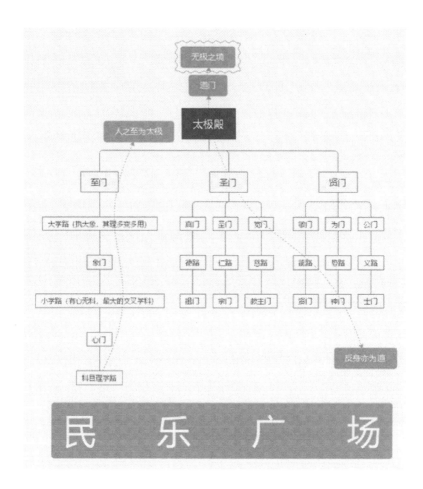

　　由於關於聖人和教化的關係，是非常玄妙的，所以我們只能進行猜測。其中關於金線之路，猜測就有點太深入了，所以這裏只是給大家一個參考。這裏猜測，紫薇聖人的教化體系，是從科目之學到有心無科的小學，也就是最大的交叉學科，然後進入有象無理的大學，最後明心見性到達太極殿，通過六條路徑出來做聖賢。

　　這六條路徑，就是《帝師問答歌》中的「金線之路」。

　　自古以來，成聖賢的必經道路就是明心見性，因為末法時代很多修行方法行不通，所以彌勒撒下金線之路，就是要通過「太極殿」讓

人們重新修煉，讓「萬祖下界，千佛臨凡，普天星斗，阿漢群眞，滿天菩薩」幫助來修煉，「不遇金錢之路，難躲此劫，削了果位」。

這次有三個聖位，三個賢位，大家需要重新排序。釋迦牟尼創造的是處於輪迴的天道、阿修羅等，以及脫離輪迴的阿羅漢、辟支佛、菩薩乘。紫薇聖人可能就是設立了「三聖位」、「三賢位」，這也是根據中華傳統文化進行的總結，有充足的歷史經驗。

另外，這裏有一個「萬祖」、「千佛」，這是靈界的結構。《龍華經》多次提到有「先天祖」，根據推斷，在盤古開天闢地的時候，有很多祖是和盤古一起醒了過來，然後大家一起調整三界秩序。因爲這些人是在開始的時候就在三界之外，因此是「先天祖」。每經過一段時間，三界運行又混沌，就需要這些神仙來調整秩序，也就是遇到了劫難，大家需要重新排行政職位。而佛就是先天祖試煉出來的，讓人們出離三界的方式，已經有許多人修煉成功。

總體來說，就是地球是一個修煉場，先天祖是第一批玩家，也就是第一批神，在他們之後，人類通過各種修煉方式，成爲神仙，成爲佛菩薩，成爲眞人，有的能騰雲駕霧，有的能住在各類洞府。有的是正牌成仙的，也有一些初級的神仙和各類妖魔鬼怪。反正都是在修煉，大家也沒有統一的組織方式，如果做大了，和孫悟空一樣，那天庭就進行招安。就好比先天祖們是教會，他們主持成立了一個朝廷，在朝廷之外，又設立了很多散仙，這些VIP玩家就開始躺在功勞簿上面玩耍，有些不積極努力了。在這種情況下，六道輪迴會出現問題，就像是一個體制太老了，新人上不來，舊人下不去。所以這次封神，撒下金線之路，讓各類先天組和佛菩薩下凡重新修煉，大家統一標準，各盡其能，有功勞就行賞，沒功勞就削了果位。我們看到，就算是和平精英、王者榮耀這些遊戲，也是隔一段時間就開始新的賽季，清空以前的績效。那麼這次又到了一個更新期，聖人下來，就是撒下了這六條金線之路，大家根據自己的適應程度，選擇適合自己的道路去修煉，去做功德，去積累積分。

以上是比較玄的說法，符合大多數人的理解方式。實際上這六條

金線之路，都沒有最左邊讓人們通過小學、大學之路明心見性更有意義，它是聖人幫助大家快速明心見性疾至解脫道的方法，釋迦牟尼曾經說過彌勒的教法就是讓人快速解脫的根本之法，那麼層次比較高的人，就是那些追隨聖人的賢人，他們看到的是另外的說法，就是不再詳細區分各類學問，相容並包，從更精準的角度來容納各類學問，吸取其中的精華，幫助自己長進。賢人看到的是路徑，普通人看到的是六條或者七條金線之路，一條讓人明心見性，六條讓人做聖賢。但是這六條和佛教說的三乘一樣，是一種形象的比喻，佛在寂滅的時候說了一個法華經，裏面說三乘的說法是錯誤的，其實只有佛一乘學問，因為不同的人有不同的資質，所以說出了三乘。所以從學問上來說，並不是六條金線之路，它們總體仍舊是一種金線之路。當然了，對於收看我們這個講座的人來說，資質應該是一般般的，所以看成六條也沒有問題。

這些都是玄妙的地方，金線之路已經制定，剩下的是做一些太極殿的體驗。紫薇聖人是理學集大成的人，他可能會製作一種關於道、德、仁的體驗，讓道、德、仁以更清楚的方式來讓人理解。太極殿內部有道德仁VR體驗。

這個就更是一般人難以理解的了，紫薇聖人對道德仁義的理解，在老子和孔子的基礎上是進行了更加形象化的解析，做成了一個系統。我們先不講這些，我們說到了金線之路，就要接下去講百教合一和封神的事情，因為這個太極殿下面就是要百教合一後進行封神。

二十一、百教合一的分類，藏在47象的書櫃裏面

我們都知道紫薇聖人會推動百教合一，包括《龍華經》在內都是這麼說的。大多數人注意到的是想讓百教從形式上進行合一，所以繞了很遠的路，做出了很多花俏的東西，這些都是沒用的。

真正的百教合一，並不是從外面進行合一，而是從心裏進行合一，也就是以人的體驗為根本，來做百教合一。

《龍華經》說：天上有個龍華會，萬祖朝賀玉皇宮；大地有個龍華會，千門萬戶願相逢；人身有個龍華會，性命交宮出崑崙。未來一看龍華會，諸佛諸祖都相逢。經云：卻說龍華相逢者，龍者，性也；華者，命也；相者，交也；逢者，合也；性命交合，這才是龍華會相逢也。

根據上面的說法，聖人大概會出三套體系，第一套，就是上面我們說了，天上龍華會，這是萬祖下界，千佛臨凡，讓天界興起一股熱潮，這個是虛的，在咱們看來，可能是製作了新封神榜的電視劇，表演天上的神仙故事；第二套，就是地上的龍華會，太極殿加上祖祠、宗祠、民祠、社祠的結構，整體上就是龍華園的結構，這是文旅專案設計，大家通過文化旅遊，通過非常時髦的東西來體驗聖人的教化，就像佛陀說彌勒，彌勒的國土屬金，是讓人們從快樂中領悟佛法。上面兩種都是表面的，根本的還是第三種，就是人身的龍華會。這個「性命」實際上說的是太極殿下的本心樹、本體樹，這是構成人體和人類思維結構的兩個重要的組織結構，因爲它所含的知識太根本了，大家現在聽我一說，肯定不會懂，所以就不說了，未來等著紫薇聖人具體來解釋其中的原委。

另外，龍華經明確說，要興祖教，而紫薇聖人在裏面又被稱爲中天教主、儒童老祖，所以這裏面還是有百教合一的情況出現。而且是以人身爲根本，來進行百教合一。

各類教化說到底都是來服務人類的，是讓人們以更方便的方式來接收知識。那麼大體上來說，人類的知識分成這麼幾類。第一類，就是祖教，龍華經預言說祖教興隆，這個祖教就是起源性的知識，我們的一切認知幾乎都是從它們來起源的，它們是四維知識，任何時間空間都是正確的，而且你不能反駁它，因爲你用來反駁它的思維或者語言也是出自於它，這樣的知識比如說易經、道學，它都是四維知識，但是人們根本就沒有意識到這個層次的知識，它是老子說的，太上，不知有之。

那其次的，老百姓親而譽之的，就是宗教，我們常規認爲的宗教

這個辭彙是不對的，它是「為宗的教化」，就和一個朝代的開國者是太祖，然後太宗能夠讓這個朝代朝著更好的方向進行延續，前兩任非常重要。那麼一個族群，它的文化開端就是祖教，順承的是宗教，那麼宗教就包括儒學、理學、心學的各類知識。

那再往下，就是最龐大的教化，民教，就是老百姓日常坐臥和生活生產需要的知識，它還有非常多的分類，就比如說，理念教，就是我們平時說的什麼善良正直等理念，我們根本說不清楚什麼是善良，什麼是正直，但是這些理念就是能讓人做個更好的人。另外還有傳說教，就比如說中國上古神話，嫦娥奔月等等，它是一個群體集體潛意識的表現。還有科教，這是現在比較火的一個教派，科教和科學還不一樣，科學它本身是錯誤的，它就是在不斷推翻自己之前想法的基礎上來推動自身進步的，能跟得上節奏來信仰科學的人實在是太少了，只是一小部分科學家，我們大家以為的科學還是錯誤的那方面，所以科學不是一個大眾化的信仰，它固定化形成了科教，但是說實話，科學家一般看不上科教，和教育小孩子一樣。還有佛教、道教的大眾化的一些信仰也屬於民教，另外還有習俗等也屬於教化，民間自發形成的很多好東西，幫助人們生活，都屬於民教。

那最後，就是社團教了，這個辭彙在英語裏是「religion」，我們把它翻譯成了「宗教」，這實在是錯誤的，太高看外國了，外國其實沒有祖教和宗教，因為他們的文明幾乎都是斷裂的。「ligion」就是「社團的」，加了一個首碼「re」表示複數或者相反的，就是翻譯成「大社團教」吧，那我們就知道了，社團教其實是某個群體的信仰，用來做社會活動，基督教就是社團教，中國本土的，比如白蓮教、五斗米道、船山學派等都屬於社團教。

那麼這就是紫薇聖人的百教合一的框架。我們知道，霍比預言說，他們從東方帶來了一種類似於宗教的宗教，其實紫薇聖人的教化它像是宗教，又不是宗教。它就是一個貨架子，把各類教化分門別類放在這個貨架子上，不同的人根據自己的喜好，去選擇不同的產品去信仰，相互沒有妨礙。現在這個貨架子基本上能把我們想到的所有關

於人類的認知的東西分門別類放進去，還有很大的空間。

根據推背圖47象來看，也就是紫微星明的那一象，背後的書架子就是百教合一的書架，其中就是有四種分類，其中上中下三類是書籍，而在側面的是書卷和古琴。那麼根據我們的分析，最上面那一層，就是祖教，是起始的學問，下面的三類都來自於它。那麼宗教就是第二層書架子，社團教是最下面那層書架子。猶豫民教非常龐大，所以和宗教、社團教並列，成爲豎著的一行，裏面會有很多文藝性的信仰，理念教和傳說故事本身就屬於文藝性的東西。

那麼根據祖教，延伸出祖祠，宗教延伸出宗祠，民教延伸出民祠，社團教延伸出社祠，這四個祠堂建設在太極殿下面，那麼太極殿就變成封神臺了，現在要開始封神了。

二十二、紫薇聖人會封神嗎？

我們可能很多人看過曾仕強說過的這段話，說現在是封神的時代，和姜子牙一樣的封神人物已經出現了，這個人其實就是紫薇聖人。但是曾仕強沒有說對的是，他認爲當代我們當中的很多人的機會來了，我們有可能會被封神。實際上，我們沒有機會被封神，我們當中充其量有些人的上一輩子或者上上輩子可能積累了功德能讓我們被封神，因爲這次封的都是古人，是古代做出了比較好的表率的人，給他們封神。《龍華經》說了，這次下凡的神仙非常多，那麼我們其中某些人可能就是神仙變的，所以也不要氣餒。

封神主要有兩個目的，第一個是拿出古代表現比較突出的那些人，也就是在舊的神仙體系中被壓制的新人，來做提前批來封功德。第二個，是選出其中比較有能力的人，來保護先天祖和佛菩薩們下凡修煉，這些封神第一批人就是保駕護航來了。

根據《燒餅歌》，我們知道，這次劫難中，先天祖和佛菩薩都要重新修煉，紫薇聖人在太極殿上撒下金線之路，用百教合一做出了祖祠、宗祠、民祠和社祠，那麼就需要有人在這些祠堂，來維護封神這

件事。

那麼我們可以肯定的是，其中有些人是可以被安排進來了，因爲他們在歷史上的功德太突出了，非常值得肯定，沒必要重新修煉了。

那麼最尊貴的是在祖祠裏的人，比如演算出八卦的伏羲，以及其他比如炎黃二帝、周文王、老子等人，另外比如藥王孫思邈等醫學界的很多人也都可以在這裏，孔子也可以在這裏，但是也可以去宗祠做一個統領，宗祠是第二尊貴的人群，一些儒家傳承的人物，比如二程、王陽明、朱熹、陸象山等人都可以在裏面。民祠就放一些比如張道陵之類的人。以上這些，我們可以不具體規定出誰來做裏面的上仙，各位先天祖和佛菩薩都可以重新修煉進入這裏，只要是傳承的，就像是孔廟陪祀人物一樣可以不斷加入。

我們大家最爲關心的，應當是社祠的人，這是我們傳統認爲的封神，因爲裏面的神都將有自己的名號。但是和劉邦的說法一樣，社祠的神仙都是功狗，他們是一個朝廷，是來做事的，祖祠宗祠的人是教廷的人，人家自己玩去沒事，還能領俸祿，但是你社祠的功狗們得工作，是體制內工作的人。這裏要分成五大類功勞人群，最上層的，比如藥神李時珍，文判官包拯，分別代表醫藥界的良心和司法界的良心，文財神是子貢，武財神范蠡，另外還會加入別的很多人。其實社祠很多人已經被老百姓封過神了，就比如說子貢和范蠡，這倆人在民間就是被封爲財神了。總體上，是上一次封神沒趕上，但是在最近三四千年裏，被老百姓熱愛和祭奠的人，比如藥王孫思邈也已經建了很多廟宇，那這次封神一定會考慮他們的。問題最大的是關公，道教佛教都封了他了，民間也是各種廟宇，但是論功德，其實並不應該把他放進社祠裏封神。

總之，這次封神的情況大致就是這樣的。說到底，並不是紫薇聖人封神，而是民間老百姓來封神。那些有功德的人，在最近兩千年一直都在被老百姓封神。即使列出封神名單，也還是需要應用在老百姓生活中。如果不能被應用，那這個封神榜單根本就不會被百姓承認。所以列出榜單，讓百姓進行投票選擇，比紫薇聖人親自封神還要有

效，要不然這個封神榜單根本就沒辦法和姜子牙的封神榜單，以及道教完善的神仙體系去相比，這個榜單也就廢掉了。

二十三、紫薇聖人和彌勒佛的相關性

彌勒的國土屬金，是讓人們從快樂中掌握佛法。慈氏家族的特點是「使一切佛國不斷佛種」，這種佛法似乎是中國傳統學問，因為從河圖洛書開始，只有中國的學問一直延續。

可以知道，彌勒的佛教和釋迦牟尼是不同的。不必拘泥於彌勒佛的教化只是佛教，彌勒佛的教化可能就是中國傳統文化。

另外，民間傳說彌勒來的時候會傳三字真經。

關於彌勒佛，釋迦牟尼在讚頌中夜說，彌勒佛是「一心善諦聽，光明大三昧。無比功德人，正爾當出世。鄙人說妙法，悉皆得充足。如渴飲甘露，疾至解脫道。」彌勒佛的佛法是「疾至解脫道」。有一本流傳很廣的偽經《佛說法滅盡經》，說我們現在處在末法時期，會有魔弟子混入僧團進入寺院。

另外，網路流傳比較多的一個故事，是佛與魔王波旬的對話。

魔王波旬對釋迦牟尼說：到你末法時期，我叫我的徒子徒孫混入你的僧寶內。穿你的袈裟，破壞你的佛法。他們曲解你的經典，破壞你的戒律，以達到我今天武力不能達到的目的。

佛陀聽了魔王的話久久無語。不一會兩行熱淚緩緩流了下來。魔王見此率眾狂笑而去。良久佛說：那時，我將率領我的弟子脫掉袈裟，走出寺廟，一世修成。

這裏說佛將在寺廟外面帶人修行，而且是「一世修成」，和佛預言彌勒「如渴飲甘露，疾至解脫道」一樣，是傳授快速、方便修成的法門。「一世修成」也可能是彌勒佛的教化，彌勒佛能在一夜之間降服心魔，而釋迦牟尼則花了整整七天七夜降服心魔證得佛道。釋迦牟尼去世的時候，勸導人不要急於證得解脫，最好等彌勒到來的時候，聽聞彌勒的「根本之道」。所以彌勒的佛法又是實證的「根本之

道」，能讓人快速明心見性。

根據猜測，紫薇聖人應當將自己的快速明心見性體系寫成一本書。網路傳說，伊斯蘭爾薩聖人來的時候，會傳播兩種教化，一種教小孩子，一種教老太太。他走的道路，應當是「無佛時代通過個人努力明心見性」的「辟支佛」道路，可能直接把人帶入太極，然後必須出來做聖人。如果是釋迦牟尼的方式，到了只會比較低的阿羅漢，可能就已經寂滅了，但是紫薇聖人還要他們繼續用剩下的人生成就菩薩、佛道。

紫薇聖人的快速明心見性體系，依靠的是心學、理學，紫薇聖人是集大成者，比朱熹、王陽明的感悟更加深刻。因為他是從現代的學校教育體系出來的，他教小孩子明心見性的方法，也側重於學校生活，而不再是以前的僧人生活。

也就是說，小孩子在學校上課、冥想、睡覺，都可以成為修身的方法。如果說釋迦牟尼是「斷欲苦修」，那麼紫薇聖人是「節欲簡修」。根據《彌勒上生經》，彌勒佛在和釋迦牟尼學習的時候，就是「不修禪定，不斷煩惱」，之前還喜歡交遊，喜歡穿新衣服，釋迦牟尼卻受記他成佛，引起佛弟子的疑惑。彌勒佛就是需要通過煩惱來讓自己擁有更多辯證的素材，這是通過一些外部工具來讓自己快速明心見性的方法，適合智慧高、思考能力強的人使用。

二十四、紫薇聖人和孔子的相關性

根據偽經《龍華經》，紫薇聖人是「儒童老祖」，是孔子轉世，將周遊列國，化愚為賢。

奇妙的是，這和《聖經》基督再臨的自稱「人子」能在同一個地方結合，那就是國子監。

在國為國子，在世界為人子。國子監以四書五經為教材，以孔子為祖師爺。基督再臨和孔子再臨差不多，可以以「國子監」、「人子監」來選拔有才能的人。

另外，《推背圖》44象爲紫薇聖人和朝廷合作，「百靈來朝」是紫薇聖人通過科舉考試選拔出有才能的人，「秀士登紫殿」參加殿試，其實也是和朝廷的一次業務合作談判。最終「紅帽無一人」，雖然沒有做成行政人力外包，沒有把進士推薦爲高官，但是「四夷重譯稱天子」，可能談好了外交合作業務。

紫薇聖人會引導「百靈爭鳴」提升爲「百家爭鳴」，通過「行政市場化」挖掘「百家爭鳴」的巨量利潤空間，讓整個市場來幫助他踐行王道。

二十五、聖人懷抱金龍步玉階是什麼意思？

姜子牙《乾坤萬年歌》裏面有「那時走出草田來，手執金龍步玉階」，這個是什麼意思？

實際上這個和紫微星競選相關聯，他在那個時候走出草田，「手執金龍步玉階」。「手執金龍步玉階」是紫微星競選獲勝後的就職典禮。

聖人就職的時候會有三套禮服。其中第一套是十二章紋袞服，第二套是以龍章紋爲首的九章紋袞服，第三套就是平時的白色漢服長袍河金色腰帶，這個平時的禮服就是基督再臨時候穿的白色漢服長袍。

總體上來說，就是紫微星就職時候，他們在太極殿上進行交接，紫微星從民樂廣場沿著臺階走上太極殿，由上一屆的火龍把紫微星的三套禮服給到他，而且這個時候雙方的交接話語已經定下來了，就是《論語堯曰篇》裏面堯舜換屆時候雙方的對話。

火龍說：「咨！爾紫微星，天之歷數在爾躬，允執其中。四海困窮，天祿永終。」

紫微星回答：「予小子紫微星，敢用玄牡，敢昭告於皇皇后帝：有罪不敢赦，帝臣不蔽，簡在帝心。朕躬有罪，無以萬方；萬方有罪，罪在朕躬。」

然後火龍就把三套禮服送給了紫微星，紫微星在這裏不會穿十二

章紋和九章紋的衮服，因爲那兩套衣服太隆重了，得脫掉其他衣服，船上內衣內褲才能穿，可當時是全球直播，所以紫微星是先穿上第三套那個最樸素的禮服，說完話以後是繫上了托盤裏那條金黃色的腰帶，金黃色在古代就是帝王的顏色，未來國之君子還是沿用這樣的傳統。中央官員是穿著紫色衣服，省部級是穿著紅色衣服，區縣級的就是青色衣服，紫微星在就職前後腰帶顏色不一樣，就能夠代表他的這個身分的轉變。那當時就是可以說，是手執金色腰帶，站在太極殿的臺階上。這就是「手執金龍步玉階」。

另外還有一句預言說的是「唯有玉兔上龍床」。基本上是說，火兔是聖人，聖人是走上了代表國之君子的龍床，也就是職位。

那麼在「手執金龍步玉階」之前，還有一個「那時走出草田來」。很多預言說聖人和「田」有關係，有人懷疑說聖人是個農民，那麼聖人和「田」有什麼關係？他是不是農民？

二十六、聖人是種地的嗎？聖人姓名不要忽略「來」

我們在很多地方聽說，聖人和「田」字有關聯，一種普遍的說法是聖人的掌心有「田」字紋，另一種說法是聖人的姓和「田」相關。其中第一種說法，聖人掌心有「田」字紋的說法是錯誤的，關鍵是它毫無意義。第二種說法，也就是和聖人的姓相關，這種說法是正確的。

很多人覺得，聖人是不是種田的農民？然後覺得很奇怪，農民應該很難走上高位。其實袁隆平就是個農民，他也是走上了比較高的位置。但是總歸來說，關於「田」，並不是說聖人是個農民，而是和聖人的姓有關。

關於「田」的說法，第一個是姜子牙的《乾坤萬年歌》，「水邊田上米郎來，直入長安加整頓。」、「那時走出草田來，手執金龍步玉階。」

還有推背圖47象「無王無帝定乾坤，來自田間第一人」。

這兩個預言中，關於「田」，我們結合預言的前半句和後半句，都有一個共同的背景，那就是紫薇或者聖人在南北戰爭之後，進入了長安。他「創立新君修舊京」，創立了國之君子的普選制度，通過「匹夫有責」的口號贏得競選，登上了君位。而且在這個過程中，是沒有封王，沒有稱帝。

　　那麼我們按照順序來看看，聖人和「田」有什麼關係。

　　第一個，「水邊田上米郎來，直入長安加整頓。」、「水邊田上米郎來」很可能是關於聖人從哪裡來的，以及姓什麼相關。如果是個字謎，那麼「潘」是一個可選項，它包含「水、田、米」，這是讓人很懷疑的地方，因為根據其他預言，聖人的姓不是「潘」。我們知道，《乾坤萬年歌》是一件事總是用兩句話來表述，那麼和這句話對應的是「木邊一兔走將來，自在為君不動手。」那麼「水邊田上米郎」其實就是「木邊一兔」，木和兔合起來是「梡」，那麼這句話就是說，「潘梡」到了長安，去進行整頓，然後成為國之君子。那麼我們對此應該會覺得更奇怪了，因為聖人不姓潘，也不叫梡，那這個「潘梡」很可能是紫薇，也就是紫微星和聖人並不是同一個人。

　　第二個，「那時走出草田來，手執金龍步玉階。」這個還是和紫微星競選相關聯，他在那個時候走出草田，「手執金龍步玉階」，我們知道，金龍很可能是以龍紋為首的九章紋袞服，也就是紫微星就職時候，他們在太極殿上進行交接，紫微星從民樂廣場沿著臺階走上太極殿，由上一屆的火龍把紫微星的十二章紋袞服、九章紋袞服、平時的禮服和金腰帶給到他，這個平時的禮服就是基督再臨時候穿的白色漢服長袍。這個故事我們已經瞭解了，關鍵是「那時走出草田來」是什麼意思？如果這是一個字謎，那這個字是「苗」。但是我們知道聖人姓苗的概率也不大。

　　以上我們只是簡單地拆了一下字，拆的可以說很不準確。大家在把它們當成字謎去猜的時候，一定還要注意一件事，就是這三者和田相關，有一個動態的動作。我們看，一個是「水邊田上米郎來」，「那時走出草田來」，「木邊一兔走將來」、「來自田間第一人」，

這說明這個人和「來」這個動作關聯非常大，它甚至比「田」還多出現了一次。

那麼我們就說第三個，「來自田間第一人」，這個時候我們就不能忽略「來」這個字了。繁體字的「來」，包含「來、田、一、人」的，就是繁體字的「東」。這裏有一個牽強的解釋，就是「陳」，「田」姓來源於「陳」，我們知道田氏篡齊，又叫陳氏代齊，而且小篆體的「陳」符合「兩手在天，兩足立地，腰繫九斛帶，身穿八丈衣」的說法。另外《五公經》中說聖人的姓名的「土木連丁口」，和繁體字的「東」也是符合的。當然，「陳」只是一個備用選項，它能適應每種說法，但是又不能完全符合每種說法，總體來說，概率也不是太大。

那麼我們回頭再看，「水邊田上米郎來」，「那時走出草田來」，「木邊一兔走將來」、「來自田間第一人」，我們可以肯定聖人和「田」、「來」有關係，一共有四個「來」，三個「田」，兩個「走」，兩個「邊」，這些都要注意。姓方面有「潘」、「苗」、「陳」，名字上有「梡」，當然，另外的名字和「梡」完全沒有關係，其他預言都是說聖人的名字是有「弓」的，比如推背圖44象背弓人，以及「治世能人一張弓」，除非紫薇和聖人不是同一個人，我們在這裏先不講。兔子可能還是說他是屬兔的，而不是說姓名中有兔。

二十七、聖人是做什麼事業，工作？

紫薇聖人是做什麼工作或者事業的？

這就要分成了兩個了，一個是紫薇聖人在發財之前是做什麼工作的，第二個是他成功以後是做什麼事業的。

事業方面我們可以確定，但是工作方面，預言沒有給出明確的內容，但是我們可以猜測一下。工作方面還是需要做自己稍微擅長的領域，要不然工作沒動力，弄不好連吃飯都有問題。但是太擅長的工作一般不會做。聖人最擅長的是國學，但是大概率他是不會從事國學相

關工作的，因為他的理論別人根本不懂。我們知道，聖人再臨的時候，要經受很多的磨難，要遭受很多非議，他一定是在自己專業領域被很多人蔑視和嘲笑。和郭德綱說的一樣，只有整個行業容不下他了，他才會奮發圖強，想要幹掉同行。那麼退而求其次，做稍微擅長的領域。我們知道預言說，「四方八大有文星，品物咸亨一樣形」，那麼聖人一定是非常有文采的，能夠通過理論知識讓萬物之理非常通達，所以他很可能在寫作方面有一些成就，那麼做類似的文案類的工作的可能性就比較大。同時，要通達萬物之理，他應該是在經濟領域有所領悟，因為他是金輪聖王，金輪聖王是財輪王，他很可能是通過經濟手段來幫助自己去做天下大同的事業，所以很有可能是在經濟金融領域。

總之，不管實在國學、文化還是金融領域，聖人肯定是很不得志，因為他就是要遭很多罪。但是能在遭罪的同時意氣風發想要成就大的事業。

聖人的事業就很簡單明瞭了，老子是周朝國家圖書館館長，還培養研究生，比如孔子就找他深造過。孔子本身就是搞教育的，釋迦牟尼也是搞教育的，王陽明一個很大的興趣就是到處去講課，打仗的時候還要給學生講課。所以聖人未來應該是從事教育行業。那聖人的教育是什麼呢？根據一些預言比如「不相僧來不相道」，他應該是頭戴四兩儒家帽，是儒家的人。而且他們是「秀士登紫殿」，「百靈來朝」，說明聖人是帶著一百個秀才進士入朝參加殿試，這是關於科舉的描述，他就是帶著這一百個人去見了習、鶴、馬三人，也就是雙羽四足，來給秀才進士安排工作。最後是「四夷重譯稱天子」，是託管了外交業務，我已經在很多場合說了，這就是他們託管了孔子學院，真正把儒家為主的各類教化進行融合，通過孔子學院來在全球開展行政教育培訓工作。我們知道現在和西方的關係很緊張，孔子學院又非常廢物，聖人正好在這方面有優勢，那在很多遠邊天地區，改造孔子學院，成為「人子監」，基督再臨時候穿著就是白色漢服，繫著金色腰帶，自稱「人子」，能夠進入孔子學院人子監來學習的，就是「彩

虹戰士」。也就是通過託管孔子學院，來挖掘外國有才能的人成為彩虹戰士，是他的業務，這和孔子當初的業務差不多，都是周遊列國來教育學生，做各國高官的培養工作。而且《龍華經》也說了，聖人要行走馬傳道，周遊列國，化愚為賢，而且《龍華經》也說了，聖人就是孔子再臨。

那麼我們可以知道，未來聖人大致是要託管孔子學院，做人子監，並和古代的國子監一樣來做科舉考試。那麼很多人就懷疑了，你通過人子監國子監來搞教育，能最終成為民選國君嗎？雖然國子監是想做成古代那樣，就是現在的黨校，但是僅僅從民間發起，根本就做不大。聖人能上位，要牽涉到2044年到2049年的那場戰爭。聖人就是在這個情況下拯患救難，登上高位的。也就是「戰火連綿百姓苦，唯有玉兔上龍床」。對於普通百姓來說，如果沒有聖人，我們就幾乎拿不到養老金了。

二十八、什麼樣的人不是紫薇聖人

現在網路上有太多的人自稱紫薇聖人了，這些人大致有以下12種類型。

第一，到處宣揚自己是紫薇聖人的人，因為紫薇聖人這個稱呼確定是在聖人真正成為普選國君以後，是2048年或者2049年的事，在此之前他要通過外交手段趕走美國和日本，調停內戰拯患救難。如果沒有相應的功德，就算是紫薇聖人本人也不應該非常狂熱地自稱紫薇聖人的，當前那些自稱紫薇聖人的都是假的。

第二，是談改變世界改變別人的人，因為聖人並不改變別人，聖人只是把百姓中間善良的東西挖掘出來，是因勢利導，並不會弄出讓別人改變的東西，那樣成本太高，也太奇葩，不會成功。比如我們談紫薇聖人封神，那是把民間已經普遍流傳、供奉和提供了名號的比如包青天、財神范蠡、孫思邈等人封神。比如百教合一，那也是老百姓自己形成的一些認知，紫薇聖人只是把它們挖掘出來。就包括我們

這些探討紫薇聖人的人，我們的很多期盼，在他這裏能落地，所以我們才是聖人的指導者，聖人要在我們這裏學習、調研，然後把這些東西做成標準化的產品。聖人他就是能處在人群的下面，低頭向我們學習，他才會成爲聖人，那些想要高高在上，想要接受別人奉獻和信服，想要改變世界的人都不是聖人。

第三，是推廣自己某個物理定律的人，這樣的人還不少，包括做物質能量和設計器械，畫各類統一世界的複雜圖紙的人，這是從外在尋求。聖人是從內在尋求，這一點《龍華經》已經說清楚了。所以想要從外部設計一些聰明的東西的人，都不是紫薇聖人。

第四，是要錢的人。這樣的人不多，其中一種是會行銷但是產品非常貴的純騙子，賣一天是一天，感覺騙不了多久的人。另一種是想要尋求捐助的人，聖人的商業模式一定是打開藍海，讓更多人通過和他合作能賺很多錢，這樣人人都能夠參與其中做聖人，那人人都是紫薇聖人，紫薇聖人的事業才能做大做強。純粹要錢的商業模式已經過時了，那在古代行得通，現在有更高效的商業化模式來做這些。還有一些是想方設法去宣傳自己事業，在各個群裏去貼各種煩人的廣告招募人，然後賣一些東西，這些人很多都是純粹想要騙錢。

第五，是總是在說教的人，推出自己大量的奇談怪論，不聽別人的勸告，這樣的人是閉目塞聽，自己欺騙自己，大多數會提出各種拯救世界促進統一的奇怪理論，好像自己說出一句話就會讓世界達到和平，比玉皇大帝還厲害似的，但是實際上說出來的話非常荒謬。我們說過，紫薇聖人是渾然天成，並不是你努力去踐行他做的事，就可以成爲他的。這種宿命論聽起來不是特別讓人舒服，但是從預言來看，紫薇聖人就是固定的那一個人，沒人能替代。每個人在自己的路上都是孤獨的，紫薇聖人想讓別人抄襲，別人都不可能抄得下來，這件事必須他自己做，否則世界上那些英雄豪傑就會按照自己的想法去做，也能闖蕩出一片天。就算是受苦受難，別人也會有自己的路，不一定非要按照紫薇聖人的路去走。人跟人的區別比人跟其他動物的區別還要大，有些事就只能他自己去做，強行去依附是做不出來的。

第六，是各種論壇和帖子發訊息，在各種比如QQ群或者微信群不斷發訊息說自己是紫薇聖人的人，這種人一般沒什麼拿的出手的東西，靠灌水來增加辨識度。有些還會設計一些乍看之下似乎複雜但是仔細看一下會發現非常奇葩的圖紙或者概念。

第七，是製作自己騰雲駕霧仙氣飄飄之類的影片的人，這些人一般做出的東西比較尷尬，明顯是比較土，感覺像是某些農村剛接觸網路的人做出來的，但是現在能主動製作影片，也算是比較時尚和喜歡學習了，不過觀念比較老舊，那些畫面放在80年代之前，可能還有一些說服力。當然，還有一些人就做了一些普通的影片，有些還吸引了不少粉絲，但是我在聽了他的幾個影片以後，就會發現他們對預言的理解非常錯亂，其中水準高的還能隱瞞一下，但是錄製幾個影片以後就隱瞞不住了。當然了，大多數人對預言的瞭解不夠深刻，可能還是會受到影響的。

第八，是說自己和神戰打交道，違背自己就是和上天過不去的人，這種人神經或多或少都已經出了問題，跟他們很難聊到兩句話，他們會一直重複這樣奇怪的話。自我崇拜，用排比句來對自己讚頌或者感歎，潛意識裏好像是希望別人也進入他這種情景模式，和他一起來讚頌他自己。這樣的人在網路進行宣傳，感覺他們純粹是因為自己的時間不值錢，用來做這麼低效的宣傳好像也無所謂，但是這種一般不持久，可能是到處碰釘子或者沒人搭理，過一陣子就會回歸到自己平淡的生活。

第九，是說自己知道紫薇聖人，紫薇聖人談婚論嫁之類的人，這些人基本上也都是有一些目的，也是非常驕傲的人，但是這種人說的話幾乎沒有什麼可信的地方，對預言的理解會有很大偏差，但是他們自己認為自己的理解是對的，覺得大家需要以非常低的姿態去和他們合作。和這種人打交道，純粹是浪費時間。

第十，是私訊你說自己是紫薇聖人的人，這樣的人基本上是上面幾類人裏比較執拗的人，有些人你不信他，他還會生氣，覺得等自己未來發達以後你們這些沒長眼的會後悔，甚至想打擊報復，這類人就

是智力可能有問題。

　　第十一，是拿出各類預言強加硬塞給大家說自己符合預言的人，這些人大部分說的都非常荒誕，往往分析著突然就改變了預言，曲解成了別的，比如對姓名的曲解，簡直是生拉硬拽。這些人基本上對預言的理解非常執拗，也很錯誤，有些還會自己製造新預言。

　　第十二，是總是在吹噓自己有各種能力，自己有促進世界和諧的方法，但是正經話一句都不說，理論一句也拿不出的人，這種人智力大致也是有問題的，這種人根本就不適合參與紫薇聖人的討論，因為腦子是糊塗的，可能是在哪裡看到紫薇聖人的說法，就毫無根據地以為自己是。

　　總體來看，以上的十二種姿態，假紫薇聖人總會包含其中某幾種姿態。

　　那麼什麼樣的人可能是紫薇聖人呢？

二十九、什麼樣的人可能是紫薇聖人

　　第一，他的名字基本符合各類預言。我們已經分析了一些紫薇聖人可能的名字，在姓方面就多了，比如李，但是聖人並不姓李，所以就不混淆大家視聽了。大家也不用根據自己的判斷去想紫薇聖人應該是什麼名字，因為大家對預言的研究遠遠不夠，把握不住。但是真的紫薇聖人出來以後，我們能看出他的名字是符合各類預言的。

　　第二，他不會大肆宣揚自己是紫薇聖人，因為那是一個完成功業後的命名，他要去爭取，在此之前他應該是不會碰觸這個名號的，成功之前不適合擁有，成功之後不會覺得這個名號有意義。就算在一個公司裏，一個人業務做得好，他不會到處跟公司裏人說自己是下一年度優秀員工，就算能看出業務能力超群，也不應該這樣不謙虛，而真正業務做得好的，是看重其中的獎金。自稱紫薇聖人的假聖人看重的是名利，聖人看到的會是責任。但是紫薇聖人有可能透露自己也符合聖人的某些特徵，畢竟他應該是知道自己大概率就是紫薇聖人，否則

沒辦法開展下一步業務。

第三，他會把紫薇聖人做的很多事系統化整合到一起，以一種大概可以實現的方式展現在我們面前，這種情況下會有一些有緣人能看出其中的門道，也就是看得懂聖人的事業或者商業模式。至於最後多少人懂了。也要看他的事業進展到哪一步了。

第四，他會有一套參政的正確理念，這種就不是一般人能理解的了，可能會很燒腦，要不然三千年也不至於大家還不懂孔子。

第五，他做的事基本符合我們對聖人的預言，因爲口口相傳要玄妙一些，聖人做的事會是以非常具體的事業方式被透露出來，我們換一個角度去理解，才會發現它符合預言所說，這個大概是我們大致確定聖人後，比如他和習見面後，跟他走的過程中不斷參悟，我們一時半會也看不出來他到底要做什麼。當然了他見到習以後，我們上車成本就太高了，基本上趕不上他建設團隊了，但是很多人是有這種發現的眼睛的，畢竟紫薇聖人見到習並不容易，之前肯定還會和很多人結緣，才能做出一攤事。

第六，他不會以紫薇聖人爲主業，應該會有另外一套系統的打法，畢竟是政教合一的人物，僅僅是參政就需要一套系統打法。

第七，他應該不會排斥我們討論紫薇聖人，他對紫薇聖人的態度大概應該是非常開放的，他心裏基本能確定自己就是紫薇聖人，畢竟各類預言都是在說他，但是他不會排斥通過大家的探討來發現和領悟自己需要做的事，我們的探討其實就是在參與他的事業，幫他認識自己的方向，他甚至應該會幫助我們來探討。

第八，紫薇聖人是很有可能會參與到我們這個探討圈子的，這種事手到擒來，畢竟就是說說自己，說說自己的事業而已，但是做別的事，都需要很強的能力，根據孔子的經歷，紫薇聖人也可以有這種能力，但是萬一他沒有，是不是應該多照顧一下我們，和我們一起來做點事呢？畢竟我們是幫他的。

第九，紫薇聖人的商業模式大概是非常開放的，因爲要在有生之年就達到一個頂點，他就不可能親力親爲很多事，那就需要以開放的

模式來吸引很多人來幫他去做某些事，讓別人做事和獲取利益，讓人人都成爲紫薇聖人，他就省力了。

第十，是非常悲劇的一點，他大概是比較缺錢的，尤其前期比較缺錢，預言裏也都說了，我們大多數人基本都符合這一點，所以就不用說了，我們知道大概是不用從富人群裏去找紫薇聖人。

第十一，紫薇聖人大概率會出來創業。給別人打工的話，基本上很難成就自己的這份事業。大家是不是也有在努力的，可以幫紫薇聖人一把的地方呢？根據我的經驗來看，很難，要不然你就成紫薇聖人了，所以紫薇聖人應該出來創業。

第十二，他是可以被我們認識的。他被我們廣泛認可的時候是推背圖44象發生的時候，也就是他找習合作的時候，但是之前他一定會在市場上有不小的聲音，應該是可以最先被我們這個紫薇聖人圈子的人發現。

第十三，他現在年紀不小了，因爲要在2048年到達那個位置，一個草根出身的人很難在很年輕的時候穿越無限的障礙在那個時間點到達那個高的位置，現在不是武力打天下的時候了。根據各種預言的推測，應該是火兔年，也就是1987年，這一點可以從我推算紫薇聖人出生日期的影片裏去聽一下。

我們講了紫薇聖人的特徵，大家可以開始從市場的聲音裏辨別一下，去除錯誤的，聽到正確的。現在大家在這方面也不狂熱了，都比較理性，現在又到了紫薇聖人發出聲音的時候，大家可以先看看。至於要不要跟上去，也就是說，需不需要花一點時間精力嘗試合作之類的，這要看你自己的眼光，可以嘗試參與紫薇聖人的事業。

三十、你早發現紫薇聖人有什麼好處？

第一，你有可能會參與到紫薇聖人的事業裏面。你可以參與進去做一份工作，可以作爲他們的用戶，如果發展的好，甚至可能成爲紫薇聖人的合夥人。劉邦和朱元璋的手下大多數是和他有交情的老鄉，

李淵的合夥人是隴西集團的人，這說明大家大致都是有能力的，只是缺少一個讓自己跟著學習和做事業的時機，當然大家都很難獲得這個機會，所以也要看開一些，能夠和他曾經共事是非常值得炫耀的，但是也要看自己有沒有這個時間和精力。你僅僅知道紫薇聖人是不行的，還需要自己有能力和合作的角度，我覺得大多數人能把握這個度，理性參與。

第二，你可以聽取到聖人的商業模式。我們知道聖人有生之年把事業做到了一個高峰，肯定有很多利益，大家才會跟著他指點的方向去走，幫著他做出了他要做的事，一起構建一個事業帝國，這裏面應該是比某個單獨的行業更大的一片市場。

第三，你可以學習到修身。說玄妙一點，就是積累福報，聖人肯定是有自己一套修身體系，厲害點就是釋迦牟尼那種，一人得道雞犬升天，還有孔子，跟著孔子的賢人水準遠遠比不上孔子，但是孔門72賢以及奉祀裏，也有一些只是幫助過孔子一次，比如公良儒。能做他的弟子，跟著他學習的，那就是積累了太大的福報，離成賢成聖也就更近了。

第四，你可以學到知識。未來我們大家都會從紫薇聖人這裏學到知識，大概只能是網課。但是網課和線下課程區別很大，要不然大家就不用去學校上學了。如果能得到他親自指點，幫助我們獲得更好的智慧的，那將是非常難得。

第五，你可以獲得人生高度。紫薇聖人就是一個在人類群體裏有高度的人，如果你信賴他，甚至有一些往來，那這其實是一輩子值得回味的事情，很多人就覺得跟某個厲害的人，比如首富或者領導人握手拍照以後很能裝逼，所以這其實也有不小的吸引力，這比裝逼更厲害，這是裝神，畢竟人類歷史漫漫長河，能親眼見到聖人的都不多。諾查丹瑪斯預言說了，這個時代雖然不好，但是500年後，後人會羨慕那些能和聖人在同一個時代的人，你的人生理念甚至會由此得到改變。

第六，那就是裝逼。因為你最早發現了紫薇聖人，說明你有眼

光，你甚至可以在他最沒有地位的時候和他合影留念，比如跟首富或者商業名人不出名時候留念，那跟人家後期出名後盛氣凌人高你一等時候留念不一樣。就算不留念，你先知道了這個人，你平時吹吹牛總是可以的吧？現在紫薇聖人也該出來了，大家不要隨便相信某個人，但是對看著有點苗頭的人還是心態開放一些更好，我覺得這更有利於我們進行探討，畢竟時候到了。

總之，好處就是結緣，結緣是什麼意思，就是你的水準遠遠不夠和聖人交往，但是你們有了交往，那就是在比較低的點買進，以低成本和紫薇聖人結緣獲取利益了。不管是你獲取知識，還是以後吹牛，都很有資本。

跟紫薇聖人學習那是非常難得的，古人就有感慨，前不見古人，後不見來者，念天地之悠悠，獨愴然而涕下。我們現在是前不見古人，但是後看見了紫薇聖人，甚至有些人也會青史留名。

如果你想留更大的名氣，那就不僅要和紫薇聖人合作了，狂暴一點的可以去和火龍合作，聖人、火龍的交際圈是一個朝代的樞紐。

三十一、紫薇聖人本人一生時間規劃表

根據中外二十個預言，把紫薇聖人一生時間表梳理如下：
202X年：入朝找羽合作。
2023-2039年：推出百家爭鳴，用於外交和改革；
2044-2048年：調節內戰雙方，單槍匹馬說服美國退兵；
2049年：遷都西安後的禮制方案定制；
2050年：新年召開文人的園遊會，大開文風考對聯。
燒餅歌在所有預言中是比較完整連貫的，從燒餅歌可以完整看出這一進程。

三十二、未來三十年重大事件列表

根據二十一大預言，能夠梳理未來三十年的重大事件。

2023年：聖人進朝合作，行政獵頭業務沒有談成，外交合作業務談成；

2023-2039年：民間五大行業推動變革；

2034年：1974年生人，六十歲，推動改革無成效；

2039-2044年：人子監託管孔子學院有成效，《聖經》人子群體出現；

2044年：鼠嘴牛頭見魔王，兩廣叛亂；

2045年：西方再見南軍至，兩廣軍隊入川陝；

2048年：龍兒上天戰黑兔，平定內亂的禁衛軍、親軍被啟用，兩廣軍隊從川陝入中原，被南京軍在中原平定；

2048年：北方胡擄害生靈，更會南軍誅戮行，聖人說服美國退兵，並與首功之人會面；

2049年：遷都西安後的禮制方案定制，織女星讓位給紫微星，眾星揖讓留三星。

附：中國未來一百四十年國運預測

　　根據二十二個預言，我們對其相同的主題進行梳理，調整打亂的順序，可以大致按照年分梳理出未來一百四十年國運。

中國國運預言整理（1987年-2163年）

四段故事	故事1：中華人民共和國			
事件	聖人出生在河北太行山東	改革反復	彩虹戰士誕生	
時間線	1987	1987-1994	1995	…
馬前課（諸葛亮）				
梅花詩（邵庸）				
推背圖（袁天罡、李淳風）				
燒餅歌（劉伯溫）	未來教主臨下凡，不落宰府共官員，不在皇宮為太子，不在僧門與道院，降在寒門草堂內，燕南趙北把金散：邢臺石家莊保定			
藏頭詩（李淳風）				
乾坤萬年歌（姜子牙，裡面的數字都要減半計算）				
步虛大師預言				
黃蘗禪師詩				
金陵塔碑文（劉伯溫）				
武侯百年乩（諸葛亮）				
龍華經	太行山上東風起，火中玉兔從天降：太行山東，火兔丁卯年生，1987			
《五公經》（天圖記末劫經）	「吾知帝王姓，土木連丁口。吾知帝王君，三丁及二丁。其更連一字，懸針更向腦中生。到來木生家，骸骨自縱橫。寅卯之年正月內，太陰太陽降下生（正月懷胎）；帝姓本等連丁口（陳），帝名三丁及二丁（立）。」			

事件	聖人出生在河北太行山東	改革反復	彩虹戰士誕生	
時間線	1987	1987-1994	1995	…
俞樾預言詩		大邦齊楚小邾滕，百里提封處處增；郡縣窮時封建起，始皇廢了又重興：從1949到1994財稅改革，逐漸確定中央集權的財政制度		
格庵遺錄	始祖伏羲稱太昊，先天八卦開天道；曾經轉生周文王，後天八卦辟地道；末世再為彌勒佛，中天印符興人道			
彩虹戰士（瑪雅預言）	東方出現了新的曙光		瓜地馬拉的瑪雅長老唐·阿萊堅德羅宣佈了一個振奮人心的消息：「彩虹戰士就要誕生！」	
霍比預言				
凱西預言	基督再臨			
爾薩聖人（古蘭經）				
諾查丹瑪斯				
珍妮·狄克遜預言	小孩的那對眼睛極為機敏，充滿著智慧和知識			
聖經（啟示錄）	閃電從東方發出，直照到西邊，人子降臨，也要這樣			
教皇預言				

四段故事	故事1：中華人民共和國				
事件	319政變	國際像是新的春秋戰國	聖人帶百靈入朝參加殿試	中央改革失效	聖人推動百家爭鳴，撬動改革
時間線	2012	2013-2026	2027-2033	2034	2035-2042
馬前課（諸葛亮）					晨雞一聲，其道大衰：2041年
梅花詩（邵庸）					
推背圖（袁天罡、李淳風）	第四十六象：白頭翁周與薄宮廷政變		44象，聖人帶百靈入朝參加殿試，羽鵠馬三人面試，託管外交業務成功，四夷未來會震服	50象，出生於1974年的人在六十歲接手改革，改革無效，民生潦倒，農業等實體經濟蕭條，只能通過增加安保措施來避免動盪，貞朝換代的苗頭顯現。	54象，行政、經濟、外交、改革、軍民的五個民間力量驅趕著1949年成立的共和國朝前走，百家爭鳴的盛況達到高峰
燒餅歌（劉伯溫）			封神：上末後時年，萬祖下界，千佛臨凡，普天星斗，阿漢群真，滿天菩薩，難脫此劫。乃是未來佛下方傳道，天上天下諸佛諸祖，不遇金錢之路，難躲此劫，削了果位，末後勒封八十一劫。		
藏頭詩（李淳風）			秀士登紫殿，紅帽無一人：秀才進士入朝殿試，輸送官員的業務被馬否定		

乾坤萬年歌 （姜子牙， 裡面的數字 都要減半計 算）				
步虛大師預言				
黃蘗禪師詩				
金陵塔碑文 （劉伯溫）				
武侯百年乩 （諸葛亮）				
龍華經		三十年後男兒立，黑眉龍嘴白裘裳，風姿秀逸志氣剛，睿智靈光語不長：聖人30歲後，穿白色漢服	只待雞鳴乾吼叫，春雷驚惺古真天；那時走馬才傳道，三明四暗總收源：2029年	
《五公經》 天圖記末劫 經）				
俞樾預言詩		幾家玉帛幾家戎，又見春秋戰國風；歎息當時無管仲，茫茫劫運幾時終：天下無主，各國政府是地域壟斷企業，世界局部戰爭不斷，像是新的春秋戰國，沒有管仲，但是有儒童老祖孔子，聖人要帶領百家爭鳴來調整世界格局了		
格庵遺錄		隱居密室生活計	雞龍創業，曉星照臨	

彩虹戰士（瑪雅預言）					
霍比預言					
凱西預言					
爾薩聖人（古蘭經）					
諾查丹瑪斯					
珍妮・狄克遜預言					
聖經（啟示錄）					
教皇預言					

四段故事	故事2：內戰，火龍、聖人開國				
事件	主席換屆，木葡之人和賀之君醞釀爭端	火龍遇困，木葡之人得勢	火龍被啟用；三峽大壩被叛軍炸掉	火龍與聖人（火兔）見面	平南方叛亂，說服北方美日退兵
時間線				拯患救難，是唯聖人	陽復而治：戰勝
馬前課（諸葛亮）		原壁應難趙氏收：火龍遇困	火龍蟄起燕門秋：火龍被啟用		一院奇花春有主，連宵風雨不須愁：戰爭不用愁
梅花詩（邵庸）					
推背圖（袁天罡、李淳風）			文武全才一戊丁，流離散亂皆逃民。。火德星君來下界，金殿樓臺盡丙丁；一個鬍子大將軍，按劍馳馬察情形；除暴去患人多愛，永享九州金滿盈：火德星君是大鬍子將軍，火龍	火風鼎，兩火初興定太平：聖人火兔，大將軍火龍	北方胡擄害生靈，更會南軍誅戮行，匹馬單騎安國外，眾君揖讓留三星：聖人匹馬單騎説服北部戰場的美日退兵
燒餅歌（劉伯溫）	九十年後，又有木葡之人出焉，常帶一枝花。太陽在夜、太陰在日，紊亂山河。兩廣之人民，受無窮之禍。不幸有賀之君，身帶長弓，一日一勾，此人目常在後，眉常在腰。而人民又無矣：有姓名				若非真主出世，天下烏得文明！此人頭頂一甕，兩手在天，兩足立地，腰繫九斛帶，身穿八丈衣。四海無內外，享福得安寧：聖人姓名

藏頭詩（李淳風）		大好山河又二分。幸不全亡莫嫌小。兩分疆界各保守。更得相安一百九：建國九十五年後，準備打臺灣	誰知不許乾坤久。一百年來天上口。王上有人雞上火。一番更變不須説：攻台戰爭轉為內戰，吳地有王氣	兩人相見百忙中。治世能人一張弓：聖人名中帶弓	江南江北各平定。一統山河四海同：火龍火兔相見，火龍定南亂，聖人平北蠻
乾坤萬年歌（姜子牙，裡面的數字都要減半計算）			紅霞蔚，白雲蒸，落花流水兩無情，四海水中皆赤色；白骨如丘滿崗陵，相將玉兔漸東升：內戰爆發，白骨如山，火龍火兔將起來		
步虛大師預言		赤鼠時同運不同，中原好景不為功：2056年丙子年（多了十二年），三峽被炸，累及中原			
黃蘗禪師詩	一災換一災，一害換一害。十九佳人五五歲，地靈人傑產新貴。英雄拔盡石中毛，血流標杆萬人號。頭生角眼生光。庶民不用慌。國運興隆時日到，四時下種太平糧：一個年輕人和一個老年人，挑動事端	盈虛原有數，盛衰也有無。靈山遭浩劫，烈火倒浮濤。劫劫劫，仙凡逃不脱。東風吹送草木哀。洪水滔天逐日來。六根未淨隨波去。正果能修往天臺。八，三七九。禍源種己久：內戰起，三峽大壩被炸	一氣殺人千千萬，大羊殘暴過豺狼。輕氣動山嶽，一線鐵難當。人逢猛虎難迴避，有福之人住山莊。繁華市，變汪洋。高樓閣，變坭崗。父母死，難埋葬。爹娘死，兒孫扛。萬物同遭劫，蟲蟻亦遭殃：三峽大壩被炸以後的慘狀，中原成為汪洋，城市被淹沒，人和蟲蟻都遭殃	民三民十民三七，錦繡河山換一色。馬不點頭石沉底，紅花開盡白花開，紫金山上美人來：火龍被啟用，領導南京軍抗戰	幸得大木兩條支大廈。鳥飛羊走返家邦。能逢木兔方為壽，澤及群生樂且康。有人識得其中意，富貴榮華百世昌：火龍火兔各平南北

金陵塔碑文（劉伯溫）	老人星出現南方，紀念化為公正堂；西南獨立曇花現，飛虎潛龍勢莫當：西南兩廣之亂		氣運南方出豪傑，克定中原謀統一：火龍在中原打敗黑兔		聯軍東指同壹氣，劍仙俠士有奇祕；水能克火火無功，炮火飛機何處避；此是陰陽造化機，意土發明成絕技；稱雄東土運已終，物歸原主非奇事：定北方
武侯百年乩（諸葛亮）	兔兒吃草不吃餉，土木金銀甚荒唐：官員不靠工資，而是靠土地財政下的土木工程撈錢	一步一金假太平，鼠嘴牛頭現魔王：在崇高理念下挑動內戰的人，鼠年末牛年初	南方無水來濟火，十人抱孩躲北方：南方亂局	一路走來紅滿天，豈知紅星把天扛：紅色中復興傳統文化	龍兒上天戰黑兔：火龍戰黑兔，平南亂。東海龜來西海鷹，二人同心欺長龍。真龍在世何足道，洗去大恥氣不長：聖人通過外交平定美日北方禍亂
龍華經	若逢末劫之時，東南天上有「孛星」出現（兩廣地區叛亂），長數仗，形狀如龍，後有二星相隨（木葡之人和賀之君），東出西入（叛軍入川陝），晝夜賓士，放光紅赤。前一星紅光閃灼，後二星其光黃白，天下萬民見到，即知是「末劫」來到。	善者又遭惡人害，天使魔王下界來，闔家加憂愁。鼠尾牛頭，男兒盡殺臥荒丘，女子作軍儔。黃斑惡虎如家犬，晝夜尋門咬人並豬羊。子丑之年江南客，死者萬萬欠棺材。子丑年逢田野眠，江南災難由又可，河北地上淚璉璉。發心啟原早作福，方免災難保安寧。	姑娘姐妹守空房，流淚哭爹娘。人與畜生都死了，難見聖明君。風雨七日七夜昏，鳥無宿處人難過；荒郊白骨滿乾坤，洪水飄蕩人煙少（三峽被炸）	寅卯之年八九月，遍地人死不堪言；米熟五穀無人吃，絲綿衣緞無人穿；專心敬信此因果，幾多白骨滿乾坤。	與君分明說原因，英雄盡是公家奴；總是江南大丈夫，臨時尋覓定應無（英雄出，局勢定）

《五公經》天圖記末劫經）					
俞樾預言詩			隱居密室依天兵		
格庵遺錄					
彩虹戰士（瑪雅預言）					
霍比預言					
凱西預言				生命的連續性被大眾接受成為一種事實；科學和心靈學停止互相爭論；一種類似于社會平衡為全球所接受：聖人的大同世界	
爾薩聖人（古蘭經）					
諾查丹瑪斯				深夜，月亮掛在高山上，只有腦袋的年輕賢者凝望著它，弟子們詢問他，不滅的存在能繼續嗎？他雙眼向南，兩手置胸前，身體在火中：聖人五行屬火，收攏百靈做弟子	
珍妮·狄克遜預言					
聖經（啟示錄）					
教皇預言					

四段故事	故事3：貞朝盛世			
事件	無為而治遇到困難		貨幣戰爭，爭奪世界領導權	
時間線	… 2098	2099	2100	…
馬前課 （諸葛亮）			48象，天下不安，苗姓主持金融戰爭，朱姓主持國務。「貨幣民間化」主導大一統的貨幣體系，但是並不擁有，所以「不殺賊」，但是市場會自主去誅殺那些挑動「石油戰爭」、「對沖基金」的賊人	
梅花詩 （邵庸）				
推背圖（袁天罡、李淳風）	如是者五十年。惜以一長一短，以粗為細，以小為大。而人民困矣，朝野亂矣：無為而治的困局		賴文武二曲星，一生於糞內，一生於泥中。後來兩人同心，而天下始太平矣：朱為文曲星，苗為武曲星	
燒餅歌 （劉伯溫）				
藏頭詩 （李淳風）				
乾坤萬年歌（姜子牙，裡面的數字都要減半計算）				
步虛大師預言				
黃蘗禪師詩				
金陵塔碑文（劉伯溫）				
武侯百年乩（諸葛亮）				
龍華經				
《五公經》天圖記末劫經）				
俞樾預言詩				
格庵遺錄				
彩虹戰士（瑪雅預言）				

霍比預言				
凱西預言				
爾薩聖人（古蘭經）				
諾查丹瑪斯				
珍妮・狄克遜預言				
聖經（啟示錄）				
教皇預言				

四段故事	故事3：貞朝盛世		
事件	明君娶妻	明君育子	
時間線	2105	2106-2126	···
馬前課 （諸葛亮）			
梅花詩 （邵庸）			
推背圖（袁天罡、李淳風）	51象，新任的國之君子娶媳婦，賢內助，中天中國再現新氣象	53象，明君生子，中國治理得很祥和	
燒餅歌 （劉伯溫）			
藏頭詩 （李淳風）			
乾坤萬年歌（姜子牙，裡面的數字都要減半計算）			
步虛大師預言			
黃蘗禪師詩			
金陵塔碑文（劉伯溫）			
武侯百年乩（諸葛亮）			
龍華經			
《五公經》天圖記末劫經）			
俞樾預言詩	天地原來張弛弓，略將數語語兒童；悠悠二百餘年事，都付衰翁一夢中		
格庵遺錄			
彩虹戰士（瑪雅預言）			
霍比預言			
凱西預言			
爾薩聖人（古蘭經）			
諾查丹瑪斯			
珍妮·狄克遜預言			
聖經（啟示錄）			
教皇預言			

四段故事	故事3：貞朝盛世				
事件	大地震，末日天啟	日本沉沒	第三次世界大戰	制止大戰	新宋朝：建立
時間線	2156	2157	2158	2159	2160
馬前課（諸葛亮）					賢不遺野，天下一家（科舉、人子監選才，政教合一）
梅花詩（邵庸）			數點梅花天地春，欲將剝復問前因：核戰爭		
推背圖（袁天罡、李淳風）		45象，日本想要趁亂和中國打仗，但是卻被地震給滅國了	56象，飛起來的是飛機，潛在水裡的是核潛艇，戰爭看不見人，導彈在天上飛，把大壩都給炸掉了。戰爭如同玄幻片，還沒有近兵交接，已經產生禍患	57象，三尺高的小孩子，製造電磁武器的核心部件，讓包括核彈在內的武器失效，形成巨大的防護網，這個小孩子出生在南京周圍，平息世界大戰	49象，世界大戰要收尾，各國的叛亂者、引發世界大戰的人逃到了山谷，被圍剿。
燒餅歌（劉伯溫）					
藏頭詩（李淳風）			五百餘年，天使魔王下界，混亂人民，一在山之山，一在土之土，使天下之人民，男不男，女不女，而天下又大亂矣。		

乾坤萬年歌（姜子牙，裡面的數字都要減半計算）				二百五十年中好。江南走出剑頭卯。又為棉木定山河。四海無波二百九：三尺童子可能姓劉，國君或姓宋	平定四海息干戈。二百年來為社稷。此時建國又一兀。君正臣賢垂鸝黻。行仁行義立乾坤。子子孫孫三十世：新朝代國號或為元
步虛大師預言					
黃蘗禪師詩					
金陵塔碑文（劉伯溫）					
武侯百年乩（諸葛亮）					
龍華經					
《五公經》天圖記末劫經）					
俞樾預言詩					
格庵遺錄					
彩虹戰士（瑪雅預言）				通過非暴力的激烈鬥爭，最終制止了地球的毀滅和解體	
霍比預言	地球將會面臨大的災難，雖然生存會很艱難，但是如果我們能夠走過來，那之後，地球將開始新一輪的人類週期循環				

凱西預言	維蘇威火山爆發，一周後培雷火山爆發，九十天內，強力的地震將使鹽湖城以西的部分地區沉入水中；洛杉磯、三藩市、及紐約相繼被毀；紐約將在原地的西面重建。	地貌的戲劇性變化，包括氣候的顯著改變。日本大部沉入海中。	五大湖改道注入墨西哥灣。第三次世界大戰爆發。赤道附近的火山活動增加	
爾薩聖人（古蘭經）				
諾查丹瑪斯			火星和權杖將同度，在巨蟹下一培災難性的戰爭。。。天神為安德羅格奧斯的出現而神傷，人類的血在天邊白白流淌，人們奄奄一息終不咽氣，久盼不來的希望突然而降：戰爭中的人期盼救世主。	公主的大兒子勇敢的人，將凱爾特人打到很遠的地方，他可操縱雷電，同行者成群結隊，行至不遠處又折頭向西，向著更遠的深處：操縱電磁力，在戰機中制止三戰的三尺兒童
珍妮·狄克遜預言				
聖經（啟示錄）			人類最後的聚居地「錫安」，也即西安，成為平息世界大戰的最後希望	
教皇預言				

四段故事	故事3：貞朝盛世			
事件	世界大同	中國主宰世界	天朝上國榮耀	
時間線	2161	2162	2163	…
馬前課（諸葛亮）		無名無德，光耀中華		
梅花詩（邵庸）		寰中自有承平日，四海為家孰主賓：大一統		
推背圖（袁天罡、李淳風）	58象，四夷服從中國，世界分成了友好的相互合作的六七個國家。中國為帝，四夷有王，天下一家。中國收回了西伯利亞、庫頁島，亞洲成為緊密的一個國家，俄羅斯回到西北，仍舊不太安分	59象，天下成為一家，帝道推行，各國成為中國的分部門，中國的國之君子為大，是世界的福分，制定行政標準，發佈政令，各國根據需求來稍加改善，遵照執行。紅黃黑白四色人種不再有不公正，世界和睦	60象，循環往復	
燒餅歌（劉伯溫）				
藏頭詩（李淳風）				藏頭詩：遙遠的未來
乾坤萬年歌（姜子牙，裡面的數字都要減半計算）			我今只算萬年終。剝復循環理無窮。知音君子詳此數。古今存亡一貫通。	
步虛大師預言				
黃蘗禪師詩				
金陵塔碑文（劉伯溫）				
武侯百年乩（諸葛亮）				
龍華經				
《五公經》天圖記末劫經）				
俞樾預言詩				

格庵遺錄			
彩虹戰士（瑪雅預言）		許多顏色皮膚的兄弟姐妹一起開始努力改變地球	
霍比預言	巴哈那——來自東方的神聖力量可以避免災難		
凱西預言		義將永駐地球。新的人種——第五人類正在誕生	
爾薩聖人（古蘭經）			
諾查丹瑪斯		很快一位新王出而救世，他將為地球帶來長久的太平：一人為大世界福	天使人類的子孫，統治著我們，也保衛著共同的和平。他為了統治而中途制止戰爭，和平得以長期永存：天朝上國的百姓統治著世界
珍妮·狄克遜預言			「天使人類的子孫」降生在東方，拯救人類的希望在東方，西方只代表事物的終結，美國將受到古羅馬式的衰敗懲罰。
聖經（啟示錄）			
教皇預言			

後記：普通人需要避免災難

我們大部分人是可以看到未來二十五年的景象的，其中最重大的就是未來不足二十年就要發生的內戰。這裏提供未來我們會經歷的大事件的時間表，需要我們去注意。

2029年：聖人進朝合作，行政獵頭業務沒有談成，外交合作業務談成；

2023-2039年：民間五大行業推動變革；

2034年：1974年生人，六十歲，推動改革沒有成效；

2044年：鼠嘴牛頭見魔王，兩廣叛亂；

2045年：西方再見南軍至，兩廣軍隊入川陝；

2048年：龍兒上天戰黑兔，平定內亂的禁衛軍、親軍被啓用，兩廣軍隊從川陝入中原，被南京軍在中原平定；

2048年：北方胡擄害生靈，更會南軍誅戮行，聖人說服美國退兵，並與火龍會面；

2049年：遷都西安後的禮制方案定制，織女星讓位給紫微星，眾星揖讓留三星。

未來二十年是我們大家一定要關注的，因為從2044年到2049年，會有關乎朝代的戰爭發生，它和我們的關係太密切了。簡單來給大家舉三個例子。

第一，到2044年，你好不容易還完了二十年三十年的房貸，可是房子在戰火裏被炸了，你心寒不心寒？如今大多數人是在城裏買的房子，炸農村房子是浪費彈藥，但是城市會在戰爭中遭受轟炸。農村的

道路、糧食可能會因爲進兵的原因被推平。

第二，八○後這時候剛退休，還能不能拿到養老金？這就涉及到，新公司如何打理舊帳。

現在出問題的中植集團是按詐騙算的，裏面的員工也都是要求把好幾年的工資給退出來，對體制內的人來說是很不友好的，對他們的客戶也就是老百姓來說，也收不到什麼錢了。更何況現在政府本身就是虧空的，稅都收到下個朝代了。現在很多人已經斷繳社保了，眼前都活不下去了，更不對未來政府的保障抱有希望。

如果是破產清算呢？那你需要先給體制內的員工工資和賠償，然後還上客戶的債權，也就是養老金。

如果是資產重組呢？我們看到，火龍本身就是體制內的，他們換了國號，那還是在原來基礎上建立的。你用另一個企業做市場競爭，把這個企業搞垮了，比如說A企業把B企業弄垮了，但是A企業不會說要養B企業的員工、理賠B企業的客戶。但是火龍是不是要認帳？聖人上來要不要認帳？因爲你們好像是把人家公司給收購了，是吧？這就牽涉是按集資詐騙、破產清算、收購後的資產重組還是競爭倒閉來算的。

第三，現在很多人都已經不指望養老金了，很多人認爲這就是在坑百姓錢，這還是小事。現在出生率低，就是因爲養孩子成本太高了，和買房一樣成爲巨大的壓力。那到時候你好不容易養了20年的孩子正好長大了，和現在的烏克蘭一樣，到處拉人入伍，他可能戰死沙場，你白髮人送黑髮人，痛苦不痛苦？以前學的鋼琴、奧林匹克數學，努力考的大學剛剛畢業，現在都沒用了。還不如讓他多打兩年和平精英呢。

有人說，那我孩子上戰場，那他可能死不了呀，多大點事呀。那是你們太不重視這件事了。歷史上的改朝換代，老百姓是受苦最深的，我們大家必須意識到，我們就是普通的小老百姓，到時候帶兵的是人家要爭權的權貴。現在我們看到富人已經被登記在冊了，移民都沒辦法移。就算富人交重稅出去了，但是「貧賤不能移」，貧賤的人

沒錢移民，就只能靠孩子上戰場了。大家知道這有多危險嗎？可以去看看《五公經》，這本書就是說末劫來臨的時候人們有多慘，「九女共一夫」在裏面出現了很多次，什麼情況下會出現九個女的共用一個丈夫？那就是戰場上九個男的死了八個！現在我們在朝廷興情管控下懵懵懂懂的，覺得社會運轉有秩序，其實社會運轉沒有秩序，到時候你哭天天不應，哭地地不靈。在這種情況下，就這三個問題，是影響我們很深的問題。我們必須要考慮。如果想要發點小財，比如買黃金之類的，也需要瞭解這些趨勢。

那麼作為普通人，就多看看《五公經》，裏面寫的很清楚，什麼河北涕漣漣，江南涕漣漣，到時候河北江南這些重災區，就盡量不要去。高樓閣，變泥崗，城市也不要去，長江水能沖垮的地方也別去。人逢猛虎難迴避，有福之人住山崗，盡量去一些西部山區。

如果你想要趁著機會做一番大事業，那當然是選擇最佳的跑道，比如紫薇聖人的跑道，我們通過預言也知道了，這是上天明著給聖人開了一個外掛，你跟著他跑不就離勝利很近了嗎？至於火龍的跑道，我們就基本上很難跑通了，那個還是拉關係比較多的網路，除非你真的有軍事大才，你可以研究一下。到時候南北爭端會有哪些需要智庫來做，比如貨幣戰爭、輿論戰爭、能源戰爭，現在我們看到，為了規避一些戰爭風險，很多在北京的重要機構，比如航空的很多研究部門，都已經開始遷往西部了，大數據在貴州，這些是我們需要考量的。聖人的跑道，按照馬前課來說，是「拯患救難」，看看如何遷移老百姓，把戰爭的災害降低到盡量低，把戰爭盡量弄成可控的，找出一個最優的戰爭方案，讓雙方按照劇本去打，這是比較好的，這是一個陽謀。春秋戰國百家爭鳴就是把統一的各種方略線上上進行演練，最終選擇了秦國大一統，所以我們也需要通過百靈爭鳴、百家爭鳴來盡量讓世道向好的方向轉化。預言裏對很多災難有誇張的描述，但是都沒有定論，這是需要人為去調整的地方，也希望大家能夠參與到裏面。2023年中國人均GDP是8.94萬，世界銀行估計，中國人均工作年限是40.1年，那每個人價值有358萬，你只要救二十八個人，就有上

億的功德了。在天堂中心區域也能買棟別墅了。

　　初看不知戲中意，再看已是戲中人。大家多看看預言，是有好處的，不要等到問題出現的時候才理解，那時候就遲了。

國家圖書館出版品預行編目資料

世界22大預言解析 / 天際雲著. -- 初版. -- 新北市：華夏出版有限
公司, 2024.07
　　面；　　公分. -- (Sunny文庫；347)
　　ISBN 978-626-7393-76-5 (平裝)

　　1.CST：預言

296.5　　　　　　　　　　　　　　　　　　　　113006447

Sunny 文庫 347

世界22大預言解析

著　　作　天際雲
出　　版　華夏出版有限公司
　　　　　220 新北市板橋區縣民大道 3 段 93 巷 30 弄 25 號 1 樓
　　　　　電話：02-32343788　傳眞：02-22234544
E - m a i l　pftwsdom@ms7.hinet.net
印　　刷　百通科技股份有限公司
　　　　　電話：02-86926066　傳眞：02-86926016
總 經 銷　貿騰發賣股份有限公司
　　　　　新北市 235 中和區立德街 136 號 6 樓
　　　　　電話：02-82275988　傳眞：02-82275989
　　　　　網址：www.namode.com
版　　次　2024年7月初版—刷
定　　價　新台幣 750 元　　（缺頁或破損的書，請寄回更換）

ISBN-13：978-626-7393-76-5